“十四五”职业教育国家规划教材

# 会计基础与实务

（非财务会计类专业适用）

（第二版）

主　编　刘水林
副主编　刘　云　盛国穗　纪玉华

中国财经出版传媒集团
中国财政经济出版社
北京

**图书在版编目（CIP）数据**

会计基础与实务：非财务会计类专业适用／刘水林主编．--2版．--北京：中国财政经济出版社，2024．1

"十四五"职业教育国家规划教材

ISBN 978-7-5223-2394-7

Ⅰ．①会…　Ⅱ．①刘…　Ⅲ．①会计学－高等职业教育－教材　Ⅳ．①F230

中国国家版本馆CIP数据核字（2023）第141683号

责任编辑：王佳欣　　通　　读：陆洁菡　杨　波

封面设计：卜建辰　　责任校对：张　凡

会计基础与实务

（非财务会计类专业适用）

（第二版）

KUAIJI JICHU YU SHIWU

（FEICAIWU KUAIJILEI ZHUANYE SHIYONG）

（DIERBAN）

中国财政经济出版社 出版

**URL**：http：//www.cfeph.cn

E-mail：cfeph@cfeph.cn



社址：北京市海淀区阜成路甲28号　邮政编码：100142

营销中心电话：010-88191522

天猫网店：中国财政经济出版社旗舰店

网址：https：//zgczjjcbs.tmall.com

北京密兴印刷有限公司印刷　各地新华书店经销

成品尺寸：185mm×260mm　16开　25.25印张　507 000字

2024年1月第2版　2024年1月北京第1次印刷

定价：73.00元

ISBN 978-7-5223-2394-7

（图书出现印装问题，本社负责调换，电话：010-88190548）

本社质量投诉电话：010-88190744

**打击盗版举报热线：010-88191661　QQ：2242791300**

# 编写说明

本书系“十四五”职业教育国家规划教材，依据《企业会计准则》《企业会计准则应用指南》《企业会计准则案例讲解》及最新修订的税收法律法规进行编写，涵盖了会计基础和财务会计实务的主要内容，可作为非会计专业的学生学习财务会计基础的主体教材，也可供在职人员学习参考。

党的二十大报告提出，教育是国之大计、党之大计。培养什么人、怎样培养人、为谁培养人是教育的根本问题。注重学生“懂会计”而不是“做会计”是编写本教材的初衷，既兼顾了非会计专业的职业需求，又考虑了与初级会计资格考试的衔接。

在编写过程中，本教材着力突出以下特点：

1. 以立德树人为根本任务的编写理念

党的二十大报告提出，育人的根本在于立德，要全面贯彻党的教育方针，落实立德树人根本任务，培养德智体美劳全面发展的社会主义建设者和接班人。教材以朱镕基同志在国家会计学院的题词“诚信为本、操守为重、坚持准则、不做假账”作为会计从业人员的职业道德，全书始终贯彻“诚信、公正、敬业”的社会主义核心价值观。教材的导言和项目一至项目六的开篇均设计了学习目标，学习目标中设计了“课程思政目标”，围绕专业知识技能点在项目主体内容中精选设计了“课程思政案例”，贯彻落实党的二十大精神，嵌入思政元素，让学生深入思考会计的价值体系，德技并修，教材将立德树人、课程思政落到实处。

2. 从职业需求出发的教材设计

导言整合会计核算基础的主要内容，以会计信息需求为逻辑起点，以会计信息生成原理为主线，旨在帮助学生掌握会计的基本原理和基本方法，重点围绕七大会计核算方法，培养学生具备会计思维的能力。

项目一至项目六整合会计实务的主要内容，以资金筹集、资金运用到资金退出的资金运动全过程为主线设计教学项目，让学生在进行账务处理的同时，深入理解财务报表的形成过程，能够熟练准确地阅读、分析财务报表，尽可能做到简明扼要、通俗易懂。

3. 来源于企业实际的教材内容

教材内容采用任务驱动的教学理念，基于工作过程选取企业真实的会计业务类型，把教学内容设计为典型的工作任务，并把任务分解为具体的工作步骤。教学内容以“理论够用，实践实用”为原则，具有仿真性、实用性和可操作性，并且采用了大量真实的原始单据作为展示，内容直观具体，增强了学生对会计工作的感性认识。

4. 充分体现职教特色的教材体例

每个项目都配有“项目引例”，围绕专业知识技能点精选课程思政案例，精选最新的财务案例，让学生深入思考我国财务会计的现实问题，养成诚信为本、操守为重、坚持准则、不做假账的职业道德；同时，为每个工作任务设计了清晰、简明的业务流程，将复杂的会计问题简单化、直观化；并且，在每个项目结束后设计了“任务训练”和“专业能力测评表”，帮助学生进行自我学习评价。

本书编写充分体现了校企合作、工学结合的职业教育理念，教材编写过程中充分发挥了院校和企业两方面的优势，教材既与岗位工作联系紧密，又能够较好地适应教学需要。本书编写成员来自首批28所国家示范院校、国家“双高”建设院校之一的广州番禺职业技术学院“会计基础”省级精品开放课程教学团队和两家企业专家团队。具体的编写分工如下：刘水林编写导言和项目一，并负责本书的整体设计、体例安排和修改定稿，刘云编写项目三和项目四，盛国穗编写项目五和项目六，广州市财盛财税服务有限公司纪玉华编写项目二并负责实际业务审核，浙江衡信教育科技有限公司负责典型业务的设计、选定、收集整理和单据表格制作。

本书得以付梓，要特别感谢国家万人计划教学名师、中国注册会计师、广州番禺职业技术学院财经学院院长杨则文教授，更要感谢浙江衡信教育科技有限公司、广州市财盛财税服务有限公司以及中国财政经济出版社的大力支持，他们的帮助给予编者完成任务和不断追求创新的动力。

本书的不足之处，恳请读者批评指正，来函必复。电子邮箱：Liusl@ gzpyp. edu. cn。

本书为用书学校任课老师提供了参考答案和配套教学资源，请以电子邮件形式向中国财政经济出版社索取（请注明：学校、全书名、版次），E－mail：caijingjiaocai@ 163. com，亦可登录如下网址下载：http：//jiaocai. cfeph. cn。

编　者

2024 年 1 月

# 目 录

导言

# 会计核算基础

## 学习目标

**知识学习目标：**

◆ 了解企业的组织形式、会计的产生和发展、会计职业与会计岗位

◆ 理解会计的含义、会计对象、会计职能、会计目标

◆ 掌握会计基本前提与假设

◆ 理解六大会计要素以及各会计要素的特征和关系

◆ 掌握会计的记账基础

◆ 掌握会计等式的运用

**技能训练目标：**

◆ 能够对权责发生制及收付实现制下的收入与费用进行确认

◆ 能够运用六大会计要素对一般经济事项进行区分

◆ 能够运用会计等式对一般经济事项进行解释

**课程思政目标：**

◆ 培养诚信为本、操守为重、坚持准则、不做假账的职业道德

◆ 增强法治意识及依法纳税的意识，培养爱国情怀

## 思政导图

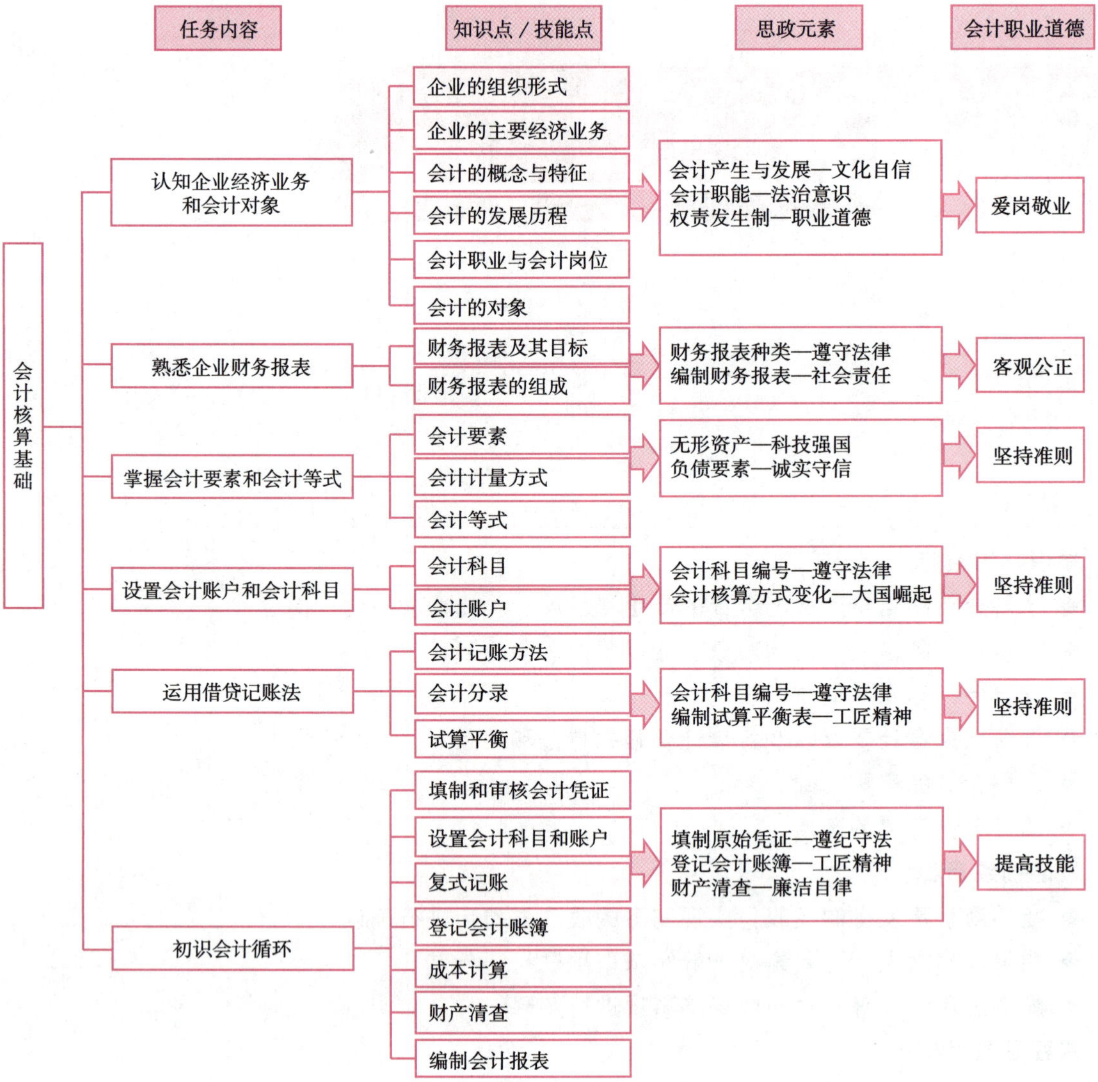


## 项目引例

**表 0－1** **资产负债表**

（适用于已执行新金融准则、新收入准则和新租赁准则的企业）

编制单位：美的集团 2021 年 3 月 31 日 单位：万元

| 资产 | 期末余额 | 年初余额 | 负债及所有者权益 | 期末余额 | 年初余额 |
|---|---|---|---|---|---|
| 流动资产： | | | 流动负债： | | |
| 货币资金 | 8 622 387.00 | | 短期借款 | 1 158 918.70 | |
| 交易性金融资产 | 1 784 702.30 | | 交易性金融负债 | | |
| 衍生金融资产 | 32 986.70 | | 衍生金融负债 | | |
| 应收票据 | 460 922.00 | | 应付票据 | 2 901 523.10 | |
| 应收账款 | 2 638 831.50 | | 应付账款 | 5 840 316.40 | |

续表

| 资产 | 期末余额 | 年初余额 | 负债及所有者权益 | 期末余额 | 年初余额 |
|---|---|---|---|---|---|
| 应收款项融资 | 1 286 888.90 | | 预收款项 | | |
| 预付款项 | 320 899.30 | | 合同负债 | | |
| 其他应收款 | 275 722.30 | | 应付职工薪酬 | 495 655.90 | |
| 存货 | 3 149 663.80 | | 应交税费 | 466 754.90 | |
| 合同资产 | | | 其他应付款 | 427 866.10 | |
| 持有待售资产 | | | 持有待售负债 | | |
| 一年内到期的非流动资产 | | | 一年内到期的非流动负债 | 341 631.30 | |
| 其他流动资产 | 3 823 860.60 | | 其他流动负债 | 5 105 777.60 | |
| 流动资产合计 | 24 757 343.90 | | 流动负债合计 | 18 784 487.40 | |
| 非流动资产： | | | 非流动负债： | | |
| 发放贷款及垫款 | 95256.10 | | 长期借款 | 4 690 980.10 | |
| 长期应收款 | 93 772.70 | | 应付债券 | | |
| 长期股权投资 | 295 155.30 | | 租赁负债 | 142 256.10 | |
| 其他权益工具投资 | | | 长期应付款 | 183 831.20 | |
| 其他非流动金融资产 | | | 预计负债 | 29 914.70 | |
| 投资性房地产 | 36 625.40 | | 递延收益 | 82 360.70 | |
| 固定资产 | 2 195 543.60 | | 递延所得税负债 | 497 591.40 | |
| 在建工程 | 150 814.10 | | 其他非流动负债 | 69 118.20 | |
| 生产性生物资产 | | | 非流动负债合计 | 5 696 052.40 | |
| 油气资产 | | | 负债合计 | 24 480 539.80 | |
| 使用权资产 | 205 085.20 | | 所有者权益： | | |
| 无形资产 | 1 658 897.90 | | 实收资本（或股本） | 704 768.60 | |
| 开发支出 | | | 资本公积 | 2 334 034.50 | |
| 商誉 | 2 836 522.40 | | 减：库存股 | 1 339 619.80 | |
| 长期待摊费用 | 132 114.00 | | 其他综合收益 | -157 474.60 | |
| 递延所得税资产 | 743 551.80 | | 专项储备 | 1 344.10 | |
| 其他非流动资产 | 1 056 971.10 | | 盈余公积 | 796 636.20 | |
| 非流动资产合计 | 12 160 108.70 | | 一般风险准备 | 58 798.40 | |
| | | | 未分配利润 | 9 354 775.30 | |
| | | | 归属于母公司股东权益合计 | 11 753 262.70 | |
| | | | 少数股东权益 | 683 650.10 | |
| | | | 所有者权益合计 | 12 436 912.80 | |
| 资产总计 | 36 917 452.60 | | 负债及所有者权益总计 | 36 917 452.60 | |

资料来源：美的集团资产负债表．新浪财经。

**表 0－2** **利润表**

编制单位：美的集团 2021 年 3 月 单位：万元

| 项目 | 本年累计数 | 本期金额 |
|---|---|---|
| 一、营业收入 | | 8 301 712.00 |
| 减：营业成本 | | 7 535 465.00 |
| 税金及附加 | | 39 035.60 |
| 销售费用 | | 745 692.50 |
| 管理费用 | | 240 483.90 |
| 研发费用 | | 251 969.40 |
| 财务费用（收益以“－”号填列） | | －96 011.20 |
| 其中：利息费用 | | |
| 利息收入 | | |
| 资产减值损失 | | |
| 信用减值损失 | | |
| 加：其他收益 | | |
| 投资收益（损失以“－”号填列） | | 53 116.70 |
| 其中：对联营企业和合营企业的投资收益 | | 13 635.30 |
| 净敞口套期收益（损失以“－”号填列） | | |
| 公允价值变动净收益（损失以“－”号填列） | | －83 063.20 |
| 资产处置收益（损失以“－”号填列） | | |
| 二、营业利润（亏损以“－”号填列） | | 741 313.60 |
| 加：营业外收入 | | 7 220.40 |
| 减：营业外支出 | | 2 572.00 |
| 三、利润总额（亏损总额以“－”号填列） | | 745 962.00 |
| 减：所得税费用 | | 89 018.30 |
| 四、净利润（净亏损以“－”号填列） | | 656 943.70 |

资料来源：美的集团利润表．新浪财经。

张晓明是金融专业大一新生，怀抱着对专业的热爱，他准备学习一些基本的金融知识。看到这些表格和数据，心中充满疑惑：什么是资产负债表？什么是利润表？两张表格的数据从何而来？如何通过这两张表了解企业的状况？这些问题都将在本书的学习中得到解答。

**【引例分析 0－1】**

## 操作指导

张晓明作为金融专业大一新生，想要看懂财务报表，从中获取有用的会计信息，首先需要了解企业的基本情况，理解财务报表的组成及框架，学习会计要素与会计等式，认识会计账户与会计科目，并能运用借贷记账法，熟悉企业的会计循环，从而能真正掌握财务报表的由来，真正看懂财务报表，分析财务报表，为其他专业课程的学习做准备。

## 项目综合知识

非财会类专业人员要读懂财务报表，首先需要从认知企业及其相关经济业务活动出发，了解会计对象，熟悉企业日常业务的资金运动；理解财务报表的基本构成，特别是资产负债表、利润表和现金流量表；掌握财务报表中涉及的会计要素、会计等式、会计账户和会计科目；运用借贷记账法的基本原理分析财务报表中数据的形成过程；通过会计循环掌握 7 种会计核算的基本方法。

微课：会计基本假设

### 一、会计基本假设

会计基本假设，也称为会计核算的基本前提，是企业会计确认、计量和报告的前提，是进行会计活动的先决条件。

会计核算的基本假设主要是为了让会计实务中出现一些不确定因素时能进行正常的会计业务处理，而对会计领域里存在的某些尚未确知并无法正面论证和证实的事项所作的符合客观情理的推断和假设，是对会计领域某些不确定因素所作的合乎事理的推断。它是确定会计对象、选择会计方法、收集会计数据等的前提条件。由于会计核算是以社会再生产过程中的资金运动作为自己的对象，而这个对象作为经济活动的货币表现，总是处在一定的空间和时间的范畴内，所以进行会计工作，必然会受到由这些事件和空间所构成的各种环境因素的约束和限制。为了适应这种环境进而满足会计核算和监督的需要，人们对那些不需要证明而被会计实践广泛接受的先决条件进行了归纳和总结，作为人们实行会计核算的一种惯例，这种惯例就是会计假设。它为会计人员明确了会计工作为谁服务，提供什么范围的会计信息，核算和监督的企业是否会永远经营下去，会计要用什么作为计量的单位等命题。

我国《企业会计准则》规定，会计核算的基本前提（也称会计基本假设）包括会计主体、持续经营、会计分期和货币计量。

#### （一）会计主体

进行会计核算，首先要明确其核算的空间范围，即为谁记账。会计主体假设是指假设会计所核算的是一个特定的企业或单位的经济活动，而不是漫无边际的。尽管现代企业归投资者所有，但企业的会计核算不包括该企业投资者或债权人的经济活动，或其他单位的经营活动。一般地，经济上独立或相对独立的企业、公司、事业单位等都是会计主体。

会计主体是财务会计的基本假设或基本前提之一。要开始会计工作，首先应当明确会计主体，即明确会计人员的立足点，解决为谁记账、算账、报账的问题。会计人员只为特定的会计主体记账并编制会计报表。每一会计主体不仅与其他会计主体相区别，而且独立于其本身的所有者之外。会计所反映的是一个特定会计主体的经济业务，而不是该会计主体的所有者的财务活动。从理论上说，会计主体的规模并无统一的标准，而是可大可小。它可以是一个独立核算的经济实体，一个独立的法律个体；也可以是不进行独立核算的内部单位、组织，一个非法律个体；还可以是由两个或两个以上的法律个体组成的集团，如由母公司和其子公司组成的企业集团。应当注意的是，会计主体与法律主体并非对等的概念，法人可作为会计主体，但会计主体不一定是法人。

### （二）持续经营

动画：持续经营

持续经营是假设企业正常的生产经营活动能永远地进行下去，即在可以预见的将来，企业不会倒闭。这虽然是一假设，但基本符合人们的思维习惯，也有利于企业组织会计核算工作。持续经营前提的主要意义在于：它可使会计原则建立在非清算基础之上，从而为解决很多常见的资产计价和收益确认问题提供了基础。如果说会计主体是一种空间界定，持续经营则是一种时间上的界定。

例如，企业以 15 万元购进了一台设备，预计可用 5 年，每年可为企业带来收入 4 万元。按持续经营假设，企业正常的生产经营活动能长期进行下去，即在可以预见的 5 年内不会破产。因此，这投入的 15 万元可分 5 年收回，每年承担 3 万元，因而，该设备每年可赚 1 万元。但如果没有这样的假定，则会计核算就无法正常进行了。如设想企业可能 4 年后破产，则该设备必须在 4 年内收回，每年需承担 3.75 万元。这样，每年就只有 0.25 万元的利润了；而企业也可能只能正常经营 3 年，则每年要承担 5 万元，这样，每年亏损 1 万元。

注意，我们这里没有考虑企业破产后设备还能变卖的价值。可见，如果没有持续经营这一假定，会计就没有确定的时间范围，就无法进行核算。同样，也就无法组织生产经营活动，如采购材料、产品的各项投资等都不能正常进行。持续经营假设，为会计核算明确了时间范围，从而使会计核算有一个稳定的基础。

### （三）会计分期

动画：会计分期

一个会计主体在持续经营的情况下，其经济活动是循环往复的。为了及时提供决策和管理所需要的信息，在会计工作中，人为地在时间上把连续不断的企业经营活动及其结果用起止日期加以划分，形成会计期间，这就是会计分期的假设。

我国《企业会计准则》规定：会计期间一般应从公历 1 月 1 日开始，12 月 31 日结束，又称会计年度。其目的是据此结算盈亏，按期编报财务会计报告，从而及时向各方面提供有关企业财务状况、经营成果和现金流量的信息。会计期间分为年度、半年度、季度和月度。年度、半年度、季度和月度均按公历起讫日期确定。半年度、季度和月度均称为会计中期。最常见的会计分期是一年，即会计年度。按年度编制的财务会计报告也称为年报。由于会计分期，才产生了当期与其他期间的差别。从而出现了权责发生制和收付实现制的区别，进而出现了应收、应付、递延、预提、待摊等一系列会计处理方法。

小贴士

**世界各国常用的会计年度举例**

（1）采用公历年制（1～12月）的有德国、俄罗斯、巴西等。

（2）采用本年4月～次年3月制的有日本、丹麦、加拿大、英国等。

（3）采用本年7月～次年6月制的有澳大利亚、瑞典、孟加拉国、菲律宾、埃及等。

（4）采用本年10月～次年9月制的有美国、缅甸、泰国等。

### （四）货币计量

货币计量是指企业在会计核算中要以货币为主要的计量单位，记录和反映企业生产经营过程和经营成果。货币计量同时以币值不变为前提条件，即在正常的会计处理和会计报表中不考虑币值变动因素影响。在我国，会计核算以人民币为记账本位币，业务收支以外币为主的企业，也可以选定某种外币作为记账本位币，但编制的会计报表应当折算为人民币反映。境外企业向国内有关部门编报会计报表，应当折算为人民币反映。货币计量假设还包括币值不变这一假定，即假定企业在不同时期的每一单位货币或同量货币具有完全相同的价值。

动画：货币计量

会计核算的四项基本前提具有相互依存、相互补充的关系。会计主体确立了会计核算的空间范围，持续经营与会计分期确立了会计核算的时间范围，而货币计量则为会计核算提供了必要手段。没有会计主体，就不会有持续经营；没有持续经营，就不会有会计分期；没有货币计量，就不会有现代会计。

## 二、记账基础

会计记账基础是指在会计确认、计量和报告中，对会计事项进行会计处理时采用的标准。在会计主体的经济活动中，经济业务的发生和货币的收支不是完全一致的，即存在着现金流动与经济活动的分离。由此而产生两个确认和记录会计要素的标准，一是以取得收款权利、付款责任作为记录收入或费用的依据，称为权责发生制；二是根据货币收支是否作为收入确认以及费用确认和记录的依据，称为收付实现制。

### （一）权责发生制

权责发生制原则亦称应计基础、应计制原则，是以权利和责任的发生来决定收入和费用归属期的一项原则。在我国，企业会计核算采用权责发生制，是指以实质收到现金的权利或支付现金的责任即权责的发生为标志来确认本期收入和费用及债权和债务，即收入按现金收入及未来现金收入——债权的发生来确认；费用按现金支出及未来现金支出——债务的发生进行确认，而

动画：权责发生制与收付实现制

不是以现金的收入与支付来确认收入费用。按照权责发生制原则，凡是本期已经实现的收入和已经发生或应当负担的费用，不论其款项是否已经收付，都应作为当期的收入和费用处理；凡是不属于当期的收入和费用，即使款项已经在当期收付，都不应作为当期的收入和费用。因此，权责发生制属于会计要素确认计量方面的要求，它解决收入和费用何时予以确认及确认多少的问题。

权责发生制主要是从时间上规定会计确认的基础，其核心是根据权责关系的实际发生期间来确认收入和费用。根据权责发生制进行收入和成本、费用的核算。能够更加准确地反映特定会计期间真实的财务状况和经营成果。

权责发生制的优点是：可以正确反映各个会计期间所实现的收入和为实现收入所应负担的费用，从而可以把各期的收入与其相关的费用、成本相配合，加以比较，正确确定各期的财务成果。其缺点是：实务处理烦琐。因为企业不可能在日常的会计工作中对每项经济业务都按权责发生制来记录，因而就需要在期末按权责发生制的要求进行账项调整。绝大多数企业采用这一基础进行记账。

### （二）收付实现制

收付实现制又称现金制或实收实付制，是以款项的实际收付为标准来处理经济业务，确定本期收入和费用，计算本期盈亏的会计处理基础。采用收付实现制，以现金收到或付出为标准，来记录收入的实现或费用的发生。凡在本期实际以现款付出的费用，不论其应否在本期收入中获得补偿均应作为本期应计费用处理；凡在本期实际收到的现款收入，不论其是否属于本期均应作为本期应计的收入处理；反之，凡本期还没有以现款收到的收入和没有用现款支付的费用，即使它归属于本期，也不作为本期的收入和费用处理。

采用收付实现制的优点是：会计记录直观，便于根据账簿记录来量入为出；会计处理简便，不需要对账簿记录进行期末账项调整。其缺点是：收付实现制这种确认本期收入、费用的方法不符合配比原则的要求。不能正确计算各期损益。因而，可适用于各级人民政府的财务会计、行政单位会计和不实行成本核算的事业单位会计。

收付实现制是目前我国行政单位会计所采用的记账基础，它是以收到或支付的现金作为确认收入和费用的依据。

事业单位会计核算一般采用收付实现制；事业单位部分经济业务或者事项，以及部分行业事业单位的会计核算采取权责发生制核算的，由财政部在相关会计制度中具体规定。

# 模块一　认知企业经济业务和会计对象

## 任务描述

认知企业及企业类型，了解会计的产生与发展及会计的含义，熟悉企业资金运动的过程，熟知会计职业设立的岗位及其职能。

## 知识准备

### 一、企业的组织形式

根据市场经济的要求，现代企业的组织形式按照财产的组织形式和所承担的法律责任划分。国际上通常分为：个人独资企业、合伙企业和公司制企业。

#### （一）个人独资企业

个人独资企业是由一个自然人投资，财产为投资人个人所有，投资人以其个人财产对企业债务承担无限责任的经营实体。

（1）企业的建立与解散程序简单。

（2）经营管理灵活自由。企业主可以完全根据个人的意志确定经营策略，进行管理决策。

（3）企业主对企业的债务负无限责任。当企业的资产不足以清偿其债务时，企业主以其个人财产偿付企业债务。有利于保护债权人利益，但独资企业不适宜风险大的行业。

（4）企业的规模有限。独资企业有限的经营所得、企业主有限的个人财产、企业主一人有限的工作精力和管理水平等都制约着企业经营规模的扩大。

（5）企业的存在缺乏可靠性。独资企业的存续完全取决于企业主个人的得失安危，企业的寿命有限。在现代经济社会中，独资企业发挥着重要作用。

#### （二）合伙企业

合伙企业是指由各合伙人订立合伙协议，共同出资，共同经营，共享收益，共担风险，并对企业债务承担无限连带责任的营利性组织。通常，合伙人是两个或两个以上的自然人，有时也包括法人或其他组织。

此外，《合伙企业法》规定每个合伙人对企业债务承担无限连带责任。每个合伙人都可能因偿还企业债务而失去其原始投资以外的个人财产。如果一个合伙人无力偿还其应分担的债务，其他合伙人须承担连带责任，即有责任替他偿还债务。法律还规定合伙人转让其所有权时需要取得其他合伙人的同意，有时甚至还需要修改合伙协议，因此其所有权的转让比较困难。

### （三）公司制企业

动画：企业组织形式的选择

公司制企业是指按照法律规定，由法定人数以上的投资者（或股东）出资建立、自主经营、自负盈亏、具有法人资格的经济组织。我国目前的公司制企业有有限责任公司和股份有限公司两种形式。

有限责任公司，简称有限公司，中国的有限责任公司是指根据《中华人民共和国公司登记管理条例》规定登记注册，由 50 个以下的股东出资设立，每个股东以其所认缴的出资额为限对公司承担有限责任，公司法人以其全部资产对公司债务承担全部责任的经济组织。

在有限责任公司中，董事和高层经理人员往往具有股东身份，使所有权和管理权的分离程度不如股份有限公司那样高。有限责任公司的财务状况不必向社会披露，公司的设立和解散程序比较简单，管理机构也比较简单，比较适合中小型企业。

股份有限公司是指以公司资本为股份所组成的公司，股东以其认购的股份为限对公司承担责任的企业法人。我国《公司法》规定，设立股份有限公司，应当由 2 人以上 200 人以下为发起人，注册资本的最低限额为人民币 500 万元。其主要特征是：公司的资本总额平分为金额相等的股份；股东以其所认购股份对公司承担有限责任，公司以其全部资产对公司债务承担责任；每一股有一表决权，股东以其持有的股份，享受权利，承担义务。

公司制企业有如下特点：

（1）股东负有有限责任；

（2）股份可转让，流动性好；

（3）可以募集大量资金；

（4）公司有独立的存在期限；

（5）管理较科学，效率较高；

（6）创办手续复杂，费用高；

（7）保密性差，财务状况比较透明；

（8）政府的限制较多；

（9）社会负担重，要承担双重税负。

**【引例分析 0－2】**

## 操作指导

根据【项目引例】中所列示的美的集团公司，在网络上搜索该公司官方网址的基本信息可知：美的集团（SZ. 000333）是一家集消费电器、暖通空调、机器人与自动化系统、智能供应链、芯片产业、电梯产业的科技集团，为公司制企业。1968 年成立于中国顺德，现总部位于广东顺德北滘新城内，在世界范围内拥有约 200 家子公司、60 多个海外分支机构及 10 个战略业务单位，同时为德国库卡集团主要股东（约 95%）。美的集团的业务包括以厨房家电、冰箱、洗衣机及各类小家电为主的消费电器业务；以家用空调、中央空调等供暖及通风系统为主的暖通空调业务；以德国库卡集团、美的机器人公司等为核心的机器人及工业自动化系统业务；以安得智联为集成解决方案服务平台的智能供应链业务；美仁半导体公司的芯片业务。2013 年 9 月 18 日，美的集团在深交所上市。2015 年 7 月 4 日，美的集团旗下的全球最大的空调压缩机企业 GMCC 美芝公司与威灵电机公司整合为美的“部品事业部”。2016 年，美的集团首次进入《财富》世界 500 强名单第 481 位，2020 年位列第 307 位。

## 二、企业的主要经济业务

### （一）筹资业务

企业组织商品运动，必须以一定的资金为前提。也就是说，企业从各种渠道以各种形式筹集资金，是资金运动的起点。所谓筹资是指企业为了满足投资和用资的需要，筹措和集中所需资金的过程。在筹资过程中，一方面，企业要确定筹资的总规模，以保证投资所需要的资金；另一方面，要通过筹资渠道、筹资方式或工具的选择，合理确定筹资结构，以降低筹资成本和风险。

微课：企业经济业务及资金运动

整体上看，任何企业都可以从两方面筹资并形成两种性质的资金来源：一是企业自有资金；二是企业债务资金。

企业自有资金是通过向投资者吸收直接投资、发行股票、企业内部留存收益等方式取得，其投资者包括国家、法人、个人等。所有者向公司注入资金，同时收取证明其所有权的凭证。若企业以公司的形式存在时，普通股的股份就是所有权的证明，此时，所有者被称为股东或持股人。公司无须在某个确定的日期向所有者偿还投资的本金。但它有可能会在某一时期向股东分配一定的利润，称为股利。只有当公司决定分配股利时，所有者才能得到股利。另外，所有者有权要求公司通过未来的营利性经营活动增加公司的价值。

企业债务资金是企业通过向银行借款、发行债券、应付款项等方式取得。债权人与所有者不同，债权人提供的资金要求企业在未来的某个具体日期还本并支付利息。长期债权人提供的资金，可以在较长一段时间后归还，可能是 3 年、5 年甚至是 20 年，债券就属于这一类借款；银行提供的贷款为期几个月到几年不等。一般而言，企业借债的时间越长，利率越高，所需支付的利息就越多。如果原材料供应商销售了原材料，买方却没有立即付款，他们无形中也在向公司提供资金。同样的道理，应付未付公司员工的薪酬，实际上就是公司对员工资金的占用。

企业筹集资金，表现为企业资金的流入。企业偿还借款、支付利息、股利以及付出各种筹资费用等，则表现为企业资金的流出。这种因为资金筹集而产生的资金收支，便是由企业筹资而引起的财务活动。

### （二）投资业务

公司筹得资金后，通常需要将资金进行投资，以开展业务活动，谋求最大的经济效益。企业投资可以分为狭义投资和广义投资两种：狭义的投资仅指对外投放资金的过程（如投资购买其他企业的股票、债券或与其他企业联营等）。广义的投资是指企业将筹集的资金投入使用的过程，包括企业内部使用资金的过程（如购置固定资产、无形资产等）以及对外投放资金的过程。无论是对内投资还是对外投资，其实质上都是企业将资产让渡给其他单位以获得另一项资产的行为。

对生产经营型企业而言，对内投资应该是企业投资的重点和基本方向。对内投资的主要表现形式有：

（1）土地、房屋及建筑物和设备。这些投资为公司提供了生产和销售产品的能力，但往往数额较大，周期较长，风险较高，在较长一段时间内对企业产生影响。

（2）专利、商标、许可证和其他契约权利。这些投资使公司拥有了使用特定专有权或特定工艺来开展企业活动的权利。

（3）存货。为了满足客户的购买需求，企业必须维持一定的材料、产成品等存货以供销售。通常企业不会刻意长期投资于某一特定的存货项目，但是企业必须备有基本的存货量，以避免缺货造成的损失。

在对外投资中，联营投资和以控股或介入被投资企业生产经营活动为主要目的的投资通常占主要地位，这类投资是企业对内投资活动的延伸，是企业以兼并或收购的形式扩大自身经营活动范围的表现。以获取高额股利、利息或证券增值收益为目的的投资通常不是生产经营型企业的投资主流或重点。对外投资的主要表现形式：普通股或其他公司的债券。企业通过购买股票或其他公司的债券从而成为所有者或债权人之一。企业持有这些证券资产也许为期不过数月，也可能长期持有，如确保原材料来源或进入一个新兴的技术行业。

无论企业购买内部所需资产，还是购买各种证券，都需要支付资金。而当企业变卖其对内投资形成的各种资产或收回其对外投资时，则会产生资金的收入。这种因企业投资而产生的资金的收付，便是由投资而引起的财务活动。

### （三）经营业务

企业在日常经营过程中，获得资金并将资金分配给各种资源以获取经济利益。企业的经营业务主要包括：

（1）采购业务，是指通过交换获取物料和服务的购买行为，为企业经营在合适的时间、地点、价格获取质量、数量合适的资源。生产制造企业的采购部门通常采购生产所需的原材料等，商业企业采购部门则采购可直接用于销售的商品。

（2）生产业务。生产过程是指企业从原材料的投入开始到产品产出为止的全过程。制造企业的生产部门将原材料、劳动力以及其他辅助材料结合，生产产品或产出产品。服务企业将人工服务与其他要素相结合创造产品。

（3）营销业务，是指通过各种销售手段把产品提供给需要的客户。

（4）管理业务。管理是指通过计划、组织、指挥、协调、控制及创新等手段，结合人力、物力、财力、信息等资源，以期高效地达到组织目标的过程。公司的管理活动可以给采购、生产、营销和其他经营部门提供支持。管理活动主要包括数据加工、法律服务、研发和其他支持服务。

企业在日常经营中，会发生一系列的资金收付。首先，企业要购买材料或商品，同时还要支付工资和其他营业费用；其次，当企业把产品或商品售出后，便可取得收入、收回资金。这些方面都会产生企业资金的收付，也就是因企业经营而引起的财务活动。

## 三、会计的概念与特征

### （一）会计的概念

会计是以货币为主要计量尺度（在中国是以“元”作为主要计量单位），运用专门的方法，核算和监督一个单位经济活动的一种经济管理工作。其中，单位是国家机关、社会团体、企业、事业单位和其他组织的统称。本书主要以《企业会计准则》为依据介绍企业经济业务的会计处理。

动画：轻松秒懂会计

目前，会计已经成为现代企业一项重要的管理工作。企业的会计工作主要是通过一系列会计程序，对企业的经济活动和财务收支进行核算和监督，反映企业财务状况、经营成果和现金流量，反映企业管理层受托责任履行情况，为会计信息使用者提供决策有用的信息，并积极参与经营管理决策，提高企业经济效益，促进市场经济的健康有序发展。

### （二）会计的基本特征

1. 会计以货币为主要计量尺度

会计要反映和监督会计内容，需要运用多种计量尺度，包括实物尺度（如千克、吨、件等）、劳动尺度（如工时、工日等）和货币尺度，但以货币尺度为主，在中国是以“元”作为主要计量单位。实物尺度和劳动尺度能够具体反映各项财产、物资的增减变动和生产过程中的劳动消耗，对核算和经济管理都是必要的，但这两种尺度都不能综合反映会计的内容。因此，会计以货币作为综合计量尺度，通过会计的记录可以全面地、系统地反映和监督企业、行政单位和事业单位的财产物资、财务收支、生产过程中的劳动消耗和成果，并计算出最终财务成果。

2. 会计核算具有完整性、连续性和系统性

会计对经济业务的核算必须是完整、连续和系统的。所谓完整是指会计核算对属于会计内容的全部经济业务都必须加以记录，不允许遗漏其中的任何一项。所谓连续是指对各种经济业务应按其发生的时间，顺序地、不间断地进行记录和核算。所谓系统是指对各种经济业务要进行分类核算和综合核算，并对会计资料进行加工整理，以取得系统的会计信息。

3. 会计本质上是一种经济管理活动

会计的本质就是一项经济管理活动，它属于管理范畴。会计的基本职能就是对企业的经济活动进行核算和监督，为企业经济管理提供各种数据资料，办理账务业务，对外报送会计报表，通过各种方式参与事前经营预测、决策，对经济活动进行事中控制、监督，开展事后分析、检查。会计无论过去、现在或将来，它都是人们对经济进行管理的活动。

## 四、会计的发展历程

会计作为一项记录、计算和考核收支的工作，在公元前1000年左右就出现了。最初的会计只是作为生产职能的附带部分，然后经历了古代会计、近代会计和现代会计三个发展阶段。一方面，生产活动创造物质财富，取得一定的劳动成果；另一方面，劳动耗费包括人力、物力、财力的耗费。在一切社会形态中，人们进行生产活动时，总是力求以尽可能少的劳动耗费，取得尽可能多的劳动成果，做到所得大于所费，提高经济效益。为此，就必须在不断改革生产技术的同时，采用一定方法对劳动耗费和劳动成果进行记录及计算，并加以比较和分析，这就产生了会计。

### （一）古代会计阶段

早在原始社会，随着社会生产力水平的提高，人们捕获的猎物及生产的谷物等便有了剩余，人们就要计划食用或进行交换，这样就需要进行简单的记录和计算。但由于文字没有出现，所以只好“绘图记事”，后来发展到“结绳记事”“刻石记事”等方法。这些原始的简单记录，就是会计的萌芽。随着生产的进一步发展，科技的进步，劳动消耗和劳动成果的种类不断增多，出现了大量的剩余产品，会计逐渐“从生产职能中分离出来，成为特殊的、专门委托的当事人的独立的职能”。

### （二）近代会计阶段

从单式记账法过渡到复式记账法，是近代会计的形成标志，即15世纪末期，意大利数学家卢卡·帕乔利有关复式记账论著的问世，标志着近代会计的开端。在经济活动更加复杂，生产日益社会化，人们的社会关系更加广泛的情况下，会计的地位和作用，会计的目标，会计所应用的原则，方法和技术都在不断发展，变化并日趋完善，并逐步形成自身的理论和方法体系。另外，科学技术水平的提高也对会计的发展起了很大促进作用。现代数学，现代管理科学与会计的结合，特别是电子计算机在会计数据处理中的应用，使会计工作的效能发生了很大变化，它扩大了会计信息的范围，提高了会计信息的精确性和及时性。

### （三）现代会计阶段

自20世纪50年代起，资本竞争的加剧促使股份公司得到很快的发展，股份公司是以资本的所有权和经营权相分离为主要特征，基于对外报告及对内管理的需求，财务会计与管理会计相分离，这标志着现代会计的产生。同时出现了诸如“绿色会计、社会经济责任审计、管理会计”等会计新领域。21世纪，随着计算机等先进技术手段的普及，互联网在全球的飞速发展，网络会计已成为重要的会计发展方式，不但改变了传统会计的工作方式，还对会计工作规则和会计工作流程产生了重要影响，使会计工作朝着网络化、高效化的方向发展。同时，国际性的跨国公司越来越多，这种国际性企业组织的投资人、债权人遍及世界的各个角落，必然要求为企业提供信息服务和为投资人、债权人提供经济信息的会计迅速适应这种新的变化，这样在客观上就加速了会计实务和会计原则的国际化趋势。

在学术研究领域，最早提出“云会计”概念的当属程平教授提出的“云会计＝云计算＋会计”，这个定义是信息领域的应用迁移，将各软件厂商定义的云会计信息系统“创造性”地简化为“云会计”。程平在“云会计”概念提出的基础上将定义详细阐述为：云会计可定义为构建于互联网上，并向企业提供会计核算、会计管理和会计决策服务的虚拟会计信息系统。当前，在大数据、智能化、移动互联网、云计算、物联网、区块链等信息技术的引领下，会计也在不断变革，财务机器人、财务共享、大数据会计、Python 财务应用、区块链财务等应用越来越普遍。因此，现代会计对会计信息化、规范化、法治化、国际化的要求越来越高。

动画：财务机器人

案例：中兴通讯10年财务共享服务历程

经济越发展，会计越重要，会计由远而近、由古至今的发展历程，充分体现了会计的发展与经济的发展相适应、相一致的历史规律。会计正是在遵循这个规律的过程中，其理论日渐成熟，其方法和技术也得到了巨大的改进和完善，从而成为一门具有蓬勃生命力的应用型学科。

小贴士

**“会计”的来源**

“会计”一词，远在大约公元前1100年到公元前770年之间的西周时代就已经出现了，《周礼·天官》记载：“司会掌邦之六典，八法，八则……而听其会计。”“司会主天下之大计，计官之长，是以参互考日成、月要考月成、岁会考岁成之事。”是以每月零星盘算为“计”，一年总盘算为“会”，两者合在一起即成“会计”，成为总核算与零星核算的一个综合体。据史书记载，我国古代有为王朝服务的会计，有专职官吏专司其事。春秋时期的孔子就曾经当过管理粮仓的委吏。

## 五、会计职业与会计岗位

### （一）会计职业

会计职业广义指整个会计行业，狭义指具备职业资格的会计师群体。从职业行为上看与有些职业存在着一定的差异，会计职业所要维护的利益是广泛的，主要有股东、债权人、监管部门、客户以及其他利益关系者，都力图对会计职业施加影响来维护自己的利益。

动画：会计职业

对从事具体会计工作的会计职业者，按职业立场标准可以分为企业会计师和注册会计师。

企业会计师指具有一定会计专业水平，经考核取得证书、可以从事会计专业相关工作，如接受当事人委托，承办有关审计、会计、咨询、税务等方面业务的会计人员。按照我国对会计专业技术职称的管理办法，企业会计师分为初级会计师、中级会计师和高级会计师。要获取这些职称，需要参加相应的考试，初级会计师需要考核“初级会计实务”“经济法基础”两门课程；中级会计师需要考核“中级会计实务”“财务管理”“经济法”三门课程；高级会计师实施考评结合，考试需要通过“高级会计实务”课程，同时还需满足高级会计师的各种评审条件。

动画：CPA

注册会计师是指通过注册会计师执业资格考试并取得注册会计师证书在会计师事务所执业的人员，英文全称 Certified Public Accountant，简称 CPA，从事社会审计、中介审计、独立审计的专业人士。如要取得注册会计师证书需要参加注册会计师考试，考试分为专业阶段考试和综合阶段考试。只有通过专业阶段考试的全部科目后，才能参加综合阶段考试。专业阶段考试科目有《会计》《审计》《财务成本管理》《公司战略与风险管理》《经济法》《税法》6 个科目，综合阶段考试科目是职业能力综合测试。

**课程思政案例**

### “内资第一会计师事务所”轰然崩塌

2021 年 2 月 9 日，北京市注册会计师协会近日发布公告，同意瑞华会计师事务所（特殊普通合伙）撤销党委，原所属党员组织关系全部转入北京国富会计师事务所（特殊普通合伙）党委。

2019 年，康得新巨额财务造假案震惊行业，瑞华事务所由此走上不归路。根据证监会通报，康得新涉嫌在 2015 年至 2018 年期间，通过虚构销售业务等方式虚增营业收入，并通过虚构采购、生产、研发费用、产品运输费用等方式虚增营业成本、研发费用和销售费用。通过上述方式，康得新共虚增利润总额达 119 亿元。随后作为康得新公司的年审机构，瑞华会计师事务所于 2019 年 7 月被证监会立案调查，至 2021 年 5 月，该所旗下 IPO 项目全部被终止。瑞华会计师事务所曾连续 4 年获得中注协综合评价国内所第一名，如今分所相继注销、已至处于无上市公司可审的窘境。瑞华的没落始于康得新财务造假，它作为康得新年审机构，在康得新造假期间，连续 3 年为其出具了“标准无保留意见”。一直到 2018 年，康得新深陷债务危机，瑞华才没有继续给康得新背书，而是出具了“无法表示意见”的审计报告。但一切为时已晚，瑞华因作为康得新 2015 年至 2018 年 4 年年报的审计机构，明显未履行勤勉尽责的义务，未起到上市公司“看门人”的作用。此前，瑞华已经被证监会 7 次行政处罚，却未引起事务所足够的重视，在康得新事件上及时自查自纠，最终成为“压死骆驼的最后一根稻草”。

深圳市注协秘书长刘雪生表示：从这一点可以看出来，我们事务所是要把信誉看得比生命还重要，如有一单审计失败案件，可能整个客户、社会、资本市场都不认可，政府也不认可，你就没办法生存了。

问题：根据本案例，谈谈你对“诚信为本、操守为重、坚持准则、不做假账”的理解。

分析提示：党的二十大报告提出，要构建高水平社会主义市场经济体制，完善产权保护、市场准入、公平竞争、社会信用等市场经济基础制度，优化营商环境；要弘扬诚信文化，健全诚信建设长效机制。

“诚信为本、操守为重、坚持准则、不做假账”是会计人员的基本职业道德和行为准则。会计工作的根本要求是一个“真”字，要求会计数据真实、可靠、可信，绝不可弄虚作假。真实、可靠的会计信息是企业科学管理和政府宏观经济决策的依据；虚假的会计信息必然造成决策失误，经济秩序混乱。

信用是会计事业的生命线，立信乃会计之本。没有信用也就没有会计，如果一个人失去信用，就会弄虚作假，徇私舞弊，以致身败名裂，更为严重的会危害他人，给社会和国家造成不可估量的损失。所以，身为会计人员应当始终如一地使自己的行为保持良好的信誉，对自己的行为负责，决不为一己之利、眼前之利而丧失道德操守，应努力使自己成为一个既有精深会计技能，又有高尚道德情操的会计人。

## （二）会计岗位

1. 企业会计岗位设置

企业应根据自身规模大小、业务量多少等具体情况来合理设置会计岗位。一般而言，大中型企业财务分工比较细，往往单独设置理财经理与会计经理分别负责财务管理工作与会计核算工作。财务主管下设财务预算、财务分析、投融资、出纳等岗位。会计主管下设材料核算、资产核算、薪酬核算、税务核算、资金核算、销售核算、成本核算、总账报表等会计岗位。有些企业没有单独设置财务管理部门，其财务管理工作往往由某些会计岗位来兼任，如财务分析工作一般由总账报表会计兼任，投融资工作则由资产核算会计和资金核算会计来兼任。小型企业因业务量较少，应适当合并减少岗位设置。例如，可设置出纳、总账报表和明细分类核算等会计岗位。企业会计岗位设置如图 0－1 所示。

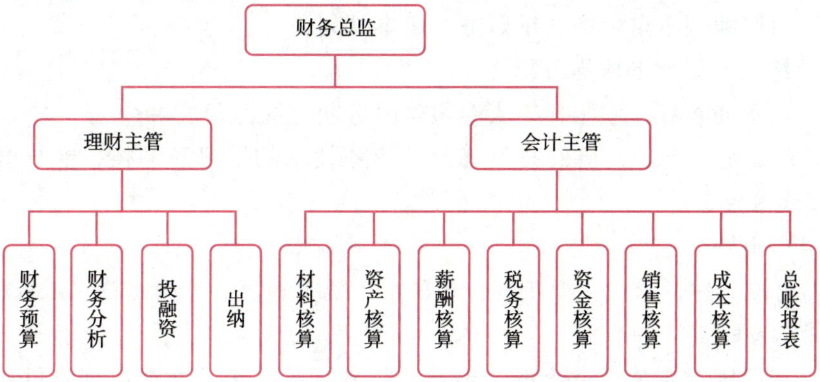


**图 0－1　企业会计岗位设置**

2. 会计的岗位认知

（1）财务总监。

①岗位概述。主持公司财务战略、财务规章制度的制定，组织会计核算、财务管理及内部控制工作，完成企业财务计划。

②岗位职责。

a. 主持制定企业财务管理、会计核算、会计监督、预算管理、内部控制等规章制度和工作程序，经批准后组织实施并监督检查落实情况；

b. 组织领导公司的财务管理、成本管理、预算管理、会计核算、会计监督、审计监察、内部控制等方面的工作；

c. 代表公司与外界有关部门和机构（银行、工商、税务等）联络并保持良好合作关系，维护公司利益；

d. 审查对外报送的财务会计报告。

（2）理财主管。

①岗位概述。负责企业财务管理及各项具体工作的管理，包括财务预算的编制与执行、进行财务分析、融资和投资管理、营运资金管理等工作。

②岗位职责。

a. 制订公司资金运营计划，调度资金，监督资金管理和资金预决算；

b. 筹集公司运营所需资金，保证公司战略发展的资金需求；

c. 对重大投资项目和经营活动的风险评估、指导、跟踪和财务风险控制；

d. 参与公司重要事项的分析和决策，为企业的生产经营、业务发展及对外投资等事项提供财务方面的分析和决策依据。

（3）会计主管。

①岗位概述。负责公司的会计核算工作，具体包括资产核算、成本核算、工资核算、内部财务审计、财务人员的选拔、培训与考核等工作。

②岗位职责。

a. 具体负责单位财务会计工作；

b. 贯彻执行本单位的财务会计制度；

c. 组织编制本单位的各项财务、成本计划；

d. 组织开展财务成本分析；

e. 负责向领导、职工代表大会报告财务状况和经营成果；

f. 负责组织会计人员的政治理论、业务技术的学习和考核，参与会计人员的任免和调动。

（4）出纳。

①岗位概述。出纳主要负责公司的货币资金核算、往来结算、工资核发。

②岗位职责。

a. 按照国家有关现金管理和银行结算制度的规定，办理现金收付和银行结算业务；

b. 严格审核有关原始凭证，根据收付款记账凭证登记库存现金日记账和银行存款日记账；

c. 保管现金和各种有价证券，保证其安全与完整性；

d. 保管有关印章、空白收据（发票）和空白支票。

有些企业出纳人员还承担办理银行账户的开立、变更和撤销业务，协助相关人员办理营业执照、企业代码证和贷款卡年检工作等职责。

拓展阅读

### 出纳工作内部控制要求

(1) 货币资金的收付和保管应由被授权批准的专设出纳人员负责，其他人员不得接触。会计部门内部，总账会计、明细账会计不得兼管出纳工作。

(2) 出纳人员不能同时负责总账的登记与保管。

(3) 出纳人员不能同时负责非货币资金账户的记账工作，即出纳人员不得负责收入、费用、债权债务等账目的登记工作。

(4) 出纳人员应与货币资金审批人员相分离，实施严格的审批制度。

(5) 货币资金的收付和控制、货币资金的收支专用印章不得由一人兼管，即出纳人员不得保管专用于货币资金收付的企业财务专用章。

(6) 出纳人员应与货币资金的稽核人员、会计档案保管人员相分离。

(7) 出纳人员应与负责现金清查的人员和银行对账人员相分离。

(8) 建立出纳人员、专用印章保管人员、会计人员、稽核人员、会计档案保管人员及货币资金清查人员的责任制度。

(5) 材料核算会计。

①岗位概述。负责材料成本以及应付款项的核算。

②岗位职责。

a. 会同有关部门拟定材料物资管理与核算实施办法；

b. 审查采购计划，控制采购成本，防止盲目采购；

c. 负责存货及应付款项的明细核算；

d. 建立往来款项清算手续制度，办理采购款项结算业务；

e. 配合有关部门制定材料消耗定额，编制材料计划成本目录；

f. 参与材料物资的清查盘点，分析储备情况，防止呆滞积压。

(6) 资产核算会计。

①岗位概述。负责企业固定资产、无形资产等长期资产的核算。

②岗位职责。

a. 会同有关部门拟定固定资产的核算和管理办法；

b. 参与编制固定资产的更新改造和大修理计划；

c. 负责固定资产的明细核算和有关报表的编制；

d. 计算提取固定资产折旧；

e. 参与固定资产的清查盘点。

(7) 薪酬核算会计。

①岗位概述。负责核算企业给予员工的各种形式的报酬及其他相关支出。

②岗位职责。

a. 认真执行国家有关职工薪酬方面的政策、法规，会同企业有关部门制定本单位各项职工薪酬的计算、发放、缴纳的具体标准、程序和方法；

b. 根据企业具体规定，组织发放各项职工薪酬；

c. 计提和结算职工薪酬，及时编制有关报表，负责职工薪酬的明细核算；

d. 编制年度职工薪酬计划，定期对计划执行情况进行分析。

（8）税务核算会计。

①岗位概述。负责企业税务发票的领购、保管、开具及认证等涉税工作，核算企业应交各项税费。

②岗位职责。

a. 办理税务登记及变更等有关事项；

b. 办理公司税务方面的缴纳、查对和复核；

c. 办理有关的免税申请及退税冲账等事项；

d. 办理税费的明细分类核算；

e. 编制税务报表及有关分析报告。

（9）资金核算会计。

①岗位概述。负责公司资金筹集和偿还相关的会计核算。

②岗位职责。

a. 拟定资金管理和核算办法；

b. 编制资金收支计划；

c. 负责资金筹集及偿还的明细分类核算；

d. 负责企业各项投资的明细分类核算。

（10）销售核算会计。

①岗位概述。负责企业销售及应收款项的核算。

②岗位职责。

a. 编制销售收入计划；

b. 建立往来款项清算手续制度，办理销售款项结算业务；

c. 负责销售及应收款的明细核算；

d. 负责编制收入报表；

e. 按照规定的方法和比例提取坏账准备金并进行账务处理。

（11）成本核算会计。

①岗位概述。负责企业产品成本和期间费用的控制、核算和分析工作。

②岗位职责。

a. 严格遵守国家和公司的成本开支范围和费用开支标准，结合企业生产经营特点和管理要求，制定成本核算方法；

b. 按照成本核算办法的规定，确定成本核算对象，正确归集、分配生产成本与费用，做到数字准确，内容真实；

c. 根据公司生产经营计划编制成本、费用等计划，并将指标分解落实，确保计划实现；

d. 每月按时编制成本核算凭证及报表，对照成本计划找出成本升降原因，提出降低成本、费用的途径，加强成本管理。

（12）总账报表会计。

①岗位概述。负责企业的年、季、月财务会计报表编制，与各专业会计确保各项会计核算的准确无误，为领导决策和企业经营提供支持。

②岗位职责。

a. 负责记账凭证的汇总、登记总账；

b. 负责对账、结账，编制财务会计报表；

c. 负责财务会计报告的送审、报批，配合中介机构年报的审计工作；

d. 负责管理会计凭证和财务报表。

在不设专职财务分析人员的企业，总账报表会计往往兼任该职，利用财务报表等资料进行财务分析，为改善经营管理、提高决策的科学性和准确性提供财务支持和建议。

“大智移云物区”对会计人员提出了更高的要求，除会计专业知识外，还应掌握数据库、计算机操作、统计分析、高等数学、管理学等知识，还要懂业务、懂法务等，成为高素质的复合型人才，提高信息化处理能力和管理控制水平。德勤、普华永道等会计师事务所财务机器人相继上岗，一定程度上实现了会计核算的自动化、智能化，是财务智能化的有力佐证，未来对于基础的、重复的会计数据进行核算的工作将由机器代替人工，这也对财务会计人员提出了挑战和更高的要求。另外，企业应建立高素质的财务团队，使其具有共享思维、协同思维、智能化思维，以适应现代财务管理模式。

### （三）会计职场环境

会计职场环境就是会计人员在履行会计工作职责时，所必需的法律环境、业务素质、业务技能和工作条件。以影响会计工作职责的内部和外部关系为标准，可以分为内部环境和外部环境。会计职场内部环境主要是指会计工作组织机构、人员分工、管理制度、办公条件等；会计职场外部环境主要是指对会计工作发生直接影响的会计工作法律制度、行政管理规章等。

会计人员是企业重要的管理人员。在企业管理系统中，会计人员的特定职能决定了其特定的地位和作用。会计人员在实际的工作中，负有双重责任，一方面要做好本单位的会计工作，维护本单位的合法利益；另一方面又要严格执行国家的财经法规、会计制度，维护国家、投资者和债权人等多方面的利益，对本单位的财务收支活动进行严格的监督，抵制各种违法行为。会计人员要做好上述工作，要求具有较高的政治素质和较强的业务素质。

**想一想**

张晓明同学在研究美的集团的资产负债表时，很想知道会计报表是企业的什么部门和岗位的人员制作的呢？现在你能解答张晓明的疑问吗？

### （四）会计职业道德与素质

动画：会计职业道德

1. 会计职业道德

我国《会计基础工作规范》根据国情和现有的会计职业道德规范，结合国际上会计职业道德的一般要求，规定了会计人员职业道德的内容为：爱岗敬业、熟悉法规、依法办事、客观公正、提高技能、做好服务。

2. 会计职业素质

会计人员要能够正确履行职责和行使权限，应具备以下四个方面的职业素质。

（1）职业态度方面的素质：要遵纪守法，廉洁奉公，热爱本职工作，遵守职业道德。

（2）职业能力方面的素质：要熟悉国家财经政策和法令，熟悉财经制度，积极钻研会计业务，精通会计专业知识，掌握会计技术方法。

（3）职业纪律方面的素质：要严守法纪，坚持原则，执行会计法规，维护国家、投资者和债权人的利益，抵制一切违法乱纪、贪污盗窃的行为。

（4）职业身心方面的素质：要身体强健、心理健康。

## 六、会计对象

动画：会计对象

会计对象是指会计核算和监督的内容，具体是指社会再生产过程中能以货币表现的经济活动，即资金运动或价值运动。

在市场经济条件下，对社会再生产过程的管理主要以价值为中心，各级管理者广泛利用各种价值指标，对社会再生产过程中的经济活动进行管理。因此，社会再生产过程中发生的、能够用货币表现的经济活动，就构成了会计的一般对象。由此可见，会计对象不是社会再生产过程中的全部经济活动，而是其中能够以货币表现的方面。

由于各单位经济活动的具体内容不同，经济活动、资金运动的方式也不同，具体的会计对象也不一样。如工业企业的主要活动是从事产品生产，为了进行生产经营活动，必须拥有一定的劳动资料、劳动对象和劳动者，劳动者将自己的劳动通过劳动资料作用于劳动对象，生产出劳动产品。其生产经营活动最终要借助价值形态，以货币形式表现出来。这些以货币形式表现的生产经营活动构成了工业企业的资金运动。

资金运动程序可分为资金投入、资金循环与周转（即资金的运用）、资金退出三个基本环节。

（1）资金投入包括企业所有者投入的资金和债权人投入的资金两部分，前者属于企业所有者权益，后者属于企业债权人权益，即负债。

（2）资金循环与周转过程，即工业企业的主要经营过程，是以生产过程为中心的供应、生产和销售的有机结合。工业企业进行生产经营活动，首先要用货币资金去购买生产设备和材料物资为生产过程做准备，然后将其投入企业生产过程中生产出产品，最后将产品对外出售并收回因出售产品而取得的货币资金。这样，工业企业的资金就陆续经过供应过程、生产过程和销售过程，其形态也随之而发生变化。用货币购买生产设备、材料物资时，货币资金转化为固定资金、储备资金；车间生产产品领用材料物资时，储备资金又转化为生产资金；将车间加工完毕的产品验收到成品库后，此时，生产资金又转化为货币资金；将产成品出售又收回货币资金时，成品资金又转化为货币资金。我们把资金从货币形态开始，依次经过储备资金、生产资金、成品资金，最后又回到货币资金这一运动过程称为资金循环，周而复始的资金循环称为资金周转。实际上，企业的生产经营过程是周而复始、不间断、循环地进行的，即企业不断地投入原材料、不断地加工产品、不断地销售产品，其资金也是不断循环周转的。

（3）资金退出包括偿还债务、上缴税金、向所有者分配利润、经法定程序减少资本等。

上述由于资金的投入、运用和退出等经济活动所引起的各项财产物资和资源的增减变动情况及在生产经营过程中各项费用的支出和成本形成情况，就构成了资金运动的静态表现。工业企业的资金周转，标志着企业再生产过程的延续、使千变万化的经济业务呈现规律性变化。

## 七、会计的职能

会计的职能是会计目标的具体化。所谓会计的职能就是会计在经济管理过程中所具有的功能。马克思曾对此作过“会计是对生产过程的控制和观念的总结”的精辟论述。一般而言，人们将“观念的总结”理解为“核算”，将“过程的控制”理解为“监督”。纵观会计发展的历史，可以发现，会计的基本功能就是核算和监督这两个职能。当然，随着经济社会的发展，会计在原有基本职能的基础上又产生了预测经济前景、参与经济决策、评价经营业绩等拓展职能。

微课：会计与会计职能

### （一）基本职能

1. 核算职能

会计核算职能，又称为会计反映职能，是指会计以货币为主要计量单位，对特定主体的经济活动进行确认、计量和报告。

动画：会计职能

会计核算是会计的基本职能之一，其基本内涵是：以货币作为计量单位，运用专门的会计方法，对特定主体的经济活动过程及结果进行连续、系统、全面的记录、计算、分析，定期编制并提供财务会计报告和其他一系列内部管理所需要的会计资料，为有关各方进行决策提供依据。会计核算是会计工作的核心和重点。会计核算职能涉及会计核算的基本要求、具体内容、时间间隔、所使用的记账货币及载体，还有会计核算的方法等一系列内容。

会计核算贯穿于经济活动的全过程，是会计最基本的职能。会计核算的内容主要包括：

（1）款项和有价证券的收付；

（2）财务的收发、增减和使用；

（3）债权、债务的发生和结算；

（4）资本、基金的增减；

（5）收入、支出、费用、成本的计算；

（6）财务成果的计算和处理；

（7）需要办理会计手续、进行会计核算的其他事项。

会计核算职能是会计的首要职能，会计核算要求做到真实、准确、完整、及时和比较。

（1）真实。真实性是对会计信息质量要求的第一原则，是指会计核算应当以实际发生的经济业务为依据，如实反映企业财务状况和经营成果，做到内容真实、数字准确、资料可靠。只有会计核算记录的数字和情况是真实的，才能保证记账、算账、报账是真实的，会计资料才是有用的。真实是会计的生命。会计核算的过程应当如实再现经济活动的全貌。

（2）准确。要求对会计事项的处理是合理、合法的，有关数字的计算是正确的。

（3）完整。要求对企业、事业等单位的生产经营活动和其他活动的各方面或全过程都得到全面的记录、计算和报告，不得有所遗漏。只有会计核算完整，才能为领导、有关单位和群众提供全面、正确的资料，才能为领导做出经营决策，为有关单位制定政策、制订计划，参与和监督经营活动，提供有效的依据。

（4）及时。随着经济业务的发生，要按时进行会计处理，并根据有关规定按时向有关对象报告。及时为单位领导提供会计信息，有利于领导在激烈的市场竞争中做出正确的决策；及时为企业各部门提供会计信息，有利于对生产过程的耗费进行控制，提高经济效益。

（5）比较。是对发生的经济业务从多方面进行比较，作出恰当的估计和判断，做到投入少而产出多。如企业采购材料，销售产品。比较包含在会计核算的过程中，才能发挥会计的应尽之责，会计之于管理的作用才能更好地发挥。人们习惯对一事项所说的合算不合算，就是看是不是经济、节约。可见，比较是会计核算的内核属性之一。

2. 监督职能

会计监督职能，又称会计控制职能，是指对特定主体经济活动和相关会计核算的真实性、合法性和合理性进行监督检查。其基本内涵是指各个单位要在会计活动及会计活动本身的各个环节依据一定的法律、法规、计划进行检查和督促。它包含两层含义：一是会计机构和会计人员对单位经济活动过程的监督；二是对单位会计工作的再监督。

会计监督职能的特点是：

（1）会计监督主要利用价值指标进行经常性的监督，监督的核心是保证会计资料的真实和可靠。

（2）会计监督主要依据法律、法规和制度进行。对企业发生的经济活动可以进行事前、事中和事后的监督。

事前监督是指在经济活动之前，从考核经济效果出发，审核经济活动的计划和方案的合理性，参与经济决策，同时对经济活动合法性予以监督，防止发生违法、违纪的经济活动。

事中监督是指在进行经济活动时，审查各项经济活动是否符合国家有关政策、法规和制度的规定，根据有关计划和预算的要求，揭示存在的问题，纠正不符合法律、法规的做法，提出改进意见，保证各项内部管理制度的实施。

事后监督是指在经济活动发生之后，利用系统的会计信息，进行分析、考核、反馈控制，加强事后的检查、分析和评价，监督经济活动的有效性，更好地为提高经济效益服务。

3. 会计核算与监督职能的关系

上述两项基本会计职能是相辅相成、辩证统一的关系。会计核算是会计监督的基础，没有核算所提供的各种信息，监督就失去了依据；而会计监督又是会计核算质量的保障，只有核算、没有监督，就难以保证核算所提供信息的真实性、可靠性。

### （二）拓展职能

财会部门要依据会计信息和其他有关信息，运用一定的技术方法对企业的价值运动的各个方面的发展趋势或状况进行估计和测算，制定预算、财务计划，考核、分析预算和财务计划的执行情况，并有效地参与拟订经济计划、业务计划和经营决策，安排合理的经济活动，发挥会计的综合管理职能，以提高生产经营和财务收支活动的综合经济效益。会计的拓展职能主要有：预测经济前景、参与经济决策、评价经营业绩。

1. 预测经济前景

预测经济前景是指根据财务会计报告等信息，定量或者定性地判断和推测经济活动的发展变化规律，以指导和调节经济活动，提供经济效益。

2. 参与经济决策

参与经济决策是指根据财务会计报告等信息，运用定量分析和定性分析方法，对备选方案进行经济可行性分析，为企业生产经营管理提供与决策相关的信息。

3. 评价经营业绩

评价经营业绩是指采用适当的方法，比较、判断经营业绩的大小和经济效益的高低。会计是通过定期编制财务报表来揭示企业的财务状况和经营成果的，通过财务报告分析，评价企业经营业绩，肯定成绩，找出差距，提出改进措施，做出各种经济决策。

### （三）职能演变

在“大智移云物区”等新技术的影响下，传统会计的会计职能正发生变化，逐渐向管理职能转型。2014 年财政部发布了《关于全面推进管理会计体系建设的指导意见》，2016 年公布了《管理会计基本指引》，并陆续公布了《管理会计应用指引》，为会计转型提出了指导意见，指导意见提出管理会计要做到业财融合，将企业经营业务与财务会计活动、管理流程有机融合，为企业规划、控制、评价和决策等提供重要支撑。会计不能仅局限于企业记录员的角色，要跳出繁杂的财务基础核算，利用大数据平台，综合人工智能、云计算等新技术，快速实现职能转变，进行信息分析、控制经营活动、支持经营决策、规划发展目标、预测发展前景等，做到解析过去、管理现在、筹划未来，成为业务财务、战略财务、共享财务、数字化财务、智能财务、专业财务。

新技术影响下的会计在企业中的角色将发生彻底的变化，从之前单纯的记录工作转变为参与企业运营管理、决策支持、规划预测、风险防控、监督管理、提高企业竞争力等。

1. 从“会计核算员”到“决策支持者”“管理控制者”

“大智移云物区”背景下，业财一体化是大趋势，传统会计正面临转型升级，会计在企业中不再是单纯的信息记录与核算者，而是向信息分析、控制经营、决策支持、风险防控等职能转变，通过建立智能财务系统、共享平台等发现问题、分析问题、提出解决方案，模拟决策过程和方案，以辅助决策。

2. 从“被动执行者”到“组织协调者”

会计正从“台后”走向“台前”，应积极利用新技术带来的机遇及赋予的管理职责，组织协调各个部门及企业生产资源，进行有效的整合和优化配置，根据各种会计信息带来的预测和规划，发挥各个环节的最大价值，提高企业的整体经济效益。

3. 从“反映过去”到“预测未来”

规划与预测是未来会计的重要职能，预测即会计运用大数据、人工智能等技术提高智能系统的预测能力，通过业财协同，将各个环节的业务流数据录入 AI 技术预测模型，分析数据带来的事件在未来发生的概率，预测对经营结果的影响。

4. 从“资源消耗”到“价值创造、价值增值”

一直以来，会计职能很少涉及价值创造，也很少能找到价值增值的区域，在“大智移云物区”等新技术影响下，会计可以从烦琐的日常核算工作中解脱出来，将更多的时间和资源投入到管理活动中，从会计角度审视企业各个环节的业务活动，对可能存在的问题及具有提升空间的地方提出有价值导向的建议，达到成本控制和价值创造，真正参与到高附加值的企业经营管理决策中。同时可以做到风险预警及风险管理，减少企业可能存在的未来损失，提升企业整体的经营管理水平。

# 模块二　熟悉企业财务报表

## 任务描述

了解企业财务报表及其目标，熟悉财务报表的组成。

## 知识准备

### 一、财务报表及其目标

企业财务报表，是指企业定期编制的综合反映企业某一特定日期的财务状况和某一会计期间的经营成果、现金流量等会计信息的文件。

企业财务报表的目标，是向财务报表使用者提供与企业财务状况、经营成果和现金流量等有关的会计信息，反映企业管理层受托责任履行情况，有助于财务报表使用者做出经济决策。财务报表使用者通常包括投资者、债权人、政府及其有关部门、社会公众等。

动画：轻松秒懂财务报表

### 二、财务报表的组成

一套完整的财务报表至少应当包括资产负债表、利润表、现金流量表、所有者权益（或股东权益）变动表以及附注。资产负债表、利润表和现金流量表分别从不同角度反映企业的财务状况、经营成果和现金流量。

微课：企业财务报告

资产负债表，是反映企业在某一特定日期的财务状况的会计报表。资产负债表一般由表头、表体两部分组成。表头部分应列明报表名称、编制单位名称、资产负债表日、报表编号和计量单位；表体部分是资产负债表的主体，列示了用以说明企业财务状况的各个项目。资产负债表的表体格式一般有两种：报告式资产负债表和账户式资产负债表。报告式资产负债表是上下结构，上半部分列示资产各项目，下半部分列示负债和所有者权益各项目。账户式资产负债表是左右结构，左边列示资产各项目，反映全部资产的分布及存在状态；右边列示负债和所有者权益各项目，反映全部负债和所有者权益的内容及构成情况。无论采取什么格式，资产各项目的合计一定等于负债和所有者权益各项目的合计。

利润表，是反映企业在一定会计期间的经营成果的会计报表。通过利润表，可以反映企业在一定会计期间收入、费用、利润（或亏损）的金额和构成情况，为财务报表使用者全面了解企业的经营成果、分析企业的获利能力及盈利增长趋势、做出经济决策提供依据。利润表一般由表头、表体两部分组成。表头部分应列明报表名称、编制单位名称、编制日期、报表编号和计量单位。表体部分为利润表的主体，列示了形成经营成果的各个项目和计算过程。利润表的结构有单步式和多步式两种。单步式利润表是将当期所有的收入列在一起，所有的费用列在一起，然后将两者相减得出当期净损益。多步式利润表通过对当期的收入、费用、支出项目按性质加以归类，按利润形成的主要环节列示一些中间性利润指标，分布计算当期净损益，以便财务报表使用者理解企业经营成果的不同来源。

现金流量表，是反映企业在一定会计期间的现金及现金等价物流入和流出的会计报表。通过现金流量表，可以概括反映经营活动、投资活动和筹资活动对企业现金流入流出的影响，对于评价企业的实现利润、财务状况及财务管理，要比传统的利润表提供更好的基础。

所有者权益变动表，是反映构成所有者权益各组成部门当期增减变动情况的会计报表。

附注是财务报表不可或缺的组成部分，是对资产负债表、利润表、现金流量表和所有者权益变动表等报表中列示项目的文字描述或明细资料的补充，以及对未能在这些报表中列示项目的说明等。

大数据时代，实时财务报告已成为发展趋势。财务报表作为财务信息整合的重要手段，其对于企事业单位财务管理工作的开展有着极为重要的意义。企事业单位在发展的过程中，为了确保财务报表编制工作的顺利完成，往往会在相当长的一段时间搜集大量财务数据信息，再加上财务报告的完成要求财务管理人员必须花费大量时间收集和整理相关的数据信息。因此，企事业单位一般都会提前开展财务报告的编制工作，而这也是影响其会计工作有效提升的主要原因之一。此外，随着企事业单位财务体系复杂程度的日益提高，财务会计工作人员采用的事后编制财务报告的工作方式，经常因为财务数据信息可靠性较低而无法满足企事业单位发展的要求。大数据时代下的企事业单位在利用大数据技术创建企业实时财务报告系统时，必须切实做好以下几方面的工作：

（1）加大企事业单位局域网管控工作的力度，建立完善的企事业单位内部会计信息中心数据库，同时做好企事业单位生产经营活动数据信息更新的工作，确保财务报告数据的实时性与准确性。

（2）由于财务管理人员在录入财务数据信息的过程中难免会出现信息遗漏或者错误等问题，因此为了确保财务数据信息录入的准确性，企事业单位应该通过搭建财务报告实时生成系统的方式，借助信息化系统，提高财务数据收集、管理的效率，确保财务数据的及时更新。

随着智慧化、智能化会计的转型升级及会计信息的普遍应用，会计报告的内容和形式也发生了变化，过去财务会计报告主要是针对投资者、债权人等外部利益相关者，为符合企业内部管理需要、向经营决策者提供依据、反映企业经营状况，管理会计报告应运而生。管理会计报告的主要作用表现为决策、控制、评价与组织等，决策功能是指会计将财务数据与非财务数据达到有机整合，反映企业目前经营中存在的核心竞争力及不足，为经营者的决策提供支持；控制功能是指对企业的生产经营活动进行控制和风险预警、防控，管理会计报告的内容比财务会计报告的内容更加全面、丰富，包含对企业经营目标的制定及前景预测，对偏离目标和预测的活动进行分析、控制、调整，保证企业实现既定目标；管理会计会涉及较为全面的绩效考核评价体系，通过报告的形式对各个部门、各个环节的经营活动进行评价，明确奖惩，提高管理效率；组织功能是指协调各部门、各种资源，进行整合和优化配置，实现组织效率最大化。

**【引例分析 0－3】**

### 操作指导

根据【项目引例】，可以知道列示出的是美的集团公司 2021 年 3 月的资产负债表和利润表，资产负债表采用的是账户式结构，表格左边列示的是该公司所有的资产项目，合计数为 36 917 452.60 万元，右边列示的是该公司所有的负债和所有者权益项目，其中负债的合计数为 24 480 539.80 万元，所有者权益的合计数为 12 436 912.80 万元，可以看出表格左边资产的合计数等于右边负债和所有者权益的合计数；利润表采用的是多步式结构，其中营业利润为 741 313.60 万元，利润总额为 745 962.00 万元，净利润为 656 943.70 万元。

# 模块三 掌握会计要素与会计等式

### 任务描述

掌握六大会计要素及其分类，熟悉会计要素的五种计量方式，掌握反映财务状况和经营成果的两个会计等式。

### 知识准备

#### 一、会计要素

会计要素就是为了实现会计目标，便于具体地实施会计核算，对会计对象根据经济交易或者事项的经济特征所确定的财务会计对象的基本分类。它是会计核算对象的具体化，是进行会计确认和计量的依据，是用于反映会计主体财务状况、经营成果的基本单位。企业的财务状况，就是企业在某一试点的各种资源的占有、运用和来源情况；企业的经营成果，就是企业在一定的会计期间内运用资源的最终结果。

为了满足会计信息使用者的要求，更明确清晰地提供关于企业财务状况和经营成果方面的信息，就必须按照一定的标准对企业各种资源的占用、来源及构成经营成果的项目进行分类，并将这种分类作为会计确认和计量的依据，同时还要以这种分类作为企业财务报表结构和内容的基础。从这一意义上看，会计要素不仅是对会计对象的基本分类，更是会计报表构筑的基本单

微课：静态会计要素

位。由此，会计要素又称为会计报表因素。会计工作就是围绕着会计要素的确认、计量和报告展开的。

我国《企业会计准则》将会计要素分为资产、负债、所有者权益（股东权益）、收入、费用（成本）和利润六个会计要素。其中资产、负债和所有者权益是反映企业财务状况的要素，也是资产负债表的基本要素；而收入、费用和利润是反映企业经营成果的要素，也是利润表的基本要素。前三个要素反映企业资金运动的静态情况，而后三个要素则是反映企业资金流动的动态情况。

### （一）资产

资产指企业过去的交易或事项所形成的，由企业所拥有或控制的，能以货币计量的并预期会给企业带来经济利益的经济资源。

1. 资产的特征

（1）资产是由于过去的交易或事项所形成的。资产必须是过去已经发生的交易或事项所产生的结果。未来交易或事项可能产生的结果，不属于现在的资产，不得作为资产来确认。如过去购买、生产、建造等，预期在未来发生的交易或事项不形成资产，即资产是现实中的资产而不是预期的资产（如谈判或计划中的）。

（2）该项资源必须为企业所拥有或控制，指企业享有该项资源的所有权，或虽不享有所有权，但该资源能被企业所控制。这样才能排他性地从中获取经济利益。例如，企业融资租赁的固定资产，在租赁款尚未完全还清之前，其所有权不属于承租企业，但因该资产的实际使用寿命的绝大部分已经归企业支配，属于受企业实际控制，在会计实务中承租方将其列作企业的固定资产。

（3）该资源能给企业带来经济利益。作为资产的经济资源，必须具有能为企业带来经济利益的潜力。企业的资产，必须能给企业带来未来的经济效益，这是资产的一个重要特征。如果一项经济资源不能为企业带来未来经济利益，则不能作为企业的资产来管理，而应作为费用或损失处理。如货币资金可以用于购买所需商品，厂房、机器设备、原材料可以用于生产经营过程，制造商品出售后收回货款即为企业获得的经济利益。

**想一想**

**融资租赁的固定资产算企业的资产吗?**

公司有两台机器，其中A机器型号较老，自B机器投入使用后一直未再使用；B机器是公司通过融资租赁取得替代A机器的。目前承担该工序的全部生产任务。A、B机器是否都是企业的固定资产?

A机器不应确认为固定资产，因为长期闲置不用，不能给企业带来经济效益，应做固定资产清理转出。B机器虽然是融资租赁取得的，但实质上公司拥有其实际控制权，并享有与所有权相关的风险和报酬的权利，应确认为固定资产。

2. 资产的确认条件

将一项资源确认为资产，需要符合资产的定义，还应同时满足以下两个条件。

（1）与该资源有关的经济利益很可能流入企业。从资产的定义来看，能否带来经济利益是资产的一个本质特征，但在现实生活中，由于经济环境瞬息万变，与资源有关的经济利益能否流入企业或者能够流入多少实际上带有不确定性。因此，资产的确认还应与经济利益流入的不确定性程度的判断结合起来。如果根据编制财务报表时所取得的证据，与资源有关的经济利益很可能流入企业，那么就应当将其作为资产予以确认；反之，不能确认为资产。

（2）该资源的成本或价值能够可靠地计量。符合资产定义和资产确认条件的项目，应当列入资产负债表；符合资产定义，但不符合资产确认条件的项目，不应当列入资产负债表。财务会计系统是确认、计量和报告的系统，其中可计量性是所有会计要素确认的重要前提，资产的确认也是如此。只有当有关资源的成本或者价值能够可靠地计量时，资产才能予以确认。在实务中，企业取得的许多资产都是发生了实际成本的，如企业购买或者生产的存货，企业购置的社会或厂房等，对于这些资产，只要实际发生的购买成本或者生产成本能够可靠计量，就视为符合了资产确认的计量条件。

3. 资产的分类

企业的资产按流动性分为流动资产、长期投资、固定资产、无形资产和其他资产。所谓资产的流动性，指的是资产周转、变现的能力。

（1）流动资产，是指可以在1年或者超过1年的一个营业周期内变现或耗用的资产，主要包括现金、银行存款、短期投资、应收账款、应收票据、预付款项、其他应收款、存货等。

（2）长期投资，是指除短期投资以外的投资，包括持有时间准备超过1年（不含1年）的各种股权性质的投资，不能变现或不准备随时变现的债权投资和其他长期投资。

（3）固定资产，是指持有、预计使用年限在1年以上并且在使用过程中保持原有实物形态的资产，如房屋、建筑物、机器设备、运输工具以及其他与生产经营有关的设备、工具等。

不属于生产经营主要设备的物品，单位价值在2 000元以上，并且使用年限超过2年的也称为固定资产。

（4）无形资产，是指企业为生产商品或者提供劳务、出租给他人或为管理目的而持有的没有实物形态的可辨认的非货币性长期资产。包括专利权、非专利技术、商标权、著作权、土地使用权等。

（5）其他资产，是指除上述资产以外的其他资产，如长期待摊费用等。长期待摊费用，是指企业已经支出，应由本期和以后各期共同负担，分摊期超过1年（不含1年）的各项费用。

## （二）负债

动画：负债

负债是指企业过去的交易或者事项形成的，预期会导致经济利益流出企业的现时义务。现时义务是指企业在现行条件下已承担的义务。未来发生的交易或事项形成的义务，不属于现时义务，不应当确认为负债。

1. 负债的特征

（1）这种现时义务是指在现行条件下已承担的义务或者说经济责任，其清偿会导致经济利益流出企业。如银行借款是因为企业接受了银行贷款形成的义务，应付账款是因为赊购商品或接受劳务形成的义务，这些都是现时义务。如用现金或实物资产偿还应付款项，以商品偿还预收账款等则导致经济利益流出企业。

（2）负债是由于过去的交易或事项形成的。也就是说，未来发生的承诺、义务，不形成负债。如企业向银行借款 200 万元，属于过去的交易形成的债务。企业与银行达成了半年后借入 100 万元的借款意向书，则不属于过去的交易或者事项，不能确认为企业的负债。

2. 负债的确认条件

（1）未来流出的经济利益的金额能够可靠地计量；

（2）与该义务有关的经济利益很可能流出企业。

3. 负债的分类

负债按偿还期限的长短可以分为流动负债和非流动负债。其中，流动负债是指将在 1 年（含 1 年）或者超过 1 年的一个营业周期内偿还的债务，包括短期借款、应付及预收款项、应交税费、应付职工薪酬等；非流动负债是指流动负债以外的负债，包括长期借款、应付债券、长期应付款等。

## （三）所有者权益

所有者权益是指企业资产扣除负债后由所有者享有的剩余权益。公司的所有者权益又称股东权益。所有者权益是所有者对企业资产的剩余索取权，它是企业资产中扣除债权人权益后应由所有者享有的部分。所有者权益的来源包括所有者投入的资本、直接计入所有者权益的利得和损失、留存收益等，通常由股本（或实收资本）、资本公积（含股本溢价或资本溢价）、盈余公积和未分配利润构成。所有者权益具有如下特点：

（1）除非发生减资、清算，企业无须偿还所有者权益；

（2）企业清算时，只有在清偿所有的负债之后，所有者权益才返还给所有者；

（3）所有者能凭借所有者权益参与企业利润的分配。

所有者权益和负债存在以下区别：

（1）企业给予的回报不同。企业给予投资者的回报是税后利润的分配，不能抵减所得税；而债权人只能得到固定的利息，利息费用可以在税前支付，用来抵减所得税。

（2）清算时偿还的顺序不同。企业解散清算时，债权人的求偿权应优先于投资者，偿还了债权人的债务后，如有剩余财产才能退还给投资者。

（3）偿还期不同。所有者权益不需偿还，负债则不然，一般有确切的偿还期，到期必须偿还。

（4）权利、风险不同。投资者可以参与企业的经营管理，承担的风险大；而债权人无权参与企业的经营管理，承担的风险相对较小。

### （四）收入

收入是指企业在日常活动中形成的、会导致所有者权益增加的、与所有者投入资本无关的经济利益的总流入。

微课：动态会计要素

《企业会计准则第 14 号——收入》已于 2017 年 7 月由财政部修订发布，自 2018 年 1 月 1 日起，在境内外同时上市的企业以及在境外上市并采用国际财务报告准则或企业会计准则编制财务报表的企业施行；自 2020 年 1 月 1 日起，在其他境内上市企业施行；自 2021 年 1 月 1 日起，在执行企业会计准则的非上市企业施行。

1. 收入的特征

（1）收入是在企业日常经济活动中产生，而不是从偶发的交易或事项中产生。日常活动是指企业为完成其经营目标所从事的经常性活动以及与之相关的活动。日常活动是确认收入的重要判断标准，凡是日常活动所形成的经济利益的流入应当确认为收入，反之，非日常活动所形成的经济利益的流入不能确认为收入，而应当计入利得。如处置固定资产属于非日常活动，所形成的净利益就不应确认为收入，而应确认为利得。

（2）收入能导致企业所有者权益的增加。不会导致所有者权益增加的经济利益的流入不符合收入的定义，不应确认为收入。如企业向银行借入款项，也导致了企业经济利益的流入，但并不导致所有者权益的增加，还使企业承担了一项现时义务。不应将其确认为收入，应当确认为一项负债。

（3）收入是与所有者投入资本无关的经济利益的总流入。收入会导致经济利益的流入，从而导致资产的增加。

（4）收入只包括本企业经济利益的流入，不包括为第三方或客户代收的款项。

2. 收入的确认条件

企业应当在履行了合同中的履约义务，即在客户取得相关商品控制权时确认收入。取得相关商品控制权，是指客户能够主导该商品的使用并从中获得几乎全部经济利益，也包括有能力阻止其他方主导该商品的使用并从中获得经济利益。取得商品控制权包括三个要素：一是客户必须拥有现时权利，能够主导该商品的使用并从中获得几乎全部经济利益；二是客户有能力主导该商品的使用；三是客户能够获得商品几乎全部的经济利益。

企业与客户之间的合同同时满足下列五项条件的，企业应当在客户取得相关商品控制权时确认收入：

（1）合同各方已批准该合同并承诺将履行各自义务。

（2）该合同明确了合同各方与所转让商品或提供劳务（以下简称“转让商品”）相关的权利和义务。

（3）该合同有明确的与所转让商品相关的支付条款。

（4）该合同具有商业实质，即履行该合同将改变企业未来现金流量的风险、时间分布或金额。

（5）企业因向客户转让商品而有权取得的对价很可能收回。

3. 收入的分类

（1）收入按企业经营业务的主次不同，可分为主营业务收入和其他业务收入。

主营业务收入是由企业的主营业务所带来的收入；

其他业务收入是除主营业务活动以外的其他经营活动实现的收入。

（2）收入按性质不同，可分为销售商品收入、提供劳务收入、让渡资产使用权收入等。

正确区分收益、收入、利得的概念：

（1）收益：是指企业在会计期间增加的除所有者投资外的经济利益的总流入，包括收入和利得。

（2）利得：是指收入以外的其他收益，通常是从偶发的经济业务中取得，属于那种不经过经营过程就能取得或不曾期望获得的收益，如企业接受捐赠或政府的补助而取得的资产、因他人违约而获取的罚款收入等。

**做一做**

**计算区分收益、收入、利得**

广州百货公司本月销售商品10万元，出租包装物租金收入1万元，获得某企业赞助捐赠5万元，出售固定资产获取收入3万元。则收益、收入、利得分别为多少？

### （五）费用

费用是指企业在生产和销售商品、提供劳务等日常经济活动中所发生的、会导致所有者权益减少的、与向所有者分配利润无关的经济利益的总流出。有投入才有产出，如要销售产品，必须先生产出产品，为此，要消耗各种材料，支付工人工资，生产车间为组织管理生产也要发生各项制造费用；行政管理部门要支付各种管理费用；为销售产品要支付销售费用；筹集生产经营资金要支付财务费用；还会发生与生产经营没有直接关系的营业外支出。此外，企业应缴纳的所得税也是一项费用。

1. 费用的特征

（1）费用是企业日常活动中发生的经济利益的流出，而不是偶发的。不是日常活动发生的经济利益的流出则称为损失（营业外支出）。

（2）费用可能表现为资产的减少，或负债的增加，或者兼而有之。费用本质上是一种企业资源的流出，是资产的耗费，其目的是取得收入。

（3）费用将引起所有者权益的减少，但与向企业所有者分配利润时的支出无关。

2. 费用的确认条件

（1）与费用相关的经济利益应当很可能流出企业；

（2）经济利益流出企业的结果会导致资产的减少或者负债的增加；

（3）经济利益的流出额能够可靠计量。

3. 费用的分类

按费用与收入的关系可将费用分为：营业成本（指所销售商品或者所提供劳务的成本，包括直接材料、直接人工、制造费用）、税金及附加和期间费用（指本期发生、不能直接或间接归入营业成本、直接计入当期损益的各项费用，包括管理费用、销售费用、财务费用）。

动画：期间费用

### （六）利润

利润是企业在一定会计期间的经营成果，是一定会计期间收入、费用相抵后的差额。通常反映利润的指标有三个，营业利润、利润总额、净利润。其计算如下：

营业利润＝营业收入－营业成本－税金及附加－销售费用－管理费用－财务费用－研发费用＋公允价值变动收益（－公允价值变动损失）＋投资收益（－投资损失）－信用减值损失－资产减值损失＋资产处置收益（－资产处置损失）

利润总额＝营业利润＋营业外收入－营业外支出

净利润＝利润总额－所得税费用

为了便于集中理解和掌握会计六要素，现将之列图如下（见图0－2）：

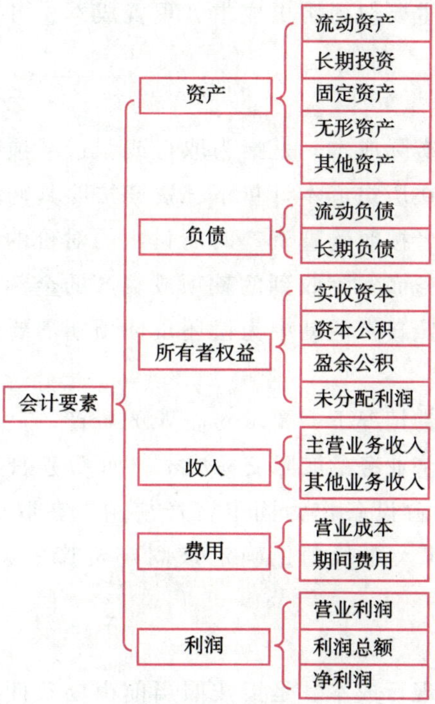


**图0－2　会计六要素示意图**

**其他国家对会计要素的分类**

各个国家对会计要素的划分是不完全一致的，例如：美国财务会计准则委员会将会计要素划分为资产、负债、权益或净资产、业主投资、派给业主款、收入、费用、利润、损失、综合收益十大类；国际会计准则委员会将会计要素划分为资产、负债、产权、收益、费用五大类；我国企业会计准则中，将会计要素划分为资产、负债、所有者权益、收入、费用、利润六大类。

**【引例分析 0－4】**

### 操作指导

根据【项目引例】中的资产负债表可知：表中包括资产、负债和所有者权益三大会计要素，根据利润表可知：表中包括收入、费用和利润三大会计要素。

## 二、会计计量方式

为了将符合确认条件的会计要素登记入账，并列报于财务报表而确定其金额的过程，企业应当按照规定的会计计量属性进行计量，确定相关金额。

会计计量属性是指会计要素的数量特征或外在表现形式，反映了会计要素金额的确定基础。主要包括历史成本、重置成本、可变现净值、现值和公允价值等。

### （一）历史成本

历史成本，又称实际成本，是指为取得或制造某项财产物资实际支付的现金或其他等价物。在历史成本计量下，资产按照其购置时支付的现金或现金等价物的金额，或者按照购置资产时所付出的对价的公允价值计量。负债按照其因承担现时义务而实际收到的款项或资产的金额，或者承担现时义务的合同金额，或者按照日常活动中为偿还负债预期需要支付的现金或者现金等价物的金额计量。

在采用历史成本的情况下，要求对企业的资产、负债、所有者权益等项目的计量应当基于经济业务的实际交易成本，而不考虑随后市场价格变化的影响。如企业购入一台设备作为固定资产使用，在取得该固定资产时以实际支付的价款作为其入账价值，确定该固定资产的入账价值就是其历史成本。

### （二）重置成本

重置成本，又称现行成本，是指按照当前市场条件，重新取得同样一项资产所需要支付的现金或现金等价物金额。在重置成本计量下，资产按照现

在购买相同或者类似资产所需支付的现金或者现金等价物的金额计量。负债按照现在偿付该项债务所需支付的现金或现金等价物的金额计量。

重置成本是现在时点的成本，在实务中重置成本用于盘盈存货或固定资产的计量等方面。如企业进行财产清查时发现盘盈固定资产一项，此时对于该盘盈的固定资产则采用重置成本进行计量，即以该盘盈固定资产相同规定型号、相同新旧程度的固定资产的价值作为其重置成本，对其进行计量入账。

### （三）可变现净值

可变现净值，是指在正常的生产经营过程中，以资产预计售价减去进一步加工成本和预计销售费用以及相关税费后的净值。在可变现净值计量下，资产按照其正常对外销售所能收到的现金或现金等价物的金额扣减至完工时估计将发生的成本、估计的销售费用以及相关税费后的金额计量。

可变现净值是在不考虑货币的时间价值的情况下，以资产在正常使用过程中可带来的预期净现金流入的金额对资产进行计量。可变现净值通常应用于存货资产减值情况下的后续计量。

### （四）现值

现值是指对某一资产的未来现金流量以恰当的折现率进行折现后的价值，是考虑货币时间价值的一种计量属性。在现值计量属性下，资产按照预计从其持续使用和最终处置中所产生的未来净现金流入量的折现金额计量。负债按照预计期限内需要偿还的未来净现金流出量的折现金额计量。

现值通常应用于非流动资产可收回金额等方面。相对于可变现净值，现值计量考虑了货币时间价值因素的影响。

### （五）公允价值

公允价值是在公平交易中，熟悉情况的交易双方自愿进行资产交换或债务清偿的金额。在公允价值计量下，资产和负债按照在公平交易中，熟悉情况的交易双方自愿进行资产交换或债务清偿的金额计量。

动画：公允价值

公允价值计量主要应用于交易性金融资产的计量等方面，相对于历史成本计量，公允价值计量所提供的会计信息具有更高的相关性。

大数据时代对资产计量工作产生较大的影响。

（1）对资产初始计量单位产生的影响。传统的会计工作中的初始计量成本主要包括了历史成本以及公允价值等内容。其中计量公允价值因为自身具有的非唯一性与不可靠性特点，制约了公允价值应用效率的提升。随着大数据时代的来临，数量的不断增加，不仅使得公允价值更加透明清晰，同时公允价值应用的可信度与可靠性也得到了显著提高。

（2）大数据时代对计量单位产生的影响。传统会计工作模式下，计量单位主要是以元为单位，以时间、数量等作为非元计量单位为主导的大数据时代会计工作体系，为会计工作模式的改革与创新奠定了良好的基础。

## 三、会计等式

### （一）财务状况等式

微课：会计等式

财务状况等式，也称基本会计等式和静态会计等式，即：

资产＝负债＋所有者权益（或资产＝权益）

这一会计等式表明某一会计主体在某一特定时点所拥有的各项资产以及债权人和投资者对企业资产要求权的基本状况，表明资产、负债和所有者权益的基本关系，同时也构成资产负债表的三个基本要素，是复式记账法的理论基础，也是编制资产负债表的依据。由于该等式是会计等式中最通用和最一般的形式，所以通常也称为会计恒等式。

**想一想**

张晓明同学在研究美的集团的资产负债表时，曾经发现报表中资产的总计额与负债和所有者权益总计额是相等的，这是巧合吗？你是否能帮他回答这个疑问呢？

企业的资产最初表现为库存现金、银行存款、存货、固定资产、无形资产、长期投资等，这些资产要么是投资者的投入资本，要么是债权人的借入资金，每一项资产都有其来源，都代表着相应的权益。随着企业生产经营活动的进行，企业相应地发生费用并取得收入，从而在一定的会计期间实现经营成果，也与其他企业发生债权债务关系，在生产经营过程中形成一定的债权和债务，发生的债权则成为企业的资产，而形成的债务则成为企业的负债。这些经营成果和债权债务也都代表着相应的权益。因此资产始终都代表着一定的权益，归属于相应的所有者。资产与权益实际上是企业所拥有的经济资源在同一时点上所表现的不同形式。资产表明的是资源在企业存在、分布的形态，而权益则表明了资源取得和形成的渠道。有一定的资产，同时就有一定的权益；反之，有一定的权益，同时就有一定的资产。因此，企业有多少数额的资产必有与其等量的权益，即在任何情况下企业的资产总是等于权益。

### （二）经营成果等式

经营成果等式，也称动态会计等式，是用以反映企业一定时期收入、费用和利润之间恒等关系的会计等式。即：

收入－费用＝利润

这一等式反映了利润的实现过程，是编制利润表的依据。

企业的目标就是从生产经营活动中获得收入，实现盈利。企业在取得收入的同时，也必然要发生相应的费用。企业通过收入与费用的比较，才能计算确定一定期间的盈利情况，确定当期实现的利润总额（或亏损）。

由于企业是投资者投资的，按照“谁投资谁得利”的原则，企业实现的利润只能归属于投资者，所以利润是所有者权益的一部分；如果企业亏损，只能由投资者承担，则所有者权益减少。因此可得到：

资产＝负债＋（所有者权益＋利润）

＝负债＋（所有者权益＋收入－费用）

费用＋资产＝负债＋所有者权益＋收入

这一等式反映了企业的财务状况与经营成果之间的关系。企业的经营成果影响到企业的财务状况。当收入大于费用，企业有利润，将使资产增加或负债减少，财务状况好转；当收入小于费用，企业发生亏损，将会使资产减少或负债增加，财务状况恶化。

**【引例分析 0－5】**

## 操作指导

根据【项目引例】中的资产负债表可知：表中包括资产的合计数为36 917 452.60元、负债和所有者权益的合计数为36 917 452.60元，可以发现资产＝负债＋所有者权益；同理，根据利润表也能得出利润＝收入－费用。

### （三）经济业务对会计恒等式的影响

企业在生产经营过程中，每天都会发生多种多样的经济业务，从而引起各会计要素的增减变动，但并不影响资产与权益的恒等关系。资产与权益的恒等关系，是复式记账法的理论基础，也是编制资产负债表的依据。

1. 对“资产＝权益”等式的影响

经济业务的发生引起“资产＝权益”等式两边的会计要素发生变动的方式主要有四种类型。

（1）资产与权益同时等额增加。

**【例 0－1】**1月2日，正大公司收到所有者追加的投资80万元，款项存入银行。

假设公司的资产为200万元，负债为100万元，所有者权益为100万元，下同。

资产＝负债＋所有者权益

200＝100＋100

①＋80＝＋80

（2）资产方等额有增有减，权益不变。

**【例 0－2】**1月15日，正大公司用银行存款6万元购买一台设备。

资产＝负债＋所有者权益

200＝100＋100

②＋6－6＝不变

（3）资产与权益同时等额减少。

**【例 0－3】**1月10日，正大公司用银行存款归还所欠B企业贷款4万元。

资产＝负债＋所有者权益

200 = 100 + 100

③ -4 = -4

（4）权益方等额有增有减，资产不变。

**【例 0-4】** 1月28日，正大公司将已到期但债务人无力支付的应付票据30万元转为应付账款。

资产 = 负债 + 所有者权益

200 = 100 + 100

④不变 = -30 + 30

2. 对“资产 = 负债 + 所有者权益”等式的影响

经济业务的发生引起会计要素的变动不改变该等式的恒等性，具体的变动情况有以下九种：

（1）资产和负债要素同时等额增加。

**【例 0-5】** 正大公司从银行取得期限为6个月的短期借款100 000元，存入公司存款账户。

该经济业务的发生，使企业的资产（银行存款）增加100 000元，同时使企业的负债（短期借款）增加100 000元。由于资产与负债等额增加，不破坏会计基本等式。

（2）资产和负债要素同时等额减少。

**【例 0-6】** 正大公司以银行存款10 000元偿还前欠某单位账款。

该经济业务的发生，使企业资产（银行存款）减少10 000元，使负债（应付账款）减少10 000元。由于资产与负债同时等额减少，不破坏会计基本等式。

（3）资产和所有者权益要素同时等额增加。

**【例 0-7】** 正大公司收到投资方投入的设备一台，投资合同约定其价值30 000元（假定该约定价值公允）。

该经济业务的发生，使企业的资产（固定资产）增加30 000元，同时使所有者权益（实收资本）增加30 000元。由于资产与所有者权益等额增加，不破坏会计基本等式。

（4）资产和所有者权益要素同时等额减少。

**【例 0-8】** 正大公司按规定办妥减资手续，退还某投资方的投资50 000元，以银行存款支付。

该经济业务的发生，使企业的资产（银行存款）减少50 000元，使所有者权益（实收资本）减少50 000元。由于资产与权益等额减少，不破坏会计基本等式。

（5）资产要素内部项目等额有增有减，负债和所有者权益要素不变。

**【例 0-9】** 正大公司从银行提取现金2 000元，以备零星开支之用。

该经济业务的发生，使企业的一项资产（库存现金）增加2 000元，而另一项资产（银行存款）减少2 000元，增减金额相等。企业的资产总额不变，权益总额也不变，不破坏会计基本等式。

(6) 负债要素内部项目等额有增有减，资产和所有者权益要素不变。

**【例0－10】** 正大公司开出并承兑面值为20 000元的商业汇票一张，抵付前欠某单位货款。

该经济业务的发生，使企业的一项负债（应付票据）增加20 000元，而另一项负债（应付账款）减少20 000元，增减金额相等。企业负债总额、所有者权益总额和资产总额均不变，不破坏会计基本等式。

(7) 所有者权益要素内部项目等额有增有减，资产和负债要素不变。

**【例0－11】** 正大公司按规定办妥增资手续后，将资本公积20 000元转增实收资本。

该经济业务的发生，使企业的一项所有者权益（实收资本）增加20 000元，而另一项所有者权益（资本公积）减少20 000元，增减金额相等。所有者权益总额、负债总额和资产总额均不变，不破坏会计基本等式。

(8) 负债要素增加，所有者权益要素等额减少，资产要素不变。

**【例0－12】** 正大公司按规定分配给投资者利润50 000元，款项尚未支付。

该经济业务的发生，使企业的负债（应付股利）增加50 000元，使所有者权益（未分配利润）减少50 000元，增减金额相等。企业权益总额和资产总额均不变，不破坏会计基本等式。

(9) 负债要素减少，所有者权益要素等额增加，资产要素不变。

**【例0－13】** 正大公司将应付给投资者的股利30 000元，经投资者同意并按规定办妥增资手续后，转作投资者向企业的投资。

该经济业务的发生，使企业的负债（应付股利）减少30 000元，使所有者权益（实收资本）增加30 000元，增减金额相等。企业权益总额和资产总额均不变，不破坏会计基本等式。

在实际工作中，企业每天发生的经济业务要复杂得多，但无论其引起会计要素如何变动，都不会破坏资产与权益的恒等关系。具体可以分为以下三种情形：基本经济业务(5)、(6)、(7)、(8)、(9)使财务状况等式左右两边的金额保持不变；基本经济业务(1)、(3)使财务状况等式左右两边的金额等额增加；基本经济业务(2)、(4)使财务状况等式左右两边的金额等额减少。

# 模块四　设置会计账户和会计科目

## 任务描述

熟悉会计科目和会计账户的概念及其分类，掌握会计科目和会计账户的联系与区别。

## 知识准备

### 一、会计科目

#### （一）会计科目的概念和意义

会计科目是对会计对象的具体内容进行科学分类的名称。

微课：会计科目

经济业务的发生，会引起各项会计要素的增减变动。企业的经济业务错综复杂，既涉及同一项会计要素，也往往具有不同的性质和内容。比如固定资产和原材料，虽然都属于资产要素，但它们的经济内容以及在经济活动中所起的作用却各不相同。会计要素仅仅是对会计对象的基本分类，六项会计要素对会计对象来说，仍然过于粗略，难以满足各有关方面对会计信息的需要。因此必须通过科学分类的方法，才能将它系统地反映出来。企业可以选用国家统一会计制度设置的会计科目，也可以根据统一会计制度规定的内容自行设置和使用会计科目。通过设置会计科目，便于对会计对象的具体内容进行分类核算，使会计核算资料具有全面性、完整性和系统性。会计科目在会计核算中具有重要意义。

会计科目的设置可以把各项会计要素的增减变化分门别类地归集起来，使之一目了然，以便为企业内部经营管理和向有关方面提供一系列具体分类核算指标，它是复式记账的基础；是编制记账凭证的基础；为成本核算及财产清查提供了前提条件，为编制财务报表提供了方便。

#### （二）会计科目的分类

会计科目之间并不是孤立的，它们相互联系、相互补充，构成一个完整的会计科目体系。为明确会计科目之间的相互关系，充分理解会计科目的性质和作用，进而更加科学规范地设置会计科目，以便更好地进行会计核算和会计监督，有必要对会计科目按一定的标准进行分类。会计科目的分类标准主要有两个：按其经济内容分类和按其提供核算指标标准的详细程度分类。

1. 按其经济内容分类

由于各单位的经济业务内容不尽相同，所设置的会计科目按其经济内容分类的结果也就不完全一样。企业单位会计科目，按其经济内容分类，一般可分为六类：资产类、负债类、所有者权益类、共同类、成本类和损益类。

前三类会计科目，基本上是对“资产类”“负债类”“所有者权益类”要素进一步分类后的结果；成本类会计科目，是对“费用和成本”要素中的“成本”要素进一步分类后的项目；损益类会计科目是对构成利润（或亏损）的收入、费用会计要素进一步分类形成的；共同类会计科目是既有资产性质又有负债性质的科目，如“清算资金往来”“外汇买卖”等。应注意的是，收入抵减费用后的结果（利润和亏损）归所有者所有，对利润的分配和亏损的弥补也属于所有者权益的变动，因此，对利润和亏损形成及其弥补业务所设置的会计科目如“本年利润”“利润分配”应归属所有者权益类会计科目。

会计科目按经济内容分类，是对会计科目最直接、最基本的分类。通过对会计科目按经济内容分类，便于了解和掌握会计科目所核算和监督的内容。继而有利于正确运用各会计科目所提供的核算数据。下面以工业企业的常用会计科目为例，将这种分类结果列示如下，如表 0－3 所示。

**表 0－3　　会计科目名称和编号**

| 编号 | 名称 | 编号 | 名称 |
|---|---|---|---|
| （一）资产类 | | （二）负债类 | |
| 1001 | 库存现金 | 2001 | 短期借款 |
| 1002 | 银行存款 | 2201 | 应付票据 |
| 1012 | 其他货币资金 | 2202 | 应付账款 |
| 1101 | 交易性金融资产 | 2203 | 预收账款 |
| 1121 | 应收票据 | 2204 | 合同负债 |
| 1122 | 应收账款 | 2211 | 应付职工薪酬 |
| 1123 | 预付账款 | 2221 | 应交税费 |
| 1131 | 应收股利 | 2231 | 应付利息 |
| 1132 | 应收利息 | 2232 | 应付股利 |
| 1221 | 其他应收款 | 2241 | 其他应付款 |
| 1231 | 坏账准备 | 2501 | 长期借款 |
| 1401 | 材料采购 | 2502 | 应付债券 |
| 1402 | 在途物资 | 2701 | 长期应付款 |
| 1403 | 原材料 | 2711 | 专项应付款 |
| 1404 | 材料成本差异 | 2801 | 预计负债 |
| 1405 | 库存商品 | 2901 | 递延所得税负债 |
| 1406 | 发出商品 | （三）共同类（略） | |
| 1407 | 商品进销差价 | （四）所有者权益类 | |
| 1408 | 委托加工物资 | 4001 | 实收资本（或股本） |
| 1461 | 存货跌价准备 | 4002 | 资本公积 |
| 1462 | 合同资产 | 4101 | 盈余公积 |
| 1511 | 长期股权投资 | 4103 | 本年利润 |
| 1512 | 长期投资减值准备 | 4104 | 利润分配 |
| 1521 | 投资性房地产 | （五）成本类 | |

续表

| 编号 | 名称 | 编号 | 名称 |
|---|---|---|---|
| 1531 | 长期应收款 | 5001 | 生产成本 |
| 1532 | 未实现融资收益 | 5101 | 制造费用 |
| 1601 | 固定资产 | 5201 | 劳务成本 |
| 1602 | 累计折旧 | 5301 | 研发支出 |
| 1603 | 固定资产减值准备 | （六）损益类 | |
| 1604 | 在建工程 | 6001 | 主营业务收入 |
| 1605 | 工程物资 | 6051 | 其他业务收入 |
| 1606 | 固定资产清理 | 6101 | 公允价值变动损益 |
| 1701 | 无形资产 | 6111 | 投资收益 |
| 1702 | 累计摊销 | 6301 | 营业外收入 |
| 1703 | 无形资产减值准备 | 6401 | 主营业务成本 |
| 1711 | 商誉 | 6402 | 其他业务成本 |
| 1801 | 长期待摊费用 | 6403 | 税金及附加 |
| 1811 | 递延所得税资产 | 6601 | 销售费用 |
| 1901 | 待处理财产损溢 | 6602 | 管理费用 |
| | | 6603 | 财务费用 |
| | | 6701 | 资产减值损失 |
| | | 6711 | 营业外支出 |
| | | 6801 | 所得税费用 |
| | | 6901 | 以前年度损益调整 |

2. 按其提供核算指标的详细程度分类

按其所提供核算指标的详细程度，会计科目可分为总分类科目和明细分类科目。

为了总括又详细地反映各会计要素的增减变动情况及其结果，在会计实务中既要设置总分类科目，又要设置明细分类科目。总分类科目，简称总账科目，亦称一级科目，是对会计要素的具体内容进行总括分类的科目，是总分类账户的名称；明细分类科目，简称明细科目，是对总分类科目进一步分类的科目，它所反映的经济内容或提供的指标比较具体详细，是明细分类账户的名称。有些总分类科目反映的经济内容比较广泛，可以在总分类科目下，先设置二级科目，在二级科目下再设置三级明细科目。

总分类科目是对会计要素的具体内容进行总括分类，用以提供总括核算指标的会计科目，又称一级科目。表 0－3 中所列示的会计科目均属于总分类科目。

明细分类科目是对总分类科目作进一步分类，用以提供明细核算指标的会计科目，又称明细科目。如“应付账款”科目（总分类科目）可按债权人的名称或姓名分为不同的明细分类科目。又如在“短期投资”科目（总分类科目）下可设置“股票”“债券”“基金”和“其他”等明细科目。

需要指出的是，当某一总分类科目下属的明细分类科目较多时，可在总分类科目与明细分类科目之间设置二级或多级科目。如在“原材料”科目（总分类科目）下先按原材料的类别分别设置二级科目，再在每个二级科目下按原材料的品种和规格分别设置明细科目。

各单位由于经济业务活动的具体内容、规模大小与业务繁简程度等情况不尽相同，在具体设置会计科目时，应考虑其自身特点和具体情况，但设置会计科目应遵循以下原则：

动画：会计科目设置原则

（1）合法性原则，是指所设置的会计科目应当符合国家统一的会计制度规定。我国现行的统一会计制度中均对企业设置的会计科目作出规定，以保证不同企业对外提供的会计信息的可比性。企业应当参照会计制度中统一规定的会计科目，根据自身的实际情况设置会计科目，但其设置的会计科目不得违反现行会计制度的规定。对于国家统一会计制度规定的会计科目，企业可以根据自身的生产经营特点，在不影响统一会计核算要求以及对外提供统一的财务报表的前提下，自行增设、减少或合并某些会计科目。

（2）相关性原则，是指所设置的会计科目应当为提供有关各方所需要的会计信息服务，满足对外报告和对内管理的需求。根据企业会计准则的规定，企业财务报告提供的会计信息必须满足对内对外各方面的需要，而设置会计科目必须服务于会计信息的提供，必须与财务报告的编制相协调、相关联。

（3）实用性原则，是指所设置的会计科目应当符合单位自身特点，满足单位实际需要。企业的组织形式、所处行业、经营内容及业务种类等不同，在会计科目的设置上也有所区别。在合法性的基础上，企业应根据自身特点，设置符合企业需要的会计科目。会计科目的设置必须与企业的业务规模相适应。一般来说，业务繁多复杂，规模较大的企业，会计科目设置得详细一些。业务简单量少、规模较小的企业，会计科目可以设置得粗一些。

**【引例分析 0 -6】**

## 操作指导

根据【项目引例】中的资产负债表可知：表中包括资产类、负债类和所有者权益类的会计科目，其中资产类的会计科目包括交易性金融资产、应收账款、固定资产、无形资产等，负债类的会计科目包括短期借款、交易性金融负债、应付账款等，所有者权益类的会计科目包括实收资本、资本公积等。根据利润表可知：表中包括主营业务收入、其他业务收入、主营业务成本、其他业务成本等损益类的会计科目。

## 二、会计账户

### （一）会计账户的概念

微课：会计账户

会计账户是根据会计科目设置的，具有一定格式和结构，用于分类反映会计要素增减变动情况及其结果的载体。设置账户是会计核算的重要方法之一。它是对各种经济业务进行分类和系统、连续的记录，反映资产、负债和所有者权益增减变动的记账实体。会计科目的名称就是账户的名称，会计科目规定的核算内容就是账户应记录反映的经济内容，因而账户应该根据会计科目的分类相应地设置。如企业要开设资产类账户、负债类账户、所有者权益类账户、成本类账户、损益类账户和共同类账户；从需要和科目的特点出发，根据总分类科目、二级科目和明细分类科目开设相应的账户，以便于分类、归集、总括和具体、详细地核算数据。

会计账户的主要特点如下：

1. 账户提供分类的会计信息

对企业经济活动及其资金运动的全部内容，会计上需要根据会计要素的具体内容，科学合理地确立会计科目，并根据会计科目开设账户。如资产类账户只记录各种资产的增减变动经济信息。“应收账款”账户用以记录因销售商品或提供劳务而发生的应收货款或代垫费用。

2. 账户提供连续性的会计信息

账户记录会计信息时，必须具有连续性特征而不能遗漏。例如，在固定资产账户中记录企业各种固定资产的取得和减少时，应当及时、完整地加以记录而不得遗漏。就某一账户而言，该账户自企业该项资金或交易与事项产生之日起，即对其进行连续不断的记录。

### （二）账户的结构

引起资金变动的经济业务尽管错综复杂，但从数量上看不外乎是增加和减少两种情况，增减相抵后的差额为账户余额。因此账户规定了左、右两个方向，用一个方向记录某项经济内容的增加金额；用另一个方向记录某项经济业务内容的减少金额。至于账户左、右两方的名称，以及用哪一方记录增加金额，哪一方记录减少金额，则取决于所采用记账方法和账户本身的性质。会计账户的结构中除了增加、减少两个要素外，通常还有一项，称为余额。

在借贷记账法下，账户的左方称为借方，右方称为贷方，如图0－3所示。

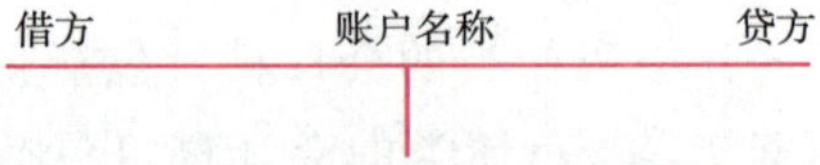


**图0－3 账户的基本格式（“T”型账户）**

会计要素在特定会计期间增加和减少的金额，分别称为账户的“本期增加发生额”和“本期减少发生额”，二者统称为账户的“本期发生额”；会计要素在会计期末的增减变动结果，称为账户的“余额”，具体表现为期初余额和期末余额，账户上期的期末余额转入本期，即为本期的期初余额；账户本期的期末余额转入下期，即为下期的期初余额。账户的期初余额、期末余额、本期增加发生额和本期减少发生额统称为账户的四个金额要素。对于同一账户而言，它们之间的基本关系为：

期末余额 = 期初余额 + 本期增加发生额 − 本期减少发生额

当然，对于不同的会计科目或会计账户而言，本期增加发生额有可能在借方或贷方，本期减少发生额也可能在借方或贷方，应根据经济业务的内容和会计账户的性质进行判断。

### （三）账户的分类

与会计科目的分类对应，账户按经济内容可分为资产类账户、负债类账户、所有者权益类账户、成本类账户、损益类账户和共同类账户；账户按所提供核算指标的详细程度，可分为总分类账户（统称总账）和明细分类账户（统称明细账）。总分类账户和所属明细分类账户核算的内容相同，只是反映内容的详细程度有所不同，两者相互补充，相互制约，相互核对。总分类账户统驭和控制所属明细分类账户，明细分类账户从属于总分类账户。

**【引例分析 0－7】**

**操作指导**

根据【项目引例】中的资产负债表可知：表中包括资产类、负债类和所有者权益类的会计账户，其中资产类的会计账户包括交易性金融资产、应收账款、固定资产、无形资产等，负债类的会计账户包括短期借款、交易性金融负债、应付账款等，所有者权益类的会计账户包括实收资本、资本公积等。根据利润表可知：表中包括主营业务收入、其他业务收入、主营业务成本、其他业务成本等损益类的会计账户。

### （四）账户与会计科目的关系

1. 联系

（1）账户是根据会计科目设置的，会计科目是账户的名称。

（2）二者开设的目的一致，都是为了对经济业务进行分类、整理，以提供管理所需要的会计信息。

（3）二者的内容相同。

动画：会计科目与账户

2. 区别

（1）会计科目和账户的具体作用不同。会计科目的具体作用主要表现为将会计对象的具体内容分为若干个相对独立的项目，而账户则是在会计科目的基础上，再赋予一定的结构，能指明记账的方向，以核算各会计要素的增减变动和余额。

（2）会计科目和账户制定或设置的方法不同。会计科目由国家统一制定，是会计制度的组成部分。而账户则是由各单位根据会计科目的要求，结合本单位的实际情况开设的。实际工作中，先有会计科目，后有账户。

# 模块五 运用借贷记账法

## 任务描述

了解会计记账方法及其分类，掌握借贷记账法下账户结果及记账规则，掌握会计分录的编制及借贷记账法下的试算平衡。

## 知识准备

### 一、会计记账方法

记账方法是在账户中记录经济业务的方法，会计记账的方法包括单式记账法和复式记账法两种。

#### （一）单式记账法

单式记账法是针对经济业务只在一个账户中进行记录的方法。采用单式记账法，手续比较简单，但不能全面地、系统地反映经济业务的全貌，不便于检查账户记录的准确性，因此是一种不完整的记账方法，现已很少使用。

#### （二）复式记账法

复式记账法是指每一项经济业务事项，都要以相等的金额，在相互关联的两个或两个以上的账户中同时进行记录的方法。任何一项经济业务事项，都会引起至少两个方面的变化，或同时出现增减，或此增彼减。这种变化既相互独立，又密切联系。如果采取单式记账法，只能对其中的一种变化进行核算和监督，无法全面地反映经济业务事项的全貌。采用复式记账法，可以通过账户的对应关系完整地反映经济业务的来龙去脉，还可以通过每一项经济业务事项所涉及的两个或两个以上的账户之间的平衡关系，来检查会计记录的正确性。

复式记账法是以资产与权益平衡关系作为记账基础，对于每一笔经济业务，都要在两个或两个以上相互联系的会计科目中进行登记，系统地反映资金运动变化结果的一种记账方法。我国过去曾采用的复式记账法主要有借贷记账法、增减记账法和收付记账法。我国 2006 年颁布的《企业会计准则——基本准则》中明确规定企业应采用借贷记账法记账。

知识链接

**复式记账法的演变**

复式记账法起源于中世纪的意大利城市，当时地中海沿岸的商业和手工业发展迅速，活跃的银钱兑换业务要求从簿记中获得有关经济往来和经营成果的重要信息。科学的复式记账法就在意大利诞生了。它经历了三个不同的发展阶段：

（1）佛罗伦萨式——萌芽阶段（1211—1340 年），以佛罗伦萨银行家采用的簿记为代表（现收藏于佛罗伦萨梅蒂奇·拉乌莱芝纳博物馆），主要内容为：

记账方法：转账结算、记账对象、债权债务人。记录形式：借贷上下连续登记。

（2）热那亚式——改良阶段（1340—1494 年），以热那亚市政厅的总账为代表（现收藏于热那亚古文化馆），主要内容为：

记账方法：复式。记账对象：较之前增加了商品和现金。记录形式：左借右贷账户对照。

（3）威尼斯式——完备阶段（1494—1854 年），以卢卡·帕乔利所著的《算术、几何、比及比例概要》一书的出版为代表。书中全面总结了威尼斯复式记账法，标志着现代会计的开始。主要内容为：

记账方法：复式。记账对象：较之前两个阶段增加了损益账户和资本账户。记录形式：账户式。

借贷记账法是世界各国普遍采用的一种复式记账方法，它是以“资产 = 负债 + 所有者权益”为理论依据，以“借”和“贷”为记账符号，以“有借必有贷，借贷必相等”为记账规则的一种复式记账法。但是，这对符号对于不同性质的账户来说有不同的含义。账户左方为借方，右方为贷方，至于哪一方记借方，哪一方记贷方，要根据账户的性质来决定。也就是说，借和贷本身不表示增和减，只有与具体的账户相结合后才可以表示增和减。对于资产类账户，“借”表示增加，“贷”表示减少；而在负债及所有者权益类账户，“借”表示减少，“贷”表示增加。费用成本类账户与资产类账户方向相同，收入成果类账户与负债及所有者权益类账户方向相同。

微课：借贷记账法

1. 资产类账户的结构

在资产类账户中，它的借方记录资产的增加额，贷方记录资产的减少额。在同一会计期间（年、月），借方记录的合计数额称作本期借方发生额，贷方记录的合计数称作本期贷方发生额，在每一会计期间的期末将借贷方发生额相比较，其差额称作期末余额。资产类账户的期末余额一般在借方。

动画：借贷记账法

资产类账户的期末余额可根据下列公式计算：

期末余额（借方）= 期初余额 + 本期借方发生额 − 本期贷方发生额

2. 负债类账户和所有者权益类账户的结构

负债及所有者权益类账户的结构与资产类账户正好相反，其贷方记录负债及所有者权益的增加额；借方记录负债及所有者权益的减少额，期末余额一般应在贷方。

负债类账户和所有者权益类账户的期末余额可根据下列公式计算：

期末余额（贷方）＝期初余额＋本期贷方发生额－本期借方发生额

3. 成本费用类账户的结构

成本费用类账户的结构与资产类账户的结构基本相同，账户的借方记录成本费用的增加额，账户的贷方记录成本费用转入抵销收益类账户（减少）的数额，由于借方记录的成本费用的增加额一般都要通过贷方转出，所以账户通常没有余额。如果有余额，也表现为借方余额。

4. 收益类账户的结构

收益类账户的结构则与负债类账户和所有者权益类账户的结构基本相同，收入的增加额记入账户的贷方，收入转出（减少额）则应记入账户的借方，由于贷方记录的收入增加额一般要通过借方转出，所以账户通常也没有期末余额。如果有余额，同样也表现为贷方余额。

在借贷记账法下，账户的结构如图 0－4、图 0－5 所示。

以下是借贷记账法的实例演示。

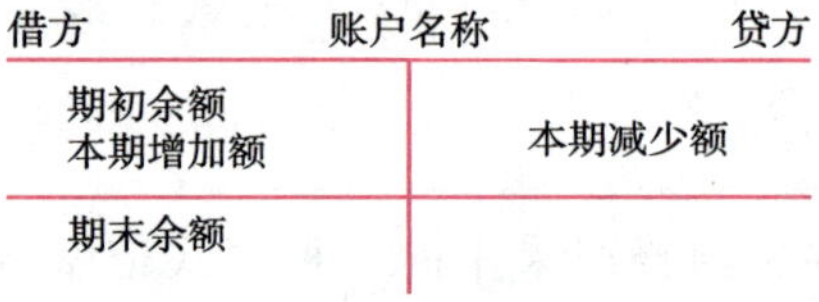


**图 0－4 资产（费用）账户**

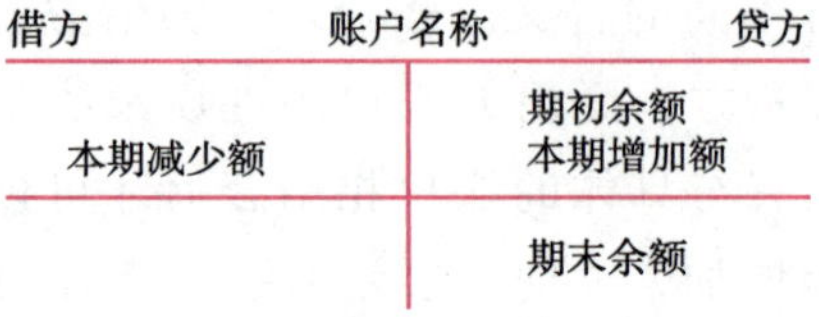


**图 0－5 权益（收入）账户**

**【例 0－14】** 6 月 5 日，以银行存款 3 000 元购进设备。

这项经济业务的发生，一方面使企业的固定资产这一资产项目增加了 3 000元，另一方面使企业的银行存款这一资产项目减少了 3 000 元。因此，这项经济业务涉及“固定资产”和“银行存款”这两个账户，资产的增加，应记在“固定资产”账户的借方，资产的减少，应记在“银行存款”账户的贷方。这项经济业务登账的结果如图 0－6 所示。

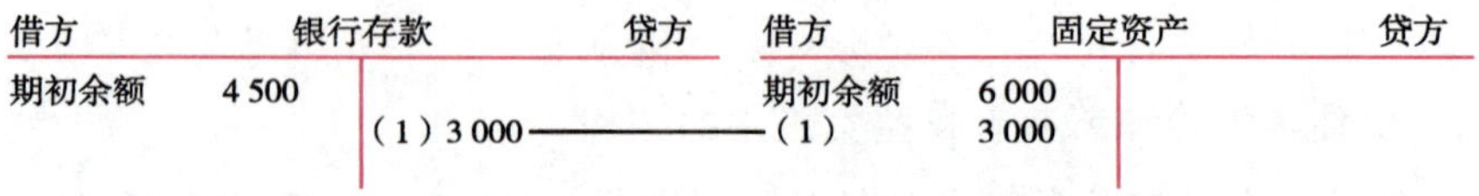


**图 0－6 【例 0－14】业务登账示意图**

【例0－15】6月10日，向银行借入短期借款100 000元偿还前欠外单位货款。

这项经济业务的发生，一方面使企业的短期借款这一负债项目增加了100 000元，另一方面使企业的应付账款这一负债项目减少了100 000元。因此，这项经济业务涉及“短期借款”和“应付账款”这两个账户，负债的增加，应记在“短期借款”账户的贷方，负债的减少，应记在“应付账款”账户的借方。这项经济业务登账的结果如图0－7所示。

| 借方 | 短期借款 | 贷方 |
|---|---|---|
| | 期初余额 | 100 000 |
| | （2）100 000 | |

| 借方 | 应付账款 | 贷方 |
|---|---|---|
| （2）100 000 | 期初余额 | 150 000 |

**图0－7　【例0－15】业务登账示意图**

【例0－16】6月13日，从外单位赊购一项专利，金额为20 000元。

这项经济业务的发生，一方面使单位的无形资产这一资产项目增加了20 000元，另一方面使单位的应付账款这一负债项目也相应地增加了20 000元。因此，这项经济业务涉及“无形资产”和“应付账款”这两个账户，资产的增加，应记在“无形资产”账户的借方，负债的增加，应记在“应付账款”账户的贷方。这项经济业务登账的结果如图0－8所示。

| 借方 | 应付账款 | 贷方 |
|---|---|---|
| | 期初余额 | 150 000 |
| | （3）20 000 | |

| 借方 | 无形资产 | 贷方 |
|---|---|---|
| 期初余额 250 000 | | |
| （3）20 000 | | |

**图0－8　【例0－16】业务登账示意图**

综合以上三项经济业务，所有经济业务的发生，都是有借方必有贷方，而且记入借方的金额同记入贷方的金额必须相等。因此，借贷记账法的记账规则，可以概括为“有借必有贷，借贷必相等”。

在实际运用借贷记账法的记账规则记录一项经济业务时，要从以下三个方面分析：

（1）分析所发生的经济业务，根据经济业务的内容，确定它所涉及的账户及账户的性质（资产类、负债类、所有者权益类、共同类、成本类和损益类账户）。

（2）分析所发生的经济业务，以及对所涉及的账户的影响情况，即引起的是有关账户金额的增加还是减少。

（3）根据账户的结构特点，确定哪个账户记借方，哪个账户记贷方。

## 二、会计分录

### （一）会计分录的含义

会计分录是指对某项经济业务标明其应借应贷账户及其金额的记录，简称分录。会计分录是由应借应贷方向、对应账户（科目）名称及应记金额三要素构成。按照所涉及账户的多少，分为简单会计分录和复合会计分录。简单会计分录指只涉及一个账户借方和另一个账户贷方的会计分录，即一借一贷的会计分录；复合会计分录指由两个以上（不含两个）对应账户所组成的会计分录，即一借多贷、一贷多借或多借多贷的会计分录。

一借多贷：借方一个会计科目对应（即金额的对应相等）贷方多个会计科目；

多借一贷：借方多个会计科目对应贷方一个会计科目；

多借多贷：借方多个会计科目对应贷方多个会计科目；一般只在一笔经济交易或事项客观存在复杂关系时才使用，编制会计分录时应尽量避免。

### （二）会计分录的格式

会计分录常见的格式为：

（1）应是先借后贷，借贷分行，借方在上，贷方在下；

（2）贷方记账符号、账户、金额都要比借方退后一格，表明借方在左，贷方在右。

### （三）会计分录的编制方法

在编制会计分录时，可以按以下步骤进行：

（1）涉及的账户，分析经济业务涉及哪些账户发生变化；

（2）账户的性质，分析涉及的这些账户的性质，即它们各属于什么会计要素，位于会计等式的左边还是右边；

（3）增减变化情况，分析确定这些账户是增加了还是减少了，增减金额是多少；

（4）记账方向，根据账户的性质及其增减变化情况，确定分别记入账户的借方还是贷方；

（5）根据会计分录的格式要求，编制完整的会计分录。

（四）会计分录的具体运用

**【例 0－17】** 正大公司本月发生下列经济业务：①接受乙企业商标使用权的投资，该项商标使用权的协议价是 90 500 元（公允价值），增加注册资本 80 500 元。②从大东公司购入材料并取得增值税专用发票。材料金额为 800 000元，增值税额 104 000 元，以转账支票支付，材料当天验收入库，材料按实际成本计价。③以转账支票支付企业广告费 2 000 元。④采用电汇结算方式向石山小学捐赠 69 500 元。要求：分别编制上述业务的会计分录。

根据编制会计分录的 5 个步骤，结合本例的具体业务，编制的会计分录如下：

| | | |
|---|---|---|
| （1）借：无形资产 | 90 500 | |
| 　　　贷：实收资本 | | 80 500 |
| 　　　　　资本公积 | | 10 000 |
| （2）借：原材料 | 800 000 | |

应交税费——应交增值税（进项税额） 104 000

贷：银行存款 904 000

（800 000 + 104 000）

（3）借：销售费用 2 000

贷：银行存款 2 000

（4）借：营业外支出 69 500

贷：银行存款 69 500

## 三、试算平衡

试算平衡就是指在某一时日（如会计期末），为了保证本期会计处理的正确性，依据会计等式或复式记账原理，对本期各账户的全部记录进行汇总、测算，以检验其正确性的一种专门方法。通过试算平衡，可以检查会计记录的正确性，并可查明出现不正确会计记录的原因，进行调整，从而为财务报表的编制提供准确的资料。

在借贷记账法下，根据借贷复式记账的基本原理，试算平衡的方法主要有两种：本期发生额平衡法和余额试算平衡法。

### （一）本期发生额平衡法

本期发生额平衡法，是指将全部账户的本期借方发生额和本期贷方发生额分别加总后，遵循“有借必有贷，借贷必相等”的记账规则来检验本期发生额账户处理正确性的一种试算平衡方法，其试算平衡公式如下：

全部账户本期借方发生额合计 = 全部账户本期贷方发生额合计

（发生额是属于期间动态的会计指标，反映资金的增减变化，所以又称为动态平衡公式。）

这种试算平衡方法的原理是：在平时编制会计分录时，都是“有借必有贷，借贷必相等”，将其记入有关账户经汇总后，也必然是“借贷必相等”。本期发生额平衡法主要是用来检查本期发生的经济业务在进行各种账户处理时的正确性。

### （二）余额试算平衡法

余额试算平衡法就是根据本期所有账户借方余额合计与贷方余额合计的恒等关系，检验本期账户记录是否正确的方法。其理论依据是资产和权益的恒等关系。余额试算平衡法又可分为期初余额平衡与期末余额平衡两类。其试算平衡公式如下：

全部账户的借方期末余额 = 全部账户的贷方期末余额

全部账户的借方期初余额 = 全部账户的贷方期初余额

（余额是属于时点静态的会计指标，反映资金增减变动后的结果，所以又称为静态平衡公式。）

余额试算平衡法的基本原理：在借贷记账法下，资产账户的期末余额在借方，负债和所有者权益账户的期末余额在贷方，由于存在“资产 = 负债 + 所有者权益”的平衡关系，所以全部账户的借方期末余额合计数应当等于全部账户的贷方期末余额合计数。余额试算平衡法主要是通过各种账户余额来检查、推断账户处理正确性的。

如果试算不平衡，说明账户的记录肯定有错，如果试算平衡，说明账户的记录基本正确，但不一定完全正确。这是因为有些错误并不影响借贷双方的平衡。

发生这类不影响平衡关系的错误通常包括以下几个方面：

（1）某项经济业务在有关账户中全部重记、全部漏记或多记、少记，且金额一致等错误，并不能通过试算平衡来发现。但试算平衡仍是检查账户记录是否正确的方法。

（2）某项经济业务记错账户，而方向无误，借贷仍然平衡；

（3）某项经济业务记录的应借、应贷账户相互颠倒，借贷仍然平衡；

（4）记录某账户的错误金额一多一少，恰好互相抵销，借贷仍然平衡。

因此，需要对所有的会计记录进行日常或定期的复核，以保证账户记录的正确性。

### （三）试算平衡表的编制

动画：试算平衡表

试算平衡是通过编制试算平衡表进行的。试算平衡表通常是在期末结出各账户的本期发生额和期末余额后编制的，试算平衡表中一般应设置“期初余额”“本期发生额”和“期末余额”三大栏目，其下分设“借方”和“贷方”两个小栏目。各大栏目中的借方合计与贷方合计应该平衡相等，否则，存在记账错误。具体如表 0－4 所示。

**表 0－4** **试算平衡表**

2021 年 5 月 31 日 单位：元

| 会计科目 | 期初余额 | | 本期发生额 | | 期末余额 | |
|---|---|---|---|---|---|---|
| | 借方 | 贷方 | 借方 | 贷方 | 借方 | 贷方 |
| 库存现金 | 10 000 | | 15 000 | 5 000 | 20 000 | |
| 银行存款 | 200 000 | | 350 000 | 50 000 | 500 000 | |
| 应收账款 | 80 000 | | 350 000 | 400 000 | 30 000 | |
| 原材料 | 35 000 | | 250 000 | 32 000 | 253 000 | |
| 固定资产 | 750 000 | | 320 000 | 20 000 | 1 050 000 | |
| 无形资产 | 35 000 | | | 6 000 | 29 000 | |
| 短期借款 | | 210 000 | 20 000 | | | 190 000 |
| 应付账款 | | 30 000 | 50 000 | 23 000 | | 3 000 |
| 预收账款 | | 260 000 | 60 000 | 379 000 | | 579 000 |

续表

| 会计科目 | 期初余额 | | 本期发生额 | | 期末余额 | |
|---|---|---|---|---|---|---|
| | 借方 | 贷方 | 借方 | 贷方 | 借方 | 贷方 |
| 长期借款 | | 60 000 | 1 500 000 | 2 000 000 | | 560 000 |
| 实收资本 | | 500 000 | | | | 500 000 |
| 盈余公积 | | 50 000 | | | | 50 000 |
| 合计 | 1 110 000 | 1 110 000 | 2 915 000 | 2 915 000 | 1 882 000 | 1 882 000 |

# 模块六　初识会计循环

## 任务描述

熟悉会计循环的概念，掌握填制和审核会计凭证、设置会计科目和账户、复式记账、登记会计账簿、成本计算、财产清查和编制会计报表等七个会计循环的流程。

## 知识准备

会计循环是指按照一定的步骤反复运行的会计程序。从会计的工作流程看，会计循环由确认、计量和报告等环节组成；从会计核算的具体内容看，会计循环由填制和审核会计凭证、设置会计科目和账户、复式记账、登记会计账簿、成本计算、财产清查、编制财务会计报告等组成。填制和审核会计凭证是会计核算的起点。它们相互联系、紧密结合，确保会计工作有序进行。

微课：会计循环

从会计工作流程看：首先，会计人员需要以会计确认的方式对经济业务进行“过滤”，认定并接受属于会计系统记录的原始经济数据而排除其他数据。同时，这些经济交易与事项涉及的价值数量需计算和衡量。其次，将上述经济业务在会计账簿中进行连续系统完整的登记。最后，会计期末，将分散而杂乱的账簿信息，按会计信息使用者的要求进行汇总、浓缩，以财务报表方式披露企业的财务状况、经营成果和现金流量信息。从会计核算的具体内容看，会计循环的基本过程包括会计核算方法体系的各个环节。

### 业务办理 1　填制和审核会计凭证

会计凭证是具有一定格式，用以记录经济业务发生和完成情况的书面证明，也是登记账簿的重要依据。填制和审核凭证，是指采用具有一定格式的书面证明文件记录经济业务、明确经济责任，并经审核无误后据以登记账簿的一种方法。填制和审核凭证有利于保证会计记录的完整、可靠以及经济业务的合理、合法，为账簿记录提供真实可靠的原始数据，保证会计核算的质量。对于任何一项经济业务，都要由经办人员取得或填制凭证，所有凭证都要经过会计部门和有关部门的审核，只有经过审核无误的凭证，才能作为记账的依据。填制和审核凭证是提供真实可靠的会计数据资料的前提条件，是保证会计记录正确无误，提高会计核算质量的必要手段，也是实行会计监督的重要方面。填制和审核会计凭证是会计核算工作的起点，正确填制和审核会计凭证，是进行核算和实施监督的基础。

会计凭证的作用是提供会计信息，会计人员可以根据会计凭证，对日常大量、分散的各种经济业务，进行整理、分类、汇总，并经过会计处理，为经济管理提供有用的会计信息。主要体现在三方面：一是记录经济业务，提供记账依据；二是明确经济责任，强化内部控制；三是监督经济活动，控制经济运行。

会计凭证的形式多种多样，可以按照不同的标准进行分类。会计凭证按照填制程序和用途可以分为原始凭证和记账凭证。

小贴士

**中国最早的会计凭证**

我国最早的会计凭证——原始凭证，是公元前11世纪西周时代官厅会计核算中使用的“法”或“法式”。《周礼·天官》中记载：“司会掌邦之六典、八法、八则之贰，以逆邦国都鄙官府之治。以九贡之法致邦国之财用，以九赋之法令田野之财用，以九功之法令民职之财用，以九式之法均节邦之财用。掌国之官府、郊野、县都之百物财用。凡在书契、版图者之贰，以逆群吏之治而听其会计……”这里的“贰”指的是一式两份法，用来反映和控制钱物的出和入。晚清经学大师孙诒让在《周礼·正义》一书中记录了“法”或“法式”记录的内容，大致包括钱物的名称、数量、财物性质、事项说明等，完全起到了凭证的作用，是我国会计凭证的开端。

## 一、原始凭证

### （一）原始凭证的概念

动画：原始凭证

原始凭证是在经济业务发生时取得或填制的，用以记录和证明经济业务的发生和完成情况，明确经济责任的原始证据。原始凭证是进行会计核算的原始资料和重要依据。任何经济业务的发生，都应由有关经办人员向会计部门提供证明该项经济业务的发生和完成情况，能够明确经济责任的书面单据。如购买原材料时向销售方取得的发票。原始凭证是证明经济业务发生的初始文件，具有较强的法律效力，是填制记账凭证和登记账簿的原始依据。常见的原始凭证有领料单、增值税专用发票（见图0－9）等。

## （二）原始凭证的基本内容

原始凭证的内容及格式取决于它所要反映的经济业务的内容。由于各项经济业务的内容和经营管理的要求不同，各种原始凭证的名称、格式和内容也多种多样。但是，所有的原始凭证，都必须详细地记录经济业务的发生和完成情况，必须明确经办单位和有关人员的经济责任，因此，任何原始凭证都应具备一些共同的基本内容。

原始凭证的基本内容，又称原始凭证的要素，主要包括以下几个方面：

（1）原始凭证的名称；

（2）填制凭证的日期和编号；

（3）接受凭证的单位名称；

（4）经济业务的内容摘要；

（5）经济业务所涉及的财物数量和金额；

（6）填制凭证的单位名称及有关人员签章。

4400211130　　**广东增值税专用发票**　　№ 27948594　4400211130 27948594

全国统一发票监制章　广东　国家税务总局监制

发票联

开票日期：2021年05月30日

| 购买方 | 名　　称：广州市祈福医药有限责任公司<br>纳税人识别号：91440113791011386X2<br>地址、电话：广州市番禺区钟村街祈福新邨仓储楼四楼34631812<br>开户行及账号：中国农行股份有限公司广州番禺祈福支行861756784208091001 | | | | 密码区 | 49624-8+9>>+9516*94-1*6<<<9<br>>-27>66<5-<706>*8+*884**-49<br>843*9\6//57/6-6*>791/19853596<br><></-907321>-<-1<>/00/<11* | |
|---|---|---|---|---|---|---|---|
| 货物或应税劳务、服务名称 | 规格型号 | 单位 | 数量 | 单价 | 金额 | 税率 | 税额 |
| *柴油*0#柴油（VI） | | 升 | 170.52 | 5.6422707 | 962.12 | 13% | 125.08 |
| *柴油*0#柴油（VI） | | | | | -60.35 | 13% | -7.85 |
| *柴油*92#柴油（VI） | | 升 | 154.94 | 5.96288886 | 923.89 | 13% | 120.11 |
| *柴油*92#柴油（VI） | | | | | -27.42 | 13% | -3.57 |
| 合　计 | | | | | ¥1798.24 | | ¥233.77 |
| 价税合计（大写） | ⊗贰仟零叁拾贰圆零壹分 | | | | （小写）¥2032.01 | | |
| 销货方 | 名　　称：中油碧辟石油有限责任公司广州分公司<br>纳税人识别号：91440101775651044D<br>地址、电话：广州市天河区珠江东路30号4901、4902房020-22332039<br>开户行及账号：中国工商银行广州东晓支行3602079109200031708 | | | | 备注 | 开户油站编码：1438 | |

中油碧辟石油有限责任公司广州分公司　91440101775654044D　发票专用章

税总函〔2021〕17号中钞华森实业公司

第三联：发票联　购买方记账凭证

收款人：林洁茹　　复核：陈少珍　　开票人：方晓莎　　销售方：（章）

**图0－9**

此外，有些原始凭证为了满足计划、统计或其他业务管理的需要，还要列入有关的计划任务、合同号码、预算项目等，这样可以更加充分地发挥原始凭证的作用。

### （三）原始凭证的种类

原始凭证可以按照取得来源、格式、填制的手续和内容进行分类。

1. 按取得的来源分类

原始凭证按取得的来源可以分为自制原始凭证和外来原始凭证。

（1）自制原始凭证。自制原始凭证，又简称自制凭证，是指由本单位内部经办业务的部门或个人（包括财会部门本身）在执行或完成某项经济业务时所填制的原始凭证。常见的自制原始凭证有：企业仓库部门填制的“材料验收单”“产品入库验收单”“销售发货票”“发出材料汇总表”，生产车间及其他部门申请领料时填制的“领料单”，企业职工出差向单位借款填制的“借支单”，以及财会部门编制的“工资费用结算单”“制造费用分配表”等。

（2）外来原始凭证。外来原始凭证是指在经济业务发生或完成时从其他单位或个人直接取得的原始凭证，或是能证明物品来路的最初证明。外来原始凭证都是一次凭证。如企业采购时取得的发货票、出差人员报账时提供的车船、住宿票、货物运单、银行的收账通知单等，均是外来原始凭证。

2. 按格式分类

原始凭证按照格式的不同分为通用凭证和专用凭证。

（1）通用凭证。通用凭证是由有关部门统一印制、在一定范围内使用的具有统一格式和使用方法的原始凭证。如全国通用的增值税发票、银行转账结算凭证等。

（2）专用凭证。专用凭证是由单位自行印制，仅在本单位内部使用的原始凭证。如收料单、领料单、工资费用分配单、折旧计算表等。

3. 按照填制手续及内容分类

原始凭证按填制手续及内容的不同，又可分为一次凭证、累计凭证、汇总凭证三类。

（1）一次凭证。一次凭证是指只反映一项经济业务或同时记录若干项同类性质经济业务的原始凭证，其填制手续是一次完成的。如各种外来原始凭证都是一次凭证；企业有关部门领用材料的“领料单”、职工“借款单”。购进材料“入库单”以及根据账簿记录和经济业务的需要而编制的记账凭证，如“材料费用分配表”等都是一次凭证。

（2）累计凭证。累计凭证是指在一定时期内（一般以一个月为限）连续发生的同类经济业务的自制原始凭证，其填制手续是随着经济业务事项的发生而分次进行的。如“限额领料单”是累计凭证。

（3）汇总凭证。汇总凭证是指根据一定时期内反映相同经济业务的多张原始凭证，汇总编制而成的自制原始凭证，以集中反映某项经济业务总括发生情况。汇总原始凭证既可以简化会计核算工作，又便于进行经济业务的分析比较。如“工资汇总表”“现金收入汇总表”“发料凭证汇总表”等都是汇总凭证。

### （四）原始凭证填制规范

根据《会计法》和《会计基础工作规范》的规定，填制、取得原始凭证应符合以下要求：

1. 反映要真实

在填制原始凭证时，应使凭证上所记载内容同发生业务的实际情况保持一致，即凭证上的日期、经济业务内容和数据必须按照经济业务的实际发生或完成情况来填制，保证其真实、可靠，不得填写匡算或估计数；原始凭证作为具有法律效力的证明文件，不允许在原始凭证的填制中有任何歪曲和弄虚作假行为。

2. 内容要完整

在反映经济业务的相应原始凭证上，按照凭证已有的项目或内容，逐项填列，即应该填写的项目要逐项填写，不可缺漏；年、月、日要按照填制原始凭证的实际日期填写；名称要写全，不能简化；品名或用途要填写明确；有关人员的签章必须齐全。

3. 手续要完备

经办业务的单位、经办人员要对原始凭证认真审核并签章，以对凭证的真实性、合法性负责。按规定，从外单位取得的原始凭证，必须盖有填制单位的公章；从个人取得的原始凭证，必须有填制人员的签名或者盖章。自制原始凭证必须有经办部门负责人或其指定人员的签名或盖章。对外开出的原始凭证，必须加盖本单位的公章。该公章应是具有法律效力和规定用途，能够证明单位身份和性质的印鉴，如业务公章、财务专用章、发票专用章、收款专用章或结算专用章等。

4. 书写要清楚、规范

原始凭证上的数字和文字，字迹要清楚、整齐和规范，易于辨认。例如，阿拉伯数字应当一个一个地写，不得连笔写；汉字大写数字金额如零、壹、贰、叁、肆、伍、陆、柒、捌、玖、拾、佰、仟、万、亿等，一律用正楷或者行书体书写，不得用简化字代替；所有以元为单位的阿拉伯数字，除表示单位等情况外，一律填写到角分；无角分的，角位和分位写“00”，或者符号“—”；有角无分的，分位应当写“0”，不得用符号“—”代替。

5. 填制要及时

所有经办业务的部门和人员，在每项经济业务发生或完成后，必须及时填制原始凭证，做到不拖延、不积压，按照规定的程序及时送交会计机构，以保证会计核算工作的正常进行。一般来说，填制或取得的原始凭证送交会计机构的时间最迟不应超过一个会计结算期。

6. 不得涂改、刮擦、挖补

原始凭证有错误的，应当由出具单位重开或更正，更正处应当加盖出具单位印章。原始凭证金额有错误的，应当由出具单位重开，不得在原始凭证上更正。

7. 其他要求

凡填有大写和小写金额的原始凭证，大写与小写的金额必须相符；购买实物的原始凭证，必须有验收证明。实物购入后，要按照规定办理验收手续，以明确经济责任，保证账实相符；一式几联的原始凭证，必须注明各联的用途，并且只能以一联用作报销凭证；一式几联的发票和收据，除本身具备复写功能外，必须用双面复写纸套写，并连续编号。作废时应加盖“作废”戳记，连同存根一起保存。

### （五）原始凭证的审核

为了正确地反映和监督各项经济业务，确保会计资料真实、正确和合法，必须对原始凭证进行严格认真的审核。各种原始凭证除由经办业务部门审核以外，还要由会计部门进行审核。审核的内容主要包括下述方面：

（1）真实性审核。审核凭证所反映的内容是否符合所发生实际经济业务的情况，数据、文字有无伪造、涂改、重复使用情况，各联之间数额有无不符情况等。主要包括：①经济业务的双方当事单位和当事人必须是真实、合法的；②经济业务发生的时间地点和填制日期必须是真实的；③经济业务的内容和“量”必须是真实的。“量”指实物量和价值量。

（2）完整性审核。完整性审核的目的是确定原始凭证的编制是否符合要求，各个项目内容是否填写齐全，数字是否正确。要查看其凭证的各项指标是否完整，名称、商品规格、计量单位、数量、单位、大写、小写金额和填制日期的填写是否正确、清晰。

（3）合法性审核。合法性审核的内容包括：一是原始凭证生成程序的合法性，如企业或个人（具有营业执照的个体户）出具的营业凭证，如发票、运费收据、劳务费收据等必须是经税务机关批准印制的。购买实物的原始凭证必须附有验收证明以确认实物已经验收入库。二是审查原始凭证所反映的经济业务有无违反财经制度的规定、有无不按计划、预算办事的行为，资金使用是否符合规定，是否扩大了成本费用、开支范围，财产物资的收发、领退是否按照规定办理手续。

（4）合理性审核。审核原始凭证所记录经济业务是否符合企业生产经营活动的需要、是否符合有关的计划和预算等。

经审核的原始凭证应根据不同情况进行处理：

（1）对于完全符合要求的原始凭证，应及时据以编制记账凭证入账；

（2）对于真实、合法、合理但内容不够完整、填写有错误的原始凭证，应退回给有关经办人员，由其负责将有关凭证补充完整、更正错误或重开后，再办理正式会计手续；

（3）对于不真实、不合法的原始凭证，会计机构、会计人员有权不予接受，并向单位负责人报告。

原始凭证的审核是一项严肃、细致的重要工作，会计人员必须熟悉国家有关法规和制度以及本单位的有关规定，才能掌握审核和判断是非的标准，确定经济业务是否合理、合法，从而做好原始凭证的审核工作，实现正确有效的会计监督。另外，审核人员还必须做好宣传解释工作，因为原始凭证所证明的经济业务需要由有关领导和员工去经办，只有对他们做好宣传解释工作，才能避免发生违法违规的经济业务。

## 二、记账凭证

### （一）记账凭证概念

记账凭证是根据审核无误的原始凭证或原始凭证汇总表，将经济业务的内容按照复式记账法和会计科目的设置要求整理编制的，作为登记账簿依据的凭证。

原始凭证是记账的原始证据，但原始凭证来自各个不同的方面，种类繁多、格式不一，它不能清楚地表明应记入账户的名称和方向。直接根据原始凭证记账容易发生差错，所以在记账前，一般先要根据原始凭证编制记账凭证，在记账凭证中确定会计分录，再据以记账。这样原始凭证就成为记账凭证的附件和原始依据，而记账凭证则成为记账的直接依据。有些会计事项，如更正错账、期末结账等，因无法取得原始凭证，也可由会计人员直接根据账簿资料编制记账凭证。原始凭证与记账凭证的区别，如表 0－5 所示。

**表 0－5　　原始凭证与记账凭证的区别**

| 项目 | 原始凭证 | 记账凭证 |
| --- | --- | --- |
| 填制人员 | 经办人员 | 会计人员 |
| 填制依据 | 发生或完成的经济业务 | 审核后的原始凭证 |
| 填制作用 | 记录、证明经济业务已经发生或完成，是填制记账凭证的依据 | 依据会计科目对已经发生的或完成的经济业务进行归类、整理，是登记账簿的依据 |

### （二）记账凭证的种类

1. 按凭证适用的经济业务分类

记账凭证按其适用的经济业务，分为专用记账凭证和通用记账凭证。表 0－6 所示为通用记账凭证。

**表 0－6　　记账凭证**

2021年 4月12日　　记字第 3 号

| 摘要 | 总账科目 | 明细科目 | 借方金额 | | | | | | | | | | | 贷方金额 | | | | | | | | | | |
| --- | --- | --- | --- | --- | --- | --- | --- | --- | --- | --- | --- | --- | --- | --- | --- | --- | --- | --- | --- | --- | --- | --- | --- | --- |
| | | | 亿 | 千 | 百 | 十 | 万 | 千 | 百 | 拾 | 元 | 角 | 分 | 亿 | 千 | 百 | 十 | 万 | 千 | 百 | 拾 | 元 | 角 | 分 |
| 支付印刷费 | 管理费用 | 开办费 | | | | | | | 1 | 5 | 0 | 0 | 0 | | | | | | | | | | | |
| | 库存现金 | | | | | | | | | | | | | | | | | | | 1 | 5 | 0 | 0 | 0 |
| | | | | | | | | | | | | | | | | | | | | | | | | |
| 合计 | | | | | | | | ¥ | 1 | 5 | 0 | 0 | 0 | | | | | | ¥ | 1 | 5 | 0 | 0 | 0 |

附单据 1 张

财务主管 黄玉英　记账 黄建明　出纳 刘丽红　审核 陈礼敢　制单 黄建明

（1）专用记账凭证，是专门用来记录某一类经济业务的记账凭证。一般按经济业务是否与现金和银行存款的收付有联系，分为收款业务、付款业务和转账业务，那么相应的记账凭证就有收款凭证、付款凭证和转账凭证。

收款凭证：是用来记录现金和银行存款等货币资金收款业务的记账凭证。根据有关现金和银行存款收款业务的原始凭证填制。在实际工作中，还可以将收款凭证分为现金收款凭证和银行存款收款凭证两种。经审核无误的收款凭证，不仅是登账的依据，同时也是出纳人员收款的依据。出纳人员根据收款凭证收款时，要在凭证上加盖“收讫”戳记，以避免出现差错。

付款凭证：是用来记录现金和银行存款等货币资金付款业务的记账凭证。根据有关现金和银行存款付款业务的原始凭证填制。在实际工作中，也可以将付款凭证分为现金付款凭证和银行存款付款凭证两种。出纳人员根据审核无误的付款凭证登记有关账簿，并据以支付款项。付款时，要在付款凭证上加盖“付讫”戳记，以免重复。

应当指出，对于现金和银行存款之间的相互划转业务，统一只编制付款凭证，不编制收款凭证，其目的是避免重复记账。将现金存入银行，只填制现金付款凭证，不再填制银行存款收款凭证；同样从银行提取现金时，也只填制银行存款付款凭证，不再填制现金收款凭证。

转账凭证：是用来记录与现金和银行存款等货币资金收付款业务无关的转账业务的记账凭证。根据不涉及现金和银行存款的转账业务的原始凭证填制。

（2）通用记账凭证。不分收款、付款和转账业务，都使用一种记账凭证，这种记账凭证称为通用记账凭证。通用记账凭证的格式同转账凭证。在经济业务比较简单，经营规模较小的单位，为了简化会计凭证，一般使用通用记账凭证记录所发生的各种经济业务。

2. 按凭证的填列方式分类

记账凭证按凭证的填列方式不同，可以分为单式记账凭证和复式记账凭证。

（1）单式记账凭证，是指把一项经济业务所涉及的每个会计科目，分别填制记账凭证，每张记账凭证只填列一个会计科目的记账凭证。

单式记账凭证反映内容单一，便于分工记账，便于按会计科目汇总，但一张记账凭证不能反映每一笔经济业务的全貌，不便于检查会计分类的正确性，且凭证资料过于分散，不能集中反映经济业务的概括，目前很少使用此类凭证。

（2）复式记账凭证，是指一项经济业务所涉及的会计科目都集中填列在一张记账凭证上的记账凭证。

复式记账凭证全面反映了经济业务的账户对应关系，能够降低编制凭证的工作量，减少记账凭证的张数，有利于检查会计分录的正确性，但在使用中不便于传递、汇总，不便于会计岗位上的分工记账。

3. 按其是否经过汇总分类

记账凭证按其是否经过汇总，可分为汇总记账凭证和非汇总记账凭证。

（1）汇总记账凭证，是根据同类记账凭证定期加以汇总而重新编制的记账凭证，目的是简化登记总分类账的手续。汇总的记账凭证根据汇总方法的不同，可分为分类汇总和全部汇总两种。分类汇总凭证是根据一定期间的记账凭证按其种类分别汇总填制的；全部汇总凭证是根据一定期间的记账凭证全部汇总填制的。

（2）非汇总记账凭证，是没有经过汇总的记账凭证，前面介绍的收款凭证、付款凭证和转账凭证以及通用记账凭证都是非汇总记账凭证。

### （三）记账凭证的内容

记账凭证是用来确定会计分录并据以登记账簿的一种凭证。它可以根据每一张原始凭证编制，也可以根据原始凭证汇总表编制。记账凭证虽有多种形式，但作为确定会计分录和进行款项收付、账簿记录的依据，必须反映经济业务归类核算的项目、填制依据以及有关人员的责任，所以，记账凭证必须具有一些基本内容（凭证要素）：

（1）填制单位的名称；

（2）记账凭证的名称；

（3）记账凭证的填制日期和编号；

（4）经济业务的内容摘要；

（5）会计分录，即应借应贷的会计科目名称及其金额；

（6）所附原始凭证张数和其他有关资料；

（7）会计主管、记账、审核和制单人员的签名或者盖章；收付款凭证还应有出纳人员的签名或盖章。

### （四）记账凭证填制规范

记账凭证的正确与否，直接关系到会计核算的质量。记账凭证虽有不同格式，但就记账凭证确定会计分录，便于保管和查阅会计资料，各种记账凭证除了应符合原始凭证的填制要求如做到记录正确、内容完整、手续齐备、编制及时、书写清楚之外，还必须符合下列要求。

动画：如何填写记账凭证

1. 记账凭证必须根据审核无误的原始凭证填制

记账凭证可以根据每一张原始凭证填制，也可以根据若干张同类原始凭证汇总编制，或者根据原始凭证汇总表填制，但不得将不同内容和类别的原始凭证汇总填制在一张记账凭证上。

2. 记账凭证应当连续编号

记账凭证应当连续编号，其目的是分清会计事项处理的先后顺序，便于记账凭证与会计账簿之间的核对，确保记账凭证的完整。记账凭证编号的总体要求是：“分类按月从1开始连续编号”，通常，一张记账凭证编一个号，不得跳号、重号。其分类方法有多种，一种是将全部记账凭证作为一类统一编号，编为记字第××号；一种是分别按现金和银行存款收入、现金和银行存款付出以及转账业务三类进行编号，分别编为收字第××号、付字第××号、转字第××号；还有一种是按现金收入、现金付出、银行存款收入、银行存款付出和转账五类进行编号，分别编为现收字第××号、现付字第××号、银收字第××号、银付字第××号、转字第××号。当月记账凭证的编号，可以在填写记账凭证的当日填写，也可以在月末或装订凭证时填写。一笔经济业务事项需要填制两张或者两张以上记账凭证的，可以采用分数编号法编号，如10号会计事项分录需要填制三张记账凭证，其编号就可以编写成10（1/3）、10（2/3）、10（3/3）号。

3. 记账凭证后必须附有原始凭证

除结账和更正错误等外，记账凭证必须附有原始凭证并注明所附原始凭证张数。所附原始凭证张数的计算，一般以原始凭证的自然张数为准。与记账凭证中的经济业务事项记录有关的每一张证据，都应当作为原始凭证的附件。如果记账凭证中附有原始凭证汇总表，则应该把所附的原始凭证和原始凭证汇总表的张数一起计入附件的张数之内。但报销差旅费等零散票证，可以粘贴在一张纸上，作为一张原始凭证。一张原始凭证如涉及几张记账凭证的，可以将该原始凭证附在一张主要的记账凭证后面，在其他记账凭证上注明该主要记账凭证的编号或者附上该原始凭证的复印件。

4. 其他要求

记账凭证的填制日期原则上应与发生经济业务的日期一致。但由于凭证的传递需要时间，因此，有的也可以按凭证到达日期填写。如对现金收付款凭证，应以出纳人员实际收付款日期为编制日期；转账凭证应按经济业务发生或完成填写。

视频：会计凭证装订

记账凭证摘要的填写应简明扼要，说明清楚。填写的基本要求是：意思完备，字数简短，字迹清楚。如现金、银行存款的收付事项，应写明收、付款人和款项的内容；采购商品要写清品名、进货来源和批次并能区分不同供货单位。

会计科目必须按现行统一会计制度规定的全称填写，不得简化，不能用科目编号或外文字母代替，并根据经济业务的内容正确确定会计科目的借贷方和金额。

填制完经济业务事项后的记账凭证，如有空行，应当在金额栏目最后一笔金额数字下的空行处至合计数上的空行处划斜线注销。

案例：华为会计凭证装订方法

### （五）记账凭证的审核

正确编制记账凭证是正确处理账务的前提，特别是收、付款凭证是出纳人员收、付款项的依据。因此，为了确保账簿记录的真实性，对于记账凭证，除了编制人员要认真负责，加强自审外，财会部门还应建立相互复核和专人审核的制度，在记账前，必须经过审核。审核的内容主要包括：

1. 记账凭证是否附上全部经过审核后的原始凭证

记账凭证的审核，也是对原始凭证的审核，所以记账凭证必须附有原始凭证（除结账和更正错误等外），并且所附原始凭证的张数、经济内容、金额、合计等要与记账凭证一致。

2. 会计分录的编制是否符合要求

经济业务是否正常，应借、应贷账户的名称和金额是否正确，账户对应关系是否清晰，所用账户的名称是否符合会计制度的规定。

3. 记账凭证中有关项目是否填写齐全，有关人员是否签名或盖章

在审核记账凭证时，如发现错误，必须查明原因，按规定办法及时改正。只有经过审核无误的记账凭证，才能据以记账。

### 业务办理 2 设置会计科目和账户

会计核算与监督的内容就是会计对象。为了对会计对象的具体内容进行系统的核算和监督，就应将其进行科学分类为会计要素。根据各会计要素的特点，以及经济管理的具体要求，对会计要素再分类，即为会计科目。根据会计科目在账簿中开设的户头，称为账户。设置账户是对会计对象的具体内容进行归类核算和监督的一种专门方法。它可以对会计对象的复杂多样的具体内容进行科学分类和记录，以便取得各种核算指标，并随时加以分析、检查和监督。

### 业务办理 3 复式记账

复式记账是对每一项经济业务都以相等的金额，同时在两个或两个以上相互联系的账户中进行登记的一种记账方法。复式记账使每项经济业务所涉及的账户发生对应关系，通过账户的对应关系，可以了解每项经济业务的来龙去脉。任何一项经济活动都会引起资金的增减变动或财务收支的变动，例如，以库存现金支付费用，一方面引起费用的增加，另一方面引起库存现金的减少。采用复式记账，就可以全面、相互联系地反映资金增减变化和财务收支变化情况，并掌握资金的来龙去脉。

### 业务办理 4 登记会计账簿

#### 一、会计账簿的概念与作用

账簿，是用来全面、连续、系统地记录经济业务的簿籍。会计账簿是以会计凭证为依据，由具有一定格式而又相互联结的账页所组成，用来序时地、分类地记录和反映各项经济业务的簿籍。登记账簿必须按照规定的会计科目，在账簿中序时地或分门别类地登记，并定期进行结账和对账，做到账证相符、账账相符、账实相符，以便提供编制财务报表所需的各种资料。通过账簿的记录，按照记账的方法和程序登记账簿并定期进行对账、结账，可以提供完

整、系统的会计资料。设置和登记账簿是会计核算的一种专门方法，也是会计核算的中心环节也是编制财务会计报告的重要依据。因此，各单位都必须在会计凭证的基础上设置和登记有关的会计账簿。设置和登记账簿的作用主要有：

（1）通过账簿的设置和登记，记载、储存会计信息。将会计凭证所记录的经济业务记入有关账簿，可以全面反映会计主体在一定时期内所发生的各项资金运动，储存所需要的各项会计信息。

（2）通过账簿的设置和登记，分类、汇总会计信息。账簿由不同的相互关联的账户所构成，通过账簿记录，一方面，可以分门别类地反映各项会计信息，提供一定时期内经济活动的详细情况；另一方面，可以通过发生额、余额计算，提供各方面所需要的总括会计信息，反映财务状况及经营成果。

（3）通过账簿的设置和登记，检查、校正会计信息。账簿记录是会计凭证信息的进一步整理，账簿记录也是会计分析、会计检查的重要依据。

（4）通过账簿的设置和登记，编表、输出会计信息。为了反映一定日期的财务状况及一定时期的经营成果，应定期进行结账工作，进行有关账簿之间的核对，计算出本期发生额和余额，据以编制财务报表，向有关各方提供所需要的会计信息。

此外，账簿可以提供资产、负债、所有者权益、收入、费用、成本利润等方面总括和详细的数据，完整、全面地记录一个单位经济活动的历史数据，是日后各种经济事项查证的重要依据。

## 二、会计账簿的种类

会计账簿的种类多样，在记账手段实现现代化之前，账簿可以按用途、外表形式和账页格式等进行分类。

### （一）账簿按用途分类

我国《会计基础工作规范》第五十六条规定，各单位应当按照国家统一会计制度的规定和会计业务的需要设置会计账簿。会计账簿包括总账、明细账、日记账和其他辅助性账簿。其中总账和明细账属于分类账。

动画：会计账簿

账簿按用途不同可以分为序时账簿、分类账簿和备查账簿。

1. 序时账簿

序时账簿又称日记账，是按照时间顺序逐日逐笔登记经济业务发生情况的账簿。按其记录的内容不同，又分为普通日记账和特种日记账两种。

普通日记账是用来登记全部经济业务发生情况的日记账，通常把每天所发生的经济业务，按照业务发生的先后顺序，编成会计分录记入账簿中。

特种日记账是用来记录某一类经济业务发生情况的日记账，通常把某一类比较重要的经济业务，按照业务发生的先后顺序记入账簿中。为了加强对货币资金的监督和管理，特种日记账又分为库存现金日记账和银行存款日记账。库存现金日记账和银行存款日记账的账页一般采用三栏式，即借方、贷方和余额三栏。在我国，大多数单位一般只设库存现金日记账和银行存款日记账，而不设置转账日记账。

**想一想**

请查阅相关资料，对比普通日记账和特种日记账的样式，想一想为什么普通日记账是两栏式？而特种日记账是三栏或多栏式？

2. 分类账簿

分类账簿是按照总分类账户和明细分类账户分类记录经济业务的账簿。分类账簿按照反映指标的详细程度划分，分为总分类账簿和明细分类账簿。

动画：总账

总分类账簿又称总分类账、总账，是根据总分类科目开设账户，用来分类记录全部经济业务，提供总括核算指标的分类账簿，通常总分类账簿可以提供企业单位资产、负债、所有者权益、收入、费用和利润等方面总括的会计信息。任何企业单位都要设置总分类账。总分类账必须按总分类科目设置，一般采用订本式账簿，账页格式一般有“三栏式”“多栏式”两种。

明细分类账簿又称明细分类账、明细账，是根据总分类科目所属二级或明细科目开设账户，用来分类记录某类经济业务，提供比较详细的核算指标的分类账簿。明细账是形成有用的会计信息的基本程序和基础环节，借助于明细账，既可以对经济业务信息或数据作进一步加工整理，进而通过总账形成适合于财务报表提供的会计信息，又能为了解会计信息的形成提供具体情况和有关线索。明细分类账必须按照二级科目或明细科目设置，一般采用活页式账簿。明细账的格式，应根据它所反映经济业务内容的特点和管理的需要来设计，一般有三栏式、数量金额式和多栏式三种。

3. 备查账簿

备查账簿又称辅助账簿，是对某些在序时账簿和分类账簿中未能记载或记载不全的经济业务进行补充登记的账簿，如租入固定资产登记簿、合同登记簿、受托加工材料登记簿、应收票据备查簿、应付票据备查簿等。备查簿只是对账簿记录的一种补充，它与其他账簿之间不存在严密的依存、勾稽关系。它可以为某些经济业务的内容提供必要的参考资料。各单位可根据实际需要设置备查账簿。

### （二）账簿按外表形式分类

会计账簿按外表形式不同可以分为订本式账簿、活页式账簿和卡片式账簿。

1. 订本式账簿

订本式账簿又称订本账，是在启用前就把编有顺序号的若干账页固定装订成册的账簿。这种账簿的优点是能够避免账页散失和防止账页被抽换；缺点是账页固定后不能根据需要增减账页，容易造成账页浪费，也不便于分工记账。订本账主要适用于库存现金日记账、银行存款日记账和总账。

2. 活页式账簿

活页式账簿又称活页账，是把若干张零散的账页放置在活动账夹之内的账簿。这种账簿的优点是可以任意增减空白账页，不会浪费账页，使用灵活，便于对账页重新排列，也便于分工记账，有利于提高工作效率；缺点是账页容易散失和容易被抽换。活页账主要适用于各种明细账。

3. 卡片式账簿

卡片式账簿又称卡片账，是由若干分散的具有专门格式的硬卡组成，存放在卡片箱内的账簿。这种账簿的优缺点与活页账簿相同。卡片账主要适用于记载内容比较复杂的财产明细账，如固定资产卡片。在实际使用时，卡片上应连续编号并加盖有关人员的印章，卡片箱应由专人负责保管，以保证真实、安全。

### （三）账簿按账页格式分类

会计账簿按账页格式不同分为两栏式账簿、三栏式账簿、多栏式账簿和数量金额式账簿。

1. 两栏式账簿

两栏式账簿是指只有借方和贷方两个金额栏目的账簿。普通日记账和转账日记账一般采用两栏式。

2. 三栏式账簿

三栏式账簿是指账簿的账页格式只开设借、贷、余（或收、付、余）三个栏目记录金额。它主要适用于只要求反映金额的经济业务，如应收账款、应付账款、其他应收款等结算业务分类核算。各种日记账、总分类账以及资本、债权、债务明细账都可以采用三栏式账簿，如表0-7所示。

**表0-7** **原材料总账**

科目：原材料

| 2021年 | | 凭证 | | 摘要 | 对方科目 | 借方（元） | | | | | | | | | | 贷方（元） | | | | | | | | | | 借或贷 | 余额（元） | | | | | | | | | |
|---|---|---|---|---|---|---|---|---|---|---|---|---|---|---|---|---|---|---|---|---|---|---|---|---|---|---|---|---|---|---|---|---|---|---|---|---|
| 月 | 日 | 种类 | 号数 | | | 千 | 百 | 十 | 万 | 千 | 百 | 十 | 元 | 角 | 分 | 千 | 百 | 十 | 万 | 千 | 百 | 十 | 元 | 角 | 分 | | 千 | 百 | 十 | 万 | 千 | 百 | 十 | 元 | 角 | 分 |
| 8 | 1 | | | 期初余额 | | | | | | | | | | | | | | | | | | | | | | 借 | | | 2 | 6 | 0 | 0 | 0 | 0 | 0 | 0 |
| 8 | 25 | 记 | 36 | 购入传感器一批 | 应付账款 | | | 1 | 3 | 8 | 8 | 0 | 0 | 0 | 0 | | | | | | | | | | | 借 | | | 3 | 9 | 8 | 8 | 0 | 0 | 0 | 0 |
| | | | | | | | | | | | | | | | | | | | | | | | | | | | | | | | | | | | | |
| | | | | | | | | | | | | | | | | | | | | | | | | | | | | | | | | | | | | |
| | | | | | | | | | | | | | | | | | | | | | | | | | | | | | | | | | | | | |

3. 多栏式账簿

多栏式账簿是根据经济业务的特点和经营管理的需要，在一张账页内按有关明细项目或明细科目分设若干专栏，用以在同一张账页上反映某一总账账户或明细账户核算内容的账簿。按其登记的经济业务不同又分为借方多栏、贷方多栏和借贷双方多栏三种。收入、费用、成本、利润明细账一般均采用这种格式的账簿。

4. 数量金额式账簿

数量金额式账簿的账页格式是在借、贷、余（或收、付、余）三栏下再设数量、单价和金额栏，以便全面记录反映经济业务的数量和金额。这种格式的明细账适用于既需要反映金额，又需要反映实物数量的经济业务，如原材料、产成品等物资的明细账一般都采用数量金额式账簿，其格式如表 0－8 所示。

**表 0－8**　　**原材料明细账**

最高储量
最低储量
编号　208　　规格　L12

单位 数量（吨） 金额（元）　名称：生铁

| 2021年 | | 凭证 | | 摘要 | 对方科目 | 借方 | | | | | | | | | | | | 贷方 | | | | | | | | | | | | 借或贷 | 结存 | | | | | | | | | | | |
|---|---|---|---|---|---|---|---|---|---|---|---|---|---|---|---|---|---|---|---|---|---|---|---|---|---|---|---|---|---|---|---|---|---|---|---|---|---|---|---|---|---|---|
| 月 | 日 | 种类 | 号数 | | | 数量 | 单价 | 千 | 百 | 十 | 万 | 千 | 百 | 十 | 元 | 角 | 分 | 数量 | 单价 | 千 | 百 | 十 | 万 | 千 | 百 | 十 | 元 | 角 | 分 | | 数量 | 单价 | 千 | 百 | 十 | 万 | 千 | 百 | 十 | 元 | 角 | 分 |
| 8 | 1 | | | 期初余额 | | | | | | | | | | | | | | | | | | | | | | | | | | 借 | 20000 | 4.5 | | | | 9 | 0 | 0 | 0 | 0 | 0 | 0 |
| | 25 | 记 | 130 | 购买生铁 | 应付账款 | 20000 | 6.94 | | | 1 | 3 | 8 | 0 | 0 | 0 | 0 | 0 | | | | | | | | | | | | | 借 | 20000<br>20000 | 4.5<br>6.94 | | | <br>1 | 9<br>3 | 0<br>8 | 0<br>0 | 0<br>0 | 0<br>0 | 0<br>0 | 0<br>0 |
| | | | | | | | | | | | | | | | | | | | | | | | | | | | | | | | | | | | | | | | | | | |
| | | | | | | | | | | | | | | | | | | | | | | | | | | | | | | | | | | | | | | | | | | |
| | | | | | | | | | | | | | | | | | | | | | | | | | | | | | | | | | | | | | | | | | | |
| | | | | | | | | | | | | | | | | | | | | | | | | | | | | | | | | | | | | | | | | | | |

## 三、会计账簿的基本结构

账簿的种类是多种多样的，各种账簿所记录的经济业务、账簿格式也不尽相同，但各种主要账簿都应具备下列基本内容。

### （一）封面

每本账簿都应在它的封面上标明账簿名称，如总账、材料明细账、库存商品明细账等。

### （二）扉页

账簿的扉页（首页）正面为“账簿启用及交接表”，在表内载明单位名称、账簿启用日期、账簿册数、账簿页数（如为活页账应在装订成册后记明页数）、会计主管和经管人员姓名和印鉴等。如果经管账簿的会计人员离职或工作调动，需要调换记账人员时，应办理交接监交手续，在“经管账簿人员一览表”上注明交接日期和接办人员姓名，并由接办人员签名或者盖章。账簿的扉页（首页）反面为账户目录。

### （三）账页

账页是构成账簿的主要组成部分，用来具体记录经济业务，其格式因记录的经济业务内容不同而有所不同，但一般都包括以下六方面的内容：

（1）账户名称（或会计科目）；

（2）登账日期栏；

（3）凭证种类和号数栏；

（4）摘要栏；

（5）金额栏（借方贷方的金额和余额）；

（6）账页号数（总页次和分户页次）。

会计账簿与账户的关系是账户存在于账簿之中，账簿中的每一账页就是账户的存在形式和载体，没有账簿，账户就无法存在；账簿序时、分类地记载经济业务，是在个别账户中完成的。因此，账簿只是一个外在形式，账户才是它的真实内容。账簿与账户的关系是形式和内容的关系。

## 四、会计账簿的登记规范

会计人员应根据审核无误的会计凭证登记会计账簿。登记账簿的基本要求是：

（1）登记会计账簿时，将会计凭证日期、编号、业务内容摘要、金额和其他有关资料逐项记入账内，做到数字准确、摘要清楚、登记及时、字迹工整。

（2）登记完毕后，要在记账凭证上签名或者盖章，并注明已经登账的符号，表示已经记账。

（3）账簿中书写的文字和数字应在账页格子上留有适当空间，不要写满格子，一般应占格距的1/2。

（4）登记账簿要用蓝黑墨水或者碳素墨水书写，不得使用圆珠笔（银行的复写账簿除外）或者铅笔书写。

（5）下列情况可以用红色墨水记账：

①按照红字冲账的记账凭证，冲销错误记录。

②在仅设借（贷）方的多栏式账页中，登记冲减数。

③划更正线、结账线和注销线。

④按暂估价入账的材料或商品，下月初可用红字冲回上述暂估价。

⑤材料按计划成本计价时，发出材料的计划成本大于实际成本时，用红字冲减材料成本差异。

⑥销售产品发生退货时，用红字冲减原先入账的销售收入和销售成本。

⑦在没印明余额方向时，用红字表示“负数”。

小贴士

**会计上的红字、蓝字是什么意思？**

手工会计登记账簿正常应使用蓝黑墨水书写，这样不易褪色。蓝色代表正数，红字是冲销用的，即红字代表负数。但现在一般的计算机打印凭证、账簿和报表都是单色，无法打印出红色字，所以就加上一个符号，以示红字。另外，在教学场合，一般用数字框代表红字。

（6）各种账簿按页次顺序连续登记，不得跳行、隔页。如果发生跳行、隔页，应当将空行、空页划线注销，或者注明“此行空白”“此页空白”字样，并由记账人员签名或者盖章。这对堵塞在账簿登记中可能出现的漏洞，是十分必要的防范措施。

（7）凡需要结出余额的账户，结出金额后，应当在“借或贷”等栏内写明“借”或者“贷”等字样。没有余额的账户，应当在“借或贷”等栏内写“平”字，并在余额栏内用“θ”表示。库存现金日记账和银行存款日记账必须逐日结出余额。一般说来，对于没有余额的账户，在余额栏内标注的“θ”应当放在“元”位。

（8）每一账页登记完毕结转下页时，应当结出本页合计数及余额，写在本页最后一行的有关栏内，并在摘要栏内注明“过次页”字样；同时将本页合计数及金额写在下页第一行的有关栏内，并在摘要栏内注明“承前页”字样。

《会计基础工作规范》对“过次页”的本页合计数的结计方法，根据不同需要作了规定：

①“对需要结计本月发生额的账户，结计‘过次页’的本页合计数应当为自本月初起至本页末止的发生额合计数”，这样做，便于根据“过次页”的合计数，随时了解本月初到本页末止的发生额，也便于月末结账时，加计“本月合计”数。

②“对需要结计本年累计发生额的账户，结计‘过次页’的本页合计数应当为自年初起至本页末止的累计数”，这样做，便于根据“过次页”的合计数，随时了解本年初到本页末止的累计发生额，也便于年终结账时，加计“本年累计”数。

③“对既不需要结计本月发生额也不需要结计本年累计发生额的账户，可以只将每页末的余额结转次页”，如某些材料明细账户就没有必要将每页的发生额结转次页。

（9）对实行会计电算化的单位，总账和明细账应当定期打印；发生收款和付款业务的，在输入收款凭证和付款凭证的当天必须打印出库存现金日记账和银行存款日记账，并与库存现金核对无误。因为在以机器或其他磁性介质储存的状态下，各种资料或数据的直观性不强，而且信息处理的过程不明，不便于进行某些会计操作和进行内部或外部审计，对会计信息的安全和完整也不利。

## 五、会计账簿的登记方法

### （一）库存现金日记账的登记方法

库存现金日记账通常是根据审核后的现金收款、付款凭证逐日逐笔按照经济业务发生的顺序进行登记的，为了加强对企业现金的监管，库存现金日记账采用订本式账簿，如表 0 - 9 所示。

**表 0-9** **库存现金日记账**

| 年 | | 凭证编号 | 摘要 | 对方科目 | 收入（借方） | | | | | | | | | √ | 支出（贷方） | | | | | | | | | √ | 余额 | | | | | | | | | √ |
|---|---|---|---|---|---|---|---|---|---|---|---|---|---|---|---|---|---|---|---|---|---|---|---|---|---|---|---|---|---|---|---|---|---|---|
| 月 | 日 | | | | 百 | 十 | 万 | 千 | 百 | 十 | 元 | 角 | 分 | | 百 | 十 | 万 | 千 | 百 | 十 | 元 | 角 | 分 | | 百 | 十 | 万 | 千 | 百 | 十 | 元 | 角 | 分 | |
| | | | | | | | | | | | | | | | | | | | | | | | | | | | | | | | | | | |
| | | | | | | | | | | | | | | | | | | | | | | | | | | | | | | | | | | |
| | | | | | | | | | | | | | | | | | | | | | | | | | | | | | | | | | | |
| | | | | | | | | | | | | | | | | | | | | | | | | | | | | | | | | | | |
| | | | | | | | | | | | | | | | | | | | | | | | | | | | | | | | | | | |
| | | | | | | | | | | | | | | | | | | | | | | | | | | | | | | | | | | |
| | | | | | | | | | | | | | | | | | | | | | | | | | | | | | | | | | | |

库存现金日记账是用来核算和监督库存现金每天的收入、支出和结存情况的账簿。由出纳人员根据与现金收付有关的记账凭证，如现金收款、现金付款、银行付款（提现业务）凭证，逐日逐笔进行登记，并随时结记余额。

登记库存现金日记账时，除了遵循账簿登记的基本要求外，还应注意以下栏目的填写方法：

1. 日期

“日期”栏中填入的应为据以登记账簿的会计凭证上的日期，库存现金日记账一般依据记账凭证登记，因此，此处日期为编制该记账凭证的日期。不能填写原始凭证上记载的发生或完成该经济业务的日期，也不是实际登记该账簿的日期。

2. 凭证编号

“凭证字号”栏中应填入据以登账的会计凭证类型及编号。例如，企业采用通用凭证格式，根据记账凭证登记库存现金日记账时，填入“记×号”；企业采用专用凭证格式，根据现金收款凭证登记库存现金日记账时，填入“收×号”。

3. 摘要

“摘要”栏简要说明入账的经济业务的内容，力求简明扼要。

4. 对应科目

“对应科目”栏应填入会计分录中“库存现金”科目的对应科目，用以反映库存现金增减变化的来龙去脉。在填写对应科目时，应注意以下三点：

（1）对应科目只填总账科目，无须填明细科目；

（2）当对应科目有多个时，应填入主要对应科目，如销售产品收到现金，则“库存现金”的对应科目有“主营业务收入”和“应交税费”，此时可在对应科目栏中填入“主营业务收入”，在借方金额栏中填入取得的现金总额，而不能将一笔现金增加业务拆分成两个对应科目金额填入两行；

（3）当对应科目有多个且不能从科目上划分出主次时，可在对应科目栏中填入其中金额较大的科目，并在其后加上“等”字。如用现金 800 元购买零星办公用品，其中300元由车间负担，500元由行政管理部门负担，则在库存现金日记账“对应科目”栏中填入“管理费用”等，在贷方金额栏中填入支付的现金总额800元。

5. 借方、贷方

“借方金额”栏、“贷方金额”栏应根据相关凭证中记录的“库存现金”科目的借贷方向及金额记入。

6. 余额

“余额”栏应根据“本行余额 = 上行余额 + 本行借方 - 本行贷方”公式计算填入。

正常情况下库存现金不允许出现贷方余额，因此，库存现金日记账余额栏前未印有借贷方向，其余额方向默认为借方。若在登记库存现金日记账过程中，由于登账顺序等特殊原因出现了贷方余额，则在余额栏用红字登记，表示贷方余额。

### （二）银行存款日记账的登记方法

银行存款日记账是指专门用来记录银行存款收支业务的一种特种日记账。银行存款日记账必须采用订本式账簿，如表0－10所示，其账页格式一般采用“收入”（借方）、“支出”（贷方）和“余额”三栏式。银行存款收入数额应根据有关的现金付款凭证登记。每日业务终了时，应计算、登记当日的银行存款收入合计数、银行存款支出合计数，以及账面结余额，以便检查监督各项收入和支出款项，避免坐支现金的出现，并便于定期同银行送来的对账单核对。

**表0－10**　　银行存款日记账

| 年 |  | 凭证编号 | 摘要 | 结算方式 |  | 对方科目 | 收入（借方） |  |  |  |  |  |  |  |  |  | √ | 支出（贷方） |  |  |  |  |  |  |  |  |  | √ | 余额 |  |  |  |  |  |  |  |  |  | √ |
|---|---|---|---|---|---|---|---|---|---|---|---|---|---|---|---|---|---|---|---|---|---|---|---|---|---|---|---|---|---|---|---|---|---|---|---|---|---|---|---|
| 月 | 日 |  |  | 种类 | 号码 |  | 千 | 百 | 十 | 万 | 千 | 百 | 十 | 元 | 角 | 分 |  | 千 | 百 | 十 | 万 | 千 | 百 | 十 | 元 | 角 | 分 |  | 千 | 百 | 十 | 万 | 千 | 百 | 十 | 元 | 角 | 分 |  |
|  |  |  |  |  |  |  |  |  |  |  |  |  |  |  |  |  |  |  |  |  |  |  |  |  |  |  |  |  |  |  |  |  |  |  |  |  |  |  |  |
|  |  |  |  |  |  |  |  |  |  |  |  |  |  |  |  |  |  |  |  |  |  |  |  |  |  |  |  |  |  |  |  |  |  |  |  |  |  |  |  |
|  |  |  |  |  |  |  |  |  |  |  |  |  |  |  |  |  |  |  |  |  |  |  |  |  |  |  |  |  |  |  |  |  |  |  |  |  |  |  |  |
|  |  |  |  |  |  |  |  |  |  |  |  |  |  |  |  |  |  |  |  |  |  |  |  |  |  |  |  |  |  |  |  |  |  |  |  |  |  |  |  |
|  |  |  |  |  |  |  |  |  |  |  |  |  |  |  |  |  |  |  |  |  |  |  |  |  |  |  |  |  |  |  |  |  |  |  |  |  |  |  |  |
|  |  |  |  |  |  |  |  |  |  |  |  |  |  |  |  |  |  |  |  |  |  |  |  |  |  |  |  |  |  |  |  |  |  |  |  |  |  |  |  |
|  |  |  |  |  |  |  |  |  |  |  |  |  |  |  |  |  |  |  |  |  |  |  |  |  |  |  |  |  |  |  |  |  |  |  |  |  |  |  |  |
|  |  |  |  |  |  |  |  |  |  |  |  |  |  |  |  |  |  |  |  |  |  |  |  |  |  |  |  |  |  |  |  |  |  |  |  |  |  |  |  |

1. 银行存款日记账书写要求

（1）根据复核无误的银行存款收、付款记账凭证登记账簿。

（2）所记载的经济业务内容必须同记账凭证相一致，不得随便增减。

（3）要按经济业务发生的顺序逐笔登记账簿。

（4）必须连续登记，不得跳行、隔页，不得随便更换账页和撕扯账页。

（5）文字和数字必须整洁清晰，准确无误。

（6）使用钢笔，以蓝、黑色墨水书写，不得使用圆珠笔（银行复写账簿除外）或铅笔书写。

（7）每一账页记完后，必须按规定转页。方法同库存现金日记账。

（8）每月月末必须按规定结账。

2. 银行存款日记账填写方法

（1）日期。“日期”栏中填入的应为据以登记账簿的会计凭证上的日期，现金日记账一般依据记账凭证登记，因此，此处日期为编制该记账凭证的日期。不能填写原始凭证上记载的发生或完成该经济业务的日期，也不是实际登记该账簿的日期。

（2）凭证字号。“凭证字号”栏中应填入据以登账的会计凭证类型及编号。例如，企业采用通用凭证格式，根据记账凭证登记库存现金日记账时，填入“记×号”；企业采用专用凭证格式，根据现金收款凭证登记库存现金日记账时，填入“收×号”。

（3）摘要。“摘要”栏简要说明入账的经济业务的内容，力求简明扼要。

（4）对应科目。“对应科目”栏应填入会计分录中“库存现金”科目的对应科目，用以反映库存现金增减变化的来龙去脉。

（5）借方、贷方。“借方金额”栏、“贷方金额”栏应根据相关凭证中记录的“库存现金”科目的借贷方向及金额记入。

（6）余额。“余额”栏应根据“本行余额＝上行余额＋本行借方－本行贷方”公式计算填入。正常情况下库存现金不允许出现贷方余额。因此，库存现金日记账余额栏前未印有借贷方向，其余额方向默认为借方。若在登记库存现金日记账过程中，由于登账顺序等特殊原因出现了贷方余额，则在余额栏用红字登记，表示贷方余额。

3. 银行存款日记账注意事项

（1）及时登账，做到日清月结，经常核对，账钱相符。

（2）定期（每月至少一次）与会计核对现金。

（3）定期到银行拿对账单，做银行存款余额调节表，与银行存款对账。

（4）对每笔报销款项核对发票金额和发票真伪，避免错账和假票。

### （三）总分类账的登记方法

总分类账的登记方法因登记的依据不同而有所不同。经济业务少的小型单位的总分类账可以根据记账凭证逐笔登记；经济业务多的大中型单位的总分类账可以根据记账凭证汇总表（又称科目汇总表）或汇总记账凭证等定期登记。

### （四）明细分类账的登记方法

视频：明细账登记流程

明细分类账的登记通常有几种方法：一是根据原始凭证直接登记明细账；二是根据汇总原始凭证登记明细分类账；三是根据记账凭证登记明细分类账。

不同类型经济业务的明细分类账，可根据管理需要，依据记账凭证、原始凭证或汇总原始凭证逐日逐笔或定期汇总登记。

（1）固定资产、债权、债务等明细账应逐日逐笔登记；

（2）原材料、库存商品收发明细账以及收入、费用明细账可以逐笔登记，也可定期汇总登记。

## 六、总账和明细账的平行登记

在会计核算时，总分类账与明细分类账的关系是：总分类账是所属明细分类账的统驭账户，对所属明细分类账起着控制作用；明细分类账是总分类账内容的展开，起着补充和辅助作用。

总分类账和所属明细分类账核算的内容是一致的，登记的依据也是相同的，只是反映的详细程度不同。因此，登记时应采用平行登记的方法。

平行登记是指对每一项经济业务，一方面要在有关的总分类账户中进行总括登记；另一方面还要在其所属的有关明细分类账户中进行明细登记（没有明细分类账户或没有涉及明细分类账户的除外）。

总分类账与明细分类账户平行登记的要点如下：

### （一）登记期间一致

对于每一项经济业务，根据会计凭证，在同一期间内，一方面，在有关总分类账中进行总括登记，另一方面，在所属明细分类账中进行明细登记。

### （二）登记方向一致

记账时，两者的方向应该相同。如果在总分类账中记借方，在明细分类账中也记借方。反之，两类账户同时记贷方。

### （三）登记金额相等

记账时，记入总分类账的金额必须与记入所属明细分类账的金额之和相等。具体如下：

（1）总分类账户本期发生额 = 其所属明细分类账户本期发生额合计

①总分类账户本期借方发生额 = 其所属明细分类账户本期借方发生额合计

②总分类账户本期贷方发生额 = 其所属明细分类账户本期贷方发生额合计

（2）总分类账户期初余额 = 其所属明细分类账户期初余额合计

（3）总分类账户期末余额 = 其所属明细分类账户期末余额合计

在会计核算过程中，通常利用这种数量相等的关系来检查总分类账和明细分类账记录的完整性和正确性。

**【例0-18】**2021年8月1日，正中企业的“原材料”和“应付账款”总分类账户及其所属的明细分类账户的余额如下：

（1）“原材料”总账账户为借方余额35 000元，其所属明细账户结存情况为：

①“甲材料”明细账户，结存2 000千克，单位成本为10元/千克，金

额计 20 000 元；

②“乙材料”明细账户，结存 50 吨，单位成本为 300 元/吨，金额计 15 000 元。

（2）“应付账款”总账账户为贷方余额 10 000 元，其所属明细账户余额为：

①“A 工厂”明细账户，贷方余额 6 000 元；

②“B 工厂”明细账户，贷方余额 4 000 元。

2021 年 8 月，正中企业发生的有关交易或事项及其会计处理如下：

（1）8 月 9 日，从 A 工厂购入甲材料 500 千克，单价 10 元/千克，计 5 000元；从 B 工厂购入乙材料 100 吨，单价 300 元/吨，计 30 000 元，甲、乙材料已验收入库，货款均尚未支付。

对发生的该交易或事项，企业应编制会计分录如下：

借：原材料——甲材料　　5 000
　　　　　——乙材料　　30 000
　贷：应付账款——A 工厂　　5 000
　　　　　　　——B 工厂　　30 000

（2）8 月 12 日，从 A 工厂购入甲材料 400 千克，单价 10 元/千克，计4 000 元；乙材料 50 吨，单价 300 元/吨，计 15 000 元，材料均已验收入库，货款尚未支付。

对发生的该交易或事项，企业应编制会计分录如下：

借：原材料——甲材料　　4 000
　　　　　——乙材料　　15 000
　贷：应付账款——A 工厂　　19 000

（3）8 月 20 日，以银行存款偿付前欠 A 工厂货款 20 000 元、B 工厂货款 30 000 元。

对发生的该交易或事项，企业应编制会计分录如下：

借：应付账款——A 工厂　　20 000
　　　　　　——B 工厂　　30 000
　贷：银行存款　　50 000

（4）8 月 26 日，生产车间为生产产品从仓库领用甲材料 1 000 千克，金额为 10 000 元；领用乙材料 100 吨，金额为 30 000 元。

对发生的该交易或事项，企业应编制会计分录如下：

借：生产成本　　40 000
　贷：原材料——甲材料　　10 000
　　　　　　——乙材料　　30 000

根据平行登记的要求，将上述交易或事项在“原材料”和“应付账款”总账账户及其所属的明细账户中进行登记。平行登记结果如表 0－11 至表 0－16 所示。

**表 0－11**　　**总账账户**　　第　　页

账户名称：原材料　　单位：元

| 2021 年 | | 凭证号数 | 摘要 | 借方 | 贷方 | 借或贷 | 余额 |
|---|---|---|---|---|---|---|---|
| 月 | 日 | | | | | | |
| 8 | 1 | | 期初余额 | | | 借 | 35 000 |
| 8 | 9 | （1） | 购入材料 | 35 000 | | 借 | 70 000 |
| 8 | 12 | （2） | 购入材料 | 19 000 | | 借 | 89 000 |
| 8 | 26 | （4） | 领用材料 | | 40 000 | 借 | 49 000 |
| | | | | | | | |

**表 0－12**　　**总账账户**　　第　　页

账户名称：应付账款　　单位：元

| 2021 年 | | 凭证号数 | 摘要 | 借方 | 贷方 | 借或贷 | 余额 |
|---|---|---|---|---|---|---|---|
| 月 | 日 | | | | | | |
| 8 | 1 | | 期初余额 | | | 贷 | 10 000 |
| 8 | 9 | （1） | 购料欠款 | | 35 000 | 贷 | 45 000 |
| 8 | 12 | （2） | 购料欠款 | | 19 000 | 贷 | 64 000 |
| 8 | 20 | （3） | 偿还欠款 | 50 000 | | 贷 | 14 000 |
| | | | | | | | |

**表 0－13**　　**原材料明细分类账**　　计量单位：千克

明细账户：甲材料　　金额单位：元

| 2021 年 | | 凭证号数 | 摘要 | 收入 | | | 发出 | | | 结存 | | |
|---|---|---|---|---|---|---|---|---|---|---|---|---|
| 月 | 日 | | | 数量 | 单价（元/千克） | 金额 | 数量 | 单价（元/千克） | 金额 | 数量 | 单价（元/千克） | 金额 |
| 8 | 1 | | 期初余额 | | | | | | | 2 000 | 10 | 20 000 |
| 8 | 9 | （1） | 购入材料 | 500 | 10 | 5 000 | | | | 2 500 | 10 | 25 000 |
| 8 | 12 | （2） | 购入材料 | 400 | 10 | 4 000 | | | | 2 900 | 10 | 29 000 |
| 8 | 26 | （4） | 生产领料 | | | | 1 000 | 10 | 10 000 | 1 900 | 10 | 19 000 |
| | | | 本月合计 | 900 | | 9 000 | 1 000 | | 10 000 | 1 900 | 10 | 19 000 |

**表 0－14**　　**原材料明细分类账**　　计量单位：吨

明细账户：乙材料　　金额单位：元

| 2021 年 | | 凭证号数 | 摘要 | 收入 | | | 发出 | | | 结存 | | |
|---|---|---|---|---|---|---|---|---|---|---|---|---|
| 月 | 日 | | | 数量 | 单价（元/吨） | 金额 | 数量 | 单价（元/吨） | 金额 | 数量 | 单价（元/吨） | 金额 |
| 8 | 1 | | 期初结存 | | | | | | | 50 | 300 | 15 000 |
| 8 | 9 | （1） | 购入材料 | 100 | 300 | 30 000 | | | | 150 | 300 | 45 000 |
| 8 | 12 | （2） | 购入材料 | 50 | 300 | 15 000 | | | | 200 | 300 | 60 000 |
| 8 | 26 | （4） | 生产领料 | | | | 100 | 300 | 30 000 | 100 | 300 | 30 000 |
| | | | 本月合计 | 150 | | 45 000 | 100 | | 30 000 | 100 | 300 | 30 000 |

**表 0－15** **应付账款明细账**

明细账户：A 工厂 单位：元

| 2021 年 | | 凭证号数 | 摘要 | 借方 | 贷方 | 借或贷 | 余额 |
|---|---|---|---|---|---|---|---|
| 月 | 日 | | | | | | |
| 8 | 1 | | 期初余额 | | | 贷 | 6 000 |
| 8 | 9 | (1) | 购料欠款 | | 5 000 | 贷 | 11 000 |
| 8 | 12 | (2) | 购料欠款 | | 19 000 | 贷 | 30 000 |
| 8 | 20 | (3) | 偿还欠款 | 20 000 | | 贷 | 10 000 |
| | | | | | | | |

**表 0－16** **应付账款明细账**

明细账户：B 工厂 单位：元

| 2021 年 | | 凭证号数 | 摘要 | 借方 | 贷方 | 借或贷 | 余额 |
|---|---|---|---|---|---|---|---|
| 月 | 日 | | | | | | |
| 8 | 1 | | 期初余额 | | | 贷 | 4 000 |
| 8 | 9 | (1) | 购料欠款 | | 30 000 | 贷 | 34 000 |
| 8 | 20 | (3) | 偿还欠款 | 30 000 | | 贷 | 4 000 |
| | | | | | | | |

**想一想**

张晓明同学在研究美的集团的资产负债表时曾提出疑问：企业是不是应该有许多和吕秀才一样的账簿？登记这些账也应该遵循一定的方法来记录吧？你现在能帮他回答这个疑问吗？

## 七、对账与结账

### （一）对账的含义及内容

对账是指会计核算中，对账簿记录所做的核对工作。对账工作是保证账账、账证、账实相符的重要条件。对账工作主要内容包括以下三个方面：

动画：对账

1. 账证核对

账证核对，是指将现金和银行存款日记账与有关会计凭证之间进行核对，检查其两者的时间、凭证内容、金额、凭证编号等是否一致。月末如果发现账证不符，就应重新进行账证的核对，以保证账证相符。

2. 账账核对

账账核对，是指在账证核对基础上，要用库存现金日记账和银行存款日记账的期末余额与会计掌管的现金和银行存款总账的期末余额相互核对，做到账账相符。

账账之间的核对包括以下内容：

（1）核对总分类账簿的记录。按照“资产 = 负债 + 所有者权益”这一会计等式和“有借必有贷、借贷必相等”的记账规律，总分类账簿各账户的期初余额、本期发生额和期末余额之间存在对应的平衡关系，各账户的期末借方余额合计和贷方余额合计也存在平衡关系。通过这种等式和平衡关系，可以检查总账记录是否正确、完整。这项核对工作通常采用编制“总分类账户本期发生额和余额对照表”（简称“试算平衡表”）来完成。

（2）总分类账簿与所属明细分类账簿核对。总分类账各账户的期末余额应与其所属的各明细分类账的期末余额之和核对相符。

（3）总分类账簿与序时账簿核对。如前所述，我国企事业单位必须设置库存现金日记账和银行存款日记账。库存现金日记账必须每天与库存现金核对相符，银行存款日记账也必须定期与银行对账。在此基础上，还应检查库存现金总账和银行存款总账的期末余额，与库存现金日记账和银行存款日记账的期末余额是否相符。

（4）明细分类账簿之间的核对。例如，会计部门有关实物资产的明细账与财产物资保管部门或使用部门的明细账定期核对，以检查其余额是否相符。核对的方法一般是由财产物资保管部门或使用部门定期编制收发结存汇总表报会计部门核对。

3. 账实核对

账实核对，是指在账账核对的基础上，将库存现金日记账账面余额与实际库存现金相核对（每日进行），银行存款日记账账面余额与银行对账单余额核对（一般每月应与银行对账单核对），做到账实相符。

账实核对的内容主要有：

（1）库存现金日记账账面余额与库存现金数额是否相符；

（2）银行存款日记账账面余额与银行对账单的余额是否相符；

（3）各项财产物资明细账账面余额与财产物资的实有数额是否相符；

（4）有关债权债务明细账账面余额与对方单位的账面记录是否相符等。

### （二）结账的含义及内容

为了正确反映一定时期内在账簿中记录的经济业务，总结有关经济业务活动和财务状况，各单位必须在每一个会计期末结账。

结账是在把一定时期内发生的全部经济业务登记入账的基础上，计算并记录本期发生额和期末余额。结账分月度结账（月结）、季度结账（季结）和年度结账（年结）三种。

1. 结账的内容

结账工作通常包括两项内容：

（1）结转收入、费用类账户。对于收入和费用两类账户，会计期末应将其余额结平，据以计算确定本期的利润或亏损，将经营成果在账面上提示出来，为编制利润表提供有关的依据。

（2）结算资产、负债和所有者权益类账户。对于资产、负债和所有者权益三类账户，会计期末应分别结出其总分类账和明细分类账的本期发生额及期末余额，并将期末余额结转为期初余额，为编制资产负债表提供有关依据。

2. 结账的主要程序

（1）检查本期内所发生的经济业务是否已经全部根据会计凭证记入有关账簿。不能为赶编报表而提前结账，也不能先编财务报表后结账。

（2）调整账项。对于应由本期负担的费用，应按规定的标准摊入本期费用；对于应由本期负担尚未支付的费用，应按规定的标准计入本期费用；对于属于本期的应收收入和预收收入，也应按规定标准确认，计入本期收入。

（3）本期发生的收入、费用类账户余额，期末结转“本年利润”账户，以计算和确定企业最终的财务成果。

（4）计算出资产、负债和所有者权益类账户的本期发生额和期末余额，以反映企业本期的财务状况。

3. 结账的方法

会计期末结账主要采用划线结账法，即期末结出各账户的本期发生额和期末余额后，加以划线标记，将期末余额结转下期。

（1）对无须按月结计本期发生额的账户，如各项应收应付款明细账和各项财产物资明细账等，每次记账以后，都要随时结出余额，每月最后一笔余额即为月末余额。也就是说，月末余额就是本月最后一笔经济业务记录的同一行内余额。月末结账时，只需要在最后一笔经济业务事项记录之下通栏划单红线，不需要再结计一次余额。

（2）库存现金、银行存款日记账和需要按月结计发生额的收入、费用等明细账，每月结账时，应当结出本月发生额和余额，在摘要栏内注明“本月合计”字样，并在下面通栏划单红线。

（3）需要结计本年累计发生额的某些明细账户，每月结账时，应在“本月合计”行下结出自年初起至本月末止的累计发生额，登记在月份发生额下面，在摘要栏内注明“本年累计”字样，并在下面通栏划单红线。12 月末的“本年累计”就是全年累计发生额，全年累计发生额下通栏划双红线。

（4）总账账户平时只需结出月末余额。年终结账时，为了总括反映全年各项资金运动情况的全貌，核对账目，要将所有总账账户结出全年发生额和年末余额，在摘要栏内注明“本年合计”字样，并在合计数下通栏划双红线。

（5）年度终了结账时，有余额的账户，要将其余额结转下年，并在摘要栏注明“结转下年”字样；在下一会计年度新建有关会计账户的第一行余额栏内填写上年结转的余额，并在摘要栏注明“上年结转”字样。

## 八、错账查找与更正的方法

### （一）错账查找的方法

在记账过程中，可能发生各种各样的差错，产生错账（如重记、漏记、数字颠倒、数字错位、数字记错、科目记错、借贷方向记反等）。通常是在月末结账时，要进行试算平衡，以发现错账，进行试算平衡，可能会出现试算不平衡的情况（所有账户的借方发生额合计数≠所有贷方发生额合计数，或者，所有借方余额的合计数≠所有贷方余额合计数），从而影响会计信息的准确性，此时应及时找出差错，并予以更正。错账查找的方法主要有：

在记账过程中，可能发生各种各样的差错，产生错账，如重记、漏记、数字错位、数字记错、科目记错、借贷方向记反等，从而影响会计信息的准确性，应及时找出差错，并予以更正。错账查找的方法主要有：

（1）差数法。差数法是按照错账的差数查找错账的方法，适用于漏记和重记的差错。

如会计凭证上记录的是：

借：原材料——煤炭　6 000

　　应交税费——应交增值税（进项税额）　780

　　贷：银行存款　6 780

如果会计人员在记账时漏记了原材料——煤炭6 000元的明细账，那么在进行原材料总账和明细账核对时，就会出现总账借方余额比明细账借方余额多6 000元的现象。对于类似的差错，应由会计人员通过回忆相关金额的记账凭证进行查找。

（2）尾数法。对于发生的角、分上的差错，可以只查找小数部分，以提高查错的效率。例如，只差0.06元，则只需看一下尾数有“0.06”的金额，看是否已将其登记入账。

（3）除2法。当账账、账证或账实不符，且差数为偶数时，应首先检查记账方向是否发生错误。记账时，有时错将借方金额登记到贷方或将贷方金额登记到了借方，这必然会出现一方合计数增多，而另一方合计数减少的情况，其差额恰是记错方向数字的1倍且差数是偶数。对于这种错误的检查，可用差错数除以2，得出的商数就是账中记账方向的反方向数字。

例如会计凭证上记录的是：

借：其他应收款——总务科　500

　　贷：库存现金　500

登记明细账时，会计人员错把其他应收款登记入贷方，总账与明细账核对时，就会出现总账借方余额大于明细账借方余额1 000元除以2，正好是贷方记错的500元。

（4）除9法。除9法是指用对账差额除以9来查找差错的一种方法。主要适用于以下情况：

①将数字写小。如将400写成40，正确数字比错误数字大9倍，以两者的差数360除以9，得到40即为错误数字。

②将数字写大。如将50写成500，错误数字比正确数字大9倍，以两者的差数450除以9，得到50即为正确数字，扩大10倍后即可得到错误数字。

③邻数颠倒。颠倒的两个数字之间最小为1，最大为8，将差数除以9，得出的连续加11，直到找出颠倒的数字。如将87写成78，两者差数为9，将两者差数除9得1，连加11后可能的结果为12、23、34、45、56、67、78、89。当发现账簿记录中出现上述数字时，则可能是颠倒的数字。

### （二）错账的类型

由于各种原因，记账错误是难免的，如果账簿记录发生错误，应首先判断错账类型，即错误的具体情况。

错账的类型归纳起来有以下几种：

（1）记账凭证正确，根据记账凭证登记账簿发生错误。如金额写错、方向写错、余额计算错误等。

（2）记账凭证错误，且根据错误的记账凭证已登记入账。这种情况又可以划分出以下几种情况：

①记账凭证所用会计科目错误，或者记账方向错误。如本应该借记“银行存款”账户，而错为借记“库存现金”账户，又如本应该借记“银行存款”账户，而错为贷记“银行存款”账户等。

②记账凭证所用会计科目和记账方向没有错误，但金额错误。如金额多记或者少记。

特别需要说明的是：登账前发现原始凭证有错或记账凭证有错不列入这里的错账更正内容。

### （三）错账的更正方法

错账的更正方法一般有划线更正法、红字更正法、补充登记法三种。

1. 划线更正法

划线更正法是指将错误的文字或数字划线注销再予以更正的方法。这种方法适用于记账凭证正确，只是由于登账时发生文字或数字错误。这种方法具体操作步骤如下：

（1）先将错误的文字或数字用一条单红线划去，表示注销。要注意的是文字错误可以只注销错字，但数字错误必须将整笔数字划掉，不能只划掉个别写错的数字，并且应保证被划去的数字、文字清晰可辨，以备考查。

（2）在红线的上方写上正确的文字或数字。

（3）记账人员及相关人员在更正处盖章，以示负责。

2. 红字更正法

动画：红字更正法

红字更正法也称红字冲账法，是指通过编制红字记账凭证冲销错误的记账凭证，以更正账簿记录的一种方法。这种方法可以分为全部冲销和部分冲销两种情况。

（1）全部冲销。全部冲销适用于记账凭证中的科目错误或记账方向错误，并根据错误的记账凭证登记入账。具体操作方法如下：

先填写一张与原错误记账凭证内容相同的红字记账凭证，并在摘要栏注明“注销×年×月×日第×号凭证”，并据以登账，冲销错误记录。

再用蓝字填写一张正确的记账凭证，在摘要内注明“订正×年×月×日第×号凭证”，并据以登账，更正错误记录。

**【例0-19】** 企业计提本月生产车间固定资产折旧费5 000元。编制凭证时误编为如下会计分录并已登账。

借：管理费用　　5 000

　　贷：累计折旧　　5 000

当发现该错误时，先填制一张与错误凭证内容相同的红字凭证并据以登账，冲销错误记录。

①借：管理费用　　5 000

　　贷：累计折旧　　5 000

然后再用蓝字编制一张正确的记账凭证并据以登账。

②借：制造费用　　5 000

　　贷：累计折旧　　5 000

（2）部分冲销。部分冲销适用于记账凭证中的科目、记账方向都没有错误，只是所记金额比应记金额多并已登账。具体操作方法如下：

编一张红字凭证，应借应贷会计科目与错误的记账凭证相同，在摘要栏内注明“冲销×年×月×日第×号凭证多记金额”，并据以登账，冲销多记金额。

**【例0-20】** 企业结转本月已销商品成本40 000元，编制凭证时误编为如下会计分录并已登账。

借：主营业务成本　　400 000

　　贷：库存商品　　400 000

当发现该错误时，应将多记的金额编制如下红字凭证并据以登账。

借：主营业务成本　　360 000

　　贷：库存商品　　360 000

3. 补充登记法

补充登记法是指编制蓝字记账凭证补记错误凭证少记的金额，以更正账簿记录的方法。这种方法适用于记账凭证中的科目、记账方向都没有错误，只是所记金额比应记金额少并已登账。具体操作方法如下：

按少记金额用蓝字编制一张应借、应贷科目与错误记账凭证相同的记账凭证，在摘要栏内注明“补记×年×月×日第×号凭证少记金额”，并据以登账，以补充少记的金额。

**【例0-21】** 企业以银行存款86 000元购买一台不需要安装的设备。编制记账凭证时，误编为如下会计分录，并已经登账。

借：固定资产　　68 000

　　贷：银行存款　　68 000

当发现该错误时，应将少记的金额用蓝字编制如下记账凭证并据以登账。

借：固定资产　　18 000

　　贷：银行存款　　18 000

## 业务办理5　成本计算

### 一、成本计算的含义

成本计算是按一定的成本对象，归集和分配生产经营过程中所发生的各项成本费用，计算各对象的总成本和单位成本的一种专门方法。企业在生产经营过程中会发生各种耗费，为了核算和监督所发生的各种费用，必须正确地进行成本计算。各单位因经济业务活动内容不同，其成本计算内容也有所不同。在工业企业生产经营过程的每个阶段，都要用到成本计算这一专门方法，如材料采购成本的计算、产品制造成本的计算、产品销售成本的计算等。通过成本计算，可以反映生产经营过程中所发生的各项费用是否节约；通过产品成本计算，可以为编制财务计划和制定产品价格提供依据；通过产品成本计算，可以正确确定资金耗费的补偿价值，保证企业再生产过程的顺利进行。因此，正确进行成本计算，具有重要意义。如工业企业需计算材料采购成本、产品生产成本、产品销售成本。通过成本计算，可以考核企业对原材料和人工的消耗及其他费用支付是否节约，分析成本计划的完成情况，根据分析结果，寻找原因，以便采取措施，加强管理，降低成本。同时，进行成本计算，还可以为编制成本计划、生产计划、制定销售价格等方面提供必要的数据资料。准备计算成本可以掌握成本构成情况，考核成本计划的完成情况，对于挖掘潜力、降低成本、提高经济效益具有重要的作用。

### 二、成本计算的规范要求

#### （一）合理确定成本计算对象

所谓成本计算对象，就是费用归集的对象，或者说是成本归属的对象。进行成本计算，必须首先确定成本计算对象。如果成本计算对象确定得不准确或不恰当，就会大大增加成本计算的难度，计算出来的成本不能满足企业管理的需要，甚至不能完成成本计算的任务。

如何确定成本计算的对象呢？一般来说，成本计算的对象就是各种耗费的受益物，也就是耗费各种投入品后形成的产出物，是“制造”活动取得的直接成果，即“产品”。如工厂生产的工业品、农场生产的粮食、学校培养的学生、文艺组织摄制的电影、电视剧、演出的剧目等，都是一种“产品”，都是成本的计算对象。

#### （二）恰当确定成本计算期

所谓成本计算期，就是多长时间计算一次成本。从理论上说，产品成本计算期应该与产品的生产周期相一致。但这种情况只适合于企业的生产过程为一批（件）接一批（件），即第一批（件）完工了再生产第二批（件）的情况。而事实上现代企业的生产大都采用流水线的形式，不是一批接一批地生产，而是不断投产、不断完工、绵延不断，无法分清前后批次。在这种情况下，按批计算成本显然是很困难的，只有人为地划分成本计算期（一般是以一个月作为一个成本计算期），成本计算才有可行性。

### （三）正确选择成本计算的方法

由于企业的情况千差万别，成本的具体计算方式也不可能有一个统一的模式。经过人们的长期实践，形成了几种常用的成本计算方法，即品种法、分批法和分步法等。

动画：如何进行成本计算

1. 品种法

品种法是以产品品种作为成本计算对象的一种成本计算方法。

（1）成本对象。品种法的成本计算对象为：产品品种。实际工作中，可以将“品种法”之下的成本对象变通应用为：产品类别、产品品种、产品品种规格。

（2）计算方法及要点。品种法在实际工作中的应用要点为：以“品种”为对象开设生产成本明细账、成本计算单；成本计算期一般采用“会计期间”；以“品种”为对象归集和分配费用；以“品种”为主要对象进行成本分析。

（3）适用范围。品种法适合于大批大量、单步骤生产的企业。如发电、采掘业、管理上只要求考核最终产品的企业。

2. 分批法

分批法是以产品批别作为成本计算对象的一种成本计算方法。

（1）成本对象。产品的“批”。分批法是一种很广义的成本计算方法，在实际工作中，有“批号”“批次”的定义。可以按照下列方式确定成本对象：产品品种、存货核算中分批实际计价法下的“批”、生产批次、制药等企业的产品“批号”、客户订单——按照客户订单计算成本的方法、其他企业需要并自定义的“批”。

（2）计算方法及要点。分批法在实际工作中的应用要点为：以“批号”“批次”为成本计算对象开设生产成本明细账、成本计算单。成本计算期一般采用“工期”，一般不存在生产费用在完工产品和在产品之间分配。若生产费用在完工产品、在产品间分配采用定额法。

（3）适用范围。单件、小批生产企业、按照客户订单组织生产的企业，因而也称“订单法”。

3. 分步法

分步法是以产品生产阶段、“步骤”作为成本计算对象，计算成本的一种方法。

（1）成本对象。分步法下的“步”同样是广义的，在实际工作中有丰富的、灵活多样的具体内涵和应用方式，分步法下的“步”在实际应用中，可以定义为部门，即计算考核“部门成本”、车间、工序、特定的生产、加工阶段、工作中心，上述情况的随意组合。

（2）计算方法及要点。较之其他方法，分步法在具体计算方式方法上有所不同，这主要是因为它按照生产加工阶段、步骤计算成本所导致的。

在分步法下，有一系列特定的计算流程、方法和含义，分步法成本核算一般有如下要点：将“步”视为成本计算对象、归集费用、计算成本、成本计算期一般采用“会计期间”法、期末往往存在本期完工产品、期末在产品，需要采用一定的方法分配生产费用。

（3）适用范围。大批大量多步骤多阶段生产的企业；管理上要求按照生产阶段、步骤、车间计算成本；冶金、纺织、造纸企业、其他一些大批大量流水生产的企业等。

### （四）合理设置成本项目

为了比较全面、系统地反映产品的成本耗费情况，使成本计算能提供比较丰富的信息，在计算产品成本时，不仅要计算产品的总成本和单位成本，而且要对总成本按用途分类，以反映产品成本的组成和结构。这样，便于我们对成本进行控制，也便于我们分析产品生产中的经济效益问题和对生产部门进行考核评价。

在计算产品成本时，一般把成本分成三个项目，即：直接材料、直接人工、制造费用。

有的企业规模比较大，生产过程比较复杂，成本项目分得比较细。如果单位的规模很小，生产过程也很简单，可以只划分为两个项目，即：材料费用和其他费用。

### （五）合理选定费用分配标准

生产过程往往是比较复杂的，一项费用发生后，其用途往往不止一个，生产的产品不止一种，成本计算的对象也不止一个。这样，一项费用发生后，往往不能直接地、全部地记入反映某一个对象的明细账户，而需要把这项费用在几个对象之间进行分配。

那么，哪个对象负担的费用应该多一点，哪个对象负担的费用应该少一点呢？其分配的原则是“谁耗费，谁负担”，或者是“谁受益，谁负担”。但是，要对费用进行精确的分配是比较困难的，要对一定对象所发生的成本消耗（受益）情况进行准确的计量，同样是比较困难的。在对费用进行具体分配时，一般是选择一定的标准来进行分配。例如，材料费用一般可以按产品的重量、体积或定额消耗量进行分配，人工费用可以按工时进行分配等。选择分配标准存在一定的主观性，但应该选择比较客观、科学的标准来对费用进行分配，这样就能够比较真实地反映一定对象所实际发生的消耗情况。另外，某一种标准一旦被选定，不要轻易变更，否则就违反了一致性原则。因为分配标准的不同，也会人为地造成计算出来的成本不同。

# 业务办理6　财产清查

## 一、财产清查的含义

动画：财产清查

财产清查是指通过对货币资金、实物资产和往来款项等财产物资进行盘点或核对，确定其实存数，查明账存数与实存数是否相符的一种专门方法。通过财产清查，可以查明各项财产、物资、债权等财产物资的实际结存情况，加强物资管理，监督财产的完整，保证账实相符，从而确保财务会计报告的数据真实可靠。同时，也是加强财产物资管理，充分挖掘财产物资潜力，明确经济责任，强化会计监督的重要制度。实务中采用账证核对、账账核对、账实核对等措施以保证账簿记录的真实性和准确性，其中的账实核对就是财产清查的主要内容。

造成账实不符的原因有：

（1）在收发财产物资时，由于计量、检验不准确而发生品种、数量或质量上的差错；

（2）账务处理中出现漏记、重记、错记或计算上的错误；

（3）财产物资在保管过程中发生自然损耗；

（4）未达账项；

（5）由于管理不善、工作人员失职，以及不法分子的营私舞弊、贪污失职；

（6）发生自然灾害和意外事故，导致财产物资毁损。

## 二、财产清查的种类

财产清查按照不同的分类标准可以划分为不同的种类。

### （一）按照清查范围分类

按照清查范围不同，财产清查可以分为全面清查和局部清查。

1. 全面清查

全面清查是对属于本单位或存放在本单位的全部财产物资进行的清查。需要进行全面清查的情况通常主要有：年终决算之前；单位撤销、合并或改变隶属关系前；中外合资、国内合资前；企业股份制改制前；开展全面的资产评估、清产核资前；单位主要领导调离工作前等。

2. 局部清查

局部清查是根据需要对部分财产物资进行盘点与核对。局部清查一般包括下列清查内容（流动性较强的资产）：现金应每日清点一次，银行存款每月至少同银行核对一次，债权债务每年至少核对一至两次，各项存货应有计划、有重点地抽查，贵重物品每月清查一次等。

### （二）按照清查时间分类

按照清查时间不同，财产清查可以分为定期清查和不定期清查。

1. 定期清查

定期清查是指按照预先计划安排的时间对财产进行的盘点和核对。定期清查一般在期末进行，它可以是全面清查，也可以是局部清查。

2. 不定期清查

不定期清查是指事前不规定清查日期，而是根据特殊需要临时进行的盘点和核对。不定期清查一般是局部清查，也可以是全面清查，例如：

（1）更换出纳员时，对库存现金、银行存款所进行的清查；

（2）更换仓库保管员时，对其所保管的财产进行清查；

（3）发生自然灾害或意外时所进行的清查等；其目的在于查明情况、分清责任。

### （三）按照清查的执行系统分类

按照清查的执行系统不同，财产清查可以分为内部清查和外部清查。

1. 内部清查

内部清查是指由本单位内部自行组织清查工作小组所进行的财产清查工作。大多数财产清查都是内部清查。

2. 外部清查

外部清查是指由上级主管部门、审计机关、司法部门、注册会计师根据国家有关规定或情况需要对本单位所进行的财产清查。如注册会计师对企业的验资、查账，国家审计与司法机关对企业进行检查，上级主管部门对下级部门进行监督时所进行的清查。一般来说，进行外部清查时应有本单位相关人员参加。

## 三、财产清查的一般程序

财产清查既是会计核算的一种专门方法，又是财产物资管理的一项重要制度。企业必须按照程序进行财产清查，一般包括以下程序：

### （一）成立清查组

财产清查前成立清查组，负责财产清查的组织和管理。其主要职责是，实施清查以前，合理安排清查工作；清查过程中，进行监督、检查和指导；清查结束后，提出处理意见和建议。

### （二）清查准备工作

准备工作由清查小组负责安排，主要包括：会计部门提供的完整、正确的会计记录，财产管理部门将各种手续办理齐全、将实物整理整齐，并准备有关的衡量器具及清查所需的登记表。

### （三）进行清查

清查人员按清查组的计划和要求，进行清查。在清查财产物资时，应有财产物资的保管员在场，并登记盘点表；清查现金，应有出纳人员在场，并登记现金盘点报告表；清查银行存款，应将银行存款日记账和银行对账单核对，并记录“未达账项登记表”，必要时还可以到银行查证；清查债权债务，可通过询证、函证进行核实，并登记“结算款项核对登记表”。

## 四、财产清查的方法

由于货币资金、实物资产、往来款项的特点各有不同，在进行财产清查时，应采用不同的方法分别对它们进行财产清查。

### （一）货币资金的清查方法

1. 库存现金的清查

库存现金的清查，是通过实地盘点的方法，确定库存现金的实存数，再与库存现金日记账的账面余额核对，确定账实是否相符。在进行现金清查时，为了明确经济责任，出纳员必须在场，在清查过程中不能用白条抵库，也就是不能用不具有法律效力的借条、收据等抵充库存现金。现金盘点后，应根据盘点的结果及与库存现金日记账核对的情况，填制“库存现金盘点报告表”，并据以调整库存现金日记账的账面记录。

2. 银行存款的清查

银行存款的清查，是采用与开户银行核对账目的方法进行的，即将本单位的银行存款日记账与开户银行转来的对账单逐笔进行核对，来查明银行存款的实有数额。但即使双方记账都没有错误，银行存款日记账的余额和银行对账单的余额也往往不一致。这种不一致的原因：一是某一方记账有错误；二是存在未达账项。未达账项有以下四种：①企业已收，银行未收款。②企业已付，银行未付款。③银行已收，企业未收款。④银行已付，企业未付款。四种未达账项中的任何一种，都会使企业银行存款日记账的余额与银行开出的对账单的余额不符。其中①和④两种情况下，会使企业账面的存款大于银行对账单的余额；而②和③两种情况下，又会使企业账面余额小于银行对账单的余额。存在未达账项，就应该编制“银行存款余额调节表”，据以调节双方的账面余额，确定企业银行存款实有数。

编制银行存款余额调节表时，核对调节的公式如下：

银行对账单存款余额＋企业已收而银行未收账项－企业已付而银行未付账项＝企业账面银行存款余额＋银行已收而企业未收账项－银行已付而企业未付账项

通过核对调节，“银行存款余额调节表”上的双方余额相等，一般可以说明双方记账没有差错。如果经调节仍不相等，要么是未达账项未全部查出，要么是一方或双方记账出现差错，需要进一步采用对账方法查明原因，加以更正。调节相等后的银行存款余额是当日可以动用的银行存款实有数。对于银行已经划账，而企业尚未入账的未达账项，要待银行结算凭证到达后，才能据以入账，银行存款余额调节表只能起到核对账目的作用，不得用于调整银行存款账面余额，不属于原始凭证，不能以“银行存款调节表”作为记账依据。

动画：银行存款余额调节表

“银行存款余额调节表”可以起到对账的作用，但并不需要调整企业的账簿记录，银行存款日记账的登记应该在收到相关原始凭证后再处理。当月核对银行存款日记账和对账单时要考虑上月的未达账项是否在本月已经入账。长期悬置的未达款项有可能是错账，要重点关注，尽快查明原因。

知识链接

### 银行与企业对账的重要性

银企对账是银行和企业之间对当期发生的业务进行核对、调平双方账户的操作。随着内控机制日趋完善，银企对账已成为银行防范和遏制经济案件、保证会计账务核算质量的有效手段，对保证银企资金安全、巩固银企合作关系、提高经营管理水平等都起到了重要作用。

然而，有些企业的财会人员和银行工作人员对此却并不重视，自认为是“铁账”“铁算盘”。可每年发生的大量案件说明，由于银企账款长期不核对或对账手续不规范，不仅错账无法得到及时纠正，伪造票据、制造假账、挪用公款等不法分子也难以受到法律制裁，给银行、企业造成巨大的资金损失。

事实证明，按期对账既是银行和企业之间最直接有效的沟通方式，也是银行、企业强化财务基础管理的一堂“必修课”，更是防范风险的关键所在。因此，银行、企业应定期与企业核对账目、轧平账务，查清未达账项、错账、乱账，共同筑好控险“篱笆墙”，确保双方账务记载的一致性、正确性和完整性。

对银行来说，要设置专门的银企对账岗或柜台，没条件的可设置兼职对账岗，但不能混岗，专门负责柜台实时对账和面对面对账，做到账务按月核对、岗位按月轮换、回单按月装订。并利用工资、费用等激励杠杆，推行责任目标管理，将对账率指标纳入网点、对账人员绩效考核范围，定期检查银企对账情况，包括检查对账员履职、对账单发出回收及保管、对账结果核实、客户对对账的反馈情况等。

对大户和业务频繁的企业，应加大对账频率，一旬一对或每周一对，大额款项收付后要即时对账。对通过对账发现重大风险隐患和案件、挽回或减少资金损失的机构、部门和有关人员，要落实奖励措施。

**【例0－22】** A公司2020年12月31日银行存款日记账余额为413 000元，银行对账单余额为499 000元。经逐笔核对，发现有下列未达账项：

（1）12月28日，企业收到转账支票一张，计46 000元，企业登记银行存款增加，但尚未到银行办理入账手续，因此银行尚未入账。

（2）12月29日，企业开出转账支票一张，计70 000元，用以支付供货单位账款，企业已登记银行存款减少，但支票尚未到达银行，银行尚未入账。

（3）12月30日，企业委托银行代收其他公司的购货款80 000元，银行已登记入账，作为银行存款的增加，而企业未收到收款通知，尚未入账。

（4）12月30日，银行代企业付水电费18 000元，银行已登记入账，作为银行存款的减少，而企业尚未收到付款通知，尚未入账。

根据以上未达账项，编制银行存款余额调节表如表0－17所示。

表 0－17　银行存款余额调节表

单位：元

| 项目 | 金额 | 项目 | 金额 |
|---|---|---|---|
| 企业银行存款日记账余额 | 413 000 | 银行对账单余额 | 499 000 |
| 加：银行已收、企业未收款 | 80 000 | 加：企业已收、银行未收款 | 46 000 |
| 减：银行已付、企业未付款 | 18 000 | 减：企业已付、银行未付款 | 70 000 |
| 调节后的存款余额 | 475 000 | 调节后的存款余额 | 475 000 |

### （二）实物资产的清查方法

实务资产主要包括固定资产、存货等。实物资产的清查就是对实务资产在数量和质量上所进行的清查。常用的清查方法主要有实地盘点法和技术推算盘点法。盘点完后需要填写“盘存单”，并由盘点人员和实务保管人员共同确认签章。

1. 实地盘点法

实地盘点法是指在财产物资存放现场逐一清点数量或用计量仪器确定其实存数的一种方法。此方法数字准确可靠，在企业大部分财产物资的清查中均采用这种方法，但该方法工作量较大，耗用大量人力、时间。

2. 技术推算盘点法

技术推算盘点法是指利用技术方法，如量方计尺等对财产物资实存数进行推算的一种方法。此方法适用于那些大量散装、成堆，难以逐一清点的财产物资，如露天堆放的煤炭。此方法盘点数字不够准确，但工作量较小。

### （三）往来款项的清查方法

往来款项主要包括应收、应付款项和预收、预付款项等。往来款项的清查一般采用发函询证的方法进行核对。

## 五、财产清查结果的处理

### （一）财产清查的结果

财产清查的结果一般有以下三种情况：

（1）实存数大于账存数，即盘盈；

（2）实存数小于账存数，即盘亏；

（3）实存数等于账存数，账实相符。

对财产清查结果的处理一般指的是对账实不符——盘盈、盘亏情况的处理。但对账实相符中如财产物资发生变质、霉烂及毁损时，也是其处理的对象。

### （二）财产清查结果处理的要求

对财产清查结果处理的具体要求有：

（1）分析产生差异的原因和性质，提出处理建议。一般来说，个人造成的损失，应由个人赔偿；因管理不善原因造成的损失，应作为企业“管理费用”入账；因自然灾害造成的非常损失，列入企业的“营业外支出”。

（2）积极处理多余积压财产，清理往来款项。

（3）总结经验教训，建立健全各项管理制度。

（4）及时调整账簿记录，保证账实相符。

### （三）财产清查结果处理的账务处理

为了核算和监督财产清查过程中出现的物资盘盈、盘亏和毁损及其处理情况，应设置“待处理财产损溢”账户。该账户还应设置“待处理固定资产损溢”和“待处理流动资产损溢”两个明细账户。“待处理财产损溢”是资产类账户，借方登记待处理财产的盘亏或毁损金额，贷方登记待处理财产的盘盈金额。上级批复意见下达后，盘亏和毁损的金额从该账户的贷方转销，盘盈的金额从该账户的借方转销。期末，该账户如果有借方余额，表示待处理财产物资净损失，即盘亏或毁损大于盘盈的金额；如果期末余额在贷方，表示待处理的财产物资的净溢余，即盘盈大于盘亏和毁损金额。如果清查的结果全部处理完毕，该账户应无余额。

1. 流动资产盘盈、盘亏和毁损的会计处理

（1）流动资产盘盈。当发现库存现金、原材料、半成品、产成品等流动资产盘盈时，应根据“库存现金盘点报告表”“实存账存对比表”等，将盘盈流动资产的价值记入有关账户的借方，同时记入“待处理财产损溢——待处理流动资产损溢”账户的贷方；报经批准后，区分不同情形，记入“管理费用”“其他应付款”“营业外收入”等账户的贷方。

（2）流动资产盘亏和毁损。对于流动资产各项目的盘亏和毁损，应在发现当时记入“待处理财产损溢——待处理流动资产损溢”账户的借方，同时计入有关账户的贷方。待有关部门批准后，应根据不同的盘亏和毁损原因作出不同的处理：能够收取的残料记入“原材料”“银行存款”等账户的借方；能够收到的保险公司赔偿款、由责任人造成的损失，记入“其他应收款”的账户借方；盘亏和毁损总额扣除以上几部分后的净损失，若属非常损失，记入“营业外支出”账户的借方，若属一般经营损失，记入“管理费用”账户的借方；同时记入“待处理财产损溢”账户的贷方。

2. 固定资产盘盈、盘亏的会计处理

（1）盘盈。固定资产盘盈是由于企业的自制固定资产交付使用后未及时入账所造成的。企业在财产清查过程中盘盈的固定资产，应作为前期差错处理，通过“以前年度损益调整”账户核算。盘盈的固定资产一般按重置成本作为入账价值借记“固定资产”账户，贷记“以前年度损益调整”账户。涉及增值税、所得税和盈余公积的，还应按相关规定处理。

（2）盘亏。当发现固定资产盘亏时，按固定资产账面原始价值贷记“固定资产”账户，按账面已提折旧借记“累计折旧”账户，按账面原始价值减去累计折旧的差额借记“待处理财产损溢——待处理固定资产损溢”账户。报经批准后，根据处理意见将其损失数记入“营业外支出”账户的借方，涉及过失人或报销公司应赔偿额，借记“其他应收款”账户。

3. 往来款项盘存的账务处理

（1）无法收回的应收款项的账务处理。在财产清查中发现长期不能结清的往来款项，应及时处理，经有关部门批准后予以核销。核销时不通过“待处理财产损溢”账户，可在报经批准后，冲减坏账准备。

（2）无法偿付的应付账款的账务处理。对于企业无法偿还的债务，经有关部门批准后，转作营业外收入。

### 业务办理7　编制会计报表

编制会计报表是指定期总结和反映经济成果，提供财务状况和经营成果等信息的一种专门方法。编制会计报表可以反映企业财务状况、经营成果和计划预算的执行情况，促进增产节约，为有关各方面提供参考资料。财务报告包括会计报表及其附注和其他应当在财务会计报告中披露的相关信息和资料。编制财务报告是对日常会计核算的总结，是根据账簿记录，定期进行分类整理和汇总，提供经济管理所需会计信息的过程。财务报告所反映的会计信息，不仅是企业内部管理人员全面了解和检查计划完成情况，评定工作成绩，发现存在问题，从而改进经营管理，挖掘内部潜力的重要依据；也是外部有关单位和人员进行经济决策及企业受托责任解除的重要依据。

会计循环的七个流程相互联系、紧密结合，构成一个完整的会计核算方法体系。它们之间的联系是：当经济业务发生后，首先要取得原始凭证，根据审核后的原始凭证，编制记账凭证，编制记账凭证时，要运用复式记账法，根据记账凭证，在账簿的有关账户中，系统地记录经济业务。根据审核后的账户记录，采用成本计算的方法，计算产品成本。期末，进行财产清查，根据清查结果，填制有关凭证，调整账面记录，保证账实相符。根据账实相符、账账相符、账证相符的核算资料，定期编制会计报告。会计循环体系如图0－10所示。

**图0－10　会计循环体系**

## 任务训练

**一、单项选择题**

1. 某公司购入机器一台共90 000元，机器已经投入使用，货款尚未支付。这项业务的发生，意味着（　　）。

A. 资产增加90 000元，负债增加90 000元　B. 资产减少90 000元，负债减少90 000元
C. 资产减少90 000元，负债增加90 000元　D. 资产增加90 000元，负债减少90 000元

2. 某企业202×年1月发生下列支出：①年初支付本年度保险费2 400元，本月摊销200元；②支付下年第一季度房屋租金3 000元；③支付本月办公开支800元。则本月费用为（　　）元。

A. 3 200　B. 800　C. 3 000　D. 1 000

3.（　　）是指企业对外提供的反映企业某一特定日期财务状况和某一会计期间经营成果、现金流量等会计信息的文件。

A. 利润表　B. 资产负债表　C. 附注　D. 财务会计报告

4. 多步式利润表中的利润总额是以（　　）为基础来计算的。

A. 投资收益　B. 营业收入　C. 营业利润　D. 营业收入

5. 以货币为主要计量单位，通过确认、计量、记录、报告等环节，对特定主体的经济活动进行记账、算账、报账，为各有关方面提供会计信息的功能是（　　）。

A. 会计监督职能　B. 会计预测职能　C. 会计核算职能　D. 会计反映职能

6. 下列不属于所有者权益的是（　　）。

A. 主营业务收入　B. 资本公积　C. 实收资本　D. 盈余公积

7.（　　）是对会计要素的具体内容进行分类核算的项目。

A. 会计对象　B. 会计科目　C. 会计账户　D. 明细分类账

8. M公司月初资产总额为100万元，本月发生下列业务：①以银行存款购买原材料10万元；②向银行借款60万元，款项存入银行；③以银行存款归还前欠货款30万元。则月末该公司资产总额为（　　）万元。

A. 160　B. 110　C. 130　D. 100

9. 对财产清查结果进行正确账务处理的主要目的是保证（　　）。

A. 账实相符　B. 账账相符　C. 账表相符　D. 账证相符

10. 下列说法中，不正确的是（　　）。

A. 在境外设立的中国企业向国内报送的财务报告，应当折算为人民币
B. 我国企业进行会计核算只能以人民币作为记账本位币
C. 会计核算过程中采用货币统一的计量单位
D. 业务收支以外币为主的单位可以选择某种外币作为记账本位币

11. 下列不能作为会计核算的原始凭证的是（　　）。

A. 入库单　B. 发货票　C. 合同书　D. 领料单

12. 除结账和（　　）的记账凭证可以不附原始凭证外，其他记账凭证必须附有原始凭证。

A. 更正错误　B. 销售业务　C. 转账业务　D. 现金业务

13. 某企业结账前发现账簿记录中有一笔金额为3 457元的销售业务误记为3 475元，相关的记账凭证没有错误。下列各项中，属于该企业应采用的错账更正方法的是（　　）。

A. 补充登记法　B. 划线更正法　C. 更正账页法　D. 红字更正法

14. 账户之间最本质的区别在于（　　）。

A. 账户的结构不同　B. 账户的分类不同

C. 账户的用途不同　　D. 账户反映的经济内容不同

15. 下列错误中，能够通过试算平衡查找的有（　　）。

A. 借贷金额不等　　B. 借贷方向相反　　C. 漏记经济业务　　D. 重记经济业务

16. 会计人员在编制记账凭证时，将领用的属于行政管理部门用材料误计入销售费用并已登记入账，应采用的错账更正方法是（　　）。

A. 替换更正法　　B. 划线更正法　　C. 红字更正法　　D. 补充登记法

17. 权益一般包括（　　）。

A. 资产和所有者权益　　B. 债权人权益和所有者权益

C. 收入和利润　　D. 资产和债权人权益

18. 对于同一个账户而言，金额要素之间的关系为（　　）。

A. 期末余额 = 期初余额 + 本期增加发生额 - 本期减少发生额

B. 期末余额 = 本期增加发生额 - 本期减少发生额

C. 期末余额 = 期初余额

D. 期末余额 = 期初余额 + 本期减少发生额 + 本期增加发生额

19. 甲公司 202×年 12 月的办公楼租金费用为 200 万元，用银行存款支付 180 万元，20 万元未付。按照权责发生制和收付实现制分别确认费用（　　）万元。

A. 180、20　　B. 20、180　　C. 200、180　　D. 180、200

20. 下列各项中，若企业以银行存款偿还所欠贷款，则这一经济业务的发生对会计要素的影响是（　　）。

A. 一项资产增加，另一项资产等额减少　　B. 一项资产与一项负债等额增加

C. 一项负债增加，另一项负债等额减少　　D. 一项资产与一项负债等额减少

21. 根据科目内容记入成本类账户的是（　　）。

A. 主营业务成本　　B. 制造费用　　C. 管理费用　　D. 其他业务成本

22. 下列关于会计账户增减变化的表述，不正确的是（　　）。

A. 资产增加，所有者权益增加，会计等式成立

B. 负债减少，所有者权益增加，会计等式成立

C. 负债增加，所有者权益减少，会计等式成立

D. 负债减少，所有者权益减少，会计等式成立

23. 202×年 8 月 31 日，某企业负债总额为 500 万元，9 月收回应收账款 60 万元，以银行存款归还短期借款 40 万元，预收租金 20 万元。不考虑其他因素，202×年 9 月 30 日该企业负债总额为（　　）万元。

A. 480　　B. 380　　C. 440　　D. 460

24. 某企业 202×年 12 月初资产总额为 1 200 万元，12 月采购原材料 5 万元，已用银行存款支付，从银行提取现金 2 万元，收到星云公司投资的设备入账价值为 10 万元。不考虑其他因素，该企业 202×年末资产总额为（　）万元。

A. 1 207　　B. 1 217　　C. 1 215　　D. 1 210

25. 下列经济业务应填制收款凭证的是（　　）。

A. 将库存现金存入银行　　B. 从银行提取现金

C. 收回应收账款　　D. 赊销商品

**二、多项选择题**

1. 下列不属于通用凭证的是（　　）。

A. 增值税专用发票　B. 工资结算单　C. 折旧计算表　D. 差旅费报销单

2. 下列记账错误中，不能通过试算平衡查找的是（　　）。

A. 某项经济业务未入账　　B. 应借应贷账户中借贷金额不等

C. 应借应贷账户中借贷方向颠倒　　D. 某项经济业务重复记账

3. 在我国，留存收益包括（　　）。

A. 未分配利润　　B. 投资者投入的资本

C. 盈余公积　　D. 直接计入所有者权益的利得

4. 资产的基本特征包括（　　）。

A. 资产是由企业现时的交易或者事项形成的

B. 资产是由企业过去的交易或者事项形成的

C. 资产应为企业拥有或控制的资源

D. 资产预计会给企业带来经济利益

5. 下列经济业务中，导致资产增加的有（　　）。

A. 从银行提取现金　　B. 以资本公积转增资本

C. 向银行借入短期借款　　D. 收到商品预收款

6. 单位编制财务会计报告的主要目的，就是为（　　）及社会公众等财务会计报告的使用者进行决策提供会计信息。

A. 债权人　B. 投资者　C. 政府及相关机构　D. 企业管理人员

7. 下列各项中，采用发函询证方法进行财产清查的有（　　）。

A. 银行存款　B. 应收账款　C. 预付账款　D. 存货

8. 将一项现时义务确认为负债，需要符合负债的定义，同时还应满足的条件有（　　）。

A. 未来流出的经济利益的金额能够可靠地计量

B. 该资源的成本或价值能够可靠地计量

C. 与该义务有关的经济利益很可能流出企业

D. 与该资源有关的经济利益很可能流入企业

9. 借贷记账法的特点有（　　）。

A. 以“借”“贷”为记账符号

B. “借”表示增加，“贷”表示减少

C. 以“有借必有贷，借贷必相等”作为记账规则

D. 可根据借贷平衡原理进行试算平衡

10. 下列关于会计等式的说法中，正确的有（　　）。

A. “资产 = 负债 + 所有者权益”这一会计等式说明了企业经营成果对资产和所有者权益所产生的影响，体现了会计六要素之间的内在联系

B. 企业各项经济业务的发生并不会破坏会计基本等式

C. “收入 - 费用 = 利润”这一等式动态地反映经营成果与相应期间的收入和费用之间的关

系，是企业编制利润表的基础

D. “资产＝负债＋所有者权益”是最基本的会计等式，表明了会计主体在某一特定时期所拥有的各种资产与债权人、所有者之间的动态关系

11. 企业收到的下列各项款项中，属于“收入”的有（　　）。

A. 销售商品收取的增值税　　B. 出租固定资产收到的租金

C. 出售无形资产收到的价款　　D. 出售原材料收到的价款

12. 下列属于流动资产的是（　　）。

A. 预收账款　　B. 预付账款　　C. 应收账款　　D. 应收票据

13. 根据会计法律制度的规定，下列各项中，属于会计核算内容的有（　　）。

A. 资本、基金的增减　　B. 财务成果的计算和处理

C. 款项和有价证券的收付　　D. 债权、债务的发生和结算

14. 下列各项中，属于资产特征的是（　　）。

A. 资产是企业拥有或控制的资源　　B. 资产预期会给企业带来经济利益

C. 资产的成本或价值能够可靠地计量　　D. 资产是由企业过去的交易或事项形成的

15. 下列项目中，不属于企业资产的有（　　）。

A. 约定未来购入的存货　　B. 盘亏的固定资产

C. 临时租入的半年租期的仓库　　D. 生产成本

16. 下列各项中，不考虑其他因素，符合收入定义的有（　　）。

A. 提供服务收入　　B. 销售商品取得的收入

C. 销售材料取得的收入　　D. 出售固定资产取得的净收益

17. 下列各项中，不考虑其他因素，符合会计要素收入定义的有（　　）。

A. 工业企业销售原材料　　B. 4S店销售小汽车

C. 商贸企业销售商品　　D. 无法查明原因的现金溢余

18. 企业的会计计量属性包括（　　）。

A. 重置成本　　B. 历史成本　　C. 公允价值　　D. 现值

19. 下列各项中，引起企业资产和负债要素同时发生增减变动的经济业务有（　　）。

A. 收到股东投资款　　B. 以盈余公积转增股本

C. 从银行借入短期借款　　D. 以银行存款归还前欠货款

20. 下列各项经济业务中，会引起资产总额发生增减变动的是（　　）。

A. 赊购商品　　B. 以银行存款偿还前欠货款

C. 接受投资者追加投资　　D. 将库存现金存入银行

21. 下列各项中，原始凭证应当具备的基本内容有（　　）。

A. 记账符号　　B. 交易或事项的内容

C. 经办人员签名或盖章　　D. 填制凭证的日期

22. 下列各项中，企业应根据相关业务的原始凭证编制收款凭证的有（　　）。

A. 收取出租包装押金　　B. 从银行存款中提取现金

C. 将库存现金送存银行　　D. 销售产品取得货款存入银行

23. 下列各项中，记账凭证填制要求的内容有（　　）。

A. 所有记账凭证都必须附有原始凭证

B. 记账凭证应连续编号

C. 记账凭证要内容完整，书写清楚和规范

D. 填制记账凭证时若发现错误，应当重新填制

24. 下列各项中，可以作为库存现金日记账记账依据的有（　　）。

A. 现金收款凭证　　B. 现金付款凭证　　C. 银行收款凭证　　D. 银行付款凭证

25. 下列各项中，关于划线更正法表述正确的有（　　）。

A. 更正时，可在错误的文字或数字上划一条红线

B. 在红线的上方填写正确的文字或数字，并由记账人员及会计机构负责人在更正处盖章

C. 对于错误的数字，可只更正其中的错误数字

D. 对于文字错误，可只划去错误的部分

**三、判断题**

1. 如果人手有限，出纳人员可以同时兼管会计档案。（　　）

2. 企业从外单位取得的原始凭证，必须有填制单位的公章；从个人取得的原始凭证，必须有填制人员的签名或盖章。（　　）

3. 利润表反映了企业一定会计期间的经营成果；现金流量表反映了一定会计期间现金和现金等价物流入和流出的情况。二者都属于动态财务报表。（　　）

4. 企业的实收资本应当与注册资本相一致，企业不得擅自改变注册资本的数额或抽逃资金。（　　）

5. 会计记录的文字应当使用中文。在中华人民共和国境内的外商投资企业，外国企业和其他外国组织的会计记录，可以同时使用一种外国文字。（　　）

6. 企业在日常活动中形成的经济利益的总流入称为收入，包括与所有者投入资本有关的经济利益流入。（　　）

7. 损益类账户的期末余额 = 期初余额 + 本期贷方发生额 - 本期借方发生额。（　　）

8. 收入是导致所有者权益增加的经济利益的总流入。（　　）

9. 按照我国《企业会计准则》，负债不仅指现时已经存在的债务责任，还包括某些将来可能发生的、偶然事项形成的债务责任。（　　）

10. “税金及附加”账户属于成本类账户，借方记增加额，贷方记减少额。（　　）

11. 编制资产负债表的依据是“利润 = 收入 - 费用”。（　　）

12. 每一项经济业务的发生，都必然会引起会计等式的一边或两边有关项目相互联系地发生等额变化，即当涉及会计等式的一边时，有关项目的金额发生相反方向的等额变动；当涉及会计等式的两边时，有关项目的金额发生相同方向的等额变动，但始终不会影响会计等式的平衡关系。（　　）

13. 借贷记账法的记账规则“有借必有贷，借贷必相等”是余额试算平衡的直接依据。（　　）

14. 会计人员误将财务费用确认为制造费用，通过试算平衡表无法查出该差错。（　　）

15. 会计人员在记账过程中，除结账和更正错账可以不附原始凭证外，其他记账凭证必须附原始凭证。（　　）

16. 对于涉及“库存现金”和“银行存款”之间的相互划转业务，应同时编制收款凭证和

付款凭证。（　　）

17. 如果不存在未达账项，银行存款日记账账面余额与银行对账单余额之间有差额，说明企业与银行双方或其中一方存在记账错误。（　　）

18. 银行存款余额调节表中，银行对账单余额应减去企业已收银行未收的款项。（　　）

19. 银行存款余额调节表可以作为调整企业银行存款账面余额的记账依据。（　　）

20. 企业对外提供的财务报告中，附注是不可或缺的重要组成部分。（　　）

**四、业务核算题**

（一）掌握会计分录和试算平衡表的编制

202×年6月初，广州天润公司各账户的余额如表0－18所示。

**表0－18　　期初余额表**

202×年6月1日　　单位：元

| 会计科目 | 期初借方余额 | 会计科目 | 期初贷方余额 |
| --- | --- | --- | --- |
| 库存现金 | 10 000 | 短期借款 | 130 000 |
| 银行存款 | 160 000 | 应付票据 | 120 000 |
| 原材料 | 200 000 | 应付账款 | 100 000 |
| 固定资产 | 11 000 000 | 实收资本 | 11 020 000 |
| 合计 | 11 370 000 | 合计 | 11 370 000 |

202×年6月，广州天润公司发生的经济业务如下：

（1）收到投资者按投资合同交来的资本金420 000元，已存入银行；

（2）从银行借入期限为3个月的借款600 000元存入银行；

（3）从银行提取现金8 000元作为备用；

（4）购买材料60 000元（不考虑增值税）已验收入库，款未付；

（5）签发3个月到期的商业汇票50 000元抵付上月所欠货款；

（6）用银行存款100 000元偿还前欠的短期借款；

（7）用银行存款300 000元购买无须安装的机器设备一台（不考虑增值税），设备已交付使用；

（8）购买材料40 000元（不考虑增值税），其中用银行存款支付30 000元，其余货款尚欠，材料已验收入库；

（9）以银行存款偿还短期借款100 000元，偿还应付账款60 000元。

根据以上资料，编制相关会计分录，并编制广州天润公司202×年6月末的试算平衡表。

（二）掌握银行存款余额调节表的编制

广州华天公司202×年7月31日银行存款日记账账面余额为128 600元，银行对账单的存款余额为141 420元，经过双方逐笔核对后，发现存在以下未达账项：

（1）公司因购买设备开出205#转账支票一张，金额为11 700元，公司已入账，但持票人尚未到银行办理转账手续。

（2）公司因销售商品收到购货方开来的转账支票一张，金额为9 360元，将支票送存银行后公司做收入入账，但是银行尚未办理入账手续。

（3）公司委托银行代收外地销货款14 040元，银行已收款入账，但公司尚未收到收款通知。

（4）计算借款利息3 560元，银行已支付，但是公司尚未收到付款通知。

要求：根据上述资料，完成表0－19“银行存款余额调节表”的编制。

**表0－19** **银行存款余额调节表**

编制单位：广州华天公司 202×年7月31日 单位：元

| 项目 | 金额 | 项目 | 金额 |
|---|---|---|---|
| 企业银行存款日记账余额 | 128 600 | 银行对账单余额 | 141 420 |
| 加：银行已收企业未收的款项合计 | （1）（ ） | 加：企业已收银行未收的款项合计 | （3）（ ） |
| 减：银行已付企业未付的款项合计 | 3 560 | 减：企业已付银行未付的款项合计 | （4）（ ） |
| 调节后余额 | （2）（ ） | 调节后余额 | （5）（ ） |

## 学习评价

**专业能力测评表**

（在□中打√，A掌握，B基本掌握，C未掌握）

| 业务能力 | 评价指标 | 自测结果 | 要求 |
|---|---|---|---|
| 辨别会计要素和运用会计等式 | 1. 会计要素的分类<br>2. 会计要素的计量方式<br>3. 会计等式<br>4. 会计等式的运用 | □A □B □C<br>□A □B □C<br>□A □B □C<br>□A □B □C | 能准确辨别会计要素，熟练运用会计等式分析日常业务 |
| 设置会计账户和会计科目 | 1. 会计科目的分类<br>2. 将日常业务准确计入对应的会计科目<br>3. 会计账户的分类<br>4. 会计科目与会计账户的区别 | □A □B □C<br>□A □B □C<br>□A □B □C<br>□A □B □C | 准确地将日常业务记入对应的会计科目和会计账户中，能区分会计要素、会计科目和会计账户 |
| 运用借贷记账法 | 1. 借贷记账法的记账规则<br>2. 借贷记账法下的会计分录<br>3. 编制日常业务的会计分录<br>4. 借贷记账法下的试算平衡<br>5. 编制试算平衡表 | □A □B □C<br>□A □B □C<br>□A □B □C<br>□A □B □C<br>□A □B □C | 理解借贷记账法的记账规则，能运用借贷记账法编制企业日常业务活动的会计分录，能运用试算平衡的原理编制试算平衡表 |
| 熟悉会计循环 | 1. 填制和审核会计凭证<br>2. 设置会计科目和账户<br>3. 复式记账<br>4. 登记会计账簿<br>5. 成本计算<br>6. 财产清查<br>7. 编制会计报表 | □A □B □C<br>□A □B □C<br>□A □B □C<br>□A □B □C<br>□A □B □C<br>□A □B □C<br>□A □B □C | 能掌握会计循环的流程，填制和审核会计凭证，正确记入会计科目和账户，运用借贷记账法，登记会计账簿，成本计算，财产清查，编制银行存款余额调节表，编制会计报表 |
| 教师评语： | | | |
| 成绩： | | 教师签字： | |

项目一

# 核算资金筹集业务

## 学习目标

**知识学习目标：**

◆ 理解资金筹集的概念和渠道

◆ 了解股东出资的形式

◆ 了解银行借款的种类

◆ 了解开办费的具体内容

◆ 掌握筹资活动涉及的会计账户

**技能训练目标：**

◆ 能够准确核算股东现金和非现金出资

◆ 能够准确核算企业取得借款、计提利息、归还借款

◆ 能够准确核算企业付现开办费和非付现开办费

**课程思政目标：**

◆ 理解国家关于注册资本的规定，树立诚信注册登记、诚信经营的目标

◆ 树立借款有借有还的观念，认真履行职业操守，养成遵守信用的职业习惯

## 思政导图

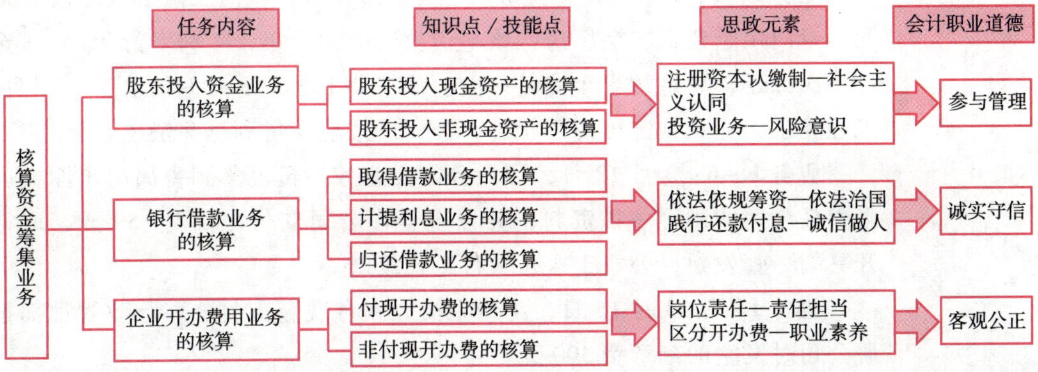

## 项目引例

### 番来顺机械有限责任公司筹集资金的会计核算

番来顺机械有限责任公司（统一社会信用代码为：914018579362578432M）为增值税一般纳税人，该公司主要从事计算机软硬件、机械设备、自动化设备的研发、批发、技术咨询、进出口等业务。番来顺机械有限责任公司2023年发生如下资金筹集相关业务：

**业务1-1**：1月6日，江南机械有限责任公司、凯旋机械有限责任公司、胜利机械有限责任公司共同投资设立番来顺机械有限责任公司，注册资本为1 000 000元，三家公司持股比例分别为60%、30%和10%。按照公司章程规定，三家公司的投入资本分别为600 000元、300 000元和100 000元，公司已如期收到各投资者一次缴足的款项。

**业务1-2**：2月5日，经公司股东商议决定，胜利机械有限责任公司继续投入资本20 000元，但其持股比例仍然保持10%不变。

**业务1-3**：4月8日，为扩大公司的经营规模，经公司股东商量决定，追加公司的注册资本1 130 000元，三家公司持股比例仍然分别为60%、30%和10%，三家公司按照原出资比例继续追加投资，其中公司收到江南机械有限责任公司作为资本投入的不需要安装的机器设备一台，合同约定该机器设备的价值为600 000元，增值税进项税额为78 000元（由投资方支付税款，并提供或开具增值税专用发票）；公司收到凯旋机械有限责任公司作为资本投入的原材料一批，该批原材料投资合同约定价值为300 000元，增值税进项税额为39 000元（由投资方支付税款，并提供或开具增值税专用发票）；公司收到胜利机械有限责任公司作为资本投入的非专利技术一项，该非专利技术投资合同约定价值为100 000元，增值税进项税额为6 000元（由投资方支付税款，并提供或开具增值税专用发票），均办妥资产移交手续和验资手续。

**业务1-4**：4月1日，公司向农业银行申请信用借款人民币200 000元，用于生产经营周转，该笔借款期限为6个月，年利率为6%，本金到期后一次归还，利息按季支付，公司已按期支付利息并偿还本金。

**业务1-5**：7月1日，公司以办公楼作为抵押，向工商银行借入2 000 000元，专门用于建造二期厂房，该笔借款期限为3年，年利率为9%，本金到期后一次归还，利息每半年支付一次。该二期工程于8月1日动工，12月31日工程完工，达到预定可使用状态。公司已按期支付利息并偿还本金。

**业务1-6**：3月12日，因业务需要业务员黄晓华到番禺财丰图文印刷有限责任公司印刷了一批资料，并以现金代公司支付印刷费159元，取得对方开具的一张发票，公司于4月1日正式投产。

**业务1-7**：3月15日，出纳人员以库存现金支付公司行政管理部报销注册公司时发生的刻章费300元。

**业务1－8**：3月17日，采用商业承兑汇票支付方式购入无须安装的刨床一台，增值税专用发票上注明的价款为240 000元，增值税税额为31 200元；该刨床预计可以使用10年，公司采用平均年限法按月计提折旧，4月30日会计计算本月应计提固定资产折旧2 000元。

**业务1－9**：3月20日，购入一项价值60 000元的专利，取得增值税专用发票，税额为3 600元，并用银行存款进行支付，合同规定该专利受益年限为5年；公司采用平均年限法按月进行摊销，3月31日会计计算本月应计提无形资产摊销1 000元。

张一帆作为该公司的会计，需要根据每月发生的业务做会计核算。

**【引例分析1－1】**

## 操作指导

要核算企业发生的业务，公司的会计张一帆需要了解企业的组织形式、股东构成、规模、主营业务等资料，收齐企业发生业务的原始凭证，并对凭证进行审核，之后再根据《企业会计准则》的规定，准确做出会计分录，编制记账凭证，登记总分类账和明细分类账。

视频：京沪高铁募集资金306亿元

资金筹集是指企业为了满足自身建设和生产经营活动的需要，从一定的渠道，采用特定的方式，筹措和集中所需资金的过程。资金筹集是企业进行生产经营活动的前提，也是企业财务活动的起点，在企业筹建期便需要筹集企业生产运营所需的初始资金。因此，本项目首先介绍了企业筹建期的基本知识，以及筹建期间费用的核算。

资金是企业的“血液”，企业筹集资金的主要途径：一是接受企业所有者投入的资金；二是向债权人借入资金。对于一般中小型企业，从所有者筹集资金的最主要方式是接受所有者以现金资产、非现金资产形式的投资。会计在这种权益性资金筹集过程中，需要确认所获资产的价值、所有者在企业中占有的份额以及所形成的资本溢折价。中小型企业从债权人处筹集资金的最主要方式是向银行等金融机构借款。企业财会人员需要及时确认款项的借入与归还，并按照借款合同规定的期限计提借款利息。

## 项目综合知识

### 一、所有者权益筹资

企业从投资者那里筹集的资金是形成所有者权益的重要组成部分，企业的所有者权益主要包括所有者投入的资本、直接计入所有者权益的利得和损失以及留存收益等。其中，所有者投入的资本包括实收资本和资本公积。当企业接受所有者投资时，资金从外部流入企业，该流入资金中与所有者在企业注册资本所占的比例对应的部分，称之为“实收资本或股本”；投入资本中超出其在注册资本中对应的溢价部分，称之为“资本公积——资本或股本溢价”。

### 二、负债筹资

企业从银行或其他金融机构等债权人那里筹集到的资金形成了企业的负债，即债权人权益。负债筹资主要包括短期借款、长期借款及结算形成的负债。本项目主要介绍前两种。企业借款需要付出代价，如需要支付利息等，这就是借款费用。短期借款的利息费用，在会计上一般可确认为公司的“财务费用”。

# 模块一　股东投入资金业务的核算

## 任务描述

了解实收资本、注册资本和资本公积的区别，能准确核算股东现金和非现金出资。

## 业务流程

业务流程如图 1－1 所示。

动画：实收资本

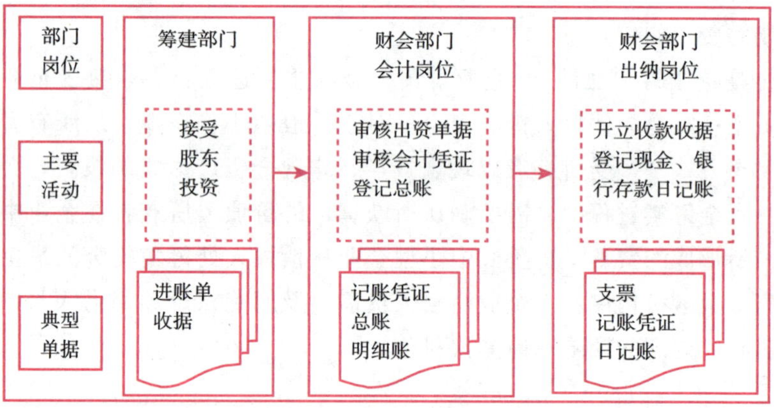


**图 1－1　业务流程**

## 知识准备

### 一、实收资本、注册资本与资本公积

#### （一）实收资本

实收资本是指投资者按照企业章程、合同或协议的约定，作为资本实际投入企业中的各种资产的价值，是企业要进行生产经营所需的“本钱”。实收资本的构成比例即为各投资者的股份比例。

实收资本是在企业持续经营期间，除依法转让外，不得以任何形式抽回，可长期供企业周转使用的资本。实收资本的构成比例，即投资者的出资比例或股东股份比例，一般为确定所有者在企业所有者权益中所占份额和参与企业经营管理决策的基础，也是企业据以向投资者进行利润分配的主要依据，同时还是企业清算时确定所有者对净资产的要求权的依据。

动画：注册资本、实收资本和资本公积的关系

### （二）注册资本

注册资本是指企业在工商行政管理机关注册登记的所有投资人的出资总额。我国《公司法》规定，企业必须在合同、章程中明确企业的注册资本，各方的出资额、出资比例、利润分配和亏损分担的比例，并在登记机构登记。2013 年 12 月 28 日，第十二届全国人民代表大会常务委员会第六次会议审议通过了关于修改《公司法》的决定，将注册资本实缴登记制改为认缴登记制，有限责任公司的注册资本为在公司登记机关登记的全体股东认缴的出资额；股份有限责任公司采取发起设立方式设立的，注册资本为在公司登记机关登记的全体发起人认购的股本总额。随着企业的生产经营，实收资本的总额也可能超过注册资本（如资本公积转增），如超过注册资本的 20%，则需要持资金使用证明或者验资报告等证明到有关工商行政管理机关申请变更登记。如减资超过注册资本 20%，也需要进行变更登记。

视频：注册公司时如何选择最佳注册资本

**课程思政案例**

**股东抽逃注册资本，法院判全额返还公司**

2012 年 5 月 17 日，股东李某、赵某出资 30 万元设立广州市 FL 实业公司，并经番禺 KT 会计师事务所有限责任公司验资后出具验资报告，其中股东赵某出资 10 万元，股东李某出资 20 万元。2013 年 10 月 25 日，经股东会决议，同意增加公司的注册资金，由 30 万元增加到 2 000 万元，其增资由股东李某出资 1 180 万元、赵某出资 790 万元，并办理了工商登记变更手续。股东出资情况已经番禺 KT 会计师事务所有限责任公司验资，并出具验资报告。2013 年 10 月 25 日，李某将增加出资的 1 970 万元转入第三人账户。广州市 FL 实业公司发现后，认为股东李某的行为侵犯了公司的合法权益，遂一纸诉状将李某告上法庭，要求被告返还出资款 1 180 万元及利息。

法院审理认为，依法向公司缴纳出资款是股东的义务，股东的出资是公司设立并从事生产经营获得的物质基础，出资是股东对公司的基本义务，也是形成公司财产的基础，是公司对外承担民事责任的基本保证。股东作为出资的资金投入公司后，已属于公司的法人财产，而股东李某为了“应付”验资，在验资完后将出资款转出，属于股东抽回出资的行为，实际上是对公司财产权利的侵犯，判处李某向广州市 FL 实业公司返还出资款 1 180 万元及利息。

问题：根据本案例，分析抽逃注册资本的后果。

分析提示：抽逃注册资本，是指公司依法领取营业执照宣告成立以后，原缴纳出资的股

东未经合法程序（如合法减资等）的情况下，私自撤走原依法投入公司的注册资本的行为。

抽逃注册资本的方式主要有：①公司验资注册后，将货币出资用于偿还股东个人债务或他人个人债务，这常常表现为发起人或股东用借款或贷款作为注册资本，一旦公司设立后，就将借来的出资抽回，归还原主。②公司验资注册后，非因经营或正常业务开支又没有正当理由抽走货币出资。③把他人的实物“借”来出资，公司一经注册，再将它归还原来的权利人。④公司验资注册后，将已办产权转移手续的实物、工业产权、专利、非专利技术、土地使用权再无偿或以不合理的低价转让给他人。

根据《公司法》第二百零八条的规定，公司的发起人、股东未交付货币、实物或者未转移财产权，虚假出资，欺骗债权人和社会公众的，责令改正，处以虚假出资金额5%以上10%以下的罚款。第二百零九条规定，公司的发起人、股东在公司成立后，抽逃其出资的，责令改正，处以所抽逃出资金额5%以上10%以下的罚款。第二百零六条规定，违反公司法规定，办理公司登记时虚报注册资本、提交虚假证明文件或者采取其他欺诈手段隐瞒重要事实取得公司登记的，责令改正，对虚报注册资本的公司，处以虚报注册资本金额5%以上10%以下的罚款；对提交虚假证明文件或者采取其他欺诈手段隐瞒重要事实的公司，处以1万元以上10万元以下的罚款；情节严重的，撤销公司登记。

上面是《公司法》中规定的民事责任和行政责任。行为人虚假出资或者抽逃注册资金数额巨大或者情节严重，构成犯罪的，将依据《刑法》的相关规定进行处罚。

《刑法》第一百五十九条规定了虚假出资罪和抽逃出资罪：未交付货币、实物或者未转移财产权，虚假出资，或者公司发起人、股东违反《公司法》的规定在公司成立后又将其资本抽回，数额巨大、后果严重或者有其他严重情节的，处5年以下有期徒刑或者拘役，并处或者单处虚假出资金额或者抽逃出资金额1%以上10%以下罚金。单位违反该条例的，对单位判处罚金，并对其直接负责的主管人员和其他直接责任人员，处5年以下有期徒刑或者拘役。第一百五十八条规定了虚报公司注册资本罪：申请公司登记使用虚假证明文件或者采取其他欺诈手段虚报注册资本，欺骗公司登记主管部门，取得公司登记，虚报注册资本数额巨大、后果严重或者有其他严重情节的，处3年以下有期徒刑或者拘役，并处或者单处虚报注册资本金额1%以上5%以下罚金。单位犯该罪的，对单位判处罚金，并对其直接负责的主管人员和其他直接责任人员，处3年以下有期徒刑或者拘役。

### （三）资本公积

资本公积是指企业收到投资者超出其在企业注册资本（或股本）中所占份额的投资以及其他资本公积等，包括资本（股本）溢价和其他资本公积。

资本溢价（或股本溢价）是指企业收到投资者超出其在企业注册资本（或股本）中所占份额的投资。其形成原因有溢价发行股票、投资者超额缴入资本等。

除股份有限公司外的其他类型的企业，在企业创立时，投资者认缴的出资额与注册资本一致，一般不会产生资本溢价。但在企业重组或有新的投资者加入时，常常会出现资本溢价。因为在企业进行正常生产经营后，其资本利润率通常要高于企业初创阶段，另外，企业有内部积累，新投资者加入企业后，对这些积累将来也要分享，所以新加入的投资者往往要付出大于原投资者的出资额，才能取得与原投资者相同的出资比例。投资者多缴的部分就形成了资本溢价。

动画：企业上市筹集资金

股份有限公司是以发行股票的方式筹集股本的，股票可按面值发行，也可按溢价发行，我国目前不准折价发行。与其他类型的企业不同，股份有限公司在成立时可能会溢价发行股票，因而在成立之初，就可能会产生股本溢价。股本溢价的数额等于股份有限公司发行股票时实际收到的数额超过股票面值总额的部分。

资本公积由全体股东共同所有；可转增资本，但不能进行利润分配；会导致所有者权益变动；其形成与净利润无关。

## 二、股东出资形式

拟筹建公司获得有关部门批准之后，股东应履行出资承诺。股东出资可以用货币出资，也可以用实物、知识产权、土地使用权等可以用货币估价并可以依法转让的非货币财产作价出资；对作为出资的非货币资产应当评估作价，核实财产，不得高估或者低估作价。

案例：小鹏汽车6年融资超120亿元

股东应当按期足额缴纳公司章程中规定的各自所认缴的出资额。股东以货币出资的，应当将货币出资足额存入拟设立公司在银行开设的账户；以非货币资产出资的，应当依法办理其财产权的转移手续。股东不按规定缴纳出资的，除应当向公司足额缴纳外，还应当向已按期足额缴纳出资的股东承担违约责任。

股东出资方式不同，企业财务人员在账务处理时需要取得的原始凭证也不相同：

（1）以货币出资：拟设立公司开具收款收据（记账联）、银行进账单；

（2）以实物资产、无形资产出资：资产过户凭证、资产移交单。

## 三、股东出资的会计核算

### （一）投资者投入的非现金资产的入账价值

投资投入的非现金资产，应当按照投资合同或协议约定的价值确定，但合同或协议约定价值不公允的除外。

### （二）核算账户设置

1. “实收资本”账户

股份有限公司应设置“股本”账户，其他各类企业设置“实收资本”账户，该账户属于所有者权益类账户，用于核算按照企业章程、合同或协议约定，企业实际收到的投资者投入企业的资本数额，贷方登记企业实际收到的投资者缴付的资本数额，以及经批准从资本公积、盈余公积转增资本的数额；

借方登记企业按法定程序减资时所减少的注册资本的数额，账户期末余额一般在贷方，反映期末企业实有的资本数额。该账户按照投资者名称设置明细账户进行明细核算。

2.“资本公积”账户

“资本公积”账户属于所有者权益类账户，核算企业收到投资者出资额超出其在注册资本中所占份额的部分。贷方登记资本公积的增加额，借方登记资本公积的减少额，期末贷方余额，反映企业资本公积的余额。

3.“固定资产”账户

“固定资产”账户属于资产类账户，核算企业持有固定资产的原价，借方登记企业固定资产原始价值的增加额，贷方登记企业固定资产原始价值的减少额，期末借方余额，反映企业固定资产的原价。企业应当设置“固定资产登记簿”和“固定资产卡片”，按固定资产类别、使用部门和每项固定资产进行明细核算。

4.“无形资产”账户

“无形资产”账户属于资产类账户，包括专利权、非专利技术、商标权、著作权、土地使用权等，核算企业持有的无形资产的成本，借方登记取得无形资产的成本，贷方登记处置无形资产转出无形资产的账面余额，期末借方余额，反映无形资产的成本。本账户应当按无形资产的项目设置明细账户进行明细核算。

### （三）核算内容

微课：股东投入资金业务的核算

1. 股东投入现金资产的核算

股东以货币出资的，应当将货币出资足额存入拟设立公司在银行开设的账户；以非现金资产出资的，应当依法办理其财产权的转移手续。股东缴纳出资后，必须经依法设立的验资机构验资并出具证明。

2. 股东投入非现金资产的核算

股东投入的非现金资产，应当按照投资合同或协议约定的价值确定，但合同或协议约定价值不公允的除外。

3. 基本会计分录

借：银行存款（按照收到的股东投资款）

　　固定资产（按照投资协议价或公允价）

　　无形资产（按照投资协议价或公允价）

　　原材料（按照投资协议价或公允价）

　　应交税费——应交增值税（进项税额）（按照增值税专用发票记载的税额）

　　贷：实收资本（按协议约定的投资份额）

　　　　资本公积——资本溢价（按照借贷方的差额，可能在借方）

## 业务办理 1　股东投入现金资产的核算

**【引例分析 1－2】**

### 操作指导

根据【项目引例】业务 1－1 可知：番来顺机械有限责任公司收到各投资者一次缴足的款项，会导致公司“银行存款”账户的增加，同时也会使公司的“实收资本”账户增加。因此，应借记“银行存款”账户，贷记“实收资本”账户。

**步骤 1：** 出纳到银行打印进账单，如图 1－2、图 1－3 和图 1－4 所示。

**中国工商银行　　进账单**

2023 年 1 月 6 日

| | | | | | | | | | | | | |
|---|---|---|---|---|---|---|---|---|---|---|---|---|
| 出票人 | 全称 | 江南机械有限责任公司 | | | | | | | | | | |
| | 账号 | 372790003384 | | | | | | | | | | |
| | 开户银行 | 农行佛山顺德支行 | | | | | | | | | | |
| 金额 | 人民币（小写） | 亿 | 千 | 百 | 十 | 万 | 千 | 百 | 十 | 元 | 角 | 分 |
| | | | | ¥ | 6 | 0 | 0 | 0 | 0 | 0 | 0 | 0 |
| 收款人 | 全称 | 番来顺机械有限责任公司 | | | | | | | | | | |
| | 账号 | 432001260004619 | | | | | | | | | | |
| | 开户银行 | 工行广州番禺支行 | | | | | | | | | | |
| 票据种类 | | | 票据张数 | | | | | | | | | |
| 票据号码 | | | | | | | | | | | | |

（印章：中国工商银行 工行广州番禺支行 20230408 转讫）

图 1－2　进账单（1）

**中国工商银行　　进账单**

2023 年 1 月 6 日

| | | | | | | | | | | | | |
|---|---|---|---|---|---|---|---|---|---|---|---|---|
| 出票人 | 全称 | 凯旋机械有限责任公司 | | | | | | | | | | |
| | 账号 | 432001520008348 | | | | | | | | | | |
| | 开户银行 | 工行广州天河支行 | | | | | | | | | | |
| 金额 | 人民币（小写） | 亿 | 千 | 百 | 十 | 万 | 千 | 百 | 十 | 元 | 角 | 分 |
| | | | | ¥ | 3 | 0 | 0 | 0 | 0 | 0 | 0 | 0 |
| 收款人 | 全称 | 番来顺机械有限责任公司 | | | | | | | | | | |
| | 账号 | 432001260004619 | | | | | | | | | | |
| | 开户银行 | 工行广州番禺支行 | | | | | | | | | | |
| 票据种类 | | | 票据张数 | | | | | | | | | |
| 票据号码 | | | | | | | | | | | | |

（印章：中国工商银行 工行广州番禺支行 20230408 转讫）

图 1－3　进账单（2）

**中国工商银行　　进账单**

2023 年 1 月 6 日

| | | | | | | | | | | | | |
|---|---|---|---|---|---|---|---|---|---|---|---|---|
| 出票人 | 全称 | 胜利机械有限责任公司 | | | | | | | | | | |
| | 账号 | 432001258009029 | | | | | | | | | | |
| | 开户银行 | 工行广州越秀支行 | | | | | | | | | | |
| 金额 | 人民币（小写） | 亿 | 千 | 百 | 十 | 万 | 千 | 百 | 十 | 元 | 角 | 分 |
| | | | | ¥ | 1 | 0 | 0 | 0 | 0 | 0 | 0 | 0 |
| 收款人 | 全称 | 番来顺机械有限责任公司 | | | | | | | | | | |
| | 账号 | 432001260004619 | | | | | | | | | | |
| | 开户银行 | 工行广州番禺支行 | | | | | | | | | | |
| 票据种类 | | | 票据张数 | | | | | | | | | |
| 票据号码 | | | | | | | | | | | | |

（印章：中国工商银行 工行广州番禺支行 20230408 转讫）

图 1－4　进账单（3）

**步骤2**：会计审核收到的银行进账单，审核无误后填制记账凭证，相关人员签章后，交财务主管核准。

借：银行存款　　1 000 000

　　贷：实收资本——江南机械有限责任公司　　600 000

（1 000 000×60%）

　　　　——凯旋机械有限责任公司　　300 000

（1 000 000×30%）

　　　　——胜利机械有限责任公司　　100 000

（1 000 000×10%）

**步骤3**：依据审核后的记账凭证，会计登记"实收资本"总账及明细账，出纳登记"银行存款"日记账。

**【引例分析1-3】**

**操作指导**

根据【项目引例】业务1-2可知：由于胜利机械有限责任公司是番来顺机械有限责任公司的股东之一，该股东原已投入100 000元，持股比例为10%，现继续投资20 000元，由于持股比例仍然为10%，该股东投入的资本超过其在注册资本中所占份额的部分，超出的金额应记入"资本公积——资本溢价"账户。

**步骤1**：会计审核收到的银行进账单，审核无误后填制记账凭证，相关人员签章后，交财务主管核准。

"资本公积——资本溢价"账户的金额为20 000元，因此做会计分录如下：

借：银行存款　　20 000

　　贷：资本公积——资本溢价　　20 000

**步骤2**：依据审核后的记账凭证，会计登记"资本公积——资本溢价"的总账及明细账；出纳登记"银行存款"日记账。

### 业务办理2　股东投入非现金资产的核算

**【引例分析1-4】**

**操作指导**

## 一、投资者投入的非现金资产的入账价值

投资者投入的非现金资产，应当按照投资合同或协议约定的价值确定，但合同或协议约定价值不公允的除外。

## 二、应设置账户

企业接受投资者作价投入的非现金资产，应按投资合同或协议约定价值确定资产入账价值（但投资合同或协议约定价值不公允的除外），按投资合同

或协议约定的投资者在注册资本（或股本）中应享有的份额作为实收资本或股本入账。如果资产价值超过其在注册资本（或股本）中所占份额的部分，应当计入资本公积（资本溢价）。

## 三、会计分录

借：固定资产　　　　　　　　　　（按照投资协议价或公允价）
　　无形资产　　　　　　　　　　（按照投资协议价或公允价）
　　原材料　　　　　　　　　　　（按照投资协议价或公允价）
　　应交税费——应交增值税（进项税额）
　　　　　　　　　　　　　　　　（按照增值税专用发票记载的税额）
　　贷：实收资本　　　　　　　　（按协议约定的投资份额）
　　　　资本公积——资本溢价　　（按照借贷方的差额，可能在借方）

根据【项目引例】业务 1－3 可知：公司收到了股东投入的固定资产、原材料和无形资产。

**步骤 1**：会计收到并审核投资协议书（见图 1－5）、增值税专用发票（见图 1－6、图 1－7、图 1－8）及收料单（见表 1－1），审核无误后，交财务主管核准。

**步骤 2**：会计审核收到的增值税专用发票及投资协议书等原始凭证，并编制记账凭证（见表 1－2），相关人员在记账凭证上签章并交财务主管核准。

公司按照原有出资比例追加投资，其中江南机械有限责任公司以固定资产作价进行出资，凯旋机械有限责任公司以原材料作价进行出资，胜利机械有限责任公司以非专利技术作价进行出资，因此借方应该登记“固定资产”“原材料”及“无形资产”账户。同时，由于该公司是一般纳税人，收到投资方开具的增值税专用发票上记载的增值税进项税额允许抵扣。因此，增值税专用发票上注明的增值税进项税额合计为 123 000（600 000 × 13% + 300 000 × 13% + 100 000 × 6%）元，应借记“应交税费——应交增值税（进项税额）”账户，番来顺机械有限责任公司接受三家公司投入的固定资产、原材料及无形资产均应按合同约定金额与增值税进项税额之和作为实收资本。会计人员作出会计分录并及时登记记入相关账户，具体如下：

借：固定资产——冲压机　　　　　　　　　600 000
　　原材料　　　　　　　　　　　　　　　300 000
　　无形资产　　　　　　　　　　　　　　100 000
　　应交税费——应交增值税（进项税额）　123 000
　　贷：实收资本——江南机械有限责任公司　　678 000
　　　　　　　　——凯旋机械有限责任公司　　339 000
　　　　　　　　——胜利机械有限责任公司　　106 000

**步骤 3**：依据审核后的记账凭证，会计登记“固定资产”“无形资产”“原材料”“应交税费”及“实收资本”的总账及明细账。原材料明细账如表

1－3 所示，原材料总账如表 1－4 所示。

**投资协议书（部分）**

甲方：江南机械有限责任公司

乙方：凯旋机械有限责任公司

丙方：胜利机械有限责任公司

甲、乙、丙三方经协商一致，决定共同追加出资到番来顺机械有限责任公司：

一、出资及出资方式：

1.江南机械有限责任公司以冲压机一台作价60万元作为出资；

2.凯旋机械有限责任公司以生铁作价30万元作为出资；

3.胜利机械有限责任公司以机械制造自动化专利一项作价10万元作为出资。

二、双方享有权益比例

江南机械有限责任公司享有番来顺机械有限责任公司60%所有权，凯旋机械有限责任公司享有番来顺机械有限责任公司30%所有权，胜利机械有限责任公司享有番来顺机械有限责任公司10%所有权。

| | | |
|---|---|---|
| 甲方：江南机械有限责任公司 | 乙方：凯旋机械有限责任公司 | 丙方：胜利机械有限责任公司 |
| 法定代表人（签字）：张建波 | 法定代表人（签字）：孙成 | 法定代表人（签字）：刘强 |
| 2023 年04月08日 | 2023年04月08日 | 2023年04月08日 |

**图 1－5　投资协议书（部分）**

2360033889　　**广东省增值税专用发票**　　No20000094　　2360033889　20000094

661619948215　　**发　票　联**　　开票日期：2023年4月8日

国税函（2014）257号浙江印钞厂

| 购买方 | 名　　称：番来顺机械有限责任公司<br>纳税人识别号：914018579362578432M<br>地 址 、电 话：广州市番禺区沙湾大道218号020-34833226<br>开户行及账号：工行广州番禺支行432001260004619 | | | 密码区 | 67/*+3*0/611*++0/0+0*/*+3+2/9<br>*11*+66666**066611*+66666*<br>1**+216***6000*261*2*4/*547<br>203994+-42*64151*6915361/3* | | |
|---|---|---|---|---|---|---|---|
| 货物或应税劳务、服务名称 | 规格型号 | 单位 | 数量 | 单价 | 金额 | 税率 | 税额 |
| *钢铁*生铁 | L12 | 吨 | 60 | 5000 | 300000.00 | 13% | 39000 |
| 合　　计 | | | | | ¥300000 | | ¥39000 |
| 价税合计（大写） | ⊗叁拾叁万玖仟元整 | | | | （小写）¥339000.00 | | |
| 销货方 | 名　　称：凯旋机械有限责任公司<br>纳税人识别号：91435023263082031436 4<br>地 址 、电 话：广州市天河区体育路68号020-38263619<br>开户行及账号：工行广州天河支行432001260004619 | | | 备注 | 凯旋机械有限责任公司 91435023263082031436 4 发票专用章 | | |

收款人：陈露　　复核：黄俊声　　开票人：李文清　　销售方：

第三联：发票联　购货方记账凭证

**图 1－6　增值税专用发票（1）**

2360033891　　**广东省增值税专用发票**　　No38240096　　2360033891 38240096

**发　票　联**

开票日期：2023年4月8日

| | | | | | | | |
|---|---|---|---|---|---|---|---|
| 购买方 | 名　　称：番来顺机械有限责任公司<br>纳税人识别号：91401857936257843 2M<br>地 址 、电 话：广州市番禺区沙湾大道218号020-34833266<br>开户行及账号：工行广州番禺支行432001260004619 | | | 密码区 | 67/*+3*0/611*++0/0+0*/*+3+2/6<br>*11*+66666**066611*+66669*<br>1**+216***6000*261*2*4/*542<br>203994+-42*64151*6915361/8* | | |
| 货物或应税劳务、服务名称 | 规格型号 | 单位 | 数量 | 单价 | 金额 | 税率 | 税额 |
| *机床*冲压机 | | 台 | 1 | 600000 | 600000.00 | 13% | 78000 |
| 合　　计 | | | | | ¥600000 | | ¥78000 |
| 价税合计（大写） | ⊗陆拾柒万捌仟元整 | | | | （小写）¥678000.00 | | |
| 销货方 | 名　　称：江南机械有限责任公司<br>纳税人识别号：914350521630803618<br>地 址 、电 话：佛山市顺德区碧桂路23号0757-38631305<br>开户行及账号：农行顺德支行3727900033384 | | | 备注 | | | |

收款人：陈丹娜　　复核：曾斌　　开票人：李丽　　销售方：（章）

全国统一发票监制章 国家税务总局监制

江南机械有限责任公司 914350521630803618 发票专用章

国税函（2014）257号浙江印钞厂

第三联：发票联 购货方记账凭证

**图1-7　增值税专用发票（2）**

2360033892　　**广东省增值税专用发票**　　No36180052　　236003892 36180052

661619946324

**发　票　联**

开票日期：2023年4月8日

| | | | | | | | |
|---|---|---|---|---|---|---|---|
| 购买方 | 名　　称：番来顺机械有限责任公司<br>纳税人识别号：91401857936257843 2M<br>地 址 、电 话：广州市番禺区沙湾大道218号020-34833226<br>开户行及账号：工行广州番禺支行432001260004619 | | | 密码区 | 67/*+3*0/611*++0/0+0*/*+3+2/6<br>*11*+66666**066611*+66663*<br>1**+216***6000*261*2*4/*548<br>203994+-42*64151*6915361/9* | | |
| 货物或应税劳务、服务名称 | 规格型号 | 单位 | 数量 | 单价 | 金额 | 税率 | 税额 |
| *专利*机械制造自动化专利 | | | 1 | 100000 | 100000.00 | 6% | 6000 |
| 合　　计 | | | | | ¥100000 | | ¥6000 |
| 价税合计（大写） | ⊗壹拾万陆仟元整 | | | | （小写）¥106000.00 | | |
| 销货方 | 名　　称：胜利机械有限责任公司<br>纳税人识别号：91443643502326308 2031<br>地 址 、电 话：广州市越秀区秀山路298号 020-38242636<br>开户行及账号：工行广州越秀支行432001263004388 | | | 备注 | | | |

收款人：陈天华　　复核：黄宝立　　开票人：李大同　　销售方：（章）

全国统一发票监制章 国家税务总局监制

胜利机械有限责任公司 914436435023263082031 发票专用章

国税函（2014）257号浙江印钞厂

第三联：发票联 购货方记账凭证

**图1-8　增值税专用发票（3）**

**表 1－1**

## 收料单

收料仓库：1 号仓库

供应单位：凯旋机械有限责任公司　　2023 年 4 月 8 日　　第 0068 号

| 材料编号 | 材料名称 | 规格 | 单位 | 数量 | | 单价（元/吨） | 采购费用 | | 金额 | |
|---|---|---|---|---|---|---|---|---|---|---|
| | | | | 应收 | 实收 | | 运费 | 其他 | 单位成本（元/吨） | 总成本（元） |
| 208 | 生铁 | L12 | 吨 | 60 | 60 | 5 000 | | | 5 000 | 300 000 |
| | | | | | | | | | | |
| 合计 | | | | | | | | | | 300 000 |

仓库负责人：于彤　　经办人：张大伟　　收料人：段云

**表 1－2**

## 记账凭证

2023年4月8日　　记字第 8号

| 摘要 | 总账科目 | 明细科目 | 借方金额（亿千百十万千百十元角分） | 贷方金额（亿千百十万千百十元角分） |
|---|---|---|---|---|
| 收到3家公司追加投资 | 原材料 | 生铁 | 3000000 | |
| | 固定资产 | 冲压机 | 6000000 | |
| | 无形资产 | 机械制造自动化专利 | 1000000 | |
| | 应交税费 | 应交增值税（进项税额） | 1230000 | |
| | 实收资本 | 凯旋机械有限责任公司 | | 67800000 |
| | 实收资本 | 江南机械有限责任公司 | | 33900000 |
| | 实收资本 | 胜利机械有限责任公司 | | 10600000 |
| | | | | |
| 合计 | | | ¥11230000 | ¥112300000 |

附单据 5 张

财务主管 张一帆　　记账 陈强　　出纳 林添　　审核 柯暮生　　制单 李景明

**表 1－3**

## 原材料　明细账

编号　212　　规格　L12　　单位：吨/元　　名称：生铁

| 2023年 月 | 日 | 凭证 种类 | 号数 | 摘要 | 对方科目 | 借方 数量 | 借方 单价 | 借方 金额（千百十万千百十元角分） | 贷方 数量 | 贷方 单价 | 贷方 金额（千百十万千百十元角分） | 借或贷 | 结存 数量 | 结存 单价 | 结存 金额（千百十万千百十元角分） |
|---|---|---|---|---|---|---|---|---|---|---|---|---|---|---|---|
| 4 | 1 | | | 期初余额 | | | | | | | | 借 | 20 | 4500 | 9000000 |
| 4 | 8 | 记 | 8 | 收到3家公司追加投资 | 实收资本 | 60 | 5000 | 30000000 | | | | 借 | 20<br>60 | 4500<br>5000 | 9000000<br>30000000 |
| | | | | | | | | | | | | | | | |
| | | | | | | | | | | | | | | | |
| | | | | | | | | | | | | | | | |

**表 1－4**

## 原材料　总账

＿＿＿＿＿科目＿＿＿＿＿

| 2023年 月 | 日 | 凭证 种类 | 号数 | 摘要 | 对方科目 | 借方（千百十万千百十元角分） | 贷方（千百十万千百十元角分） | 借或贷 | 余额（千百十万千百十元角分） |
|---|---|---|---|---|---|---|---|---|---|
| 4 | 1 | | | 期初余额 | | | | 借 | 9000000 |
| 4 | 8 | 记 | 130 | 收到3家公司追加投资 | 实收资本 | 30000000 | | 借 | 39000000 |
| | | | | | | | | | |
| | | | | | | | | | |
| | | | | | | | | | |

# 模块二　银行借款业务的核算

## 任务描述

能够准确核算企业取得借款、会计期末计提借款的利息、按期支付借款利息和归还借款等业务。

## 业务流程

业务流程如图 1－9 所示。

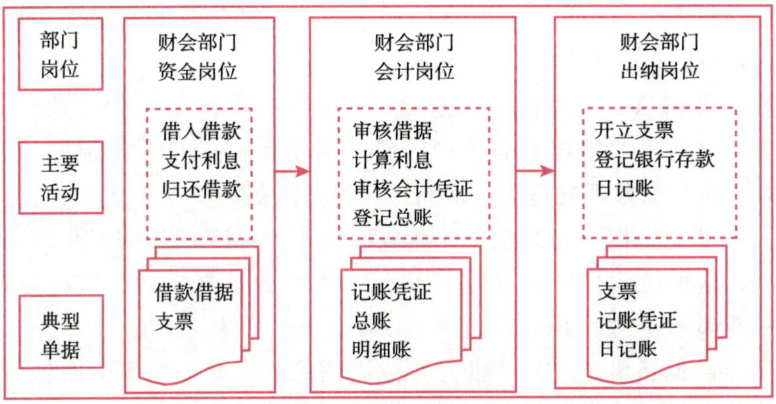


**图 1－9　业务流程**

## 知识准备

### 一、借款的种类

企业为了满足正常生产经营的需要，遇到资金不足时，会发生向银行或其他金融机构等借入各种期限的借款，包括短期借款和长期借款。

短期借款是指企业为了满足正常生产经营需要，向银行或其他金融机构等借入的期限在一年以下（含一年）的各种借款。一般是为了满足正常生产经营所需的资金或者是为了抵偿某项债务而借入的。

动画：企业申请银行贷款的最佳时机

工商企业的短期借款主要有：经营周转借款、临时借款、结算借款、票据贴现借款、卖方信贷、预购定金借款和专项储备借款等。

（1）经营周转借款：也称生产周转借款或商品周转借款。企业因流动资金不能满足正常生产经营需要，而向银行或其他金融机构取得的借款。办理该项借款时，企业应按有关规定向银行提出年度、季度借款计划，经银行核定后，在借款计划之内根据借款借据办理借款。

（2）临时借款：企业因季节性和临时性客观原因，正常周转的资金不能满足需要，超过生产周转或商品周转款额划入的短期借款。临时借款实行“逐笔核贷”的办法，借款期限一般为3个月至6个月，按规定用途使用，并按核算期限归还。

视频：“二师兄”可以抵押银行贷款

（3）结算借款：在采用托收承付结算方式办理销售货款结算的情况下，企业为解决商品发出后至收到托收货款前所需要的在途资金而借入的款项。企业在发货后的规定期间（一般为3天，特殊情况最长不超过7天）内向银行托收的，可申请托收承付结算借款。借款金额通常按托收金额和商定的折扣率进行计算，大致相当于发出商品销售成本加代垫运杂费。企业的货款收回后，银行将自行扣回其借款。

（4）票据贴现借款：持有银行承兑汇票或商业承兑汇票的，发生经营周转困难时，申请票据贴现的借款，期限一般不超过3个月。如贴现借款额一般是票据的票面金额扣除贴现利息后的金额，贴现借款的利息即为票据贴现利息，由银行办理贴现时先进行扣除。

（5）卖方信贷：产品列入国家计划，质量在全国处于领先地位的企业，经批准采取分期收款销售引起生产经营奖金不足而向银行申请取得的借款。这种借款应按货款收回的进度分次归还，期限一般为1年至2年。

（6）预购定金借款：商业企业为收购农副产品发放预购定金而向银行借入的款项。这种借款按国家规定的品种和批准的计划发放，实行专户管理，借款期限最多不超过1年。

（7）专项储备借款：商业批发企业由国家批准储备商品而向银行借入的款项。这种借款必须实行专款专用，借款期限根据批准的储备期确定。

长期借款是指企业从银行或其他金融机构借入的期限在1年以上（不含1年）的借款。一般用于固定资产的购建、改扩建工程、大修理工程、对外投资以及为了保持长期经营能力等方面，是企业非流动负债的重要组成部分。

## 二、借款的会计核算

### （一）核算账户设置

1. “短期借款”账户

“短期借款”账户属于负债类账户，核算短期借款的取得、偿还等情况，贷方登记取得借款的本金数额，借方登记偿还借款的本金数额，余额在贷方，表示尚未偿还的借款本金数额。该账户应按照债权人的名称设置明细账户，并按借款种类和币种进行明细核算。

2. “长期借款”账户

“长期借款”账户属于负债类账户，贷方登记借入的本金、转销的利息差额，借方登记偿还的本金及取得借款时实收金额和借款本金的差额，期末贷方余额反映企业尚未偿还的长期借款。该账户按贷款单位和贷款种类，分别设“本金”“利息调整”“应计利息”等明细账户进行明细核算。

“短期借款”与“长期借款”都属于负债类。但“短期借款”账户只记借款本金不记利息，而“长期借款”账户不仅记借款本金还记利息。

3. “应付利息”账户

“应付利息”账户属于负债类账户，主要核算企业按照合同约定应支付的利息，包括预提短期借款利息、分期付息到期还本的长期借款、企业债券等应支付的利息。贷方登记按合同约定计算的当期发生的应付未付利息，借方登记实际支付的利息，期末贷方余额，反映企业应付未付的利息。该账户一般应按照债权人设置明细账户进行明细核算。

**课程思政案例**

### 警惕校园贷

20×1 年 9 月正值开学季，西华师范大学的大一新生小王因日常开销超支，正苦于无钱周转。正当小王一筹莫展的时候，一位微信备注名为“顾某”的陌生人请求添加小王为好友，“顾某”告诉小王，自己是上海一从事贷款业务的人员，系专门帮助学生网贷的“推荐人”。

顾某可谓是小王的及时雨。在向小王询问了其学生身份和还款能力后，便将小王推荐给从事网贷业务的夏某某。在与夏某某的联系过程中，夏某某对小王身份进行了“审核”，并以周息 30% 的高额利息，先后向小王发放了“贷款”共计数万元。

小王“上钩”后，夏某某又以“催债”为由，迫使小王又向其推荐的陈某某、刘某某以高利息借钱的方式，以偿还其对小王的“债务”。从 20×1 年 9 月至 12 月，短短三个月的时间，小王的“贷款”总金额便以滚雪球方式迅速增长至 60 万元。其间，还有不少不明身份的人员到小王所在高校，以发放虚假传单、张贴“悬赏”告示等方式，对小王进行诽谤、讨债，甚至直接到小王寝室搜寻其下落，不仅让小王终日处于担惊受怕状态，还严重扰乱了高校师生的正常学习生活秩序。20×2 年 4 月 11 日，因实在无法忍受非法放贷人员一而再、再而三的骚扰和侮辱，小王痛下决心，回到南充向公安机关报案寻求帮助。

南充市公安局在接到小王报案后，立即对小王陈述的案情进行分析研判，同年 4 月 16 日，南充市公安局对小王被诈骗案进行立案侦查，并立即启动对犯罪嫌疑人夏某某、陈某某、刘某某三人的抓捕行动。同年 5 月 3 日，南充市公安局侦查人员在泸州市叙永县某酒店内将夏某某、陈某某抓获；5 月 9 日，刘某某在淮南市抓获。

问题：校园贷有哪些危害？如何防范校园贷？

分析提示：党的二十大报告提出，要深化金融体制改革，建设现代中央银行制度，加强和完善现代金融监管，强化金融稳定保障体系，依法将各类金融活动全部纳入监管，守住不发生系统性风险底线。

校园贷的主要危害有：一是信息审核不严，存在高利率、高违约金的现象。大多数学生选择校园贷的根本原因就是其门槛低，手续方便。据相关统计，纯学生网贷平台年化借款利率普遍在10%～25%，多数产品的年化利率在20%以上，远远高于普通的银行信贷利率。二是部分网贷平台“以贷生贷、借贷养贷”，拆东墙补西墙，进而致使债务雪球越滚越大。三是暴力催收，侵害学生人格尊严，某些校园贷逼债方式，已经严重超出合法范畴。

针对校园贷，学生一是要学习金融贷款知识，增强防范意识。不要被校园贷标榜的“低利率、低风险”冲昏头脑。同时谨慎通过校园贷做生意、炒股，这种贷款不但给自己增加压力，一旦生意出现意外则得不偿失。二是要树立正确消费观，避免攀比和盲目从众。现阶段大多数学生还无法实现经济独立，更要树立正确的消费观，避免攀比和盲从，合理理性消费既能减轻家庭负担，培养自己理财意识，又能避免过度的资金需求。若是遇到校园贷等金融陷阱，务必在第一时间向自己的老师或家人求助并报警，要学会运用法律的武器来保护自己的权利。时刻牢记“三不要”，即不要沾惹“不良校园贷”，不要“非理性”消费，不要采取“极端”解决办法。

一个人有没有理财意识和能力，是“财商”的重要体现。“财商”并非天生就有，离不开有益的教育，更是抵制攀比消费的法宝。对大学生来说，首先，要找准自身定位，消费不能替代学业、攀比无助进步，需要提倡节俭节约风尚；其次，合理规避风险，以“能承担、减轻家庭负担”为消费原则，拒绝盲目跟风；最后，提高金融、消费领域的敏锐性，既不回避新生经济事物，也要有相应的风险意识。

### （二）核算内容

1. 借入短期借款

借：银行存款　　　　　　　　（按照实际收到的借款额）

　　贷：短期借款　　　　　　　（按照实际收到的借款额）

2. 借入长期借款

借：银行存款　　　　　　　　（按照实际收到的借款额）

　　贷：长期借款——本金　　　（按照借款合同约定的借款额）

**业务办理1　取得借款业务的核算**

**【引例分析1－5】**

微课：短期借款业务的核算

### 操作指导

**步骤1**：根据【项目引例】业务1－4，会计收到如图1－10所示的原始单据。

**步骤2**：2023年5月15日，会计收到农行贷款凭证及进账单，编制记账凭证。

借：银行存款　　　　　　　　200 000

　　贷：短期借款——农业银行　　　　200 000

**步骤3**：会计在上述业务日期，根据审核过的记账凭证登记总账和明细账，出纳登记银行存款日记账。

## 中国农业银行　贷款凭证

编号：第26号　　　　　　　　　　　　贷款日期：2023年4月01日

| | | | | | |
|---|---|---|---|---|---|
| 借款单位名称 | 番来顺机械有限责任公司 | 存款账号 | 955901234619 | 贷款账号 | 955988233301 |
| 借款金额（大写） | 人民币贰拾万元整 | | | 千百十万千百十元角分 | ¥200000.00 |
| 贷款用途 | 生产经营周转 | 贷款利率（月息） | 0.5‰ | 到期时间 | 2023年9月30日 |

| 分次偿还借款记录 | | | 上列款项已核准并转入指定账户 |
|---|---|---|---|
| 偿还日期 | 偿还金额 | 结欠金额 | 中国农业银行 番禺支行 转讫 |
| | | | |
| | | | |
| | | | （银行签章） |

⑤给企业回单

图1－10　贷款凭证

**【引例分析1－6】**

## 操作指导

**步骤1**：根据【项目引例】业务1－5，会计收到以下的原始单据（见图1－11）：

## 借款借据（收账通知）

借款日期：2023年07月01日　　　　　　　　借据编号：201837

| | | | | | |
|---|---|---|---|---|---|
| 收款单位 | 名　称 | 番来顺机械有限责任公司 | 付款单位 | 名　称 | 工行天河支行 |
| | 开户账号 | 432001260004619 | | 放款户账号 | 4500202090220001 |
| | 开户银行 | 工行番禺支行 | | 开户银行 | 工行天河支行 |
| 借款金额 | 人民币（大写）贰佰万元整 | | | 千百十万千百十元角分 | ¥2000000.00 |
| 借款原因及用途 | 款项用于建造二期厂房 | | 借款期限 | 2023年7月1日—2026年6月30日 | |
| 你单位上列借款，已转入你单位结算户内。此致 工商银行天河支行 业务专用章（银行盖章） | | | 备注：执行利率：年利率9% 结息方式：半年 | | |

此联退还借款单位

图1－11　借款借据（收账通知）

**步骤2**：2023年7月1日，会计收到工行借款借据，编制记账凭证。

借：银行存款　　　　　　　　　　　2 000 000

　　贷：长期借款——工商银行　　　　　　2 000 000

**步骤 3**：会计在上述业务日期，根据审核过的记账凭证登记总账和明细账，出纳登记银行存款日记账。

### 业务办理 2　计提利息业务的核算

**【引例分析 1－7】**

根据【项目引例】业务 1－4，会计收到如图 1－12、图 1－13 所示的凭证（仅示例 4 月份，其他月份略）。

中国农业银行　银行利息凭证
AGRICULTURAL BANK OF CHINA

户名：番来顺机械有限责任公司　　2023年04月30日　　账号：432001230004619

| 起息日 | 结算日 | 天数 | 积数 | | | | | | | | | | 利率 | 利息 | | | | | | | | | |
|---|---|---|---|---|---|---|---|---|---|---|---|---|---|---|---|---|---|---|---|---|---|---|---|
| | | | 千 | 百 | 十 | 万 | 千 | 百 | 十 | 元 | 角 | 分 | | 千 | 百 | 十 | 万 | 千 | 百 | 十 | 元 | 角 | 分 |
| 2023.04.01 | 2022.04.30 | 30 | | ¥ | 2 | 0 | 0 | 0 | 0 | 0 | 0 | 0 | 0.5% | | | | ¥ | 1 | 0 | 0 | 0 | 0 | 0 |
| | | | | | | | | | | | | | | | | | | | | | | | |
| | | | | | | | | | | | | | | | | | | | | | | | |
| 本金 | 200000 | | | | | | | | | | | | 利息合计 | | | | ¥ | 1 | 0 | 0 | 0 | 0 | 0 |
| 本息合计 | 201000 | | | | | | | | | | | | | | | | | | | | | | |
| （银行盖章） | | | | | | | | | | | | | | | | | | | | | | | |

中国农业银行 番禺支行 转讫

第三联 回单联

**图 1－12　银行利息凭证**

根据【项目引例】业务 1－5，会计收到如下凭证（仅示例 7 月份，其他月份略）：

中国工商银行存（贷）款利息通知单

| 借方 | 户名 | 工行天河支行 | | | 贷方 | 户名 | 番来顺机械有限责任公司 |
|---|---|---|---|---|---|---|---|
| | 账号 | 1500202090220001 | | | | 账号 | 432001230004619 |
| 实收（付）金额 | | | | | 计息户名称 | | |
| 备注 | 起息日期 | 止息日期 | 积数/息余 | | 利率 | 利息 | |
| | 2023.07.01 | 2023.07.31 | 2000000 | | 0.75% | 15000 | |
| | 调整利息： | | | | 冲正利息： | | |
| | 应收（付）利息金额：15000 | | | | | | |

工商银行天河支行 业务专用章

银行章

**图 1－13　银行（贷）款利息通知单**

同时，会计在月末自行编制了“短期借款利息计算表”（见表 1－5，仅示例 4 月份，其他月份略）和“长期借款利息计算表”（见表 1－6，仅示例 7 月份，其他月份略），并于付息日收到利息通知单。

**表 1－5**　　**短期借款利息计算表**

2023 年 4 月 30 日　　金额单位：元

| 贷款银行 | 贷款期限 | 贷款金额 | 年利率 | 计息天数 | 本月利息 |
|---|---|---|---|---|---|
| 农业银行 | 3 个月 | 200 000 | 6% | 30 天 | 1 000 |
| 合计 | — | 200 000 | — | — | 1 000 |

审批：柯暮生　　制单：李景明

**表 1－6**　　**长期借款利息计算表**

2023 年 7 月 31 日　　金额单位：元

| 贷款银行 | 贷款期限 | 贷款金额 | 年利率 | 计息天数 | 本月利息 |
|---|---|---|---|---|---|
| 工商银行 | 36 个月 | 2 000 000 | 9% | 31 天 | 15 000 |
| 合计 | — | 2 000 000 | — | — | 15 000 |

审批：柯暮生　　制单：李景明

## 操作指导

### 一、借款利息的计算

借款利息等于本金、借款利率与借款期限的乘积。在计算时要注意指标口径的一致性，如借款利率为年利率的，则借款期限应以年为单位。

借款利息＝借款本金×借款利率×借款期限

视频：银行贷款利息怎么算

### 二、借款利息的会计处理

企业借入短期借款应支付利息，如果借款利息是按期支付的，如按季度支付利息，或者利息是在借款到期时连同本金一起归还，并且其数额较大的，企业于月末应采用预提方式进行借款利息的核算；如果企业的借款利息是按月支付的，或者在借款到期时连同本金一起归还，数额不大的可以不采用预提的方法，而在实际支付或者收到银行的计息通知时，直接计入当期损益。

企业借入长期借款利息的处理应按不同方式处理：如果是分期付息、到期还本的情况下，计提利息通过“应付利息”核算；如果是到期一次还本付息的情况下，计提利息通过“长期借款——应计利息”核算。

#### （一）短期借款利息会计处理

计提利息时：

借：财务费用　　（按照本金×借款利率×借款期限）

贷：应付利息　　（按照本金×借款利率×借款期限）

支付利息时：

借：应付利息　　（按照所计提的利息）

贷：银行存款　　（按实际支付的利息）

### （二）长期借款利息会计处理

微课：长期借款业务的核算

1. 分期付息、到期还本的借款

计提利息时：

借：在建工程/制造费用/财务费用等

（按照本金×借款利率×借款期限）

贷：应付利息　　（按照本金×借款利率×借款期限）

支付利息时：

借：应付利息　　（按照所计提的利息）

贷：银行存款　　（按实际支付的利息）

2. 到期一次还本付息的借款

计提利息时：

借：在建工程/制造费用/财务费用等

（按照本金×借款利率×借款期限）

贷：长期借款——应计利息　　（按照本金×借款利率×借款期限）

支付利息时：

借：长期借款——应计利息　　（按照所计提的利息）

贷：银行存款　　（按实际支付的利息）

本引例中，借入的短期借款利息是按季度支付，需要计提的利息通过“应付利息”账户核算；借入的长期借款是分期付息、到期还本的，因此计提的利息通过“应付利息”账户核算。

**步骤1**：根据【项目引例】业务1－4，2023年4月30日，会计自制“短期借款利息计算表”（见表1－5），并编制记账凭证。

借：财务费用　　1 000

贷：应付利息　　1 000

本月应计提的利息金额＝200 000.00×6%÷12＝1 000（元）

5月末计提5月份利息费用的处理与4月份相同；6月末支付第二季度利息时，应做会计处理如下：

借：财务费用　　1 000

应付利息　　2 000

贷：银行存款　　3 000

其中财务费用是6月份的利息，而应付利息2 000元是4月份和5月份的利息之和。

7月、8月利息费用的处理与4月份相同，9月利息费用的处理与6月份相同。

根据【项目引例】业务 1－5，2023 年 7 月 31 日，会计自制“长期借款利息计算表”（见表 1－6），并编制记账凭证。

借：财务费用　　15 000

　　贷：应付利息　　15 000

8 月至 11 月计提利息费用的处理与 7 月份相同；12 月末支付第二季度利息时，应做会计处理如下：

借：财务费用　　15 000

　　应付利息　　75 000

　　贷：银行存款　　90 000

其中财务费用是 12 月份的利息，而应付利息 75 000 元是 7 月至 11 月份的利息之和。

**步骤 2**：会计分别在上述业务日期，根据审核过的记账凭证登记总账和明细账，出纳登记银行存款日记账。

### 业务办理 3　归还借款业务的核算

**【引例分析 1－8】**

根据【项目引例】业务 1－4 和业务 1－5，会计收到短期借款还款凭证（见图 1－14）和长期借款还款凭证（见图 1－15）。

中国农业银行　还款凭证
AGRICULTURAL BANK OF CHINA

收款日期：2023年09月30日　　序号：

| | | | |
|---|---|---|---|
| 还款人 | 番来顺机械有限责任公司 | 贷款人 | 农业银行番禺支行 |
| 存款账号 | 955901234619 | 贷款账号 | 955988233301 |
| 开户银行 | 农业银行番禺支行 | 开户银行 | 农业银行番禺支行 |
| 本息合计币种（大写） | 人民币贰拾万陆仟元整 | | 亿 千 百 十 万 千 百 十 元 角 分<br>¥ 2 0 6 0 0 0 0 0 |

| 亿 | 千 | 百 | 十 | 万 | 千 | 百 | 十 | 元 | 角 | 分 |
|---|---|---|---|---|---|---|---|---|---|---|
| | | ¥ | 2 | 0 | 6 | 0 | 0 | 0 | 0 | 0 |

收回 2023 年 04 月 01 日发放 2023 年 09 月 30 日到期的贷款

本金 200000　　利息：6000

该笔贷款尚欠本金：　　利息：

上述还贷款项我行已收妥

（银行业务公章）

中国农业银行番禺支行 业务专用章

第一联 债务人还贷回单

制票：张雄　　复核：刘宇

**图 1－14　短期借款还款凭证**

中国工商银行　还款凭证

2026年06月30日　　　　序号：

| 还款人 | 番来顺机械有限责任公司 | 贷款人 | 工行天河支行 |
|---|---|---|---|
| 存款账号 | 432001230004619 | 贷款账号 | 1500202090220001 |
| 本息合计币种（大写） | 人民币贰佰伍拾肆万元整 | 亿 千 百 十 万 千 百 十 元 角 分 | ¥ 2 5 4 0 0 0 0 0 0 |

收回2023年07月01日发放，2026年06月30日到期的贷款

本金：2000000　　利息：540000

该笔贷款尚欠本金：　　利息：

上述还贷款项我行已收妥

（银行业务公章）

工商银行天河支行 业务专用章

第一联 债务还贷回单

制票：陈海　　复核：刘星

**图 1－15　长期借款还款凭证**

## 操作指导

借款到期时，应及时归还，不同借款方式的会计处理如下：

1. 分期付息、到期还本借款的偿还

借：短期借款/长期借款　　（按照实际归还的借款本金）

　贷：银行存款　　（按照实际归还的借款本息）

2. 到期一次还本付息长期借款的偿还

借：长期借款——本金　　（按照实际归还的长期借款本金）

　　　　——应计利息　　（借款存续期内所计提的全部利息）

　贷：银行存款　　（按照实际归还的借款本息）

**步骤 1**：根据【项目引例】业务 1－4，2023 年 9 月 30 日，会计收到农行还款凭证，编制记账凭证。

借：短期借款——农业银行　　200 000

　　应付利息——农业银行　　3 000

　贷：银行存款——农业银行　　203 000

根据【项目引例】业务 1－5，2026 年 6 月 30 日，会计收到工行还款凭证，编制记账凭证。

借：长期借款——工商银行　　2 000 000

　　应付利息——工商银行　　90 000

　贷：银行存款——工商银行　　2 090 000

**步骤 2**：会计分别在上述业务日期，根据审核过的记账凭证登记总账和明细账，出纳登记银行存款日记账。

# 模块三　企业开办费用业务的核算

## 任务描述

能够准确判断开办费用属于资本性支出还是费用性支出，独立进行相应账务处理。

## 业务流程

业务流程如图 1－16 所示。

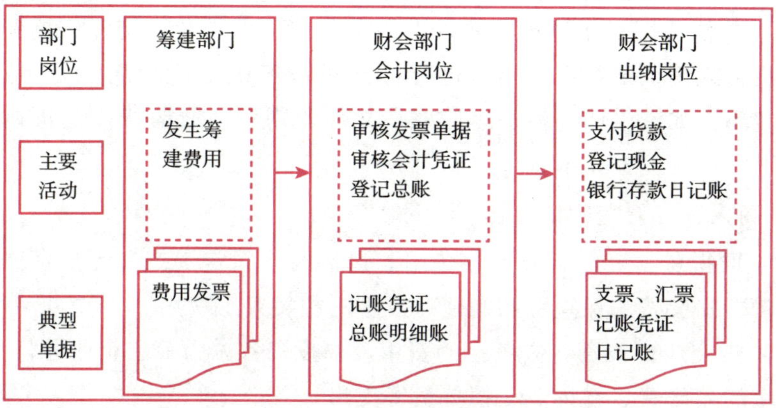


**图 1－16　业务流程**

## 知识准备

### 一、筹建期的界定

筹建期是指企业被批准筹建之日起至开始生产、经营（包括试生产、试营业）之日的期间。以上“被批准筹办之日”，是指企业签订的投资协议和合同之日；对于需要前置审批的企业则指的是投资协议、合同被政府部门批准之日。“开始生产、经营（包括试生产）之日”，是指从企业设备开始运作，开始投料制造产品或卖出第一宗商品之日起，为企业筹建期间结束。

### 二、开办费的内容

企业从筹备、征地建厂到开始投产的时间短则数月，长则数年。企业筹建期间，会发生各种费用支出。一般而言，除购建固定资产、无形资产等资本性支出外，筹建期间所发生的其他费用性支出应确认为开办费。筹建期间发生的费用部分可以计入开办费用，部分则不可以计入。

### （一）开办费的具体内容

动画：开办费

（1）筹建人员开支的费用。具体包括筹办人员的工资奖金等工资性支出、职工福利、社会保险、住房公积金、差旅费，以及在筹建期间发生的董事会费和联合委员会费等。

（2）企业登记、公证的费用。主要包括工商登记费、验资费、税务登记费、公证费等。

（3）筹措资本的费用。主要是指筹资支付的手续费以及不计入固定资产和无形资产的汇兑损益和利息等。

（4）人员培训费。引进设备和技术需要消化吸收，选派一些职工在筹建期间外出进修学习的费用；聘请专家进行技术指导和培训的劳务费及相关费用。

（5）企业筹建期间资产的折旧、摊销、报废和毁损。

（6）其他费用。如筹建期间发生的办公费、广告费、交际应酬费；印花税；经投资人确认由企业负担的进行可行性研究所发生的费用；其他与筹建有关的费用，如资讯调查费、诉讼费、文件印刷费、通信费以及庆典礼品费等支出。

### （二）不列入开办费范围的支出

（1）取得各项资产所发生的费用。包括购建固定资产和无形资产而支付的运输费、安装费、保险费和购建时发生的相关人工费用。

（2）规定应由投资各方负担的费用。如投资各方为筹建企业进行了调查、洽谈发生的差旅费、咨询费、招待费等支出。

（3）为培训职工而购建的固定资产、无形资产等支出不得列作开办费。

（4）投资方因投入资本自行筹措款项所支付的利息，应由出资方自行负担。

（5）以外币现金存入银行而支付的手续费，该费用应由投资者负担。

## 三、开办费的会计核算

### （一）核算账户设置

核算开办费主要涉及“管理费用”“库存现金”“银行存款”“预付账款”“应付账款”“累计折旧”“累计摊销”等账户。

（1）“管理费用”账户属于损益类账户，用于核算组织和管理企业生产经营所发生的管理费用。该账户借方登记发生的各项管理费用，贷方登记期末转入“本年利润”账户的管理费用，本账户期末结转后余额为零，应按费用项目设置明细账户。商品流通企业管理费用不多的，可不设本账户，相关核算内容可并入“销售费用”账户核算。

（2）“库存现金”账户属于资产类账户，借方反映企业库存现金的增加，贷方反映企业库存现金的减少，余额在借方，反映期末企业持有的库存现金的余额。

（3）“银行存款”账户属于资产类账户，核算企业存入银行或其他金融机构的款项，借方登记银行存款的增加，贷方登记银行存款的减少，期末余额在借方，反映期末企业实际持有的银行存款的余额。

（4）“预付账款”账户属于资产类账户，核算企业按照合同规定预付的款项，借方登记企业向供货商预付的款项及补付的款项，贷方登记企业收到所购物品应结转的金额及收回多付款项的金额，期末借方余额，反映企业实际预付的款项；期末如为贷方余额，反映企业应付或应补付的款项。

（5）“应付账款”属于负债类账户，核算企业因购买商品、材料和接受劳务等经营活动应支付的款项。该账户借方登记应付账款的减少，贷方登记应付账款的增加，期末贷方余额，反映企业尚未支付的应付账款余额。本账户可按债权人设置明细账户进行明细核算。

微课：企业开办费用业务的核算

（6）“累计折旧”账户属于资产类账户，是固定资产的备抵调整账户，核算企业固定资产的累计折旧，贷方登记企业计提的固定资产折旧，借方登记处置固定资产转出的累计折旧，期末余额在贷方，反映企业固定资产的累计折旧额。

（7）“累计摊销”账户属于资产类账户，是无形资产的备抵调整账户，核算企业对使用寿命有限的无形资产计提的累计摊销，贷方登记企业计提的无形资产摊销，借方登记转销无形资产的累计摊销，比如处置无形资产，期末贷方余额，反映企业无形资产的累计摊销额。

### （二）核算内容

1. 以现金支付的开办费

企业在筹建期间内发生的以现金支付的开办费，包括人员工资、办公费、培训费、差旅费、印刷费、注册登记费以及不计入固定资产价值的借款费用等。发生此类开办费，应按支付的现金，借记“管理费用——开办费”账户，贷记“库存现金”账户。

2. 非付现的开办费

企业在筹建期间内发生的非付现的开办费主要指的是筹建期间固定资产折旧、无形资产摊销。发生此类开办费，应按计提的固定资产累计折旧或无形资产摊销额，借记“管理费用——开办费”账户，贷记“累计折旧”账户或“累计摊销”账户。

## 业务办理1　付现开办费的核算

**【引例分析1-9】**

### 操作指导

根据【项目引例】业务1-6可知：由于番来顺机械有限责任公司2023年4月1日正式投产，因此3月份属于筹建期间，筹建期间发生的归属于当期的费用直接列入“管理费用”。2006年颁布的会计准则，改变了过去将开办费作为资产处理的做法。开办费不再是“长期待摊费用”或“递延资产”，而是直接将它费用化。

此笔交易由于金额比较小，没有达到资本化的标准，故会计在账务处理时，可以将其作为开办期间的费用处理。

**步骤1：** 会计审核业务员提交的费用报销审批单（见表1－7）及收据（见图1－17），填制记账凭证。

**步骤2：** 出纳员根据会计填制的记账凭证，支付给业务员159元现金。

**表1－7**　**费用报销审批单**

报销部门：业务部　　2023年03月12日

| 用途 | 金额（元） | 备注 | |
|---|---|---|---|
| 印刷费 | 159 | | |
| | | 领导审批：张天阳 | |
| | | | |
| | | | |
| 合计： | 159 | | |
| 金额（大写）：人民币壹佰伍拾玖元整 | 原借款 0元 | 应退余款159元 | |

账务主管：张一帆　　复核：张明　　出纳：林添　　报销人：黄晓华　　领款人：黄晓华

2856034916　　**广东省增值税普通发票**　　No20210721　　2856034916 20210721

广东

机械编号：682300169321　　**发票联**

开票日期：2023年4月8日

国税函（2014）257号浙江印钞厂

| | | | | | | | |
|---|---|---|---|---|---|---|---|
| 购买方 | 名　称：番来顺机械有限责任公司<br>纳税人识别号：914018579362578432M<br>地址、电话：广州市番禺区沙湾大道218号020-34833226<br>开户行及账号：工行广州番禺支行432001260004619 | | | 密码区 | 67/*+3*0/611*++0/+0*/*+3+2/9<br>*11*+66666**066611*+66666*<br>1**+216***6000*261*2*4/*547<br>203994+-42*64151*6915361/3* | | |
| 货物或应税劳务、服务名称 | 规格型号 | 单位 | 数量 | 单价 | 金额 | 税率 | 税额 |
| *印刷*复印 | | | 1 | 150 | 150.00 | 6% | 9 |
| 合　计 | | | | | ¥150 | | ¥9 |
| 价税合计（大写） | ⊗壹佰伍拾玖元整 | | | | （小写）¥159.00 | | |
| 销售方 | 名　称：番禺财丰图文印刷有限责任公司<br>纳税人识别号：9158032568913240321T<br>地址、电话：广州市番禺区亚运大道912号 020-84736021<br>开户行及账号：工行广州番禺支行 432001321690214588 | | | 备注 | 广州番禺财丰图文印刷有限责任公司 9158032568913240321T 发票专用章 | | |

收款人：李华　　复核：张雄　　开票人：黄斌　　销售方：

第二联：发票联　购买方记账凭证

**图1－17　增值税普通发票**

**步骤3**：会计将相关人员在记账凭证上签章的记账凭证交财务主管核准，记账凭证如表1－8所示。

**表1－8**

**记账凭证**

2023年03月12日　　　　记字第6号

| 摘要 | 总账科目 | 明细科目 | 借方金额 | | | | | | | | | | | 贷方金额 | | | | | | | | | | | |
|---|---|---|---|---|---|---|---|---|---|---|---|---|---|---|---|---|---|---|---|---|---|---|---|---|---|
| | | | 亿 | 千 | 百 | 十 | 万 | 千 | 百 | 十 | 元 | 角 | 分 | 亿 | 千 | 百 | 十 | 万 | 千 | 百 | 十 | 元 | 角 | 分 | |
| 支付印刷费 | 管理费用 | 印刷费 | | | | | | | 1 | 5 | 9 | 0 | 0 | | | | | | | | | | | | 附单据2张 |
| | 库存现金 | | | | | | | | | | | | | | | | | | | 1 | 5 | 9 | 0 | 0 | |
| | | | | | | | | | | | | | | | | | | | | | | | | | |
| 合计 | | | | | | | | ¥ | 1 | 5 | 9 | 0 | 0 | | | | | | ¥ | 1 | 5 | 9 | 0 | 0 | |

财务主管 张一帆　　记账 陈强　　出纳 林添　　审核 柯暮生　　制单 李景明

**步骤4**：会计根据审核后的记账凭证登记“管理费用”总账及明细账；出纳登记“库存现金”日记账。① 管理费用总账如表1－9所示。

**表1－9**

**管理费用总账**

科目：管理费用

| 2023年 | | 凭证 | | 摘要 | 对方科目 | 借方 | | | | | | | | | | 贷方 | | | | | | | | | | 借或贷 | 余额 | | | | | | | | | |
|---|---|---|---|---|---|---|---|---|---|---|---|---|---|---|---|---|---|---|---|---|---|---|---|---|---|---|---|---|---|---|---|---|---|---|---|---|
| 月 | 日 | 种类 | 号数 | | | 千 | 百 | 十 | 万 | 千 | 百 | 十 | 元 | 角 | 分 | 千 | 百 | 十 | 万 | 千 | 百 | 十 | 元 | 角 | 分 | | 千 | 百 | 十 | 万 | 千 | 百 | 十 | 元 | 角 | 分 |
| 3 | 1 | | | 期初余额 | | | | | | | | | | | | | | | | | | | | | | 借 | | | | 1 | 6 | 0 | 0 | 0 | 0 | 0 |
| 3 | 12 | 记 | 6 | 支付印刷费 | 库存现金 | | | | | | 1 | 5 | 9 | 0 | 0 | | | | | | | | | | | 借 | | | | 1 | 6 | 1 | 5 | 9 | 0 | 0 |
| | | | | | | | | | | | | | | | | | | | | | | | | | | | | | | | | | | | | |
| | | | | | | | | | | | | | | | | | | | | | | | | | | | | | | | | | | | | |
| | | | | | | | | | | | | | | | | | | | | | | | | | | | | | | | | | | | | |

**【引例分析1－10】**

## 操作指导

根据【项目引例】业务1－7可知：由于番来顺机械有限责任公司2023年4月1日正式投产，因此3月份属于筹建期间，筹建期间发生的归属于当期的费用直接列入“管理费用”账户。企业发生的注册公司所需的刻章费应作为开办费，按支付的现金，记入“管理费用——开办费”账户中进行核算。

**步骤1**：会计审核相关单位返回的刻章费业务单据，审核通过后交由财务主管核准。

**步骤2**：出纳员以库存现金支付给行政管理部报销人员。

**步骤3**：会计根据以上单据编制记账凭证。

借：管理费用——开办费　　300

　　贷：库存现金　　300

**步骤4**：会计根据审核后的记账凭证登记“管理费用”总账及明细账；出纳登记“库存现金”日记账。

---

① 本业务中假定企业采用的是记账凭证账务处理程序。在实际工作中，企业更多可能是采用汇总记账凭证账务处理程序或科目汇总表账务处理程序，因此登记总账时未必都是逐笔登记。

## 业务办理 2 非付现开办费的核算

**【引例分析 1－11】**

### 操作指导

根据【项目引例】业务 1－8 可知：番来顺机械有限责任公司购入的刨床属于不需要安装的固定资产。对于公司而言，3 月 17 日购入的刨床因为不需要安装，可以将其直接确认为一项固定资产，应记入“固定资产”账户；作为交易对价，番来顺机械有限责任公司开出商业承兑汇票，对公司而言形成了一项负债，应确认为“应付票据”；支付的价款中包含的增值税额可以抵扣，形成进项税额。此项交易将增加公司的固定资产，增加可抵扣的进项税额，同时增加基于票据的负债，因此，应借记“固定资产”“应交税费——应交增值税（进项税额）”账户，贷记“银行存款”账户。

同时，根据企业会计准则中关于固定资产折旧的规定，由于当月增加的固定资产，当月不计提折旧，从下个月起计提折旧；当月减少的固定资产，当月仍然计提折旧，从下个月起不计提折旧。由于番来顺机械有限责任公司 3 月 17 日购入固定资产刨床，因此 4 月份不计提折旧，从 5 月开始计提折旧，每月计提折旧的金额为 240 000 ÷ 10 ÷ 12 = 2 000（元）。

**步骤 1：** 会计审核业务单位送交的请购单（略）、发票（见图 1－18）等业务单据，审核通过后交由财务主管核准。

2162520326 广东省增值税专用发票 No 28160383 2162520326 28160383

发票联

开票日期：2023年3月17日

| | | | |
|---|---|---|---|
| 购买方 | 名　　称：番来顺机械有限责任公司<br>纳税人识别号：91401857936257843 2M<br>地 址 、电 话：广州市番禺区沙湾大道218号020-34833226<br>开户行及账号：工行广州番禺支行432001260004619 | 密码区 | 67/*+3*0/611*++0/0+0*/*+3+2/9<br>*11*+66666**066611*+66666*<br>1**+216***6000*261*2*4/*547<br>203994+-42*64151*6915361/3* |

| 货物或应税劳务、服务名称 | 规格型号 | 单位 | 数量 | 单价 | 金额 | 税率 | 税额 |
|---|---|---|---|---|---|---|---|
| *机床*刨床 | | 台 | 1 | 240000 | 240000.00 | 13% | 31200 |
| 合　　计 | | | | | ¥240000 | | ¥31200 |
| 价税合计（大写） | ⊗贰拾柒万壹仟贰佰元整 | | | | （小写）¥271200.00 | | |

| | | | |
|---|---|---|---|
| 销货方 | 名　　称：全兴机电有限责任公司<br>纳税人识别号：914362359923162M<br>地 址 、电 话：广州市番禺区沙湾产业园1栋 020-34832086<br>开户行及账号：农行广州番禺支行 955901233824 | 备注 | 全兴机电有限责任公司<br>914362359923162M<br>发票专用章 |

收款人：张琳　　复核：林华　　开票人：陈天一　　销售方：

国税函（2014）257号浙江印钞厂

第三联：发票联 购买方记账凭证

图 1－18 增值税专用发票

**步骤2**：出纳员填写商业承兑汇票（见图1－19），并将汇票正本交全兴公司；出纳填写电汇凭证，到银行办理付款。

商业承兑汇票　　2　　$\frac{A}{0}\frac{A}{1}$ 00006666

出票日期（大写）　贰零贰叁年零叁月壹拾柒日

| | | | | | | | | | | | | | | | | | |
|---|---|---|---|---|---|---|---|---|---|---|---|---|---|---|---|---|---|
| 付款人 | 全　称 | 番来顺机械有限责任公司 | | 收款人 | 全　称 | 全兴机电有限责任公司 | | | | | | | | | | | |
| | 账　号 | 432001260004619 | | | 账　号 | 680723001572034 | | | | | | | | | | | |
| | 开户银行 | 工行番禺支行 | | | 开户银行 | 建行白云支行 | | | | | | | | | | | |
| 出票金额 | | 人民币：（大写）人民币贰拾柒万壹仟贰佰元整 | | | | | 亿 | 千 | 百 | 十 | 万 | 千 | 百 | 十 | 元 | 角 | 分 |
| | | | | | | | | | ¥ | 2 | 7 | 1 | 2 | 0 | 0 | 0 | 0 |
| 汇票到期日（大写） | | 贰零贰叁年零捌月壹拾柒日 | 付款人开户行 | | 行号 | AAA-678-020 | | | | | | | | | | | |
| 交易合同号码 | | 合同号120-232-5678 | | | 地址 | 广州市番禺区沙湾大道218号 | | | | | | | | | | | |
| 本汇票已经承兑，到期无条件支付票款。（印章：全兴机电有限责任公司财务专用章；英黄印海）承兑人签章　承兑日期　年　月　日 | | | | 本汇票请予以承兑于到期日付款。（印章：全兴机电有限责任公司财务专用章；英黄印海）出票人签章 | | | | | | | | | | | | | |

此联持票人开户行随托收凭证寄付款人开户行作借方凭证附件

**图1－19　商业承兑汇票**

**步骤3**：会计根据费用报销单、电汇回单以及商业承兑汇票存根等单据编制记账凭证，相关人员签章后交财务主管核准。3月17日，购入需要安装的刨床的会计处理如下：

借：固定资产——刨床安装工程　　240 000

　　应交税费——应交增值税（进项税额）　　31 200

　　贷：应付票据——商业承兑汇票（全兴公司）　　271 200

4月30日计提固定资产折旧，会计处理如下：

借：管理费用——开办费　　2 000

　　贷：累计折旧　　2 000

**步骤4**：根据审核后的凭证，会计据以登记"固定资产""应交税费""应付票据""管理费用""累计折旧"总账及明细账。

**【引例分析1－12】**

## 操作指导

根据【项目引例】业务1－9可知：番来顺机械有限责任公司购入的专利属于无形资产，应记入"无形资产"账户；支付的价款中包含的增值税额可以抵扣，形成进项税额；作为交易对价，公司用银行存款进行支付，应确认为“银行存款”账户。此项交易将增加公司的无形资产，增加可抵扣的进项税额，同时使银行存款这项资产减少，因此，应借记“无形资产”“应交税费——应交增值税（进项税额）”账户，贷记“银行存款”账户。

同时，根据《企业会计准则》的规定，无形资产的摊销时间自其可供使用时开始至终止确认时终止，取得当月起在预计使用年限内系统合理摊销，处置无形资产的当月不再摊销。即当月增加的无形资产，当月开始摊销；当月减少的无形资产，当月不再摊销。由于番来顺机械有限责任公司3月20日购入专利，因此3月份应进行摊销，每月摊销的金额为60 000 ÷ 5 ÷ 12 = 1 000（元）。

**步骤1**：会计审核业务单位送交的请购单、发票等业务单据，审核通过后交由财务主管核准。

**步骤2**：出纳员到银行办理付款。

**步骤3**：会计根据费用报销单、电汇回单以及商业承兑汇票存根等单据编制记账凭证，相关人员签章后交财务主管核准。3月20日购入专利的会计处理如下：

借：无形资产——专利　　60 000
　　应交税费——应交增值税（进项税额）　　3 600
　　贷：银行存款　　63 600

3月31日计提无形资产摊销时的会计处理如下：

借：管理费用——开办费　　1 000
　　贷：累计摊销　　1 000

**步骤4**：根据审核后的凭证，会计据以登记“无形资产”“应交税费”“银行存款”“管理费用”“累计摊销”总账及明细账。

## 任务训练

**一、单项选择题**

1. 甲公司初始设立时收到乙公司作为资本投入的一项非专利技术，合同约定的价值与公允价值相同，均为50 000元，经税务机关认证的增值税进项税额为3 000元（由投资方支付税款，并开具增值税专用发票）。乙公司投资额未超过其在甲公司注册资本中所占的份额。不考虑其他因素，甲公司应确认的实收资本金额为（　　）元。

A. 47 000　　B. 53 000　　C. 50 000　　D. 3 000

2. 企业接受新投资者投资时其实际缴纳的出资额大于其所享有注册资本所占份额的部分应计入（　　）。

A. 资本公积——其他资本公积　　B. 资本公积——资本溢价

C. 实收资本　　D. 营业外收入

3. A有限责任公司由两位投资者各出资300万元成立，两年后为了扩大生产经营，将实收资本增加到900万元，并吸收第三位投资者加入，按照协议规定，新投资者需要缴纳资金400万元，同时享有A公司1/3的股份，下列关于A公司吸收第三位投资者加入的会计分录中，正确的是（　　）。

A. 借：银行存款　400
　　贷：实收资本　400
B. 借：银行存款　400
　　贷：实收资本　100
　　　　资本公积——资本溢价　300
C. 借：银行存款　400
　　贷：实收资本　300
　　　　资本公积——资本溢价　100
D. 借：银行存款　400
　　贷：实收资本　300
　　　　营业外收入　100

4. 下列不属于实收资本增加途径的是（　　）。

A. 接受投资者追加投资　　B. 资本公积转增资本

C. 盈余公积转增资本　　D. 当期实现的净利润

5. 企业筹建期间发生的长期借款利息支出不能资本化的部分应该计入（　　）。

A. 财务费用　　B. 营业外收入

C. 管理费用　　D. 在建工程

6. 202×年9月1日，某企业向银行借入资金350万元用于生产经营，借款期限为3个月，年利率为6%，到期一次还本付息，利息按月计提，下列各项中，关于该借款相关账户的会计处理结果正确的是（　　）。

A. 借入款项时，借记“短期借款”账户350万元

B. 每月预提借款利息时，贷记“财务费用”账户5.25万元

C. 每月预提借款利息时，借记“应付利息”账户1.75万元

D. 借款到期归还本息时，贷记“银行存款”账户355.25万元

7. 202×年1月1日，某企业向银行借入资金600 000元，期限为6个月，年利率为5%，借款利息分月计提，季末交付，本金到期一次归还，下列各项中，202×年6月30日，该企业交付借款利息的会计处理正确的是（　　）。

A. 借：财务费用　5 000
　　　应付利息　2 500
　　贷：银行存款　7 500
B. 借：财务费用　7 500
　　贷：银行存款　7 500
C. 借：应付利息　5 000
　　贷：银行存款　5 000
D. 借：财务费用　2 500
　　　应付利息　5 000
　　贷：银行存款　7 500

8. 如果企业的短期借款利息是按月支付的，应在实际支付或收到银行的计息通知时，直接

计入当期损益，则下列账务处理中，正确的是（　　）。

A. 贷记“财务费用”账户

B. 借记“管理费用”账户

C. 贷记“应付利息”账户

D. 贷记“银行存款”账户

9. 下列各项中，应计入管理费用的是（　　）。

A. 筹建期间的开办费

B. 预提产品质量保证损失

C. 生产车间管理人员工资

D. 专设销售机构的固定资产修理费

**二、多项选择题**

1. 丁公司由甲、乙投资者分别出资100万元设立。为扩大经营规模，该公司的注册资本由200万元增加到250万元，丙企业以现金出资100万元享有公司20%的注册资本，不考虑其他因素，丁公司接受丙企业出资，相关会计处理结果正确的有（　　）。

A. 贷记“实收资本”账户100万元

B. 贷记“盈余公积”账户100万元

C. 贷记“资本公积”账户50万元

D. 借记“银行存款”账户100万元

2. 下列关于实收资本的表述中，正确的有（　　）。

A. 实收资本是企业按照章程规定或合同、协议约定，接受投资者投入企业的资本

B. 实收资本是企业的所有者权益类账户

C. 实收资本是指公司向登记机关登记的出资额

D. 实收资本的构成比例是企业进行利润或股利分配的主要依据

3. 下列各项说法中，正确的有（　　）。

A. 股东的股份比例是企业进行股利分配的主要依据

B. 股东可以用货币出资

C. 股东不可以用实物、知识产权、土地使用权等可以用货币估价并可以依法转让的非货币财产作价出资

D. 投资者投入的非现金资产，如果投资合同或协议约定的价值不公允，则按照公允价值入账

4. 下列关于实收资本的构成比例的说法中，正确的有（　　）。

A. 实收资本的构成比例即投资者的出资比例或股东的股份比例

B. 实收资本的构成比例是确定所有者在企业所有者权益中所占的份额和参与企业生产经营决策的基础

C. 实收资本的构成比例是企业进行利润分配或股利分配的依据

D. 实收资本的构成比例是确定所有者对净资产的要求权的依据

5. 下列关于制造业企业预提短期借款利息的会计处理中，正确的有（　　）。

A. 借记“财务费用”账户

B. 借记“制造费用”账户

C. 贷记“应付账款”账户

D. 贷记“应付利息”账户

6. 甲股份有限公司首次接受现金资产投资，在进行会计处理时可能涉及的会计账户有（　　）。

A. 银行存款　　B. 股本　　C. 盈余公积　　D. 资本公积

7. 下列有关短期借款的说法中，正确的有（　　）。

A. 企业经营期间的短期借款利息属于筹资费用，应当于发生时直接计入当期财务费用

B. 短期借款属于企业的非流动负债

C. 企业从银行取得短期借款时，借记“银行存款”账户，贷记“短期借款”账户

D. 短期借款到期偿还本金时，借记“短期借款”账户，贷记“银行存款”账户

8. 长期借款所发生的利息支出，可以借记的账户包括（　　）。

A. 销售费用　　B. 财务费用　　C. 在建工程　　D. 管理费用

9. 关于长期借款的利息，下列说法正确的是（　　）。

A. 因购建固定资产发生的符合条件的利息应记入“在建工程”账户

B. 生产经营用借款利息记入“制造费用”账户

C. 自行开发无形资产发生的符合资本化条件的支出记入“研发支出”账户

D. 筹建期发生的不符合资本化条件的支出记入“管理费用”账户

10. 下列关于长期借款的表述中，正确的有（　　）。

A. 在生产经营期间，达到预定可使用状态后，不符合资本化条件的利息支出应计入财务费用

B. 一次还本付息的，计提的利息应记入“长期借款——应计利息”账户

C. 筹建期间，不符合资本化条件的利息计入财务费用

D. 分期付息的，计提的利息计入应付利息

**三、判断题**

1. 企业收到的投资者超出其在企业注册资本中所占份额的投资，应直接计入当期损益。（　　）

2. 企业接受投资者作价投入的材料物资，按投资合同或协议约定的投资者在企业注册资本或股本中所占份额的部分作为实收资本或股本入账（不公允的除外）。（　　）

3. 我国《公司法》规定，股东可以用货币出资，也可以用实物、知识产权、土地使用权等可以用货币估价并可以依法转让的非货币财产作价出资，法律法规不允许的除外。（　　）

4. 企业接受固定资产、无形资产等非现金资产投资时，应按照投资合同或协议约定的价值作为固定资产、无形资产的入账价值，如果投资合同或协议约定的价值不公允，应按照名义金额入账。（　　）

5. 一般纳税人企业接受的原材料投资，其进项税额不能计入实收资本。（　　）

6. 长期借款是指企业向银行或其他金融机构等借入的期限在 1 年以上，但不含 1 年的各种款项。（　　）

7. 短期借款预提利息通过“短期借款”账户核算，影响短期借款的账面价值。（　　）

8. 短期借款到期偿还本金时，企业应借记“短期借款”账户，贷记“银行存款”账户。（　）

9. 企业发生的开办费用记入“营业外支出”账户。（　）

10. 注册资本即为实收资本，两者的数额完全相等。（　）

**四、业务核算题**

（一）掌握股东投资的账务处理

1. 广州中天有限责任公司由两位投资者投资 200 000 元设立，每人各出资 100 000 元。1 年后，为扩大经营规模，经批准，广州中天有限责任公司注册资本增加到 300 000 元，并引入第三位投资者加入。按照投资协议，新投资者需缴纳现金 110 000 元，同时享有该公司 1/3 的股份。广州中天有限责任公司已收到该现金投资，假定不考虑其他因素。

要求：根据以上资料，编制会计分录。

2. 广州雄峰有限责任公司于设立时收到 A 公司作为资本投入的非专利技术一项，该非专利技术投资合同约定价值为 60 000 元，增值税进项税额为 3 600 元（由投资方支付税款，并提供或开具增值税专用发票）；同时收到 B 公司作为资本投入的土地使用权一项，投资合同约定价值为 80 000 元，增值税进项税额为 7 200 元（由投资方支付税款，并提供或开具增值税专用发票）。合同约定的资产价值与公允价值相符，不考虑相关税费。

要求：根据以上资料，编制会计分录。

（二）掌握从银行借入资金的账务处理

1. 20×1 年 1 月 1 日，广州红太阳有限责任公司向银行借入一笔生产经营用短期借款，共计 1 200 000元，期限为 9 个月，年利率为 4%。根据与银行签署的借款协议，该项借款的本金到期后一次归还；利息按季支付。

要求：根据以上资料，编制会计分录。

2. 广州华中立有限责任公司于 20×1 年 12 月 31 日从银行借入资金 100 000 元，借款期限为 2 年，年利率为 8%（到期一次还本付息）。所借款项已存入银行。广州华中立有限责任公司将该借款用于企业厂房建设，该厂房于 20×2 年 12 月 31 日达到预定可使用状态，20×2 年发生的利息支出符合资本化条件。

要求：编制上述经济业务的会计分录。

（三）掌握开办费的账务处理

广州华天电子有限责任公司股东 20×1 年 5 月 1 日签署协议筹办一家加工企业，20×1 年 8 月开始建厂，当月购买 40 台电脑共计 24 万元，同年 10 月取得法人营业执照，20×2 年 9 月 1 日部分厂房开始使用，试生产产品并销售，但仍有部分厂房在建，而且已使用厂房与在建厂房是一个整体，属同一项工程。20×3 年 4 月厂房全部建造完毕，正式开始生产销售。从 20×1 年 5 月 1 日至 20×2 年 9 月 1 日期间发生人员工资、办公费、差旅费、印刷费、注册登记费等共计 80 万元，均以现金进行支付。假设该批电脑的使用年限为 8 年，该公司采用平均年限法计提固定资产折旧。

要求：根据以上资料，编制开办费的会计分录。

## 学习评价

**专业能力测评表**

（在□中打√，A. 掌握，B. 基本掌握，C. 未掌握）

| 业务能力 | 评价指标 | 自测结果 | 要求 |
|---|---|---|---|
| 理解资金筹集的工作内容 | 1. 资金筹集的内容<br>2. 资金筹集的主要途径<br>3. 中小企业资金筹集的主要方法 | □A □B □C<br>□A □B □C<br>□A □B □C | 能理解资金筹集的概念和渠道，了解资金筹集过程的基本工作内容 |
| 办理股东出资核算业务 | 1. 实收资本、注册资本与资本公积的关系<br>2. 股东出资的形式<br>3. 股东投入现金资产的入账价值和会计核算<br>4. 股东投入非现金资产的入账价值和会计核算 | □A □B □C<br>□A □B □C<br>□A □B □C<br>□A □B □C | 能理解实收资本等会计账户的含义与区别，能准确核算股东现金和非现金出资的会计处理 |
| 办理企业借款业务 | 1. 借款的种类<br>2. 核算借款的入账价值<br>3. 核算短期借款利息的计提和还款<br>4. 核算短期借款利息的计提和还款 | □A □B □C<br>□A □B □C<br>□A □B □C | 能了解企业借款的种类，准确核算普通借款业务的会计处理 |
| 办理企业开办费业务 | 1. 开办费的内容和账户<br>2. 付现开办费的核算<br>3. 非付现开办费的核算 | □A □B □C<br>□A □B □C<br>□A □B □C | 能了解开办费的范围，能准确核算企业付现开办费和非付现开办费的会计处理 |
| 教师评语： | | | |
| 成绩： | | 教师签字： | |

项目二

# 核算采购过程业务

## 学习目标

**知识学习目标：**

◆ 了解主要的支付结算方式

◆ 理解采购中增值税的原理

◆ 掌握固定资产分类与初始计量

◆ 理解外购材料的入账价值

◆ 掌握外购材料核算的实际成本法与计划成本法

**技能训练目标：**

◆ 能够准确计算固定资产的入账价值

◆ 能够准确计算材料采购费用与采购成本

◆ 能够审核购货发票、固定资产验收单、材料入库单等业务单据

**课程思政目标：**

◆ 树立脚踏实地、勤于创业、善于创造的理念

◆ 增强节约意识，发扬勤俭节约的优良作风

## 思政导图

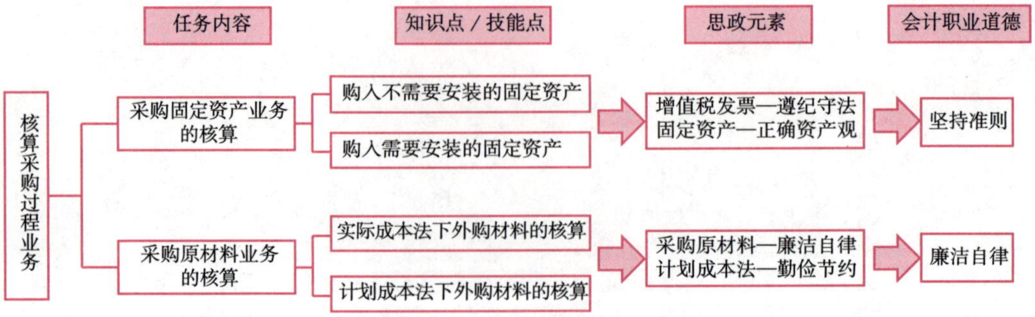

## 项目引例

### 广州巨能电子有限责任公司采购业务的会计核算

广州巨能电子有限责任公司（以下简称“巨能公司”）为增值税一般纳税人企业，适用的增值税税率为13%，2023年该公司发生如下业务：

**业务2-1：** 4月9日，购入东南V3轿车一辆，价款120 000元，增值税15 600元。当日以电汇的方式支付全部价款，并支付车辆购置税12 000元。

**业务2-2：** 4月19日，从格林电子设备有限责任公司购入一台需要安装的滚筒输送生产线一套，取得的增值税专用发票上注明价款1 500 000元，增值税额195 000元，巨能公司开出一张商业承兑汇票支付货款，另以电汇方式从中国银行支付广州敏捷货运公司运杂费5 000元。

**业务2-3：** 7月18日，滚筒生产线安装工程领用原材料不锈钢弹簧片5 000个，单价1.2元。7月20日生产线安装完成，当日收到广州市创新设备安装公司刨床安装费发票一张，金额50 000元，出纳当即开出转账支票从中国银行支付。

**业务2-4：** 7月20日，滚筒生产线安装完成，达到预定可使用状态，当日办理竣工验收手续。

**业务2-5：** 8月25日，公司向广州恒信电子技术有限责任公司购买主要材料传感器20 000个。双方合同规定，商业信用期为60天。采购部门转来购货单位及运输公司开具的增值税专用发票，其中购货发票注明传感器每个售价6.9元，货款共计138 000元，增值税为17 940元；仓库转来材料验收入库单，材料全部验收入库。假设采用实际成本法核算主要材料。

**业务2-6：** 8月26日，公司向招商银行申请开立银行汇票一张，金额20 000元，用于采购中山嘉华精密五金有限公司生产的PEM类压铆螺母。

**业务2-7：** 8月28日，公司持银行汇票向中山嘉华精密五金有限责任公司（小规模纳税人）购买PEM压铆螺母7 000个。收到采购部门转来购料增值税普通发票和运输发票，发票注明单个售价2.8元，货款共计19 600元，但材料尚未收到。银行结算票据款后退回多余款项400元。9月3日，材料已收到并验收入库，假设采用实际成本法核算主要材料。

**业务2-8：** 9月8日，巨能公司从广州嘉信科技有限责任公司购入整流二极管3 000个、低感值电阻1 000个，对方开出的增值税发票注明单个整流二极管的不含税售价为5.5元、单个低感值电阻的不含税售价为5.8元。运杂费用由嘉信公司承担，货物尚未运达，出纳当日开出转账支票支付了货款及增值税额共计25 199元。假设公司采用计划成本法核算主要材料，其中整流二极管的计划成本为5元/个，低感值电阻的计划成本为6元/个。

**业务2-9：** 9月10日，上例中购入的整流二极管及低感值电阻送达，经验收全部合格。

黄海英作为该公司的会计人员，公司发生如上业务，该如何做账务处理？

**【引例分析 2－1】**

## 操作指导

黄海英要进行该公司的账务处理，首先需要熟悉企业的采购流程，同时需要熟悉《票据法》相关的内容，特别是涉及公司往来业务的收付款结算方式，还需要掌握当前增值税发票的相关规定及其计税方式。

**想一想**

### 沃尔玛天天低价

作为零售业的巨头——沃尔玛超市，一直以高盈利居于世界五百强的首位，沃尔玛超市每小时的盈利额约 180 万美元；平均每天有 3 700 万人在世界各地的沃尔玛发生采购行为；每个沃尔玛购物中心约有 14 万种商品；从 1962 年，也就是沃尔玛成立的那一年，到 2002 年期间，全美非连锁独立零售店数量锐减了 55%；在 2020 年这一年度，沃尔玛的营业收入高达 5 591.51 亿美元，净利润 135.1 亿美元，已经在中国 170 多个城市开设了 400 多家商场、21 家配送中心。

沃尔玛成功的原因是什么？就此问题，一些国外专家研究得出的结果是，沃尔玛的竞争优势就在于价格的优势，天天低价。在沃尔玛有五项竞争能力，最为核心的是成本控制能力，其他的业态创新能力、快速扩张能力、财务运作能力和营销管理能力，都是围绕着成本控制能力来运行的，这五个能力最终都在不同的方面节省了沃尔玛的整个运营成本，都是为运营成本服务的，为竞争优势服务的。

有人问过沃尔玛全球总裁李斯阁，沃尔玛成功的因素是什么？他自己的认识是什么？李斯阁给出这样一个回答，成功的因素在于配送中心、信息系统和企业文化。

沃尔玛低成本业务流程都是围绕低成本运行形成的一个业务流程，比如说低成本采购、批量采购、集中订货，这使它的成本大大下降了。由于采购价格降低了，又有自己的配送系统，所以就能低成本对店铺进行配送。这种配送就使它形成了天天以低价格销售，从而提高销售量，销售量增加使得采购量增加，采购量的增加又回到低成本采购上，形成了业务流程低成本运行。

沃尔玛的成本控制，搜狐网，2016 年 12 月 8 日。

思考：除了原材料成本控制，还有什么可以提高企业的价值？

## 项目综合知识

### 一、采购过程业务的工作内容

企业采购过程业务主要包括固定资产的购置以及材料物资的采购。厂房、机器设备等固定资产作为劳动资料，是构成生产力的主要因素，企业购置一定数量的固定资产，是保证产品生产顺利进行的必要条件。另外企业要通过市场购进材料物资，验收入库以形成生产储备，为产品生产提供劳动对象。

在采购过程中，资金得到运用，其形态发生了改变。一部分货币资金购置固定资产，转化为固定资金；另一部分货币资金要购买生产所需的材料物资，这部分资金则转化为储备资金。这一过程的主要经济业务是因进行物资采购而引起的与供货方的货款结算业务、增值税业务、支付采购费用和计算采购成本等业务。

## 二、支付结算方式

在我国，企业与其他企业或个人间的经济业务往来，低于结算起点金额（1 000 元）的可以使用现金支付，超过结算起点的要通过银行结算。根据《支付结算办法》规定，企业可选择的主要结算方式有支票、银行本票、银行汇票、商业汇票、汇兑、托收承付、委托收款、信用卡以及信用证结算方式。企业采用的支付结算方式不同，其处理手续及有关会计核算也有所不同。

动画：轻松秒懂支票

### （一）支票

支票是出票人签发的，委托办理支票存款业务的银行或者其他金融机构在见票时无条件支付确定的金额给收款人或持票人的票据。

1. 支票的种类

视频：现金支票的填写

现金支票，支票上印有“现金”字样的为现金支票（见图 2－1），现金支票只能用于支取现金。

转账支票，支票上印有“转账”字样的为转账支票（见图 2－2），转账支票只能用于转账。

普通支票，支票上未印有“现金”或“转账”字样的为普通支票。普通支票可以用于支取现金，也可以用于转账。在普通支票左上角划两条平行线，为划线支票。划线支票等同于转账支票，只能用于转账，不能用于支取现金。

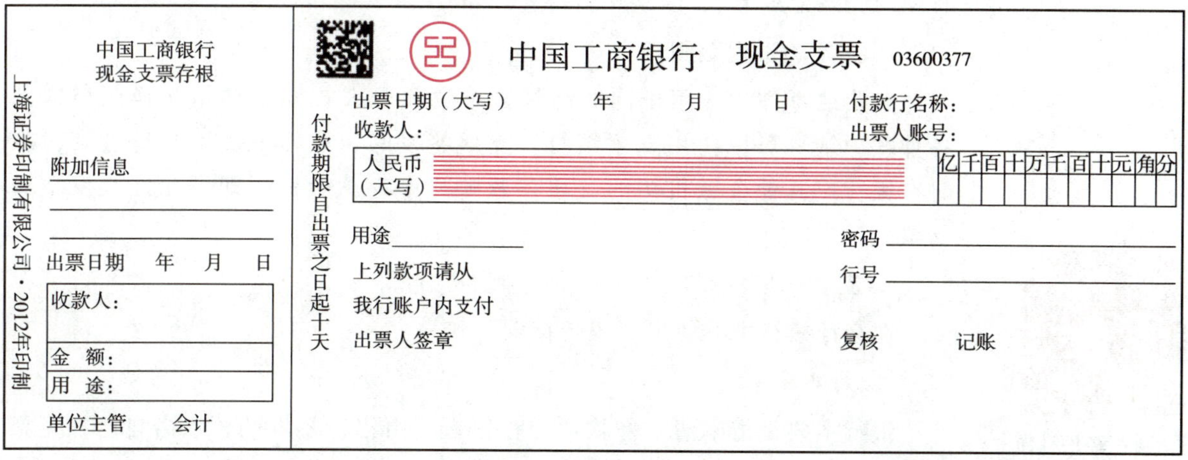
中国工商银行
现金支票存根
上海证券印制有限公司·2012年印制
附加信息
出票日期　年　月　日
收款人：
金　额：
用　途：
单位主管　会计

中国工商银行　现金支票　03600377
付款期限自出票之日起十天
出票日期（大写）　年　月　日　付款行名称：
收款人：　出票人账号：
人民币（大写）　亿 千 百 十 万 千 百 十 元 角 分
用途
上列款项请从
我行账户内支付
出票人签章
密码
行号
复核　记账

图 2－1　现金支票

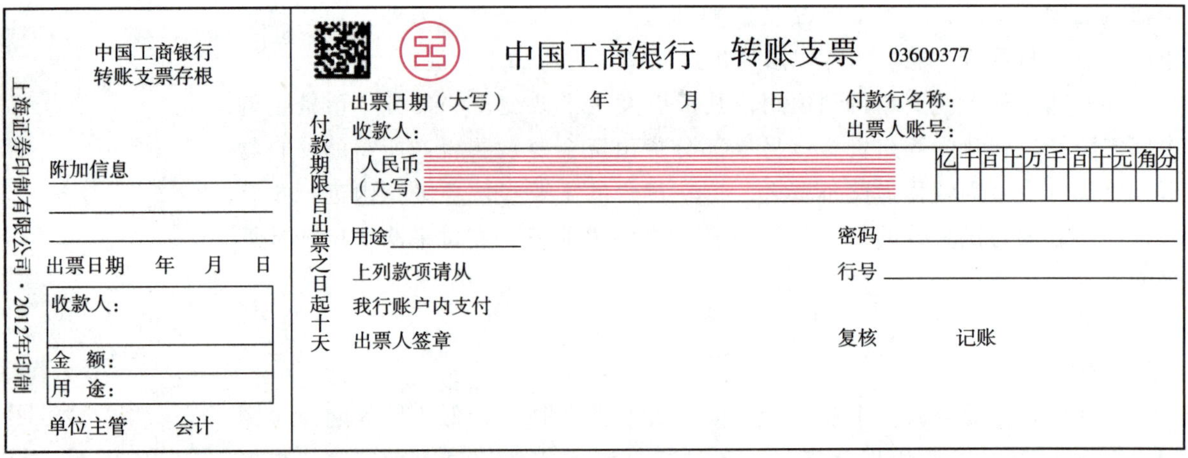
中国工商银行
转账支票存根
上海证券印制有限公司·2012年印制
附加信息
出票日期　年　月　日
收款人：
金　额：
用　途：
单位主管　　会计

中国工商银行　转账支票　03600377
付款期限自出票之日起十天
出票日期（大写）　年　月　日　付款行名称：
收款人：　出票人账号：
人民币（大写）　亿 千 百 十 万 千 百 十 元 角 分
用途
密码
上列款项请从
行号
我行账户内支付
出票人签章　复核　记账

**图 2－2　转账支票**

2. 支票的结算程序

支票的结算程序如图 2－3 所示。

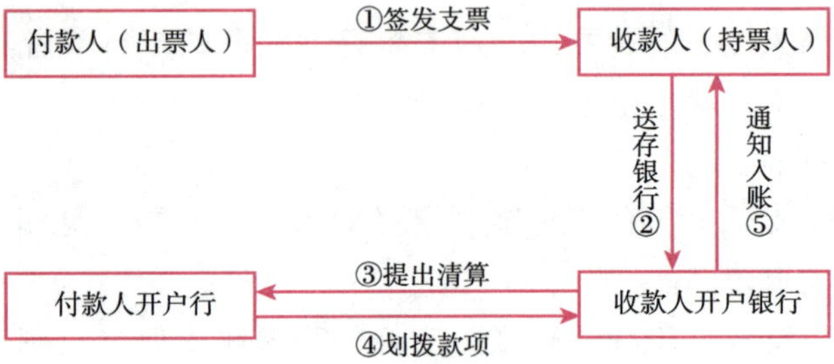


**图 2－3　支票的结算程序**

3. 支票的付款期限

支票的付款期限自出票日起 10 天。超过提示付款期限的，持票人开户银行不予受理，付款人不予付款。支票不得另行记载付款日期，另行记载付款日期的，该记载无效。

4. 支票的适用范围

支票结算方式适用于同城结算。单位和个人在同一票据交换区域内的各种款项结算可以使用支票结算。支票签发时，票面金额不得超过其付款时在银行或其他金融机构的支票存款账户中存款金额，即不允许签发空头支票。

5. 支票的核算账户

在会计核算中，使用“银行存款”账户。

动画：轻松秒懂本票

## （二）银行本票

银行本票是指申请人将款项交存银行，由银行签发的，承诺自己在见票时无条件支付确定的金额给收款人或者持票人的票据（见图 2－4）。

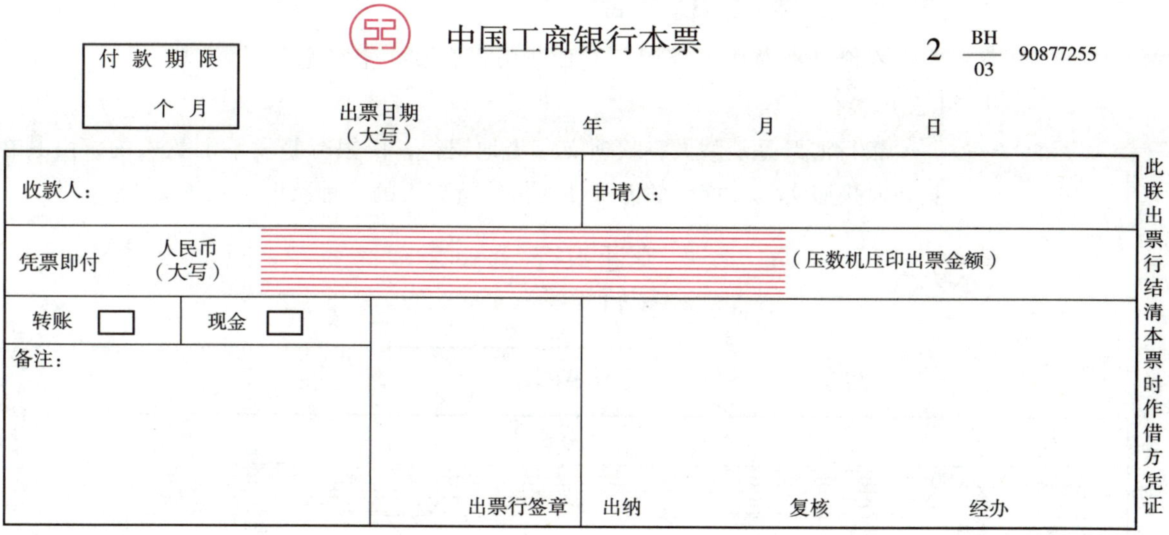
付款期限
个　月
中国工商银行本票　2 BH/03　90877255
出票日期（大写）　年　月　日
收款人：　申请人：
凭票即付　人民币（大写）　（压数机压印出票金额）
转账 □　现金 □
备注：
出票行签章　出纳　复核　经办
此联出票行结清本票时作借方凭证

图 2－4　银行本票

1. 银行本票的种类

银行本票分为定额本票和不定额本票两种。其中定额银行本票面额为 1 000 元、5 000 元、10 000 元、50 000 元，不定额本票的金额起点为 100 元。

动画：银行本票和支票的区别

2. 银行本票的结算程序

银行本票的结算程序如图 2－5 所示。

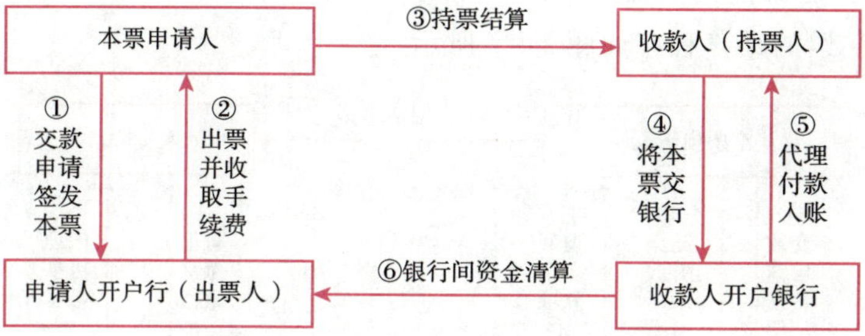


图 2－5　银行本票的结算程序

3. 银行本票的付款期限

银行本票的付款期限自出票日起 2 个月。超过提示付款期限未获付款的，持票人在票据权利时效内向出票银行作出说明，并提供本人身份证或单位证明，可持银行本票向银行请求付款。

4. 银行本票的适用范围

银行本票结算方式适用于同城结算。单位和个人在同一票据交换区域内的各种款项结算可以使用银行本票结算。本票一律记名，允许背书转让。本票见票即付，不予挂失，遗失的不定额银行本票在付款期满后一个月，如果未被冒领的，可以办理退款手续。

5. 银行本票的核算账户

在会计核算中，使用“其他货币资金——银行本票”账户。

### （三）银行汇票

银行汇票是汇款人将款项交存当地银行，由银行签发给汇款人的，由其在见票时按照实际结算金额无条件支付给持票人的一种票据（见图2－6）。

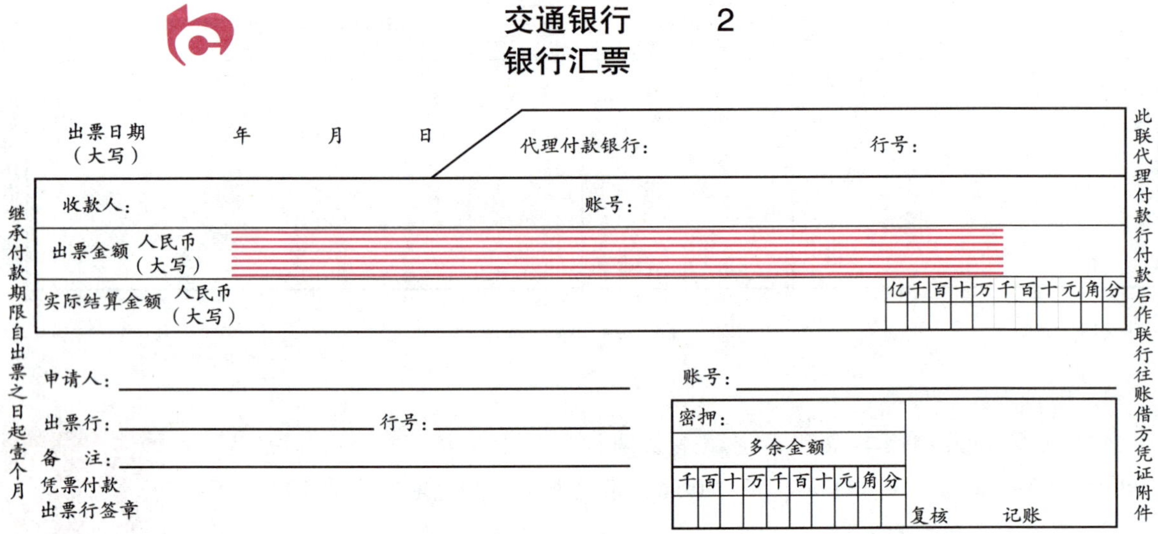
交通银行　　2
银行汇票

出票日期（大写）　　年　　月　　日　　代理付款银行：　　行号：

| | | | |
|---|---|---|---|
| 收款人： | | 账号： | |
| 出票金额 人民币（大写） | | | |
| 实际结算金额 人民币（大写） | | | 亿 千 百 十 万 千 百 十 元 角 分 |

申请人：　　账号：

出票行：　　行号：

备　注：

凭票付款

出票行签章

| 密押： | |
|---|---|
| 多余金额 | |
| 千 百 十 万 千 百 十 元 角 分 | 复核　记账 |

继承付款期限自出票之日起壹个月

此联代理付款行付款后作联行往账借方凭证附件

图2－6　银行汇票

动画：银行本票和银行汇票的区别

1. 银行汇票的结算程序

银行汇票的结算程序如图2－7所示。

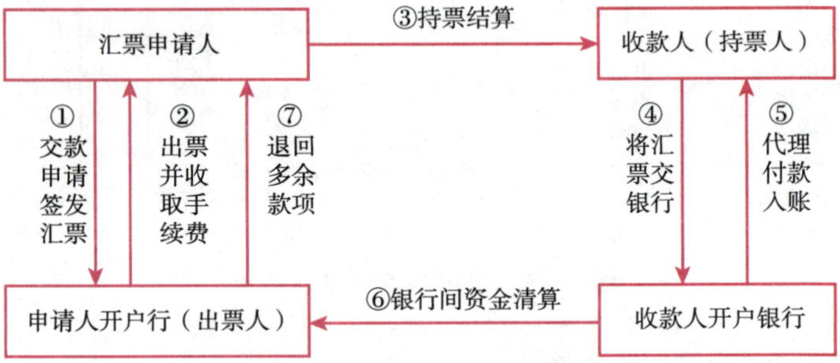


图2－7　银行汇票的结算程序

2. 银行汇票的付款期限

银行汇票的付款期限自出票日起1个月。超过提示付款期限未获付款的，持票人在票据权利时效内向出票银行作出说明，并提供本人身份证或单位证明，可持银行汇票和解讫通知向出票银行请求付款。

3. 银行汇票的适用范围

单位和个人之间在同城和异地的各种款项的结算，均可使用银行汇票。银行汇票可以用于转账，填明“现金”字样的银行汇票也可以用于支取现金

（申请人和收款人均须为个人），申请人或者收款人为单位的，不得在“银行汇票申请书”上填明“现金”字样。银行汇票一律记名，应在汇票上写清收款单位或收款人的名称，持票人可将汇票背书转让；银行汇票见票即付，不予挂失，但申请人可到出票行要求退汇。

4. 银行汇票的核算账户

在会计核算中，使用“其他货币资金——银行汇票”账户。

## （四）汇兑

动画：汇兑

汇兑是汇款单位委托银行将款项汇往异地收款单位的一种结算方式。

1. 汇兑的种类

汇兑根据划转款项的不同以及传递方式的不同可以分为信汇和电汇两种。

信汇是汇款人向银行提出申请，同时交存一定金额及手续费，汇出行将信汇委托书以邮寄方式寄给汇入行，授权汇入行向收款人支付一定金额的一种汇兑结算方式。

电汇是汇款人将一定款项交存汇款银行，汇款银行通过电报或电传给目的地的分行或代理行（汇入行），指示汇入行向收款人支付一定金额的一种汇款方式。

2. 汇兑的结算程序

汇兑的结算程序如图 2－8 所示。

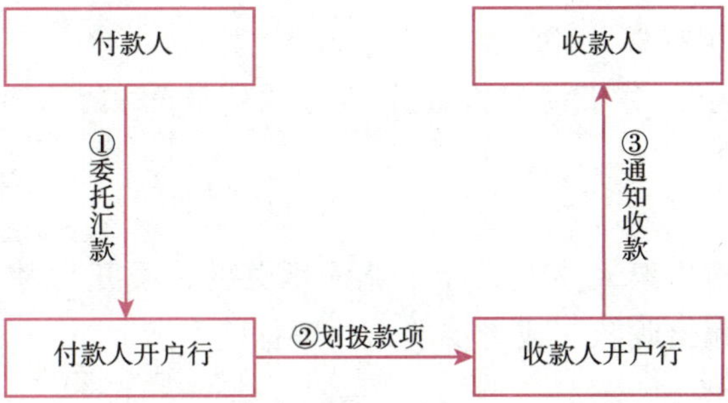


**图 2－8　汇兑的结算程序**

3. 汇兑的适用范围

汇兑结算方式适用于异地间的各种款项结算。

4. 汇兑的核算账户

在会计核算中，使用“银行存款”账户。

## （五）托收承付

托收承付是根据购销合同由收款人发货后委托银行向异地付款人收取款项，并由付款人向银行承认付款的结算方式。托收承付的金额起点为 10 000 元。

1. 托收承付的使用主体

使用托收承付的结算方式，必须是国有企业、供销合作社以及经营管理好并经开户银行审查同意的集体所有制工业企业。办理托收承付的款项，必

视频：托收承付

须是商品交易及因商品交易而产生的劳务供应款项。代销、寄销、赊销商品的款项，不得办理托收承付结算。

2. 托收承付的结算程序

托收承付的结算程序如图 2－9 所示。

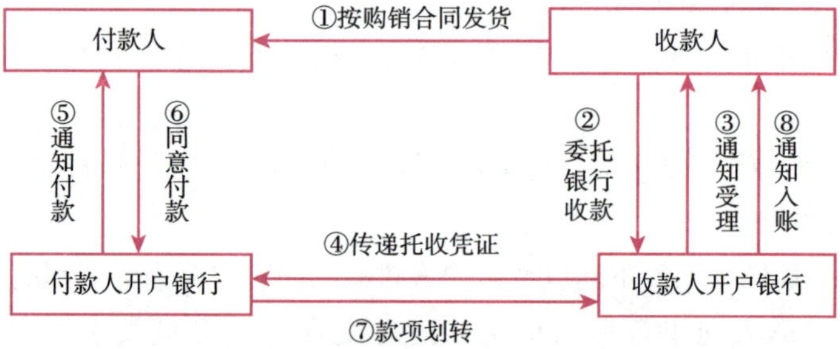


**图 2－9　托收承付的结算程序**

3. 托收承付的付款期限

验单付款，期限 3 天，从付款人开户银行发出承付通知书次日算起。付款人在承付期内，未向银行表示拒绝付款，视为承付。

验货付款，期限 10 天，从运输部门向付款人发出提货通知的次日算起。

4. 托收承付的适用范围

托收承付结算方式适用于异地间的款项结算。

5. 托收承付的核算账户

在会计核算中，对于债权方使用“应收账款”账户；对于债务方使用“应付账款”账户。

### （六）商业汇票

动画：秒懂商业承兑汇票

商业汇票是由出票人签发、经承兑人承兑的，委托付款人在指定日期无条件支付确定金额给收款人或者持票人的票据。

1. 商业汇票的种类

商业承兑汇票是指由银行以外的付款人承兑的票据（如图 2－10 所示）。商业承兑汇票可以由付款人签发并承兑，也可以由收款人签发交由付款人承兑。商业汇票的付款人为承兑人。

银行承兑汇票是指由出票人签发并由其开户银行承兑的票据（如图 2－11 所示）。每张票面金额最高为 1 000 万元（含）。银行承兑汇票按票面金额向承兑申请人收取万分之五的手续费，不足 10 元的按 10 元计。

2. 商业汇票的结算程序

商业汇票的结算程序如图 2－12 所示。

3. 商业汇票的付款期限

商业汇票付款期最长不超过 6 个月，提示付款期限自汇票到期日起 10 天。

## 商业承兑汇票　2

出票日期（大写）　年　月　日　　　汇票号码

| | | | | | |
|---|---|---|---|---|---|
| 付款人 | 全　称 | | 收款人 | 全　称 | |
| | 账　号 | | | 账　号 | |
| | 开户银行 | | | 开户银行 | |
| 出票金额 | 人民币（大写） | | | 亿 千 百 十 万 千 百 十 元 角 分 | |
| 汇票到期日（大写） | | 付款人开户行 | 行号 | | |
| 交易合同号码 | | | 地址 | | |
| 本汇票已经承兑，到期无条件支付票款。<br>承兑人签章<br>承兑日期　年　月　日 | | | 本汇票请予以承兑于到期日付款。<br>出票人签章 | | |

此联持票人开户行随托收凭证寄付款开户行作借方凭证附件

**图 2-10　商业承兑汇票**

## 银行承兑汇票　2　GE/02

出票日期（大写）　年　月　日

| | | | | |
|---|---|---|---|---|
| 出票人全称 | | 收款人 | 全　称 | |
| 出票人账号 | | | 账　号 | |
| 付款行全称 | | | 开户银行 | |
| 出票金额 | 人民币（大写） | | 亿 千 百 十 万 千 百 十 元 角 分 | |
| 汇票到期日（大写） | | 付款行 | 行号 | |
| 承兑协议编号 | | | 地址 | |
| 本汇票请你行承兑，到期无条件付款。<br>出票人签章 | 本汇票已经承兑，到期日由本行付款。<br>承兑行签章<br>承兑日期　年　月　日<br>备注： | | | |

上海证券印制有限公司·2005年印制

此联收款人开户行随托收凭证寄付款行作借方凭证附件

**图 2-11　银行承兑汇票**

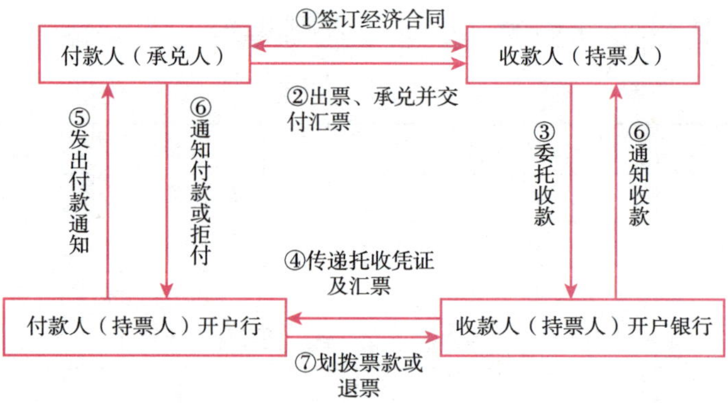


**图 2－12 商业汇票的结算程序**

4. 商业汇票的适用范围

商业汇票结算方式使用范围广泛，同城、异地均可使用。

5. 商业汇票的核算账户

在会计核算中，对于债权方使用“应收票据”账户；对于债务方使用“应付票据”账户。

### （七）委托收款

委托收款是指由收款人委托银行向付款人收取款项的结算方式。委托收款按款项划回方式可分为委邮和委电两种。

1. 委托收款的结算程序

委托收款的结算程序如图 2－13 所示。

动画：销售委托收款业务

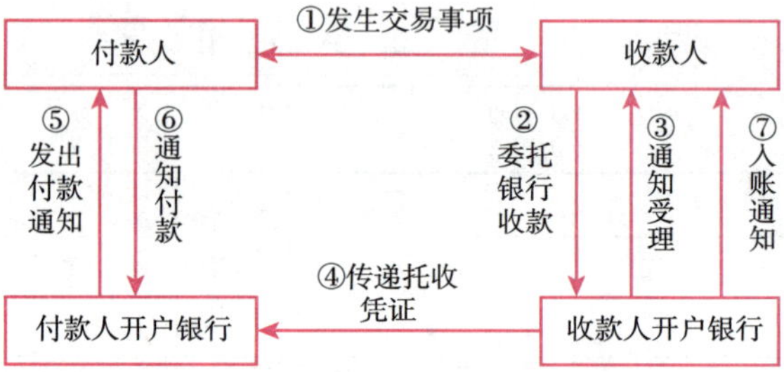


**图 2－13 委托收款的结算程序**

2. 委托收款的付款期限

以银行为付款人的，银行应在当日主动将款项支付给收款人；以单位为付款人的，银行应及时通知付款单位，付款单位在 3 天内审查债务证明是否真实，确认后通知银行付款。

3. 委托收款的适用范围

委托收款结算方式使用范围广泛，同城、异地均可使用。

4. 委托收款的核算账户

在会计核算中，对于债权方使用“应收账款”账户；对于债务方使用“应付账款”账户。

## 三、增值税

### （一）增值税的定义

增值税是对在我国境内销售货物、进口货物以及提供加工、修理修配劳务的单位和个人，就其取得货物的销售额、进口货物金额、应税劳务销售额计算税款，并实现税款抵扣制的一种流转税。

### （二）增值税纳税人的分类与管理

《增值税暂行条例》将纳税人按其年应税销售额及会计核算是否健全分为两类：一般纳税人和小规模纳税人。

1. 一般纳税人

一般纳税人的认定标准：一般纳税人是指其年应征增值税销售额超过规定的标准的企业和企业性单位。

增值税一般纳税人销售货物或提供劳务可以使用增值税专用发票（见图 2－14），按照 13%、9%、6% 的税率计算销项税额，具体税率如表 2－1 所示；购进货物和应税劳务实行税款抵扣制度；计税方法是当期销项税额减去当期进项税额。销项税额是指纳税人销售货物或者应税劳务，按照销售额、劳务收入额和增值税暂行条例规定的税率计算并向购买方收取的增值税额。进项税额是指纳税人购进货物或者接受应税劳务，所支付或者负担的增值税额。

动画：两分钟看懂增值税

广东增值税专用发票

全国统一发票监制章 广东 国家税务局监制

发票联

4400192130

机器编号：499916100331

No.34746420　4400192130　34746420

开票日期：2023年07月29日

购买方
名　　称：广州市祈福斯大药房有限责任公司
纳税人识别号：91440101MA59R5YP66
地址、电话：广州市番禺区钟村街鸿福路3号2栋首层1号铺　020-34651812
开户行及账号：中国银行股份有限公司广州番禺祈福支行 628869230504

密码区
03884903-6282<3+2*<>89627105
312914</28<44>11</+3737</59>
955500*55>*989*2-*296-++686+
92*/322522018/1003-1042-0-+2

| 货物或应税劳务、服务名称 | 规格型号 | 单位 | 数量 | 单价 | 金额 | 税率 | 税额 |
|---|---|---|---|---|---|---|---|
| *生活服务*维护费 | | 次 | 1 | 1603.77358490 | 1603.77 | 6% | 96.23 |
| 合　计 | | | | | ¥1603.77 | | ¥96.23 |

价税合计（大写）　⊗壹仟柒佰圆整　（小写）¥1700.00

销售方
名　　称：广州市祈福家居服务有限责任公司
纳税人识别号：914401130525740658
地址、电话：广州市番禺区钟村街祈福祁半山区晋福[redacted]（钟村街祈福[redacted]2-4[redacted]020-31136692）
开户行及账号：中国银行广州番禺祈福支行630159771135

备注　广州市祈福家居服务有限责任公司 914401330535760658 发票专用章

收款人：黄焕娣　复核：潘燕萍　开票人：李梓健　销售方：（章）

税总函（2018）670号中钞华森实业公司

第三联：发票联　购买方记账凭证

图 2－14　增值税专用发票

表 2－1 增值税一般纳税人适用税率表

| 税率类型 | 税率 | 适用范围 |
| --- | --- | --- |
| 1. 基本税率 | 13% | 销售或进口货物；提供应税劳务；提供动产租赁服务 |
| 2. 较低税率 | 9% | 列举货物；提供交通运输服务、邮政服务、基础电信服务、建筑服务、不动产租赁服务、销售不动产，转让土地使用权 |
| 3. 低税率 | 6% | 提供现代服务（租赁除外）、增值电信服务、金融服务、生活服务、销售无形资产（转让土地使用权除外） |
| 4. 零税率 | 0 | 出口货物、劳务、境内单位和个人发生的跨境应税行为 |

一般纳税人应纳增值税的计算公式为：

当期应纳税额＝当期销项税额－当期进项税额＝销售额×适用税率－采购额×适用税率

动画：两分钟了解增值税税率

2. 小规模纳税人

小规模纳税人是指年销售额在规定标准以下，并且会计核算不健全，不能按规定报送有关税务资料的增值税纳税人。根据《财政部 税务总局关于统一增值税小规模纳税人标准的通知》（财税【2018】33 号）规定，自 2018 年 5 月 1 日起，统一增值税小规模纳税人标准，即增值税小规模纳税人标准为年应征增值税销售额 500 万元及以下。

增值税小规模纳税人销售货物或提供应税劳务，实行简易办法计算应纳税额，按销售额的 3% 或者 5% 计算应纳税额；其购进时即使取得增值税专用发票也不得抵扣进项税额。

小规模纳税人应纳增值税的计算公式为：

当期应纳税额＝销售额×征收率

公式中的销售额为不含税的销售额，若采用销售额和应纳税额合并定价的方法，应将其换算为不含税销售额。

# 模块一　采购固定资产业务的核算

## 任务描述

区分对外购置、自行建造、投资者投入、接受捐赠获得、无偿调入或采用租赁的方式获得的固定资产，能够准确计算固定资产的入账价值。

## 业务流程

业务流程如图 2－15 所示。

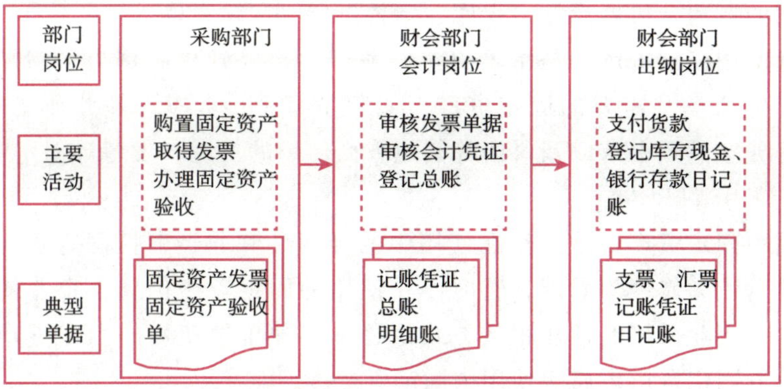


**图 2－15　业务流程**

## 知识准备

### 一、固定资产及其确认

#### （一）固定资产的概念

固定资产是指同时具有以下特征的有形资产：

（1）为生产商品、提供劳务、出租或经营管理而持有的；

（2）使用寿命超过一个会计年度。

企业应根据规定的固定资产标准，结合各自的具体情况，制定适合本企业实际情况的固定资产目录、分类方法、每类或每项固定资产的折旧年限、折旧方法，作为固定资产核算的依据。

企业制定的固定资产目录、分类方法、每类或每项固定资产的预计使用年限、预计净残值、折旧方法等，应当编制成册，并按照管理权限，经股东大会或董事会，或经理（厂长）会议或类似机构批准，按照法律、行政法规的规定报送有关各方备案，同时备案于企业所在地，以供投资者等有关各方查阅。企业已经确定对外报送或置于企业所在地的有关固定资产目录、分类方法、估计净残值、预计使用年限、折旧方法等，一经确定，不得随意变更。

动画：秒懂固定资产

#### （二）固定资产的确认

固定资产同时满足下列条件的，才能予以确认：

（1）与该固定资产有关的经济利益很可能流入企业；

（2）该固定资产的成本能够可靠地计量。

在实务工作中通常取得固定资产发票或其他所有权凭证，就认为该固定资产相关的经济利益能够流入企业。

### 二、固定资产的分类

为正确组织固定资产的核算，加强固定资产的管理，应对固定资产进行合理分类。固定资产的分类方法主要有以下几种：

#### （一）按经济用途分类

生产用固定资产，是指直接服务于企业生产经营过程的固定资产。如生产经营用的厂房、机器设备、仓库、销售场所、运输车辆等。

非生产用固定资产，是指不直接服务于生产经营，而是为了满足职工物质文化、生活福利需要的固定资产，如职工宿舍、食堂、托儿所、幼儿园、浴室、医务室、图书馆以及科研等其他方面使用的房屋、设备等固定资产。

### （二）按使用情况分类

使用中固定资产，是指正在使用中的经营性和非经营性固定资产。由于季节性经营或大修理等原因，暂时停止使用的固定资产仍属于企业使用中的固定资产；企业采用经营性租赁方式出租给其他单位使用的固定资产和内部替换使用的固定资产也属于使用中固定资产。

未使用固定资产，是指尚未交付使用的已完工或已购建的固定资产以及因进行改建、扩建等原因暂停使用的固定资产。

不需用固定资产，是指企业多余的或不适用的固定资产。

### （三）按所有权分类

自有固定资产，是指企业拥有的可供企业自有支配使用的固定资产。

租入固定资产，是指企业采用租赁方式从其他单位租入的固定资产。

### （四）按实物形态分类

分为房屋及建筑物、机器设备、电子设备、运输设备及其他设备五大类。

## 三、外购固定资产的入账价值

外购固定资产应当按照成本进行初始计量，即企业外购固定资产的入账价值为该固定资产达到预定可使用状态前的一切支出，包括购买价款、相关税费（进口关税、耕地占用税、契税、车辆购置税等）、可归属于该项固定资产的运输费、装卸费、保险费、安装费和专业人员服务费以及有关间接费用（借款费用）。其中，相关税费不包括按照现行增值税制度规定，可以从销项税额中抵扣的增值税进项税额。

## 四、核算账户设置

### （一）“固定资产”账户

“固定资产”账户属于资产类账户，用于核算企业持有的固定资产的原价。借方登记取得的固定资产的原价（实际成本），贷方登记处置固定资产的原价，期末借方余额为企业持有的固定资产的原价。本账户可按固定资产的类别、使用部门和项目进行明细核算。

### （二）“在建工程”账户

“在建工程”账户属于资产类账户，用于核算企业基建、更新改造等在建工程发生的支出。借方登记企业进行建造工程、安装工程、技术改造工程等发生的实际支出，贷方登记完工工程转出的实际支出，期末借方余额，作为反映企业尚未完工的在建工程发生的实际支出。本账户可按“建筑工程”“安装工程”“在安装设备”“待摊支出”以及单项工程等进行明细核算。

### （三）“原材料”账户

“原材料”账户属于资产类账户，用于核算企业库存的各种材料，包括原料及主要材料、辅助材料、外购半成品（外购件）、修理用备件（备品备件）、包装材料、燃料等的计划成本或实际成本。本账户借方登记企业购入（自制）并已验收入库材料的实际成本或计划成本；贷方登记企业领用材料的实际成本或计划成本；期末余额在借方，表示库存材料的实际成本或计划成本。本账户可按材料的保管地点（仓库）、材料的类别、品种和规格等设置明细账进行明细核算。

### （四）“应交税费”账户

“应交税费”账户属于负债类账户，用于核算企业按照税法等规定计算应缴纳的各种税费，包括增值税、消费税、企业所得税、资源税、土地增值税、环境保护税、城市维护建设税、房产税、车船税、车辆购置税、城镇土地使用税、契税、教育费附加、矿产资源补偿税等。企业代扣代交的个人所得税也通过本账户核算。本账户借方登记实际缴纳的税费，贷方登记计提的各项税费。期末余额一般在贷方，表示已经计提但尚未实际缴纳的税费；期末余额如在借方，反映企业多交或尚未抵扣的税费。本账户可按应交的各项税费进行明细核算。

为了核算企业应交增值税的发生、抵扣、缴纳、退税及转出等情况，增值税一般纳税人应当在“应交税费”账户下设置“应交增值税”“未交增值税”“预交增值税”“待抵扣进项税额”“待认证进项税额”“待转销税额”“增值税留抵税额”“简易计税”“转让金融商品应交增值税”和“代扣代交增值税”等明细账户。其中“应交增值税”还应分别设置“进项税额”“销项税额”“出口退税”“进项税额转出”“已交税金”等专栏。企业采购物资等，按应计入采购成本的金额，借记“材料采购”“在途物资”“原材料”“库存商品”“固定资产”等账户；按可抵扣的增值税额，借记“应交税费——应交增值税（进项税额）”账户；按应付或实际支付的金额，贷记“应付账款”“应付票据”“银行存款”等账户。

**知识链接**

#### 固定资产增值税的相关规定

按照我国1993年颁布的《中华人民共和国增值税暂行条例》的要求，企业购进固定资产的增值税是不可以抵扣的，要计入固定资产成本，也就是实行的是“生产型增值税”。而这种做法制约了企业技术改造的积极性。

为了改变这种情况，自2004年7月1日起，经国务院批准，东北、中部等部分地区已先后进行了增值税的改革试点，取得了成功经验。为了进一步消除重复征税因素，降低企业设备投资税收负担，鼓励企业技术进步和促进产业结构调整，2008年11月5日修订后的《中华人民共和国增值税暂行条例》规定，自 2009 年 1 月 1 日起，在全国实施增值税转型改革，在企业计算应交增值税时，允许扣除购入机器设备所含的增值税。但与企业技术更新无关且容易混为自用的应征消费税的固定资产（如小汽车、游艇、摩托车等）所含的进项税额，不得予以抵扣。

从 2013 年 8 月 1 日起，原增值税一般纳税人自用的应征消费税的摩托车、汽车、游艇，其进项税额准予从销项税额中抵扣。

### 五、工程领用物料的增值税处理

#### （一）领用原材料

企业在建工程领用原材料，若该工程项目形成的固定资产可以抵扣进项税，则原购进材料中支付的进项税额不必转出；若该工程项目形成的固定资产不可以抵扣进项税，则应将原购进材料中支付的进项税额转出，记入“应交税费——应交增值税（进项税额转出）”。

微课：外购固定资产业务的核算

#### （二）领用自产产品

企业在建工程领用自产产品，若该工程项目形成的固定资产可以抵扣进项税，则领用的自产产品按成本结转在建工程；若该工程项目形成的固定资产不可以抵扣进项税，则领用的自产产品视同销售处理，按库存商品的成本及应计销项税额确认在建工程。

### 业务办理 1 购入无须安装的固定资产

**【引例分析 2－2】**

**操作指导**

根据【项目引例】业务 2－1 可知：广州巨能电子有限责任公司购入的东南 V3 轿车属于不需要安装的固定资产。对于巨能公司而言，此项交易由于取得了所有权凭证（机动车销售统一发票），并且发票上有着明确的金额记载，满足了将东南 V3 轿车确认为固定资产的两个条件。该项交易将增加公司账上的固定资产，而作为交易的对价，公司开出了转账支票来支付轿车的款项，将导致公司银行存款的减少。因此，应借记“固定资产”账户，贷记“银行存款”账户。

动画：外购无须安装的固定资产

增值税进项税额可以以票抵税，法定扣税凭证包括增值税专用发票（包括税务局代开专用发票、税控机动车销售统一发票）、海关进口增值税专用缴款书及代扣代缴增值税的完税凭证等。巨能公司购入的东南 V3 轿车允许抵扣其承担的增值税进项税额，因此，该东南 V3 轿车的入账价值为 132 000 元（价款120 000 元 + 车辆购置税 12 000 元）。

**步骤 1**：会计审核业务单位送交的请购单（略）、发票（见图 2－16）、完税证明（见图 2－17）、验收单（见表 2－2）和费用报销单（见表 2－3），填制记账凭证（见表 2－4）。

**步骤 2**：出纳员填写电汇凭证（见图 2－18），到银行办理付款。

机动车销售统一发票

全国统一发票监制章 广东 国家税务总局监制

发票联

发票代码：144000924160
发票号码：00779533

开票日期：2023-04-09

| | | | | | |
|---|---|---|---|---|---|
| 机打代码<br>机打号码<br>机器编号 | 144000924160<br>00779533 | 税控码 | | | |
| 购货单位（人） | 广州巨能电子有限责任公司 | 组织机构代码/身份证号码 | 05891142-1 | | |
| 车辆类型 | 轿车 | 厂牌型号 | 东南DN7150 | 产地 | 福州 |
| 合格证号 | WCJ0X0000220349 | 进口证明书号 | | 商检单号 | |
| 发动机号码 | L030351 | 车辆识别代号/车架号码 | LDNM43GZ990207885 | | |
| 价税合计 | 壹拾叁万伍仟陆佰元整 | 小写 ￥135 600.00 | | | |
| 销货单位名称 | 广州市华闽汽车销售有限公司 | 电话 | 020-38261325 | | |
| 纳税人识别号 | 440113058932562 | 账号 | 12345678 | | |
| 地址 | 广州市番禺区创新路16号 | 开户银行 | 建行番禺支行 | | |
| 增值税率 | 13% | 增值税税额 | ￥15 600 | 主管税务机关 | 番禺国税 |
| 不含税价 | 小写 ￥120 000 | | | | |

第一联：发票联　购货方付款凭证

收款人：刘文琪　复核：陈礼敢　开票人：孙　鹏　销货单位：（章）

广州市华闽汽车销售有限责任公司 财务专用章

**图 2－16　机动车销售统一发票**

中华人民共和国
税收通用完税证

（211）粤税现：　6018402

注册类型：内资企业　填发日期：2023 年 04 月 09 日　征收机关：番禺税务局第一分局

| | | | | | | |
|---|---|---|---|---|---|---|
| 纳税人代码 | 05891142-1 | 地址 | 广州市番禺区文艺路88号 | | | |
| 纳税人名称 | 广州巨能电子有限责任公司 | 税款所属时期 | 2023年04月 | | | |
| 税种 | 品目名称 | 课税数量 | 计税金额或销售收入 | 税率或单位税额 | 已缴或扣除额 | 实缴金额 |
| 车辆购置税 | 东南DN7150 | 1 | ￥120 000 | 10% | | ￥12 000 |
| 金额合计 | （大写）壹万贰仟元整 | | 小写 ￥12 000.00 | | | |
| 税务机关（盖章） | 委托代征单位（人）（盖章） | 填票人（章）陈凤娇 | 备注 | LDNM43GZ99020885 | | |

广州市番禺区税务局 03 车辆税征税专用章

第二联：收据　纳税人作完税凭证

**图 2－17　中华人民共和国税收通用完税证**

**表 2－2** **固定资产验收交接单** 编号：1234

2023 年 4 月 9 日 金额单位：元

| 资产编号 | 资产名称 | 规格型号 | 计量单位 | 数量 | 设备价值或工程造价 | 设备基础及安装费用 | 附加费用 | 其他 | 合计 |
|---|---|---|---|---|---|---|---|---|---|
| 020805 | 东南轿车 | V3 | 辆 | 1 | 120 000 | | | 12 000 | 132 000.00 |

| 资金来源 | | 耐用年限 | 主要附属设备 | 附件名称 | 规格 | 单价 | 合计 |
|---|---|---|---|---|---|---|---|
| 制造厂家 | 东南汽车有限公司 | 10 | | | | | |
| 出厂日期 | 2017 年 2 月 5 日 | 基本折旧率 | | | | | |
| 出厂编号 | AH0686152 | 10% | | | | | |
| 估计残值 | 600 | | | | | | |
| 接管部门 | 行政部 | 备注： | | | | | |

交验部门主管：黄添 移交人：钟伟 接管部门主管：孙振宇 接管人：何剑秋

**表 2－3** **费用报销单**

报销部门：行政部 2023 年 4 月 9 日 附件 4 张

| 用途 | 金额（元） | 备注 | | |
|---|---|---|---|---|
| 购东南 V3 轿车一辆 | 135 600 | | | |
| 车辆购置税 | 12 000 | 审批 | 同意报销<br>周永强 2023. 7. 3 | |
| 合计 | 147 600 | | | |
| 金额（大写） | 壹拾肆万柒仟陆佰元整 | 原借款 元 | | 应补款 元 |

财务主管：黄海英 复核：陈礼敢 出纳：刘丽红 报销人：何剑秋

## 中国银行电汇凭证（回单）

委托日期：2023年4月9日 第221号

| 收款单位 | 全 称 | 广州市华闽汽车销售有限责任公司 | | | 汇款单位 | 全 称 | 广州巨能电子有限责任公司 | | |
|---|---|---|---|---|---|---|---|---|---|
| | 账号或住 址 | 732001268003457 | | | | 账号或住 址 | 432001260003824 | | |
| | 汇入地点 | 广州市番禺区 | 汇入行名 称 | 工商银行番禺支行 | | 汇出地点 | 广州市番禺区 | 汇出行名 称 | 中行番禺支行 |

| 金额 | 人民币（大写）：壹拾肆万柒仟陆佰元整 | 千 | 百 | 十 | 万 | 千 | 百 | 十 | 元 | 角 | 分 |
|---|---|---|---|---|---|---|---|---|---|---|---|
| | | | ¥ | 1 | 4 | 7 | 6 | 0 | 0 | 0 | 0 |

汇款用途：购买东南V3轿车

上列款项已根据委托办理，如需查询，请持此回单来行面洽。

中国银行番禺支行

（汇出行盖章）

2023 年4月9日

单位主管 梁雨 会计 张华 复核 柯林 记账 盛平

图 2－18 电汇凭证（回单）

**步骤 3**：会计根据费用报销单、电汇回单以及完税凭证等编制记账凭证（见表 2－4），相关人员在记账凭证上签章并交财务主管核准。

**表 2－4**

**记账凭证**

2023 年 4 月 9 日　　记字第 8 号

| 摘　要 | 总账科目 | 明细科目 | 借方金额 | | | | | | | | | | | 贷方金额 | | | | | | | | | | |
|---|---|---|---|---|---|---|---|---|---|---|---|---|---|---|---|---|---|---|---|---|---|---|---|---|
| | | | 亿 | 千 | 百 | 十 | 万 | 千 | 百 | 十 | 元 | 角 | 分 | 亿 | 千 | 百 | 十 | 万 | 千 | 百 | 十 | 元 | 角 | 分 |
| 购入东南V3轿车 | 固定资产 | 东南V3轿车 | | | | 1 | 3 | 2 | 0 | 0 | 0 | 0 | 0 | | | | | | | | | | | |
| | 应交税费 | 应交增值税（进项税额） | | | | | 1 | 5 | 6 | 0 | 0 | 0 | 0 | | | | | | | | | | | |
| | 银行存款 | 中国银行 | | | | | | | | | | | | | | | 1 | 4 | 7 | 6 | 0 | 0 | 0 | 0 |
| | | | | | | | | | | | | | | | | | | | | | | | | |
| | | | | | | | | | | | | | | | | | | | | | | | | |
| 合　计 | | | | | ¥ | 1 | 4 | 7 | 6 | 0 | 0 | 0 | 0 | | | ¥ | 1 | 4 | 7 | 6 | 0 | 0 | 0 | 0 |

附单据 5 张

财务主管 黄海英　记账 陈　强　出纳 刘丽红　审核 陈礼敢　制单 陈　强

**步骤 4**：会计根据审核后的记账凭证登记“固定资产”“应交税费”“银行存款”总账及明细账；出纳登记银行存款日记账。① 固定资产总账如表 2－5 所示。

**表 2－5**

**固定资产总账**

＿＿＿＿科目＿＿＿＿

| 2023年 | | 凭证 | | 摘要 | 对方科目 | 借方 | | | | | | | | | | 贷方 | | | | | | | | | | 借或贷 | 余额 | | | | | | | | | |
|---|---|---|---|---|---|---|---|---|---|---|---|---|---|---|---|---|---|---|---|---|---|---|---|---|---|---|---|---|---|---|---|---|---|---|---|---|
| 月 | 日 | 种类 | 号数 | | | 千 | 百 | 十 | 万 | 千 | 百 | 十 | 元 | 角 | 分 | 千 | 百 | 十 | 万 | 千 | 百 | 十 | 元 | 角 | 分 | | 千 | 百 | 十 | 万 | 千 | 百 | 十 | 元 | 角 | 分 |
| 4 | 1 | | | 期初余额 | | | | | | | | | | | | | | | | | | | | | | 借 | | | 3 | 2 | 0 | 0 | 0 | 0 | 0 | 0 |
| 4 | 9 | 记 | 8号 | 购入东南V3轿车一辆 | 银行存款 | | | 1 | 4 | 7 | 6 | 0 | 0 | 0 | 0 | | | | | | | | | | | 借 | | 2 | 4 | 6 | 7 | 6 | 0 | 0 | 0 | 0 |
| | | | | | | | | | | | | | | | | | | | | | | | | | | | | | | | | | | | | |
| | | | | | | | | | | | | | | | | | | | | | | | | | | | | | | | | | | | | |
| | | | | | | | | | | | | | | | | | | | | | | | | | | | | | | | | | | | | |

## 业务办理 2　购入需要安装的固定资产

**【引例分析 2－3】**

### 操作指导

根据【项目引例】业务 2－2 可知：广州巨能电子有限责任公司购入的滚筒输送生产线属于需要安装的固定资产。对于巨能公司而言，因为滚筒生产线的安装尚未完成，其成本尚无法可靠计量，不能将其直接确认为一项固定资产，应记入“在建工程”账户；作为交易对价，巨能公司开出商业承兑汇票，对公司而言形成了一项负债，应确认为“应付票据”；支付的价款中包含的增值税额可以抵扣，形成进项税额。此项交易将增加公司的在建工程，

① 本业务中假定企业采用的是记账凭证账务处理程序。在实际工作中，企业更多可能是采用汇总记账凭证账务处理程序或科目汇总表账务处理程序，因此登记总账时未必都是逐笔登记。

增加可抵扣的进项税额，同时增加基于票据的负债，因此，应借记“在建工程”“应交税费——应交增值税（进项税额）”账户，贷记“银行存款”账户。

该滚筒生产线的入账价值为 1 505 000 元（价款 1 500 000 元 + 运杂费 5 000 元）。

增值税进项税额 = 1 500 000 × 13% = 195 000（元）

**步骤 1**：会计审核业务单位送交的请购单（略）、发票（略）等业务单据，审核通过后交由财务主管核准。

**步骤 2**：出纳员填写商业承兑汇票（见图 2－19），并填写电汇凭证，到银行办理付款。

商业承兑汇票　　2　　$\frac{A}{0}\frac{A}{1}$ 00006666

出票日期（大写）　贰零贰叁年肆月拾玖日

| | | | | | |
|---|---|---|---|---|---|
| 付款人 | 全称 | 广州巨能电子有限责任公司 | 收款人 | 全称 | 格林电子设备有限责任公司 |
| | 账号 | 432001260003824 | | 账号 | 422372300157203 |
| | 开户银行 | 中行番禺支行 | | 开户银行 | 建行白云支行 |

| 出票金额 | | 亿 | 千 | 百 | 十 | 万 | 千 | 百 | 十 | 元 | 角 | 分 |
|---|---|---|---|---|---|---|---|---|---|---|---|---|
| | 人民币（大写）壹佰陆拾玖万伍仟元整 | | ¥ | 1 | 6 | 9 | 5 | 0 | 0 | 0 | 0 | 0 |

| | | | | |
|---|---|---|---|---|
| 汇票到期日（大写） | 贰零贰叁年捌月拾玖日 | 付款人开户行 | 行号 | AAA-678-020 |
| 交易合同号码 | 合同号120-232-5678 | | 地址 | 广州市番禺区汇景大道1号 |
| 本汇票已经承兑，到期无条件支付票款。<br>广州巨能电子有限责任公司 财务专用章　黄英印海<br>承兑人签章<br>承兑日期　年　月　日 | | 本汇票请予以承兑于到期日付款。<br>广州巨能电子有限责任公司 财务专用章　黄英印海<br>出票人签章 | | |

此联持票人开户行随托收凭证寄付款人开户行作借方凭证附件

图 2－19　商业承兑汇票

**步骤 3**：会计根据费用报销单、电汇回单以及商业承兑汇票存根等单据编制记账凭证，相关人员签章后交财务主管核准。

借：在建工程——滚筒生产线安装工程　　1 505 000
　　应交税费——应交增值税（进项税额）　　195 000
　贷：应付票据——商业承兑汇票（全兴公司）　　1 695 000
　　　银行存款——中国银行　　5 000

**步骤4**：根据审核后的凭证，会计据以登记“在建工程”“应交税费”“应付票据”“银行存款”总账及明细账；出纳据以登记银行存款日记账。

**【引例分析2-4】**

## 操作指导

根据【项目引例】业务2-3可知：滚筒生产线安装工程领用原材料，导致库存的原材料减少，这部分的原材料价值转移到了生产线安装工程之中。因此，应借记“在建工程”账户，贷记“原材料”账户。

用支票支付设备安装费，是获得物化劳动产品的体现。它一方面导致生产线安装工程的增值，另一方面将减少企业的银行存款。因此，应借记“在建工程”账户，贷记“银行存款”账户。

假设不考虑安装费的增值税，该滚筒生产线安装工程的价值增加为56 000元（原材料6 000元+安装费50 000元）。

**步骤1**：会计审核业务单位送交的领料单、安装费发票及费用报销单等业务单据，审核通过后交由财务主管核准。

**步骤2**：出纳员开出转账支票予以付款。

**步骤3**：会计根据审核过的原始凭证编制记账凭证，相关人员签章后交财务主管核准。

借：在建工程——滚筒生产线安装工程　　56 000
　　贷：原材料——不锈钢弹簧片　　6 000
　　　　银行存款——中国银行　　50 000

**步骤4**：会计根据审核后的记账凭证登记“在建工程”“原材料”“银行存款”总账及明细账；出纳据以登记银行存款日记账。

**【引例分析2-5】**

## 操作指导

根据【项目引例】业务2-4可知：滚筒生产线安装工程完工，达到预定可使用状态，满足了固定资产确认的两个条件，即与固定资产相关的经济利益很可能流入企业、该固定资产的成本能够可靠计量，可以确认为固定资产。因此，应将“在建工程”结转确认为“固定资产”，即借记“固定资产”账户，贷记“在建工程”账户。在建工程=1 505 000+56 000=1 561 000（元）。

微课：自行建造固定资产业务的核算

**步骤1**：会计审核业务单位送交的固定资产交接验收单，编制记账凭证，相关人员签章后交财务主管核准。

借：固定资产——滚筒生产线　　1 561 000
　　贷：在建工程——滚筒生产线安装工程　　1 561 000

**步骤2**：会计根据审核后的记账凭证登记“固定资产”“在建工程”的总账及明细账。

# 模块二　采购原材料业务的核算

## 任务描述

能够准确计算材料采购费用与采购成本，掌握实际成本法和计划成本法的核算方法。

## 业务流程

业务流程如图 2－20 所示。

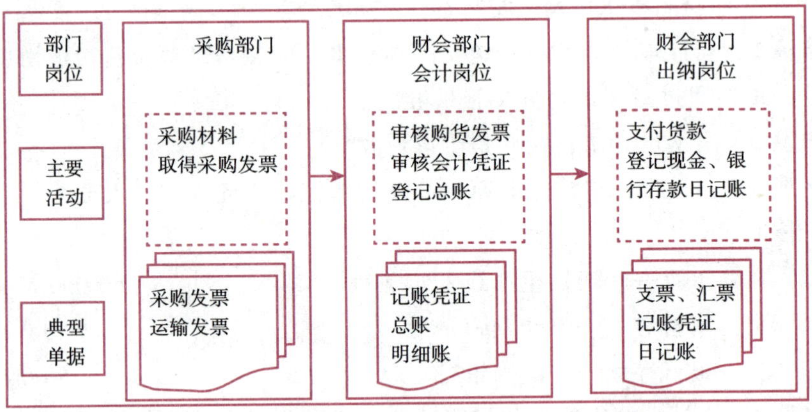


**图 2－20　业务流程**

案例：海尔采购与供应链管理

## 知识准备

### 一、存货及其确认

#### （一）存货的概念

存货是指企业在日常活动中持有以备出售的产成品或商品、处在生产过程中的在产品、在生产过程或提供劳务过程中耗用的材料和物料等，包括各类材料、在产品、半成品、产成品、商品以及包装物、低值易耗品、委托代销商品等。

存货区别于固定资产等非流动资产的最基本的特征是，企业持有存货的最终目的是出售。

#### （二）存货的确认

存货同时满足下列条件的，才能予以确认：

（1）与该存货有关的经济利益很可能流入企业；

（2）该存货的成本能够可靠地计量。

## 二、存货的种类

### （一）原材料

原材料是指企业在生产过程中经加工改变其形态或性质并构成产品主要实体的各种原料及主要材料、辅助材料、外购半成品（外购件）、修理用备件、包装材料、燃料等。

### （二）委托加工物资

委托加工物资是指企业委托外单位加工中的物资。

### （三）在产品

在产品是指企业正在制造但尚未完工的生产物，包括正在各生产工序加工的产品，以及已加工完毕但尚未检验或已检验但尚未办理入库手续的产品。

视频：存货知多少

### （四）半成品

半成品是指经过一定生产过程并已验收合格交付半成品仓库保管，但还未制造完工称为产成品，需进一步加工的中间产品，但不包括从一个生产车间转给另一个生产车间继续加工的自制半成品以及不能单独计算成本的自制半成品。

### （五）产成品

产成品是指企业已经完成全部生产过程并已验收入库，可以按照合同规定的条件送交订货单位，或者可以作为商品对外销售的产品。

### （六）包装物

包装物是指为了包装本企业商品而储备的各种包装容器，如桶、箱、瓶、坛、袋等。

但下列包装物在会计上不作为包装物进行核算：

（1）各种包装用的材料，如纸、绳、铁丝、铁皮等，应作为原材料进行核算；

（2）企业在生产经营过程中用于储存和保管产品或商品、材料、半成品、零部件等，而不随同产品或商品出售、出租或出借的包装物，如企业在经营过程中周转使用的包装容器，应按其价值大小和使用年限长短，分别记入固定资产或低值易耗品进行核算。

### （七）低值易耗品

低值易耗品是指不能作为固定资产的各种物品，如工具、管理用具、玻璃器皿、劳动保护用品，以及在经营过程中周转使用的容器等。其特点是单位价值较低，或使用期限相对固定资产较短，在使用过程中基本保持其原有物质形态基本不变。

## 三、外购存货的入账价值

存货应当按照成本进行初始计量。存货成本包括采购成本、加工成本和其他成本。其中，采购成本，包括购买价款、相关税费、运输费、装卸费、保险费以及其他可归属于存货采购成本的费用。

其中，购买价款是指企业购入的材料或商品的发票上列明的价款，不包括一般纳税人按规定可以抵扣的增值税进项税额。

相关税费是指进口关税、消费税、资源税和不能从销项税额中抵扣的增值税进项税额。

## 四、核算账户设置

### （一）“在途物资”账户

动画：在途物资

该账户属于资产类账户，用来核算企业采用实际成本（进价）进行材料、商品等物资的日常核算、价款已付或已开出承兑的商业汇票尚未验收入库的各种物资（即在途物资）的采购成本。借方登记已支付或已开出承兑的商业汇票的各种物资的实际成本；贷方登记已验收入库的在途物资的实际成本；期末余额在借方，表示已经付款或已经开出承兑商业汇票但尚未到达或尚未验收入库的在途物资的实际成本。本账户应按照供应单位和物资品种设置明细账进行明细核算。

### （二）“材料采购”账户

动画：材料采购

该账户属于资产类账户，借方登记外购材料的实际成本，贷方登记已验收入库材料的实际成本，期末余额在借方，表示月末尚未验收入库的在途材料的实际成本。该账户一般在计划成本法下使用。

### （三）“原材料”账户

该账户属于资产类账户，用来核算企业库存材料的增减变动情况。其借方反映入库材料的成本；贷方反映发出材料的成本；余额在借方，反映期末库存材料的成本。该账户应按材料的保管地点（仓库）、材料的类别或品种开设明细账户进行明细核算。在实际成本法下，该账户反映的是实际成本，在计划成本法下反映的是计划成本。

### （四）“材料成本差异”账户

视频：材料成本差异

该账户属于资产类账户，是“原材料”的调整账户。用于核算材料实际成本与计划成本的差异及差异的分担情况。取得原材料时，如果实际成本大于计划成本，为超支差异，记“材料成本差异”的借方，如果实际成本小于计划成本，为节约差异，记“材料成本差异”的贷方。发出材料时，如果是超支差异，则记“材料成本差异”的贷方，如果是节约差异，则记“材料成本差异”的借方或用红字在“材料成本差异”贷方反映。期末余额如果在借方，表示库存材料的实际成本大于计划成本的差异（即超支差异），期末余额如果在贷方，表示库存材料实际成本小于计划成本的差异（即节约差异）。

### （五）“应交税费——应交增值税”账户

该账户属于负债类账户，下设“进项税额”“销项税额”等专栏。其中借方“进项税额”专栏，反映企业购入货物或接受应税劳务而支付的、准予从销项税额中抵扣的增值税额。贷方“销项税额”专栏，反映企业销售货物或提供应税劳务应向购货方收取的增值税额。

月末该账户若有借方余额，表示本月多交的增值税，应从贷方转出；月末若为贷方余额，表示本月未交增值税，应从借方转出；月末结转后本账户无余额。

### (六)“应付账款”账户

该账户属于负债类账户，用来核算材料采购等经营活动发生的债务及债务的偿还情况。其贷方反映应付未付的购货款及进项税额；借方反映已偿还给购货方的购货款及进项税额；期末余额一般在贷方，表示尚未偿还的购货款及进项税额。该账户应按供应单位名称设置明细账户进行明细核算。

### (七)“应付票据”账户

该账户属于负债类账户，用来核算企业购买材料、商品和接受劳务等而开出、承兑的商业汇票，包括商业承兑汇票和银行承兑汇票。其借方反映开出并承兑的应付票据的面值和利息；贷方反映到期兑付的应付票据的本息；期末余额在贷方，表示尚未兑付的应付票据的本息。

### (八)“其他货币资金”账户

该账户属于资产类账户，用于核算除库存现金和银行存款以外的其他各种货币资金，包括企业的外埠存款、银行本票存款、银行汇票存款、信用卡存款、信用证保证金存款、存出投资款等。该账户借方登记增加的其他货币资金，贷方登记减少的其他货币资金，期末余额在借方表示企业持有的其他货币资金的金额。其他货币资金应该根据类别（外埠存款、银行本票存款、银行汇票存款、信用卡存款、信用证保证金存款、存出投资款等）进行明细核算。

## 五、存货核算的实际成本法与计划成本法

存货日常核算，可按实际成本核算，也可按计划成本核算。实际成本法是指企业存货的日常收入、发出和结存均按其实际取得成本计价的一种核算方法。计划成本法核算是指企业存货的收入、发出和结存均按预先制定的计划成本进行计价的方法。

企业应根据实务情况选择存货的核算方法。如果企业的规模比较小，存货品种比较简单，存货收发的业务量不是很大，企业一般会采用实际成本法核算存货。如果企业规模较大，存货收发的业务量比较大，企业一般会采用计划成本法核算存货。如果采用计划成本法核算，会计期末应调整为实际成本。在实际成本法核算方式下，企业可以采用的发出存货成本的计价方法包括个别计价法、先进先出法、月末一次加权平均法和移动加权平均法等。

### 业务办理 1　实际成本法下外购材料的核算

**【引例分析 2－6】**

**操作指导**

根据【项目引例】业务 2－5 可知：在实际成本法下存货应以取得时实际

投入的金额作为其入账金额，即其入账成本除购买价格外，还包括如包装费、运费、保险费、挑选整理费、仓储费、流转税（增值税除外）等存货的附带成本。

微课：实际成本法采购原材料业务的核算

在本例中，企业从外部购入材料，一方面增加企业的资产（增加的在途材料或原材料），另一方面则减少企业的资产（支付的价款）或者增加企业的负债（形成应付供应商的欠款）。在应支付的总价款中，除了材料的买价和采购费用外，还应包括支付的增值税额。增值税是价外税，不能计入材料采购成本中，而应视同为企业购入货物时预付的税金，计入增值税的“进项税额”。因此，企业购入材料时应按材料的买价和采购费用，借记“在途物资”或“原材料”账户，按增值税进项税额借记“应交税费——应交增值税（进项税额）”账户，同时按实际支付的款项贷记“银行存款”账户，若材料款项尚未支付，则记入“应付账款”或“应付票据”账户的贷方。

本例中，巨能公司购入传感器取得了发票及入库单，可以直接确认为“原材料”。该项传感器的入账价值 138 000 元，应确认的增值税进项税额为 17 940 元。

**步骤 1**：会计审核收到的购货发票（见图 2－21）及收料单（见表 2－6），审核无误后，交财务主管核准。

**步骤 2**：会计根据发票、收料单等编制记账凭证（见表 2－7），相关人员在记账凭证上签章并交财务主管核准。

2360132523
661016914826

广东省增值税专用发票　No 2021218

2360132523
2021218

发票联

开票日期：2023年8月25日

| 购买方 | 名　　称：广州巨能电子有限责任公司<br>纳税人识别号：91440113058937385T<br>地址、电话：广州番禺区文艺路88号020-34856238<br>开户行及账号：中国银行广州番禺支行432001260003824 | 密码区 | 67/*+3*0/611*++0/0+0*/*+3+7/2<br>*11*+66666**066611*+63252*<br>1**+216***6000*261*2*4/*521<br>203994+-42*64151*6915369/8* |
|---|---|---|---|

| 货物或应税劳务、服务名称 | 规格型号 | 单位 | 数量 | 单价 | 金额 | 税率 | 税额 |
|---|---|---|---|---|---|---|---|
| 传感器 | L12 | 个 | 20000 | 6.9 | 138000.00 | 13% | 17940 |
| 合　计 | | | | | ¥138000 | | ¥17940 |
| 价税合计（大写） | ⊗壹拾伍万伍仟玖佰肆拾元整 | | | | （小写）¥155940.00 | | |

| 销售方 | 名　　称：广州恒信电子技术有限责任公司<br>纳税人识别号：91440113058947901M<br>地址、电话：广州天河区车陂路33号020-84536606<br>开户行及账号：中国银行广州车陂支行432001260005568 | 备注 | 广州恒信电子技术有限责任公司<br>91440113058947901M<br>发票专用章 |
|---|---|---|---|

收款人：陈洋　　复核：姚天意　　开票人：刘祥明　　销售方：章

国税函（2014）257号浙江印钞厂

第三联：发票联 购买方记账凭证

全国统一发票监制章 国家税务总局监制

图 2－21　增值税专用发票

**表 2－6**　　**收料单**

收料仓库：材料仓库

供应单位：广州恒信电子技术有限责任公司　　2023 年 08 月 25 日　　第 0068 号

| 材料编号 | 材料名称 | 规格 | 单位 | 数量 | | 单价（元/个） | 采购费用 | | 金额（元） | |
|---|---|---|---|---|---|---|---|---|---|---|
| | | | | 应收 | 实收 | | 运费 | 其他 | 单位成本（元/个） | 总成本 |
| 203 | 传感器 | L12 | 个 | 20 000 | 20 000 | 6.9 | | | 6.9 | 138 000 |
| | | | | | | | | | | |
| 合计 | | | | 20 000 | 20 000 | 6.9 | | | 6.9 | 138 000 |

仓库负责人：于彤　　经办人：张大伟　　收料人：段云

**表 2－7**　　**记账凭证**

2023 年 8月25 日　　记字第 36 号

| 摘要 | 总账科目 | 明细科目 | 借方金额 亿 | 千 | 百 | 十 | 万 | 千 | 百 | 十 | 元 | 角 | 分 | 贷方金额 亿 | 千 | 百 | 十 | 万 | 千 | 百 | 十 | 元 | 角 | 分 |
|---|---|---|---|---|---|---|---|---|---|---|---|---|---|---|---|---|---|---|---|---|---|---|---|---|
| 购买传感器 | 原材料 | 传感器 | | | | 1 | 3 | 8 | 0 | 0 | 0 | 0 | 0 | | | | | | | | | | | |
| | 应交税费 | 应交增值税（进项税额） | | | | | 1 | 7 | 9 | 4 | 0 | 0 | 0 | | | | | | | | | | | |
| | 应付账款 | 恒信公司 | | | | | | | | | | | | | | | 1 | 5 | 5 | 9 | 4 | 0 | 0 | 0 |
| | | | | | | | | | | | | | | | | | | | | | | | | |
| | | | | | | | | | | | | | | | | | | | | | | | | |
| 合计 | | | | | ¥ | 1 | 5 | 5 | 9 | 4 | 0 | 0 | 0 | | | ¥ | 1 | 5 | 5 | 9 | 4 | 0 | 0 | 0 |

附单据 2 张

财务主管 黄海英　记账 陈 强　出纳 刘丽红　审核 陈礼敢　制单 陈 强

**步骤 3：** 依据审核后的记账凭证，会计登记“原材料”“应交税费”“应付账款”的总账和明细账。原材料明细账如表 2－8 所示，原材料总账如表 2－9 所示。

**表 2－8**　　**原材料明细账**

最高储量
最低储量
编号：203　　规格：L12

名称：传感器
单位：个/元

| 2023年 月 | 日 | 凭证 种类 | 号数 | 摘要 | 对方科目 | 借方 数量 | 单价 | 千 | 百 | 十 | 万 | 千 | 百 | 十 | 元 | 角 | 分 | 贷方 数量 | 单价 | 千 | 百 | 十 | 万 | 千 | 百 | 十 | 元 | 角 | 分 | 借或贷 | 结存 数量 | 单价 | 千 | 百 | 十 | 万 | 千 | 百 | 十 | 元 | 角 | 分 |
|---|---|---|---|---|---|---|---|---|---|---|---|---|---|---|---|---|---|---|---|---|---|---|---|---|---|---|---|---|---|---|---|---|---|---|---|---|---|---|---|---|---|---|
| 8 | 1 | | | 期初余额 | | | | | | | | | | | | | | | | | | | | | | | | | | 借 | 20000 | 4.5 | | | | 9 | 0 | 0 | 0 | 0 | 0 | 0 |
| | 25 | 记 | 36 | 购买传感器 | 应付账款 | 20000 | 6.9 | | | 1 | 3 | 8 | 0 | 0 | 0 | 0 | 0 | | | | | | | | | | | | | 借 | 20000<br>20000 | 4.5<br>6.9 | | | 1 | 9<br>3 | 0<br>8 | 0<br>0 | 0<br>0 | 0<br>0 | 0<br>0 | 0<br>0 |
| | | | | | | | | | | | | | | | | | | | | | | | | | | | | | | | | | | | | | | | | | | |
| | | | | | | | | | | | | | | | | | | | | | | | | | | | | | | | | | | | | | | | | | | |

**表 2－9**　　**原材料　总账**

单位：元　科目：原材料

| 2023年 月 | 日 | 凭证 种类 | 号数 | 摘要 | 对方科目 | 借方 千 | 百 | 十 | 万 | 千 | 百 | 十 | 元 | 角 | 分 | 贷方 千 | 百 | 十 | 万 | 千 | 百 | 十 | 元 | 角 | 分 | 借或贷 | 余额 千 | 百 | 十 | 万 | 千 | 百 | 十 | 元 | 角 | 分 |
|---|---|---|---|---|---|---|---|---|---|---|---|---|---|---|---|---|---|---|---|---|---|---|---|---|---|---|---|---|---|---|---|---|---|---|---|---|
| 8 | 1 | | | 期初余额 | | | | | | | | | | | | | | | | | | | | | | 借 | | | 1 | 2 | 6 | 0 | 0 | 0 | 0 | 0 |
| 8 | 25 | 记 | 36 | 购买传感器 | 应付账款 | | | 1 | 3 | 8 | 0 | 0 | 0 | 0 | 0 | | | | | | | | | | | 借 | | | 2 | 6 | 4 | 0 | 0 | 0 | 0 | 0 |
| | | | | | | | | | | | | | | | | | | | | | | | | | | | | | | | | | | | | |
| | | | | | | | | | | | | | | | | | | | | | | | | | | | | | | | | | | | | |
| | | | | | | | | | | | | | | | | | | | | | | | | | | | | | | | | | | | | |

【引例分析 2-7】

## 操作指导

根据【项目引例】业务 2-6 可知：广州巨能电子有限责任公司一方面从银行取得可作为支付手段的银行汇票（属于其他货币资金），另一方面需要向银行支付等额的银行存款作为银行最终兑付票据款的保证。因此，应借记“其他货币资金”账户，贷记“银行存款”账户。

**步骤1**：出纳填制银行汇票申请书，到银行办理汇票申领业务。

**步骤2**：会计审核收到的汇票申请书，审核无误后填制记账凭证，相关人员签章后，交财务主管核准。

借：其他货币资金——银行汇票　　20 000

　　贷：银行存款——招商银行　　20 000

**步骤3**：依据审核后的记账凭证，会计登记“其他货币资金”“银行存款”总账及明细账，出纳登记银行存款日记账。

【引例分析 2-8】

## 操作指导

根据【项目引例】业务 2-7 可知：广州巨能电子有限责任公司购入压铆螺母，已取得所有权凭证及运输单据，应将购入的压铆螺母确认为公司的存货，8 月 28 日，因该材料尚在途中，未实际入库，应借记“在途物资”账户；作为交易对价交付银行汇票，减少了公司的其他货币资金，应贷记“其他货币资金”账户；多余的资金转为银行存款，应借记“银行存款”账户。9 月 3 日，由于材料已收到并验收入库，需要将“在途物资”转入“原材料”账户。

本例中，中山嘉华公司属于小规模纳税人，无法提供增值税专用发票，巨能公司应将支付的全部价款 19 600 元计入压铆螺母的成本。

**步骤1**：会计审核收到的购货发票、银行汇票余款通知，审核无误后填制记账凭证，相关人员签章后，交财务主管核准。

8 月 28 日，材料未收到时：

借：银行存款——招商银行　　400

　　在途物资——PEM 压铆螺母　　19 600

　　贷：其他货币资金——银行汇票　　20 000

9 月 3 日，材料已收到并验收入库时：

借：原材料　　19 600

　　贷：在途物资——PEM 压铆螺母　　19 600

**步骤2**：依据审核后的记账凭证，会计登记“其他货币资金”“银行存款”“在途物资”的总账及明细账；出纳登记银行存款日记账。

## 业务办理 2　计划成本法下外购材料的核算

**【引例分析 2－9】**

### 操作指导

在计划成本法下需设置“材料成本差异”账户，作为计划成本和实际成本联系的纽带，用来登记实际成本和计划成本的差额，月末，再通过对存货成本差异的分摊，将发出存货的计划成本和结存存货的计划成本调整为实际成本。

根据【项目引例】业务 2－8 可知：广州巨能电子有限责任公司购入整流二极管的实际成本为 16 500 元（5.5×3 000），低感值电阻的实际成本为 5 800元（5.8×1 000）。在计划成本法下，无论货物是否达到均应通过“材料采购”账户反映所购物资的实际成本。

微课：计划成本法采购原材料业务的核算

**步骤 1**：会计审核收到的购货发票（见图 2－22），审核无误后，交财务主管核准。

2360132368
661016914826

广东省增值税专用发票　No　2021218

2360132368
2021639

发票联

开票日期：2023年9月8日

| | | | | | | | | |
|---|---|---|---|---|---|---|---|---|
| 购买方 | 名　　称：广州巨能电子有限责任公司<br>纳税人识别号：91440113058937385T<br>地址、电话：广州番禺区文艺路88号020-34856238<br>开户行及账号：中国银行广州番禺支行4320 0126 0003 824 | | | 密码区 | 67/*+3*0/611*++0/0+0*/*+3+7/2<br>*11*+66666**066611*+63252*<br>1**+216***6000*261*2*4/*521<br>203994+-42*64151*6915369/8* | | | |
| 货物或应税劳务、服务名称 | 规格型号 | 单位 | 数量 | 单价 | 金额 | 税率 | 税额 | |
| 整流二极管 | | 个 | 3000 | 5.5 | 16500.00 | 13% | 2145.00 | |
| 低感值电阻 | | 个 | 1000 | 5.8 | 5800.00 | 13% | 754.00 | |
| 合　计 | | | | | ￥22300.00 | | ￥2899.00 | |
| 价税合计（大写） | 贰万伍仟壹佰玖拾玖元整 | | | | （小写）￥25199.00 | | | |
| 销售方 | 名　　称：广州嘉信科技有限责任公司<br>纳税人识别号：91444011305894791M<br>地址、电话：广州黄埔区黄埔大道256号 020-84236938<br>开户行及账号：中国农业银行广州黄埔支行 287451260038765 | | | 备注 | | | | |

收款人：蔡思琪　　复核：姚文娟　　开票人：薛敏　　销售方：章

国税函（2014）257号浙江印钞厂

第三联：发票联　购买方记账凭证

（印章：全国统一发票监制章 国家税务总局监制；广州嘉信科技有限责任公司 91444011305894791M 发票专用章）

图 2－22　增值税专用发票

**步骤 2**：会计根据发票、转账支票存根等编制记账凭证（见表 2－10），相关人员在记账凭证上签章并交财务主管核准。

**表 2－10**

**记账凭证**

2023 年 9 月 8 日　　　　记字第 35 号

| 摘要 | 总账科目 | 明细科目 | 借方金额 | | | | | | | | | | | 贷方金额 | | | | | | | | | | |
|---|---|---|---|---|---|---|---|---|---|---|---|---|---|---|---|---|---|---|---|---|---|---|---|---|
| | | | 亿 | 千 | 百 | 十 | 万 | 千 | 百 | 十 | 元 | 角 | 分 | 亿 | 千 | 百 | 十 | 万 | 千 | 百 | 十 | 元 | 角 | 分 |
| 二极管，电阻入库 | 材料采购 | 整流二极管 | | | | | 1 | 6 | 5 | 0 | 0 | 0 | 0 | | | | | | | | | | | |
| | 材料采购 | 低感值电阻 | | | | | | 5 | 8 | 0 | 0 | 0 | 0 | | | | | | | | | | | |
| | 应交税费 | 应交增值税（进项税额） | | | | | | 2 | 8 | 9 | 9 | 0 | 0 | | | | | | | | | | | |
| | 银行存款 | 中国银行 | | | | | | | | | | | | | | | | 2 | 5 | 1 | 9 | 0 | 0 | 0 |
| | | | | | | | | | | | | | | | | | | | | | | | | |
| 合计 | | | | | ¥ | 2 | 5 | 1 | 9 | 9 | 0 | 0 | 0 | | | | ¥ | 2 | 5 | 1 | 9 | 0 | 0 | 0 |

附单据 3 张

财务主管 黄海英　记账 陈强　出纳 刘丽红　审核 陈礼敢　制单 陈强

**步骤 3**：依据审核后的记账凭证，会计登记“材料采购”“应交税费”明细账，登记“材料采购”“应交税费”“银行存款”总账，出纳登记银行存款日记账。

**【引例分析 2－10】**

## 操作指导

根据【项目引例】业务 2－9 可知：广州巨能电子有限公司购入的整流二极管及低感值电阻已送达并验收入库，“材料采购”要转入到“原材料”中，“材料采购”为实际成本，验收入库转入到“原材料”应使用计划成本，实际成本与计划成本之间的差异应计入“材料成本差异”。

**步骤 1**：会计审核收到的收料单（见表 2－11），审核无误后填制记账凭证（见表 2－12），相关人员签章后，交财务主管核准。

**表 2－11**

**收料单**

供应单位：广州嘉信科技有限责任公司　　　　收料仓库：1 号仓库

发票号码：2001849　　2023 年 09 月 10 日　　第 0025 号

| 材料编号 | 材料名称 | 单位 | 数量 | | 实际价格（元） | | | 计划价格（元） | | 材料成本差异 |
|---|---|---|---|---|---|---|---|---|---|---|
| | | | 应收 | 实收 | 单价 | 采购费用 | 合计 | 单价 | 计划成本 | |
| 01 | 整流二极管 | 个 | 3 000 | 3 000 | 5.5 | | 16 500 | 5 | 15 000 | 1 500 |
| 02 | 低感值电阻 | 个 | 1 000 | 1 000 | 5.8 | | 5 800 | 6 | 6 000 | －200 |
| | | | | | | | | | | |
| 合计 | | | | | | | 22 300 | | 21 000 | 1 300 |

仓库负责人：于彤　　经办人：张大伟　　收料人：段云

**表 2-12**　　　　**记账凭证**

2023 年 9 月 10 日　　　　记字第 36 号

| 摘要 | 总账科目 | 明细科目 | 借方金额 | | | | | | | | | | | 贷方金额 | | | | | | | | | | |
|---|---|---|---|---|---|---|---|---|---|---|---|---|---|---|---|---|---|---|---|---|---|---|---|---|
| | | | 亿 | 千 | 百 | 十 | 万 | 千 | 百 | 十 | 元 | 角 | 分 | 亿 | 千 | 百 | 十 | 万 | 千 | 百 | 十 | 元 | 角 | 分 |
| 二极管，电阻入库 | 原材料 | 整流二极管 | | | | | 1 | 5 | 0 | 0 | 0 | 0 | 0 | | | | | | | | | | | |
| | 原材料 | 低感值电阻 | | | | | | 6 | 0 | 0 | 0 | 0 | 0 | | | | | | | | | | | |
| | 材料成本差异 | 恒信公司 | | | | | | 1 | 3 | 0 | 0 | 0 | 0 | | | | | | | | | | | |
| | 材料采购 | 整流二极管 | | | | | | | | | | | | | | | | 1 | 6 | 5 | 0 | 0 | 0 | 0 |
| | 材料采购 | 低感值电阻 | | | | | | | | | | | | | | | | | 5 | 8 | 0 | 0 | 0 | 0 |
| 合计 | | | | | | ¥ | 2 | 2 | 3 | 0 | 0 | 0 | 0 | | | | ¥ | 2 | 2 | 3 | 0 | 0 | 0 | 0 |

附单据 1 张

财务主管 黄海英　记账 陈强　出纳 刘丽红　审核 陈礼敢　制单 陈强

**步骤 2：** 依据审核后的记账凭证，会计登记“原材料”“材料采购”“材料成本差异”总账及明细账。

## 任务训练

### 一、单项选择题

1. 银行本票的提示付款期限自出票日起最长不得超过（　　）。

A. 1 个月　　B. 2 个月　　C. 3 个月　　D. 6 个月

2. 下列各项中，企业应通过“其他货币资金”账户核算的经济业务是（　　）。

A. 销售商品收到银行承兑汇票

B. 委托银行代为支付电话费

C. 开出转账支票支付购买办公设备款

D. 为购买股票将资金存入证券公司指定投资款专户

3. 下列各项与存货相关的费用中，不应计入存货成本的是（　　）。

A. 材料采购过程中支付的保险费　　B. 材料入库后发生的储存费用

C. 材料入库前发生的挑选整理费　　D. 材料采购过程中发生的装卸费用

4. 甲企业为增值税小规模纳税人，本月采购原材料 2 060 千克，每千克 50 元（含增值税），运输途中的合理损耗为 60 千克，入库前的挑选整理费用为 500 元，企业该批原材料的入账价值为（　　）元。

A. 100 500　　B. 103 500　　C. 103 000　　D. 106 500

5. 某企业采用计划成本法进行材料核算，202×年 8 月 1 日，购入材料一批，取得经税务机关认证的增值税专用发票注明的价款为 300 000 元，增值税税额为 39 000 元，计划成本为 320 000 元。8 月 3 日，材料运达并验收入库。不考虑其他因素，下列各项中，关于材料入库的会计处理正确的是（　　）。

A. 借：原材料　　320 000

　　贷：材料采购　　300 000

　　　　材料成本差异　　20 000

B. 借：原材料　　300 000

　　　　材料成本差异　　20 000

贷：材料采购 320 000

C. 借：原材料 300 000

材料成本差异 20 000

贷：在途物资 320 000

D. 借：原材料 300 000

贷：在途物资 300 000

6. 某企业为增值税一般纳税人，适用的增值税税率为13%。该企业因管理不善使一批库存材料被盗。该批原材料的实际成本为40 000元，购买时支付的增值税为5 200元，应收保险公司赔偿款21 000元。不考虑其他因素，该批被盗原材料形成的净损失为（　　）元。

A. 34 800　　B. 40 000　　C. 45 200　　D. 24 200

7. 某企业为增值税一般纳税人，购入生产用设备一台，增值税专用发票上注明价款10万元，增值税1.3万元，发生运费取得增值税专用发票注明运费0.5万元、增值税0.045万元，发生保险费取得增值税专用发票注明保险费0.3万元、增值税0.018万元。不考虑其他因素，该设备取得时的成本为（　　）万元。

A. 10.8　　B. 10.818　　C. 10.863　　D. 12.163

8. 202×年6月9日，甲公司（增值税一般纳税人）外购无须安装的生产用设备一台，取得增值税专用发票上注明的价款为120万元、增值税税额为15.6万元，取得保险费增值税专用发票上注明的保险费为1万元、增值税税额为0.06万元，取得运输费增值税专用发票注明的运费为6万元，增值税税额为0.54万元。不考虑其他因素，则甲公司购入该固定资产的入账价值为（　　）万元。

A. 127　　B. 126　　C. 142.6　　D. 142.66

9. 某企业以400万元购入A、B、C三项没有单独标价的固定资产。这三项资产的公允价值分别为180万元、140万元和160万元。不考虑其他因素，则A固定资产的入账成本为（　　）万元。

A. 150　　B. 180　　C. 130　　D. 125

10. 某企业为增值税一般纳税人。本月购进原材料200吨，增值税专用发票上注明的价款为60万元、增值税税额为7.8万元，支付的保险费为3万元，入库前的挑选整理费用为1万元。不考虑其他因素，该批原材料实际成本为每吨（　　）万元。

A. 0.3　　B. 0.32　　C. 0.359　　D. 0.339

11. 某增值税一般纳税人企业自建仓库一幢，购入工程物资200万元，增值税税额为26万元，已全部用于建造仓库；耗用库存材料50万元，应负担的增值税税额为6.5万元；支付建筑工人工资36万元。该仓库已建造完成并达到预定可使用状态，其入账价值为（　　）万元。

A. 250　　B. 292.5　　C. 286　　D. 328.5

12. 甲公司为增值税一般纳税人，202×年12月31日购入无须安装的生产设备一台，当日投入使用。该设备价款为360万元，运杂费2万元，专业人员服务费1万元，员工培训费2万元，增值税进项税额为61.2万元。不考虑其他因素，该设备的入账价值为（　　）万元。

A. 72　　B. 363　　C. 424.2　　D. 168.48

**二、多项选择题**

1. 下列各项中，企业应通过“其他货币资金”账户核算的有（　　）。

A. 用银行本票采购办公用品的款项　　B. 汇往异地银行开立采购专户的款项

C. 存入证券公司指定账户的款项　　D. 存入银行信用证保证金专户的款项

2. 下列各项中，构成一般纳税人外购存货入账价值的有（　　）。

A. 买价　　B. 购入存货支付的增值税

C. 运输途中的合理损耗　　D. 入库前的挑选整理费用

3. 下列各项中，应计入企业存货成本的有（　　）。

A. 存货加工过程中发生的直接人工

B. 为特定客户设计产品发生的可直接确定的设计费用

C. 购买存货时支付的进口关税

D. 存货运输途中发生的定额内合理损耗

4. “材料成本差异”账户借方可以用来登记的有（　　）。

A. 购进材料实际成本小于计划成本的差额

B. 发出材料应负担的超支差异

C. 发出材料应负担的节约差异

D. 购进材料实际成本大于计划成本的差额

5. 存货按实际成本计价的企业，发出存货成本的计价方法有（　　）。

A. 月末一次加权平均法　　B. 个别计价法

C. 移动加权平均法　　D. 先进先出法

6. 下列关于企业存货的表述中，正确的有（　　）。

A. 存货应按照成本进行初始计量

B. 存货成本包括采购成本、加工成本和其他成本

C. 存货期末计价应按照成本与可变现净值孰低计量

D. 存货采用计划成本核算的，期末应将计划成本调整为实际成本

7. 广州天润公司为增值税一般纳税人，适用的增值税税率为13%。本月发生经济业务事项如表2-13所示：

**表2-13　　经济业务事项说明**

| 日期 | 购买价款 | 结算方式 |
|---|---|---|
| 12月10日 | 54万元 | 银行汇票 |
| 12月20日 | 17万元 | 上月已预付材料款15万元，余款以银行存款结清 |

下列关于广州天润公司购买M材料相关账户的会计处理结果中，正确的有（　　）。

A. 贷记“其他货币资金”账户61.02万元

B. 贷记“应付票据”账户61.02万元

C. 借记“原材料”账户80.23万元

D. 贷记“银行存款”账户4.21万元

8. 下列各种物资中，应当作为企业存货核算的有（　　）。

A. 委托加工材料　　B. 在途的材料　　C. 包装物　　D. 受托代销商品

9. “材料成本差异”账户贷方登记的内容有（　　）。

A. 购进材料实际成本小于计划成本的差额

B. 发出材料应负担的超支差异

C. 发出材料应负担的节约差异

D. 购进材料实际成本大于计划成本的差额

10. 一般纳税人购入无须安装的生产经营用固定资产支付的增值税进项税额不应记入的账户是（　　）。

A. 固定资产　　B. 营业外支出　　C. 在建工程　　D. 应交税费

**三、判断题**

1. 企业采购商品或接受服务采用银行汇票结算时，应通过“应付票据”账户核算。（　　）

2. 月末，货到但未入库的材料应按暂估价入账，并于下月初用红字冲销原暂估入账金额。（　　）

3. 企业原材料采用计划成本计价，购入原材料无论是否入库，其实际成本都应通过“材料采购”账户核算。（　　）

4. 原材料采用计划成本核算的，无论其是否验收入库，都要先通过“材料采购”账户进行核算。（　　）

5. 企业购入固定资产达到预定可使用状态前所发生的运输费、装卸费、安装费等在发生时计入固定资产的成本核算。（　　）

6. 对于票据的贴现，企业通常应按票面金额记入“银行存款”账户。（　　）

7. 日常工作中，企业发出的存货，必须按照实际成本进行核算。（　　）

8. 存货采购过程中发生的运输途中的不合理损耗应计入存货采购成本，所以存货采购总成本和单位成本均不会发生变化。（　　）

9. 增值税一般纳税人购进货物支付的增值税直接计入有关货物的成本。（　　）

**四、业务核算题**

（一）掌握采购固定资产业务的账务处理

1. 202×年5月15日，广州天欲公司用银行存款购入一台需要安装的设备，取得的增值税专用发票上注明的价款为200 000元，增值税额为26 000元，另支付安装费并取得增值税专用发票，注明安装费40 000元，税率9%，增值税税额3 600元。广州天欲公司为增值税一般纳税人。请做出上述业务的账务处理。

2. 202×年6月1日，广州天欲公司购入一栋厂房作为生产车间并交付使用，取得的增值税专用发票上注明的价款为200 000 000元，增值税额为18 000 000元，款项以银行存款支付。请做出上述业务的账务处理。

（二）掌握采购原材料业务的账务处理

1. 广州番中达公司于202×年5月25日从广州雄天公司购入A材料一批，采购发票上记载货款为60 000元，增值税税率为13%，增值税7 800元，广州雄天公司代垫运杂费200元，全部欠款用转账支票付讫，材料尚未验收入库；202×年6月15日，外购的原材料已验收入库，采用实际成本法进行核算。请做出上述业务的账务处理。

2. 广州番中达公司于202×年8月25日从广州雄天公司购入B材料一批，采购发票上记载货款为100 000元，增值税税率为13%，增值税13 000元，发票账单已收到，材料尚未验收入库，该批材料的计划成本为 110 000 元，款项未付；202×年 9 月 15 日，外购的原材料已验收入库，采用计划成本法进行核算。请做出上述业务的账务处理。

## 学习评价

**专业能力测评表**

（在□中打√，A 掌握，B 基本掌握，C 未掌握）

| 业务能力 | 评价指标 | 自测结果 | 要求 |
|---|---|---|---|
| 采购固定资产业务的核算 | 1. 支付结算方式<br>2. 固定资产的分类和初始计量<br>3. 购入无须安装的固定资产的会计核算<br>4. 购入需要安装固定资产的核算 | □A □B □C<br>□A □B □C<br>□A □B □C<br>□A □B □C | 理解生产准备过程的基本内容，掌握主要的支付结算方式，能对采购中的增值税进行处理，掌握固定资产购入、安装、完工等过程的账务处理，能准确计算固定资产的入账价值，能审核购货发票、固定资产验收单等业务单据 |
| 采购原材料业务的核算 | 1. 存货的内容和确认条件<br>2. 存货的种类<br>3. 实际成本法和计划成本法的概念和区别<br>4. 实际成本法下外购原材料的入账价值核算<br>5. 计划成本法下外购原材料的入账价值核算 | □A □B □C<br>□A □B □C<br>□A □B □C<br>□A □B □C<br>□A □B □C | 能准确计算材料采购费用与采购成本，理解外购材料的入账价值，掌握外购材料核算的实际成本法与计划成本法，能审核购货发票、材料入库单等业务单据 |
| 教师评语： | | | |
| 成绩： | | 教师签字： | |

项目三

# 核算生产过程业务

## 学习目标

**知识学习目标：**

◆ 理解生产过程核算的主要内容及核算程序

◆ 掌握固定资产折旧的基本方法

◆ 掌握实际成本法

◆ 掌握计划成本法

◆ 掌握应付职工薪酬的内容

◆ 掌握制造费用的归集、分配方法

◆ 掌握完工产品成本的计算方法

**技能训练目标：**

◆ 能够运用适当方法准确计算发出材料的成本并进行核算

◆ 能够审核工资结算表并核算工资分配和工资发放业务

◆ 能够准确核算制造费用的归集和分配业务

◆ 能够准确计算完工产品的成本并核算其业务

**课程思政目标：**

◆ 传承勤俭节约优良传统，养成节约习惯、塑造节约品质

◆ 了解国家法律法规，做到爱岗敬业、诚实守信、坚持原则、客观公正

## 思政导图

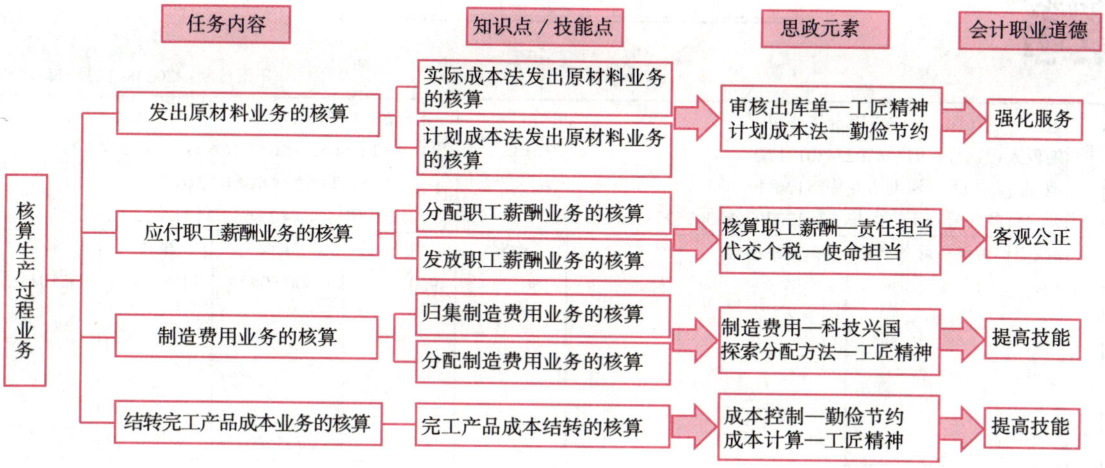


## 项目引例

环宇有限责任公司（统一社会信用代码为：913385027430731 7Q）为增值税一般纳税人，主要从事产品的生产和销售，2023 年 12 月发生以下与生产相关的业务：

**业务 3－1**：12 月 3 日，购入甲材料并验收入库，验收单如表 3－1 所示。

**表 3－1**　　**材料验收单**

供货单位：东方科技有限公司

发票号码：20201201　　2023 年 12 月 3 日　　仓库：1#

| 材料名称 | 规格 | 单位 | 数量 | 单价（元/千克） | 金额（元） | 备注 |
|---|---|---|---|---|---|---|
| 甲材料 | | 千克 | 3 000 | 260 | 780 000 | 甲材料采用实际成本法核算 |
| | | | | | | |
| | | | | | | |

仓库主管：刘子洋　　验收人：王一　　采购主管：张家元　　采购员：张三

**业务 3－2**：12 月 5 日，购入丙材料并验收入库，材料验收单如表 3－2 所示，采购发票如图 3－1 所示。

**表 3－2**　　**材料验收单**

供货单位：南澳有限责任公司

发票号码：20201238　　2023 年 12 月 5 日　　收料仓库：2#

| 材料名称 | 规格 | 单位 | 数量 | | 实际成本 | | 计划成本 | |
|---|---|---|---|---|---|---|---|---|
| | | | 应收 | 实收 | 单价（元/件） | 金额（元） | 单价（元/件） | 金额（元） |
| 丙材料 | | 件 | 150 | 150 | 4 900 | 735 000 | 5 000 | 750 000 |
| | | | | | | | | |
| 备注：丙材料采用计划成本法核算，计划单价 5 000 元/件。 | | | | | | | | |

仓库主管：刘子洋　　验收人：王一　　采购主管：张家元　　采购员：张三

增值税专用发票 No 20201238

全国统一发票监制章 国家税务总局监制

发票联

开票日期：2023年12月5日

| | | | |
|---|---|---|---|
| 购买方 | 名　　称：环宇有限责任公司<br>纳税人识别号：9133850274307317Q<br>地 址 、电 话：深圳市龙华路136号<br>开户行及账号：工行龙华支行13020208750950533699 | 密码区 | 67/*+3*0/611*++0/+0*/*+3+2/9<br>*11*+66666**066611*+66666*<br>1**+216***6000*261*2*4/*547<br>203994+-42*64151*6915361/3* |

| 货物或应税劳务、服务名称 | 规格型号 | 单位 | 数量 | 单价 | 金额 | 税率 | 税额 |
|---|---|---|---|---|---|---|---|
| 丙材料 | | 件 | 150 | 4900 | 735000.00 | 13% | 95550.00 |
| 合　　计 | | | | | ¥735000.00 | | ¥95550.00 |
| 价税合计（大写） | ⊗捌拾叁万零伍佰伍拾元整 | | | | （小写）¥830550.00 | | |

| | | | |
|---|---|---|---|
| 销售方 | 名　　称：南澳有限责任公司<br>纳税人识别号：32934567256259Q<br>地 址 、电 话：合肥市龙湖路1139号<br>开户行及账号：工行龙湖路支行3243874653772435619 | 备注 | |

收款人：张静　　复核：龙一　　开票人：张华　　销售方：（章）

南澳有限责任公司 32934567256259Q 发票专用章

国税函（2014）257号浙江印钞厂

第三联：发票联 购买方记账凭证

**图 3－1　增值税专用发票**

**业务 3－3：** 12 月 6 日，一车间领用材料，领料单如表 3－3、表 3－4 所示。

**表 3－3**　　**领料单**

领料部门：一车间　　编号：1211

发料仓库：1#　　2023 年 12 月 6 日

| 用途 | 材料名称 | 规格 | 单位 | 数量 | | 单价（元/千克） | 金额（元） |
|---|---|---|---|---|---|---|---|
| | | | | 请领 | 实领 | | |
| 用于生产产品 | 甲材料 | | 千克 | 4 000 | 4 000 | | |
| | | | | | | | |
| | | | | | | | |
| 备注：A 产品耗用 2 000 千克、B 产品耗用 2 000 千克。 | | | | | | | |

仓库主管：刘子洋　　发料人：刘燕　　领料主管：黄胜　　领料人：徐浩

**表 3－4**　　**领料单**

领料部门：一车间　　编号：1221

发料仓库：2#　　2023 年 12 月 6 日

| 用途 | 名称 | 规格 | 单位 | 数量 | | 单价（元/件） | 金额（元） |
|---|---|---|---|---|---|---|---|
| | | | | 请领 | 实领 | | |
| 用于生产产品 | 丙材料 | | 件 | 20 | 20 | 5 000 | 100 000 |
| 车间一般耗用 | 丙材料 | | 件 | 2 | 2 | 5 000 | 10 000 |
| | | | | | | | |
| 备注：A 产品耗用 12 件、B 产品耗用 8 件、车间一般耗用 2 件。 | | | | | | | |

仓库主管：刘子洋　　发料人：刘燕　　领料主管：黄胜　　领料人：徐浩

**业务3－4**：12月11日，一车间领用低值易耗品，领料单如表3－5所示。

**表3－5**　**领料单**

领料部门：一车间　编号：1212

发料仓库：1#　2023年12月11日

| 用途 | 名称 | 规格 | 单位 | 数量 | | 单价（元/件） | 金额（元） |
|---|---|---|---|---|---|---|---|
| | | | | 请领 | 实领 | | |
| 车间一般耗用 | 工具 | | 件 | 35 | 35 | 380 | 13 300 |
| | | | | | | | |
| | | | | | | | |
| 备注：低值易耗品采用一次摊销法。 | | | | | | | |

仓库主管：刘子洋　发料人：刘燕　领料主管：黄胜　领料人：徐浩

**业务3－5**：12月15日，购入甲材料并验收入库，验收单如表3－6所示。

**表3－6**　**材料验收单**

供货单位：东方科技有限责任公司

发票号码：20201215　2023年12月15日　收料仓库：1#

| 材料名称 | 规格 | 单位 | 数量 | 单价（元/千克） | 金额（元） | 备注 |
|---|---|---|---|---|---|---|
| 甲材料 | | 千克 | 2 000 | 250 | 500 000 | 甲材料采用实际成本法核算 |
| | | | | | | |
| | | | | | | |

仓库主管：刘子洋　验收人：王一　采购主管：张家元　采购员：张三

**业务3－6**：12月19日，人事科领用丙材料2件，领料单如表3－7所示。

**表3－7**　**领料单**

领料部门：人事科　编号：1222

发料仓库：2#　2023年12月19日

| 用途 | 材料名称 | 规格 | 单位 | 数量 | | 单价（元/件） | 金额（元） |
|---|---|---|---|---|---|---|---|
| | | | | 请领 | 实领 | | |
| 办公用品 | 丙材料 | | 件 | 2 | 2 | 5 000 | 10 000 |
| | | | | | | | |
| | | | | | | | |
| 备注： | | | | | | | |

仓库主管：刘子洋　发料人：刘燕　领料主管：黄胜　领料人：王艳

**业务3－7**：12月19日，一车间购买办公用品，支付转账支票存根如图3－2所示。

浙江莱织华印刷有限公司·2013年印刷

中国工商银行
现金支票存根

10203310
10613654

附加信息

出票日期：2023年12月19日

收款人：山山日用品有限责任公司

金　额：￥4880

用　途：购买办公用品

单位主管：万凌　　会计：张敏

**图 3－2　转账支票存根**

**业务 3－8**：12 月 28 日，一车间领用甲材料，领料单如表 3－8 所示。

**表 3－8**

**领料单**

领料部门：一车间　　　　编号：1213

发料部门：1#　　　　2023 年 12 月 28 日

| 用途 | 材料名称 | 规格 | 单位 | 数量 | | 单价（元/千克） | 金额（元） |
|---|---|---|---|---|---|---|---|
| | | | | 请领 | 实领 | | |
| 一车间用于生产产品 | 甲材料 | | 千克 | 2 000 | 2 000 | | |
| | | | | | | | |
| | | | | | | | |
| 备注：全部用于 A 产品的生产。 | | | | | | | |

仓库主管：刘子洋　　发料人：刘燕　　领料主管：黄胜　　领料人：徐浩

**业务 3－9**：12 月 31 日，计提本月员工工资，职工工资结算单如表 3－9 所示。

**表 3－9**

**职工工资结算单**

单位：元

| 姓名 | 部门 | 应发工资 | | | | | | 代扣款项 | | | | 实发工资 |
|---|---|---|---|---|---|---|---|---|---|---|---|---|
| | | 基本工资 | 岗位工资 | 伙食补贴 | 交通补贴 | 奖金 | 合计 | 代扣社保 | 代扣公积金 | 代扣个税 | 合计 | |
| 王平 | 行政部 | 4 500 | 1 500 | 600 | 500 | 1 500 | 8 600 | 1 444 | 516 | 108 | 2 068 | 6 532 |
| 吴珊 | 行政部 | 4 000 | 1 200 | 600 | 500 | 1 000 | 7 300 | 1 226 | 438 | 69 | 1 733 | 5 567 |
| 陈品 | 行政部 | 4 000 | 1 200 | 600 | 500 | 1 000 | 7 300 | 1 226 | 438 | 69 | 1 733 | 5 567 |
| 徐长明 | 行政部 | 3 500 | 1 000 | 600 | 500 | 1 000 | 6 600 | 1 108 | 396 | 48 | 1 552 | 5 048 |
| 宋洋 | 销售部 | 4 000 | 2 000 | 600 | 1 000 | 3 000 | 10 600 | 1 780 | 636 | 168 | 2 584 | 8 016 |
| 夏汉 | 销售部 | 3 000 | 1 000 | 600 | 1 000 | 2 000 | 7 600 | 1 276 | 456 | 78 | 1 810 | 5 790 |
| 毛永平 | 销售部 | 3 000 | 1 000 | 600 | 1 000 | 2 500 | 8 100 | 1 360 | 486 | 93 | 1 939 | 6 161 |
| 林西 | 销售部 | 3 000 | 1 000 | 600 | 1 000 | 3 000 | 8 600 | 1 444 | 516 | 108 | 2 068 | 6 532 |
| 田成斌 | 销售部 | 3 000 | 1 000 | 600 | 1 000 | 4 000 | 9 600 | 1 612 | 576 | 138 | 2 326 | 7 274 |
| 廖杰 | 生产部 | 3 500 | 1 200 | 600 | 300 | 1 000 | 6 600 | 1 108 | 396 | 48 | 1 552 | 5 048 |
| …… | …… | …… | …… | …… | …… | …… | …… | …… | …… | …… | …… | …… |
| **合计** | | **209 500** | **77 000** | **35 400** | **23 400** | **71 000** | **416 300** | **67 862** | **24 378** | **3 163** | **95 403** | **320 897** |

**业务 3－10**：12 月 31 日，计提固定资产折旧费，固定资产折旧汇总如表 3－10 所示。

**表 3－10**　　**固定资产折旧汇总表**

企业名称：环宇有限责任公司　　2023 年 12 月 31 日

| 部门 | 计提基数（元） | 计提比例 | 金额（元） |
|---|---|---|---|
| 一车间——房屋及建筑物 | 1 000 000 | 3% | 30 000 |
| 一车间——机器设备 | 800 000 | 3% | 24 000 |
| 一车间小计 | 1 800 000 | — | 54 000 |
| 二车间——房屋建筑物 | 1 000 000 | 3% | 30 000 |
| 二车间——机器设备 | 600 000 | 3% | 18 000 |
| 二车间小计 | 1 600 000 | — | 48 000 |
| 机修车间——房屋及建筑物 | 500 000 | 3% | 15 000 |
| 机修车间——机器设备 | 200 000 | 3% | 6 000 |
| 机修车间小计 | 700 000 | — | 21 000 |
| 行政部门——房屋及建筑物 | 400 000 | 3% | 12 000 |
| 行政部门——办公用具 | 80 000 | 3% | 2 400 |
| 行政部门小计 | 480 000 | — | 14 400 |
| 总计 | 4 580 000 | — | 137 400 |

**业务 3－11**：12 月 31 日，分配本月水电费，水费分配表如表 3－11 所示、电费分配表如表 3－12 所示。

**表 3－11**　　**水费分配表**

企业名称：环宇有限责任公司　　2023 年 12 月 31 日

| 部门 | 耗水量（吨） | 分配率（元/吨） | 分配金额（元） |
|---|---|---|---|
| 一车间 | 120 | 4.2 | 504 |
| 二车间 | 100 | 4.2 | 420 |
| 机修车间 | 30 | 4.2 | 126 |
| 厂部 | 20 | 4.2 | 84 |
| **合计** | **270** | **—** | **1 134** |

**表 3－12**　　**电费分配表**

企业名称：环宇有限责任公司　　2023 年 12 月 31 日

| 部门 | 耗电量（度） | 分配率（度/元） | 分配金额（元） |
|---|---|---|---|
| 一车间 | 14 000 | 0.6 | 8 400 |
| 二车间 | 11 000 | 0.6 | 6 600 |
| 机修车间 | 3 000 | 0.6 | 1 800 |
| 厂部 | 4 000 | 0.6 | 2 400 |
| **合计** | **32 000** | **—** | **19 200** |

**业务 3－12**：12 月 31 日，分配一车间的制造费用（分配标准为产品生产工时，A 产品 12 月生产工时为 320 小时，B 产品 12 月生产工时为 180 小时）。

**业务 3－13**：结转一车间完工产品成本。

2023 年 12 月 A 产品生产情况：12 月初在产品 180 件，本月投产 2 600 件，完工 2 500 件，月末在产品 280 件。期初在产品成本中材料费 16 880 元，人工费 20 760 元，制造费用 8 200 元。

B 产品本月全部未完工。

产品成本分配方法为约当产量法。

相关资料：（1）相关账户明细账 2023 年 11 月 30 日余额如表 3－13 所示。

表 3－13　**主要资产类账户明细账余额**　金额单位：元

| 总账 | 明细账 | 数量 | 单价 | 余额 |
|---|---|---|---|---|
| 原材料 | 甲材料 | 2 000（千克） | 240（元/千克） | 480 000（借） |
| | 丙材料 | 10（件） | 5 000（元/件） | 50 000（借） |
| 材料成本差异 | 丙材料 | | | 5 000（贷） |
| 生产成本 | A 产品 | 180 件 | | 45 840（借） |
| | B 产品 | 256 件 | | 64 122（借） |
| 固定资产 | 一车间——房屋及建筑物 | | | 1 000 000（借） |
| | 一车间——机器设备 | | | 800 000（借） |
| | 二车间——房屋及建筑物 | | | 1 000 000（借） |
| | 二车间——机器设备 | | | 600 000（借） |
| | 机修车间——房屋及建筑物 | | | 500 000（借） |
| | 机修车间——机器设备 | | | 200 000（借） |
| | 行政部门——房屋及建筑物 | | | 400 000（借） |
| | 行政部门——办公用具 | | | 80 000（借） |

（2）2023 年 11 月 30 日，“生产成本”明细分类账账户余额如表 3－14 所示。

表 3－14　**“生产成本”明细分类账账户余额**　单位：元

| 项目 | 直接材料 | 直接人工 | 制造费用 | 合计 |
|---|---|---|---|---|
| A 产品 | 16 880 | 20 760 | 8 200 | 45 840 |
| B 产品 | 41 300 | 18 293 | 4 529 | 64 122 |
| 合计 | 58 180 | 39 053 | 12 729 | 109 962 |

（3）甲材料采用实际成本计价法，发出甲材料计价方法采用先进先出法；丙材料采用计划成本计价法。

（4）制造费用按照产品生产工时进行分配；期末生产费用在完工产品和在产品之间的分配采用约当产量法。

（5）机修车间费用按照一车间、二车间总生产工时进行分配（一车间总生产工时500小时、二车间总生产工时300小时）。

陈晓红作为环宇有限责任公司的成本会计，需要对相关的业务进行会计核算。

**【引例分析3－1】**

## 操作指导

陈晓红作为一名会计，首先要具备良好的道德素养，做到“诚信为本、操守为重、坚持准则、不做假账”；同时，作为一名成本会计，要具备严谨、细致、扎实、脚踏实地的工作态度，能按照公司各项制度和规定，严格控制各项费用的开支，审核各部门是否按规定办理，手续是否完备、单据是否齐全等。

生产过程是指从投料开始，经过一系列的加工直至成品生产出来的全部过程。在生产过程中，企业将原材料等劳动对象投入生产，经过劳动加工，制造出适合社会需要的产品。一方面，从实物形态看，生产过程把各种材料加工成产品，是产品的制造过程；另一方面，从价值形态看，发生了各种各样的耗费，形成生产费用，具体来说，发生了材料费、劳动者的职工薪酬、固定资产折旧费等。所以生产过程的主要经济业务是各种耗费的发生、归集、分配、结转，计算产品成本，产品完工后验收入库。

本项目先按照产品成本的构成分别介绍各成本项目基础知识和基本操作技能，然后根据各成本项目汇总计算完工产品成本并核算。

**想一想**

### 共创共享　赋能百业
### 海尔自主研发卡奥斯工业互联网平台

“所有的企业都应该尽快转型，要么成为工业互联网的一个节点，要么出局。”2020年6月8日，海尔集团董事局主席、首席执行官张瑞敏，在工业互联网专题报告会上分享海尔的创新实践。

工业互联网将人、数据和机器连接起来，是全球工业系统与高级计算、分析、传感技术及互联网的高度融合。它被喻为“互联网下半场”，是新基建的核心要素，也是新旧动能转换的主引擎。卡奥斯，正是由海尔研发、具有自主知识产权的工业互联网平台，其核心是大规模定制模式，通过持续与用户交互，将用户由被动的购买者变为参与者、创造者。

海尔中央空调互联工厂，集装箱式建筑、白色外墙、深色方窗，外观与普通厂房并无二致，内部却别有洞天。走进生产车间，只见两个挥动着橙色机械臂的机器人正在生产线上有条不紊地进行胀接作业。

“一台中央空调就需要胀接1 000多个铜管，过去，工人得抱着一米长、十几千克重的胀管枪，来回移动打胀管，还要一个个手工检漏，工作服从来没干过。”如今，通过物联网设备互联、AR 协作、AI 检测等技术，机器人可以自动定位胀接部位、自动位移、自动替换合适胀头并通过压力传感器等将铜管胀开，既解放人力，又提高效率、降低失误率。

不仅是自动胀接，在互联工厂，几乎每台机器都被赋予了“智慧大脑”：大型装备的自动化率高达 70% 以上，工厂部署了数万个传感器，互联网变身智能“网器”后产生海量实时数据，以此支撑柔性智能生产系统有序运转。

机器智能只是基础，生产设备与环节互联、厂家与用户互通才是工业互联网时代智能制造的关键基因。

在互联工厂，所有要素都与用户互联。为支撑大规模个性化定制，工厂内的压力容器、磁悬浮等 8 条智能化柔性总装线随时待命，依托设备间的互联，工厂可以对用户定制需求参数做出实时响应，生产 10 余类中央空调产品，年产能超过 30 万台，单位面积产出是行业平均水平的 2 倍。

资料来源：共创共享 赋能百业 海尔自主研发卡奥斯工业互联网平台．海尔官网，2020 年 6 月 26 日。

思考：“智能制造”对产品生产过程和生产核算有什么影响？

## 项目综合知识

### 一、生产过程主要业务内容

#### （一）生产过程的定义

制造类企业最基本的经济活动是生产满足社会需要的产品。因此，产品生产过程是制造类企业主要经营过程的中心环节，也是会计核算最具特色的阶段。在这个阶段，企业以材料为劳动对象，以机器设备等为劳动手段，辅以工人的活劳动，最终生产出产品。

微课：生产过程业务认知

因此，所谓生产过程是指劳动者（生产工人）利用劳动资料（机器设备等）对劳动对象（原材料等）进行加工形成产品的整个过程。

#### （二）生产过程核算的主要内容

生产过程既是产品的制造过程，又是物化劳动和活劳动的消耗过程，在此过程中会发生各种耗费。比如一件沙发的成本，既包括构成沙发实体的木材成本，也就是材料费；还会包括参与沙发生产的人员薪酬等人工费，以及生产过程中使用设备的折旧费、动力费等。

构成产品制造成本的生产费用可进一步区分为直接费用和间接费用。直接费用是指能够直接计入各种产品生产成本的费用，包括直接材料费和直接人工费。直接材料费包括构成产品实体和有助于产品形成的各种原材料和辅助材料；直接人工费包括生产工人的工资、福利费、社会保险等职工薪酬；间接性生产费用是指不能直接计入或不便于直接计入产品成本的生产费用，它主要是指生产车间为组织和管理生产活动所发生的各项一般性消耗。

费用支出中不计入产品制造成本的部分将形成期间费用，其主要包括销售费用、管理费用和财务费用，这些费用的共同点是费用发生时不能直接对象化到产品的生产过程，而与会计期间关系密切，如产品广告费、展览费、管理人员薪酬、借款利息等。

生产过程核算的主要内容如图 3－3 所示。

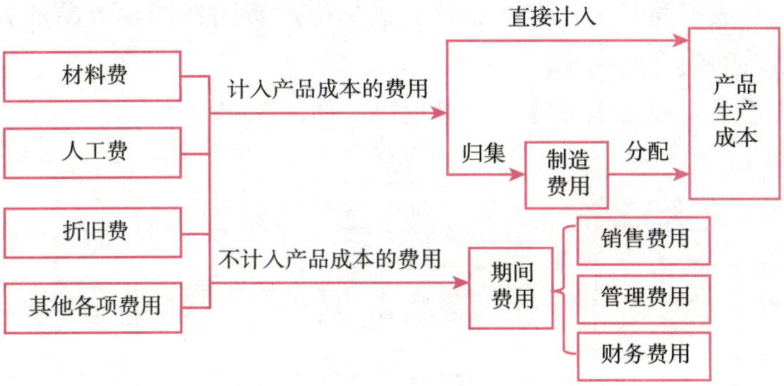


**图 3－3　生产过程核算的主要内容**

企业生产过程业务核算内容及账户关系如图 3－4 所示。

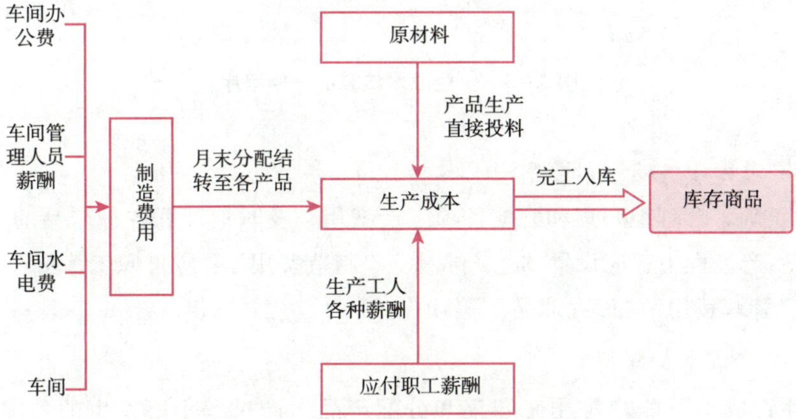


**图 3－4　企业生产过程核算内容及账户关系**

## 二、产品生产业务核算的一般程序

企业产品生产业务核算的一般程序是对企业在生产经营过程中发生的各项费用，按照成本核算的要求，逐步进行归集与分配，最后计算出各种产品的生产成本和各项期间费用的基本过程。产品成本核算的一般程序如下：

### （一）审核和控制各项费用支出

对企业的各项要素费用进行严格的审核和控制，并根据国家的有关规定，确定其费用是否应计入产品成本或期间费用。

### （二）生产费用在各种产品之间进行分配和归集

对应计入本期产品成本的各项生产费用，要在各种产品之间进行分配和归集，并按成本项目分别反映，计算出按成本项目反映的各种产品成本。这是本期生产费用在各种产品之间的横向分配和归集。

### （三）生产费用在完工产品与月末在产品之间进行分配

期末，对于既有完工产品又有在产品的，要将月初在产品成本与本月所归集生产费用之和，在本月完工产品与月末在产品之间进行分配，计算出该种产品的完工产品成本和月末在产品成本。这是生产费用在同种产品的完工产品与月末在产品之间的纵向分配。

综上所述，企业成本核算的一般程序，如图 3－5 所示。

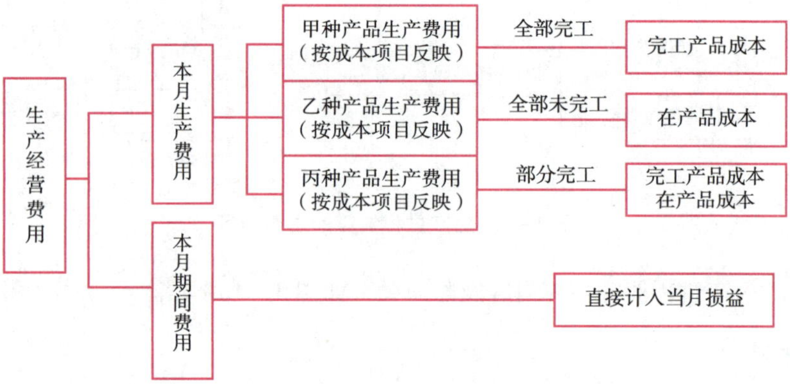


**图 3－5　企业成本核算的一般程序**

## 三、生产过程业务核算主要账户

为正确、合理地归集和分配各项生产费用，及时地计算各种产品的生产成本，在生产过程中，应设置“生产成本”“制造费用”“应付职工薪酬”“累计折旧”“管理费用”“库存商品”等账户。

### （一）“生产成本”账户

“生产成本”账户是用来归集和分配产品生产过程中所发生的各项费用，计算产品生产成本的账户。该账户属于成本类账户，借方登记计入产品生产成本的各项费用，包括生产过程中发生的直接材料、直接人工等直接费用，以及分配转入的制造费用；贷方登记完工入库产品的生产成本，本账户期末借方余额，反映企业尚未加工完成的在产品成本。“生产成本”账户按产品品种或产品批别、生产步骤等成本计算对象设置明细账，进行明细分类核算。“生产成本”账户结构如图 3－6 所示。

| 借方　　　　生产成本 | 贷方 |
| --- | --- |
| 计入产品成本的直接材料、直接人工、制造费用 | 转入完工产品的成本 |
| 期末在产品成本 | |

**图 3－6　“生产成本”账户结构**

### （二）“制造费用”账户

“制造费用”用来核算各生产单位（分厂、车间）为组织和管理生产所发生的各项间接费用，包括分厂或车间管理人员的职工薪酬、折旧费、修理费、办公费、水电费、机物料消耗、劳动保护费、季节性和修理期间的停工损失等。该账户是成本类账户，借方登记实际发生的各项制造费用，贷方登记分配转入“生产成本”账户的制造费用，期末结转后，本账户一般无余额。“制造费用”账户结构如图 3－7 所示。

| 借方 | 制造费用 | 贷方 |
|---|---|---|
| 产品生产中发生的各种制造费用 | | 期末分配结转的应由各产品负担的制造费用 |

**图 3－7　“制造费用”账户结构**

### （三）“应付职工薪酬”账户

“应付职工薪酬”用来核算企业根据有关规定应付给职工的各种薪酬，包括工资、奖金、津贴和补贴、职工福利费、工会经费、职工教育经费、社会保险费、住房公积金、带薪休假、利润分享计划 、设定提存计划、设定受益计划、辞退福利等。该账户是负债类账户，贷方登记本月应付给职工的各项薪酬，借方登记向职工支付的工资、奖金、津贴、社保等及扣还的各种款项；余额一般在贷方，表示企业应付未付的职工薪酬。该账户按工资、奖金、津贴和补贴、职工福利费、工会经费、职工教育经费、社会保险费、住房公积金等进行明细核算。“应付职工薪酬”账户结构如图 3－8 所示。

| 借方 | 应付职工薪酬 | 贷方 |
|---|---|---|
| 实际支付的职工薪酬 | | 本期应付职工各项薪酬 |
| | | 应付未付的薪酬 |

**图 3－8　“应付职工薪酬”账户结构**

### （四）“累计折旧”账户

“累计折旧”用来核算企业固定资产因损耗而减少的价值。由于损耗管理的需要，“固定资产”账户要始终反映企业固定资产的历史成本，其因磨损而减少的金额应通过“累计折旧”账户核算。“累计折旧”账户是“固定资产”账户的抵减账户，即累计折旧的发生就是固定资产价值的减少，因此，计提的折旧金额应在“累计折旧”账户的贷方登记。“累计折旧”账户结构如图 3－9 所示。

| 借方 | 累计折旧 | 贷方 |
|---|---|---|
| 已提折旧的转销数额 | | 按月计提的固定资产折旧 |
| | | 已提的累计折旧 |

**图 3－9　“累计折旧”账户结构**

### （五）“管理费用”账户

“管理费用”用来核算企业行政管理部门为组织和管理生产经营活动而发生的各项耗费。该账户属于损益类账户。借方登记发生的各项管理费用；贷方登记期末转入“本年利润”账户的数额；期末结转后该账户应无余额。“管理费用”账户应按费用的项目设置明细账，进行明细核算。“管理费用”账户结构如图 3－10 所示。

| 借方　　　　管理费用 | 贷方 |
| --- | --- |
| 发生的各项管理费用 | 期末转入“本年利润”账户的数额 |

**图 3－10　“管理费用”账户结构**

### （六）“库存商品”账户

“库存商品”是用来核算企业库存的各种产品成本增减变动情况的账户，该账户属于资产类账户，借方登记已验收入库产品的成本；贷方登记发出产品的成本；期末借方余额，表示库存产品成本。该账户应按产品的种类、品种和规格等设置明细账，进行明细核算。“库存商品”账户结构如图 3－11 所示。

| 借方　　　　库存商品 | 贷方 |
| --- | --- |
| 完工验收入库的各种产品的实际成本 | 出库的各种产品的实际成本 |
| 期末库存产品的实际成本 | |

**图 3－11　“库存商品”账户结构**

在生产过程中，各主要账户之间的核算关系如图 3－12 所示。

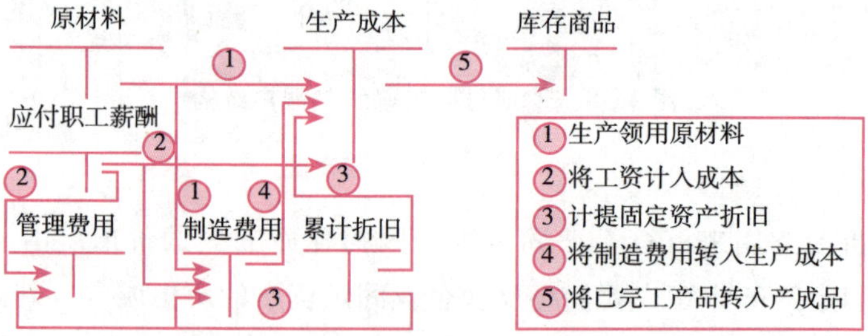


**图 3－12　账户核算关系**

## 四、固定资产折旧

固定资产是企业的一种长期性资产，使用寿命一般都超过一年，其效用是在其整个寿命周期中逐步地释放。当然，在固定资产逐步释放效用、提供服务的整个过程中，其本身的“实物形态”也会相应发生损耗。按照“配比原则”，财务人员应将固定资产价值进行系统分摊，以使这些被损耗的价值与它提供服务所产生的收入进行配比。因此，所谓固定资产折旧是指在固定资产的有效使用期内，对固定资产的成本采用系统且合理的方法进行分配的过程，其本质是将固定资产的成本转化成费用的过程。

折旧费用则是指固定资产由于损耗而分配结转到产品成本费用和期间费用中去的那部分价值。

### （一）影响固定资产折旧的因素

微课：固定资产折旧的计算

1. 固定资产原值

固定资产原值是指为取得固定资产而发生的实际原始成本，也即固定资产取得时的入账价值。

根据固定资产的不同来源，确定固定资产原始价值的依据如下：

（1）企业购入的固定资产原始价值按照买价，加上支付的运费、保险费、包装费、安装成本、相关税费（可以抵扣的增值税进项税除外）等计价；

（2）企业自行建造的固定资产原始价值按照建造过程中实际发生的全部支出计价，即建造过程中的料、工、费；

（3）融资租入固定资产原始价值按照租赁协议确定的价款加上企业支付的运输费、包装费、保险费和安装调试费计价；

（4）其他单位投资转入的固定资产原始价值按照投资协议或投资合同计价，投资协议不公允的除外；

（5）进行改建、扩建的固定资产原始价值按照进行改扩建时固定资产账面价值（固定资产原价－固定资产累计折旧－固定资产减值准备），加上改建、扩建发生的支出，减去改建、扩建过程中取得的变价收入计价；

（6）盘盈固定资产原始价值按照固定资产的净值、市价或完全重置价值计价；

（7）接受捐赠固定资产原始价值按照市场价格或者按照赠予人提供的有关凭证金额加上企业负担的运输费、保险费和安装调试费计价。

以固定资产原值作为计算折旧的基数，不容易受会计人员主观因素的影响。在固定资产使用寿命一定的情况下，固定资产原值越高，则一定会计期间的折旧额就越多；反之，折旧额就越少。

2. 固定资产预计净残值

固定资产预计净残值是指假定固定资产预计使用寿命已满并处于使用寿命终了时的预期状态，企业目前从该项资产处置中获得的扣除预计处置费用后的金额，一般采用“净残值率”表示。固定资产净残值占固定资产原值的比例一般在3%～5%。由于净残值在固定资产开始使用时就需要考虑，因此需要会计人员进行估计。固定资产原值减去固定资产预计净残值后的数额为固定资产应计提的折旧数额，也叫应计折旧额。

3. 固定资产预计使用年限

固定资产的预计使用年限是指固定资产自投入生产到报废为止的估计使用年限。它是计算折旧时的主要因素。

《企业会计准则第4号——固定资产》对固定资产使用年限没有具体规定，

只是原则性的规定，把权力下放给企业，原则性规定就是企业应当根据固定资产的性质和使用情况，合理确定固定资产的使用寿命。固定资产的使用寿命一经确定，不得随意变更。

使用年限的长短，是由固定资产本身的结构、质量、使用条件和维护保养情况等决定的。根据各项固定资产的具体情况，分别确定其预计使用年限，这样有利于合理计算提取各期的折旧费，也有利于正确计算产品成本。

确定固定资产使用年限应考虑的因素：预计生产能力或实物产量；预计有形损耗或无形损耗；法律或者类似规定对资产使用的限制。

虽然在会计上企业可以自行确定固定资产的预计使用年限；但税法上，对固定资产的使用寿命有明确的规定。固定资产计算折旧的最低年限如下：

（1）房屋、建筑物，为 20 年；

（2）飞机、火车、轮船、机器、机械和其他生产设备，为 10 年；

（3）与生产经营活动有关的器具、工具、家具等，为 5 年；

（4）飞机、火车、轮船以外的运输工具，为 4 年；

（5）电子设备，为 3 年；

（6）由于技术进步，产品更新换代较快的固定资产，常年处于强震动、高腐蚀状态的固定资产，可以采取缩短折旧年限方法的，最低折旧年限不得低于上述规定折旧年限的 60%。

4. 固定资产减值准备

固定资产发生损坏、技术陈旧或者其他经济原因，导致其可收回金额低于其账面价值，这种情况称之为固定资产减值。如果固定资产的可收回金额低于其账面价值，应当按可收回金额低于其账面价值的差额计提减值准备，并计入当期损益。

固定资产减值准备规定一方面体现了会计谨慎性原则的要求，另一方面也是为了避免资产的虚增导致企业利润的虚增，同时保证企业财务资料的真实性、可比性。

固定资产计提减值准备后，应当在剩余使用寿命内根据调整后的固定资产账面价值和预计净残值重新计算折旧额。

### （二）固定资产折旧范围

除以下情况外，企业应对所有固定资产计提折旧：

（1）已提足折旧仍继续使用的固定资产（提足折旧是指已经提足该项固定资产的应计折旧额）；

（2）按照规定单独估价作为固定资产入账的土地；

（3）以经营租赁方式租入的固定资产；

（4）以融资租赁方式租出的固定资产；

（5）持有待售的固定资产。

在确定计提折旧的范围时，还应注意以下几点：

（1）固定资产应当按月计提折旧，当月增加的固定资产，当月不计提折旧，从下月起计提折旧；当月减少的固定资产，当月仍计提折旧，从下月起不计提折旧。

（2）固定资产提足折旧后，不论能否继续使用，均不再计提折旧；提前报废的固定资产，也不再补提折旧。

### （三）固定资产折旧方法

固定资产折旧方法是指将固定资产应提折旧总额在固定资产各使用期间进行分配时所采用的具体计算方法。

企业应当根据与固定资产有关的经济利益的预期实现方式，合理选择固定资产折旧方法。可选用的折旧方法包括年限平均法、工作量法、双倍余额递减法和年数总和法等。固定资产的折旧方法一经确定，不得随意变更。

视频：从折旧看业绩拐点

1. 年限平均法（直线法）

年限平均法又称直线法，是指将固定资产的应计折旧额平均地分摊到固定资产预计使用寿命内的一种方法。这种折旧方法假定固定资产使用年限内均匀损耗，按使用年限平均计提折旧，因此，在使用期内的各会计期间计提的折旧额相等。

年限平均法的计算公式如下：

年折旧额 =（固定资产原值 − 预计净残值）÷ 预计使用年限

月折旧率 = 年折旧额 ÷ 12

**【例 3－1】** 广东胜利机械有限公司有一套机器设备，原价 200 000 元，预计可使用 20 年，预计报废时的净残值为 4 000 元，按年限平均法计提该设备的折旧。

年折旧额 =（200 000 − 4 000）÷ 20 = 9 800.00（元）

月折旧额 = 年折旧额 ÷ 12 = 9 800 ÷ 12 = 816.67（元）

年限平均法简单易懂，简化了会计核算工作，因此在实际工作中得到了广泛应用。什么样的固定资产适合年限平均法呢？当一项固定资产在各期使用情况大致相同，修理和维护费用在资产的使用期内没有显著的变化，可以选择年限平均法，比如房屋建筑物等固定资产。

2. 工作量法

工作量法是指根据固定资产在使用期间完成的总的工作量平均计算折旧的一种方法。工作量法和平均年限法都是平均计算折旧的方法。但是，工作量法是假定固定资产在使用期内依工作量均匀损耗，按工作量平均计算折旧，在一定期间内固定资产的工作量越多，计提的折旧也就越多。因此，固定资产在各会计期间的工作量如果不同，其计提的折旧额也就不相等。这是与年限平均法不同之处。

工作量法的基本计算公式如下：

单位工作量折旧额 =（固定资产原值 − 预计净残值）÷ 预计总工作量

= [固定资产原价 ×（1 − 预计净残值率）] ÷ 预计总工作量

某项固定资产月折旧额＝该项固定资产当月工作量×单位工作量折旧额

**【例3－2】** 广东胜利机械有限公司有运输汽车1辆，原值为300 000元，预计净残值率为4%，预计行驶总里程为800 000千米。采用工作量法计提该汽车的折旧。2023年12月该汽车行驶6 000千米。计算该汽车的单位工作量折旧额和2023年12月折旧额。

单位工作量折旧额＝[300 000×(1－4%)]÷800 000＝0.36（元/千米）

2023年12月折旧额＝0.36×6 000＝2 160（元）

工作量法适合有形损耗比无形损耗更重要，或在各个期间资产使用不均衡，不经常使用，比如在运输企业或其他的专业车队和客货汽车，某些价值大而不经常使用或季节性使用的大型设备，可以用工作量法计提折旧。

动画：双倍余额递减法

3. 双倍余额递减法

双倍余额递减法，是指在不考虑固定资产预计净残值的情况下，根据每期期初固定资产原价减去累计折旧后的余额和双倍的直线法折旧率计算固定资产折旧的一种方法。

应用此方法，需要分两部分进行：

（1）使用寿命最后两年以前，不考虑固定资产预计净残值，采用双倍余额递减法。

计算公式如下：

年折旧率＝2÷预计使用年限（年）×100%

年折旧额＝每年年初固定资产账面净值×年折旧率

月折旧额＝年折旧额÷12

（2）使用寿命的最后两年内，考虑固定资产预计净残值，采用平均年限法。

计算公式如下：

年折旧额＝（倒数第二年的年初固定资产账面净值－预计净残值）÷2

月折旧额＝年折旧额÷12

**【例3－3】** 广东胜利机械有限公司一项管理部门使用的固定资产原价为1 000 000元，预计使用年限为5年，预计净残值为4 000元。按双倍余额递减法计提折旧，每年的折旧额计算如下：

年折旧率＝2÷5×100%＝40%

第1年应提的折旧额＝1 000 000×40%＝400 000（元）

第2年应提的折旧额＝（1 000 000－400 000）×40%＝240 000（元）

第3年应提的折旧额＝（1 000 000－400 000－240 000）×40%＝144 000（元）

第4年起改用年限平均法（直线法）计提折旧

第4年、第5年的年折旧额＝[（1 000 000－400 000－240 000－144 000）－4 000]÷2＝106 000（元）

4. 年数总和法

年数总和法又称年限合计法，是指将固定资产的原价减去预计净残值后的余额，乘以一个逐年递减的分数计算每年的折旧额。这个分数的分子代表固定资产尚可使用寿命，分母代表预计使用寿命逐年数字总和。

年数总和法的计算公式如下：

年折旧率 = 尚可使用年限 ÷ 预计使用寿命的年数总和 × 100%

年折旧额 = (固定资产原价 − 预计净残值) × 年折旧率

月折旧额 = 年折旧额 ÷ 12

**【例 3－4】** 广东胜利机械有限责任公司一台管理用设备原价 800 000 元，预计使用年限为 5 年，预计净残值为 4 000 元，采用年数总和法计提折旧。

第一年折旧额 = (800 000 − 4 000) × 5 ÷ (5 + 4 + 3 + 2 + 1) = 265 333.33（元）

第二年折旧额 = (800 000 − 4 000) × 4 ÷ (5 + 4 + 3 + 2 + 1) = 212 266.67（元）

第三年折旧额 = (800 000 − 4 000) × 3 ÷ (5 + 4 + 3 + 2 + 1) = 159 200.00（元）

第四年折旧额 = (800 000 − 4 000) × 2 ÷ (5 + 4 + 3 + 2 + 1) = 106 133.33（元）

第五年折旧额 = (800 000 − 4 000) × 1 ÷ (5 + 4 + 3 + 2 + 1) = 53 066.67（元）

不难看出，双倍余额递减法和年数总和法是加速折旧方法，即在固定资产有效使用年限的前期多提折旧，后期少提折旧，从而相对加快折旧的速度，以使固定资产成本在有效使用年限中加快得到补偿。

加速折旧方法在理论上具有其合理性：首先，固定资产在前期效能高，创造的收入也大。同时，固定资产的大多投资者在投资初期会加大对固定资产的利用程度和利用效率。其次，固定资产的维修费会随着固定资产的使用不断增加；最后，加速折旧方法考虑了无形损耗对固定资产的影响。因此采用加速折旧方法，在最初几年工作效能高，收入大，相应的折旧费用大，符合成本与收入的配比原则。同时，早期多提折旧也符合会计的谨慎性原则的要求。

加速折旧方法具有其科学性和合理性，根据其特点适用于技术进步快，在国民经济中具有重要地位的企业，如电子生产企业、船舶生产企业、化工医药、飞机制造企业、汽车制造企业等。

# 模块一　发出原材料业务的核算

## 任务描述

能够准确计算不同方法下发出原材料的成本；能根据业务单据准确核算发出原材料的业务。

## 业务流程

业务流程见图 3－13。

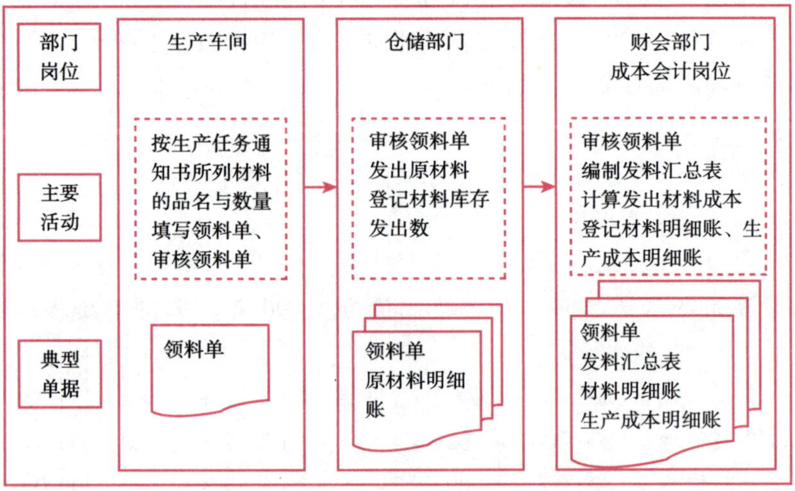


**图 3－13　业务流程图**

## 知识准备

微课：实际成本法下发出材料业务的核算

### 一、实际成本核算法下发出材料的核算

#### （一）发出材料成本的计算方法

实际成本法是指存货的收入、发出和结存都按实际成本进行计价的方法。企业应当根据各种材料的实物流转方式、企业管理的要求、材料的性质等实际情况，合理地选择发出材料成本的计算方法，以合理确定当期发出材料的实际成本。对于性质和用途相同的材料，应当采用相同的成本计算方法确定发出材料的成本。

根据《企业会计准则》的规定，在实际成本法下，企业确定发出材料的成本时，可以采用个别计价法、先进先出法、月末一次加权平均法、移动加权平均法四种方法。计价方法一经选用，不得随意变更。

1. 个别计价法

个别计价法是根据每一个（批）存货的实际进价作为该个（批）发出存货成本的一种方法。个别计价法是假设存货具体项目的实物流转与成本流转相一致。

个别计价法主要适用于能够明确区分每一（批）存货成本，单位价值较高，计量成本的工作量不大，比如珠宝、名画、大型机械、房屋等商品的发出计价，可以采用个别计价法。

其计算公式为：

每批存货发出成本＝每批存货发出数量×该批存货实际进货单价

采用个别计价法，财会部门应按存货购进批次设置存货明细账，业务部门应在发货单上注明批次，仓库部门应按存货购进批次分别堆放。

2. 先进先出法

先进先出法是指以“先购入的存货先发出”这样一种存货流动假设为前提，对发出存货进行计价的一种方法。采用这种方法，先购入的存货成本在后购入存货成本之前转出，据此确定发出存货和期末存货的成本。

动画：先进先出法

例如，某企业202×年6月1日结存甲产品100件，每件单位成本10元，期初产品成本为1 000元；6月8日完工产品500件，单位成本9.5元，该批甲产品成本为4 750元，6月10日出售甲产品200件，则按先进先出法出售的甲产品成本＝100×10＋100×9.5＝1 950（元），这就是先进先出法的计算原理。

具体方法是：收到存货时，逐笔登记收到存货的数量、单价和金额；发出存货时，按照先进先出的原则逐笔登记存货的发出成本和结存金额。

3. 月末一次加权平均法

动画：全月一次加权平均法

月末一次加权平均法是指以本月进货数量与月初结存数量之和作为权数，去除本月全部进货成本与月初存货成本之和，计算出存货的加权平均单位成本，以此为基础计算本月发出存货的成本和期末结存存货成本的一种方法。计算公式如下：

$$\text{存货加权平均单位成本}=\frac{\text{月初库存存货的实际成本}+\sum(\text{本月各批进货的单位成本}\times\text{本月各批进货数量})}{\text{月初库存存货数量}+\text{本月购进存货数量}}$$

本月发出存货的成本＝本月发出存货的数量×加权平均单位成本

月末结存存货的成本＝月初存货成本＋本期购入存货成本－本月发出存货成本

小贴士

日常工作中，计算存货单位成本往往不能整除，计算的结果必须四舍五入，为了保持账面之间的平衡关系，实务中一般先按月末发出存货数量与存货单位成本来计算本期发出存货的金额，然后再倒挤出期末结存存货的成本，计算公式如下：

本月发出存货成本＝发出存货数量×加权平均单位成本

本月结存存货实际成本＝月初结存存货成本＋本月收入存货成本－发出存货成本

4. 移动加权平均法

移动加权平均法是指每次收货以后，立即根据库存存货数量和总成本，计算出新的平均单位成本的一种计算方法。据以计算的移动加权平均单位成本，作为在下次进货前计算发出存货成本依据的一种方法。计算公式如下：

$$\text{存货移动加权平均单位成本}=\frac{\text{本次进货的实际成本}+\text{本次进货前库存存货的实际成本}}{\text{本次进货数量}+\text{本次进货前库存存货数量}}$$

发出存货的成本＝本次发出存货数量×当前移动加权平均单位成本

月末结存存货成本＝月末结存存货的数量×本月最后一次移动加权平均单位成本

或：月末结存存货成本＝月初库存存货的实际成本＋本月收入存货的实际成本－本月发出存货的实际成本

动画：移动加权平均法

### （二）发出材料的会计核算

企业发出材料，应根据“领料单”或“限额领料单”编制记账凭证，并登记入账。由于企业各生产单位及有关部门领用的材料种类繁多、业务频繁，为了简化日常材料核算工作，企业平时可不直接根据领发料凭证填制记账凭证，而是在月末根据当月的领发料凭证，按领用部门和用途进行归类汇总，编制“发料凭证汇总表”，据以进行材料发出的总分类核算。企业发出的材料，根据不同的用途，借记“生产成本”“制造费用”“管理费用”“销售费用”“在建工程”“研发支出”等账户，按发出材料的实际成本，贷记“原材料——××材料”账户。

微课：计划成本法下发出材料业务的核算

## 二、计划成本法下发出材料的核算

### （一）月末结转发出材料的计划成本

计划成本法是指存货的收入、发出和结存都按计划成本进行计价的方法。在计划成本法下，企业一般应在月末，根据日常各部门签发的领料单等原始凭证编制汇总原始凭证——“发料凭证汇总表”，按发出材料的用途，分别依照其计划成本，借记“生产成本”“制造费用”“管理费用”“销售费用”“在建工程”“研发支出”等账户，按发出材料的计划成本，贷记“原材料——××材料”账户。

### （二）月末计算发出材料应负担的成本差异

由于在计划成本法下，原材料的收入、发出及结存都是按计划成本计算的。但企业所要计算的产品成本按照规定又必须是实际成本，所以，到月末，企业应对本月发出材料的计划成本通过材料成本差异的结转，调整为实际成本。

**第一步：**计算材料成本差异率。

$$\text{材料成本差异率}=\frac{\text{月初结存材料的成本差异}\pm\text{本月收入材料的成本差异}}{\text{月初结存材料的计划成本}+\text{本月收入材料的计划成本}}$$

其中，月初结存材料的成本差异如为贷方余额，则是节约差异，金额前用“－”号表示；如为借方余额，则是超支差异。差异（率）计算结果若为正数表示超支差异；若为负数表示节约差异。

**第二步：**计算发出材料应负担的成本差异

发出材料应负担的成本差异＝发出材料的计划成本×材料成本差异率

结存材料应负担的成本差异＝结存材料的计划成本×材料成本差异率

**第三步**：结转发出材料应负担的成本差异

（1）若为超支差异，则借记“生产成本”“制造费用”“销售费用”“管理费用”等账户，按超支差异金额贷记“材料成本差异”账户；

（2）若为节约差异，则借记“材料成本差异”账户，贷记“生产成本”“制造费用”“销售费用”“管理费用”等账户。

### 业务办理 1　采用实际成本法核算领用材料

**【引例分析 3－2】**

依据【项目引例】中的业务 3－1、业务 3－3、业务 3－5、业务 3－8 及 2023 年 11 月 30 日相关账户明细账余额表（见表 3－13），环宇有限责任公司采用实际成本法核算甲材料。若发出甲材料采用个别计价法计价，12 月 6 日发出的 4 000 千克甲材料中，A 产品耗用的 2 000 千克甲材料是月初结存的，B 产品耗用的 2 000 千克甲材料是 3 日购入的；12 月 28 日发出的 2 000 千克甲材料是 15 日购入的。则 2023 年 12 月采购、领用甲材料情况如表 3－15 所示。

**表 3－15**　**甲材料 12 月汇总表**

| | | | | |
|---|---|---|---|---|
| 12 月 1 日 | 月初余额 | 2 000 千克 | 单价 240 元/千克 | 金额 480 000 元 |
| 12 月 3 日 | 购入 | 3 000 千克 | 单价 260 元/千克 | 金额 780 000 元 |
| 12 月 6 日 | 领用 | 4 000 千克 | A 产品耗用的 2 000 千克甲材料是月初结存的<br>B 产品耗用的 2 000 千克甲材料是 3 日购入的 | |
| 12 月 15 日 | 购入 | 2 000 千克 | 单价 250 元/千克 | 金额 500 000 元 |
| 12 月 28 日 | 领用 | 2 000 千克 | A 产品耗用的 2 000 千克甲材料是 15 日购入的 | |

## 操作指导

个别计价法是假设存货具体项目的实物流转与成本流转相一致，以每一批存货的实际进价作为该批发出存货成本的一种方法。采用这一方法时，领用发出的是哪一批材料，就使用该批材料购买时的实际价格。

12 月 6 日发出的 4 000 千克材料系月初结存的 2 000 千克和 12 月 3 日购入的 2 000 千克，应分别按它们的实际采购成本 240 元/千克和 260 元/千克确定单价；12 月 28 日发出的 2 000 千克材料系 12 月 15 日购入的，应按实际采购成本 250 元/千克确定单价。月末结存材料成本也是按实际成本计算确定。同时，要根据发出材料的用途进行账务处理。

**步骤 1**：登记原材料明细账，并在明细账上计算发出材料的成本。原材料明细账如表 3－16 所示。

12 月 6 日发出材料成本 =2 000×240＋2 000×260 =1 000 000（元）

12 月 28 日发出材料成本 =2 000×250 =500 000（元）

12 月 31 日月末结存材料成本 =1 000×260 =260 000（元）

**表 3-16** **原材料明细账**

材料类别：原料与主要材料 材料编号：24001 材料名称及规格：甲材料 3mm

| 2023 年 | | 摘要 | 收入 | | | 发出 | | | 结存 | | |
|---|---|---|---|---|---|---|---|---|---|---|---|
| 月 | 日 | | 数量（千克） | 单价（元/千克） | 金额（元） | 数量（千克） | 单价（元/千克） | 金额（元） | 数量（千克） | 单价（元/千克） | 金额（元） |
| 12 | 1 | 月初余额 | | | | | | | 2 000 | 240 | 480 000 |
| | 3 | 购入 | 3 000 | 260 | 780 000 | | | | | | |
| | 6 | 领用 | | | | 2 000<br>2 000 | 240<br>260 | 480 000<br>520 000 | 1 000 | 260 | 260 000 |
| | 15 | 购入 | 2 000 | 250 | 500 000 | | | | 1 000<br>2 000 | 260<br>250 | 260 000<br>500 000 |
| | 28 | 领用 | | | | 2 000 | 250 | 500 000 | 1 000 | 260 | 260 000 |
| | 31 | 本月合计 | 5 000 | | 1 280 000 | 6 000 | | 1 500 000 | 1 000 | 260 | 260 000 |

**步骤 2：** 根据领料用途和明细账上计算的金额进行会计处理。

12 月 6 日发出材料的账务处理：

借：生产成本——A 产品（直接材料） 480 000

——B 产品（直接材料） 520 000

贷：原材料——甲材料 1 000 000

12 月 28 日发出材料的账务处理：

借：生产成本——A 产品（直接材料） 500 000

贷：原材料——甲材料 500 000

**【引例分析 3-3】**

仍用【引例分析 3-2】的资料，若环宇有限责任公司发出材料的计价方法改为先进先出法。

## 操作指导

先进先出法是假设“先购入的存货先发出”，任何一次领用的材料都是仓库里相对来讲最早购入的那批材料，只有把最先入库的那批材料领用完后，才能从下一批购入的材料中领用。

12 月 6 日发出的 4 000 千克材料应先发出月初结存的 2 000 千克，按实际采购成本 240 元/千克确定单价，而后从 12 月 3 日购入的材料中领用 2 000 千克，按 260 元/千克确定单价；12 月 28 日发出的 2 000 千克材料应先领用 12 月 3 日购入的剩余材料 1 000 千克，按 260 元/千克确定单价，再从 15 日购入的材料中领用 1 000 千克，按 250 元/千克确定单价。同时，要根据发出材料的用途进行账务处理。

**步骤 1：** 登记原材料明细账，并在明细账上计算发出材料的成本。原材料明细账如表 3-17 所示。

**表 3－17**　　**原材料明细账**

材料类别：原料与主要材料　　材料编号：24001　　材料名称及规格：甲材料　3mm

| 2023 年 | | 摘要 | 收入 | | | 发出 | | | 结存 | | |
|---|---|---|---|---|---|---|---|---|---|---|---|
| 月 | 日 | | 数量（千克） | 单价（元/千克） | 金额（元） | 数量（千克） | 单价（元/千克） | 金额（元） | 数量（千克） | 单价（元/千克） | 金额（元） |
| 12 | 1 | 月初余额 | | | | | | | 2 000 | 240 | 480 000 |
| | 3 | 购入 | 3 000 | 260 | 780 000 | | | | 2 000<br>3 000 | 240<br>260 | 480 000<br>780 000 |
| | 6 | 领用 | | | | 2 000<br>2 000 | 240<br>260 | 480 000<br>520 000 | 1 000 | 260 | 260 000 |
| | 15 | 购入 | 2 000 | 250 | 500 000 | | | | 1 000<br>2 000 | 260<br>250 | 260 000<br>500 000 |
| | 28 | 领用 | | | | 1 000<br>1 000 | 260<br>250 | 260 000<br>250 000 | 1 000 | 250 | 250 000 |
| | 31 | 本月合计 | 5 000 | | 1 280 000 | 6 000 | | 1 510 000 | 1 000 | 250 | 250 000 |

12 月 6 日发出材料成本 $=2\ 000\times240+2\ 000\times260=1\ 000\ 000$（元）

12 月 28 日发出材料成本 $=1\ 000\times260+1\ 000\times250=510\ 000$（元）

12 月 31 日月末结存材料成本 $=1\ 000\times250=250\ 000$（元）

**步骤 2**：根据领料用途和明细账上计算的金额进行会计处理。

12 月 6 日发出材料的账务处理：

借：生产成本——A 产品（直接材料）　480 000

　　　　　　——B 产品（直接材料）　520 000

　贷：原材料——甲材料　1 000 000

12 月 28 日发出材料的账务处理：

借：生产成本——A 产品（直接材料）　510 000

　贷：原材料——甲材料　510 000

**【引例分析 3－4】**

仍用【引例分析 3－2】的资料，若环宇有限责任公司发出材料按月末一次加权平均法计价。

## 操作指导

月末一次加权平均法是企业在平时发出材料时，只记录发出材料的数量，不计算发出材料的成本金额，在月末时用本月购入材料的进货成本与月初结存存货成本之和除以本月进货数量与月初结存数量之和，计算出存货的加权平均单位成本，再用这个加权平均单位成本分别乘以发出材料的数量与月末结存材料的数量，分别计算本月发出存货的成本和期末结存存货成本。如果加权平均单价除不尽，一般采用“倒挤法”，先计算出本月发出存货成本，再倒挤出期末结存存货的成本。

12 月 6 日发出的 4 000 千克材料和 12 月 28 日发出的 2 000 千克材料只登记发出材料的数量，平时不计算发出材料的成本。月末计算材料的加权平均单价，再一并计算本月发出存货的成本和期末结存存货成本；同时，要根据发出材料的用途进行账务处理。

**步骤 1**：登记原材料明细账，并在明细账上计算发出材料的成本。原材料明细账如表 3－18 所示。

**表 3－18** **原材料明细账**

材料类别：原料与主要材料　　材料编号：24001　　材料名称及规格：甲材料　3mm

| 2023 年 | | 摘要 | 收入 | | | 发出 | | | 结存 | | |
|---|---|---|---|---|---|---|---|---|---|---|---|
| 月 | 日 | | 数量（千克） | 单价（元/千克） | 金额（元） | 数量（千克） | 单价（元/千克） | 金额（元） | 数量（千克） | 单价（元/千克） | 金额（元） |
| 12 | 1 | 月初余额 | | | | | | | 2 000 | 240 | 480 000 |
| | 3 | 购入 | 3 000 | 260 | 780 000 | | | | 5 000 | | |
| | 6 | 领用 | | | | 4 000 | | | 1 000 | | |
| | 15 | 购入 | 2 000 | 250 | 500 000 | | | | 3 000 | | |
| | 28 | 领用 | | | | 2 000 | | | 1 000 | | |
| | 31 | 结转成本 | | | | 6 000 | 251 | 1 506 000 | | | |
| | 31 | 本月合计 | 5 000 | | 1 280 000 | 6 000 | 251 | 1 506 000 | 1 000 | | 254 000 |

材料加权平均单位成本＝（480 000＋780 000＋500 000）÷（2 000＋3 000＋2 000）≈251（元）

本月发出材料成本＝（4 000＋2 000）×251＝1 506 000（元）

期末结存材料成本＝（480 000＋780 000＋500 000）－1 506 000＝254 000（元）

**步骤 2**：把本月发出材料成本 1 506 000 元在 A、B 产品之间进行分配。

A 产品应负担的材料费用＝4 000×251＝1 004 000（元）

B 产品应负担的材料费用＝1 506 000－1 004 000＝502 000（元）

**步骤 3**：根据分配结果进行会计处理。

12 月 31 日发出材料的账务处理：

借：生产成本——A 产品（直接材料）　　1 004 000

　　　　　　——B 产品（直接材料）　　502 000

　　贷：原材料——甲材料　　1 506 000

**【引例分析 3－5】**

仍用【引例分析 3－2】的资料，若环宇有限责任公司发出材料采用移动加权平均法计价。

## 操作指导

移动加权平均法是指每次收货以后，立即根据库存存货数量和总成本，计算出新的平均单位成本的一种计算方法。发出存货的成本按最近的平均单位成本乘以发出数量计算得出。

12 月 3 日购入 3 000 千克材料，则要计算购入后的平均单位成本。12 月 6 日领用材料 4 000 千克，按 12 月 3 日计算的平均单位成本乘以领用数量确定发出存货成本。12 月 15 日购入材料 2 000 千克，则需要再次计算平均单位成本，12 月 28 日领用材料的平均单位成本按 12 月 15 日计算的结果确定，期末结存材料成本按 12 月 15 日计算的平均单位成本乘以期末结存数量或采用倒挤的方法确定。同时，要根据发出材料用途进行账务处理。

**步骤 1**：登记原材料明细账，并在明细账上计算发出材料的成本。原材料明细账如表 3－19 所示。

**表 3－19**　　**原材料明细账**

材料类别：原料与主要材料　　材料编号：24001　　材料名称及规格：甲材料　3mm

| 2023 年 | | 摘要 | 收入 | | | 发出 | | | 结存 | | |
|---|---|---|---|---|---|---|---|---|---|---|---|
| 月 | 日 | | 数量（千克） | 单价（元/千克） | 金额（元） | 数量（千克） | 单价（元/千克） | 金额（元） | 数量（千克） | 单价（元/千克） | 金额（元） |
| 12 | 1 | 月初余额 | | | | | | | 2 000 | 240 | 480 000 |
| | 3 | 购入 | 3 000 | 260 | 780 000 | | | | 5 000 | 252 | 1 260 000 |
| | 6 | 领用 | | | | 4 000 | 252 | 1 008 000 | 1 000 | | 252 000 |
| | 15 | 购入 | 2 000 | 250 | 500 000 | | | | 3 000 | 251 | 752 000 |
| | 28 | 领用 | | | | 2 000 | 251 | 502 000 | 1 000 | | 250 000 |
| | 31 | 本月合计 | 5 000 | | 1 280 000 | 6 000 | | 1 510 000 | 1 000 | | 250 000 |

12 月 3 日购入材料：平均单位成本 =（480 000 + 780 000）÷（2 000 + 3 000）= 252（元）

12 月 6 日领用材料成本 = 4 000 × 252 = 1 008 000（元）

12 月 6 日领料后结存材料成本 = 1 260 000 − 1 008 000 = 252 000（元）

12 月 15 日购入材料：平均单位成本 =（252 000 + 500 000）÷（1 000 + 2 000）≈ 251（元）

12 月 28 日领用材料成本 = 2 000 × 251 = 502 000（元）

12 月 31 日结存材料成本 = 752 000 − 502 000 = 250 000（元）

**步骤 2**：把 12 月 6 日发出材料成本 1 008 000 元在 A、B 产品之间进行分配。

A 产品应负担的材料费用 = 2 000 × 252 = 504 000（元）

B 产品应负担的材料费用 = 1 008 000 − 504 000 = 504 000（元）

**步骤 3**：根据领料用途和明细账上计算的金额进行会计处理。

12 月 6 日发出材料的账务处理：

借：生产成本——A 产品（直接材料）　　504 000
　　　　　　——B 产品（直接材料）　　504 000
　　贷：原材料——甲材料　　1 008 000

12 月 28 日发出材料的账务处理：

借：生产成本——A 产品（直接材料）　　502 000
　　贷：原材料——甲材料　　502 000

### 业务办理 2　采用计划成本法核算领用材料

**【引例分析 3－6】**

环宇有限责任公司原材料——丙材料采用计划成本核算。依据【项目引例】中的业务 3－2、业务 3－3、业务 3－6 及 2023 年 11 月 30 日相关账户明细账余额表（见表 3－13）可知，2023 年 11 月 30 日，丙材料期初结存 50 000 元，材料成本差异为节约 5 000 元。10 日，环宇有限责任公司从南澳有限责任公司购入丙材料 150 件，单价 4 900 元/件，价款为 735 000 元，增值税为 95 550 元（增值税发票已做用途确认），全部货款尚未支付，材料已到并验收入库。丙材料的计划单价为 5 000 元/件，则该批材料计划成本为 750 000 元。

动画：计划成本法

## 操作指导

材料如果按计划成本进行核算，对收入、发出应按以下五个步骤进行：一是核算实际成本；二是按计划成本验收入库；三是结转采购中形成的材料成本差异；四是按计划成本记录发出材料；五是计算分摊发出材料应分摊的差异。

**步骤 1**：根据增值税专用发票进行采购的核算，对【项目引例】中的业务 3－2 进行会计处理。

借：材料采购——丙材料　　735 000
　　应交税费——应交增值税（进项税额）　　95 550
　　贷：应付账款——南澳公司　　830 550

**步骤 2**：根据收料单进行材料入库的核算，对【项目引例】中的业务 3－2 进行会计处理。

借：原材料——丙材料　　750 000
　　贷：材料采购——丙材料　　750 000

**步骤 3**：根据入库材料的实际成本与计划成本结转“材料成本差异”。

借：材料采购——丙材料　　15 000
　　贷：材料成本差异　　15 000

**步骤 4**：根据发料凭证汇总表（见表 3－20）对发出材料进行核算。

表 3 - 20　**发料凭证汇总表**

2023 年 12 月 31 日　单位：元

| 会计科目 | 领用部门和用途 | 丙材料 | | |
|---|---|---|---|---|
| | | 计划成本 | 差异率 | 差异额 |
| 生产成本 | 甲产品 | 60 000 | | -1 500 |
| | 乙产品 | 40 000 | | -1 000 |
| | 小计 | 100 000 | | -2 500 |
| 制造费用 | 一车间 | 10 000 | | -250 |
| 管理费用 | 人事科 | 10 000 | | -250 |
| 合计 | | 120 000 | -2.5% | -3 000 |

借：生产成本——甲产品（直接材料）　60 000
　　　　　　——乙产品（直接材料）　40 000
　　制造费用——一车间（材料费）　10 000
　　管理费用——材料费　10 000
　　贷：原材料——丙材料　120 000

**步骤 5**：计算发出材料应分摊的差异。

$$材料成本差异率=\frac{-5\ 000+(-15\ 000)}{50\ 000+750\ 000}=-2.5\%$$

发出材料应负担的成本差异 = 发出材料的计划成本 × 材料成本差异率

具体计算结果如表 3 - 20 所示。

借：材料成本差异　3 000
　　贷：生产成本——甲产品（直接材料）　1 500
　　　　　　　　——乙产品（直接材料）　1 000
　　　　制造费用——材料费　250
　　　　管理费用——材料费　250

**课程思政案例**

### 成本节约——企业盈利的关键

有人说，靠着“节约”，邯郸钢铁成功进入了上市公司 50 强。有一次，邯钢三轧钢厂的职工发现，为使产品的包装质量符合公司要求，修剪线材头尾一个月达上百吨，由此造成的损失超过 6 万元，为了降低成本，职工自发对卷线机进行了技术改造，在充分保证包装质量的前提下，轧用量降低 40%。像这样的例子，在邯钢数不胜数，而正是从这些小处着手，邯钢“节约”下来一笔巨款，最终构筑起一个上市公司 50 强。邯钢的“节约”靠的是制度和机制。“节约”二字，说时容易做时难，邯钢公司经过多年坚持不懈地深化完善“模拟市场核算、实行成本否定”的管理机制，生产成本不断下降，企业效益逐年上升。

邯钢的“节约”不是被动的，更不是收缩性的，相反它已经成为企业不断健康发展的动力源泉。邯钢讲成本控制应用与技术改造和项目建设，使得“节约”又成为企业发展的动力。邯钢曾想引进一台高速线材轧机，但后来经过测算，只引进了其关键的精轧部分和控冷部分，企业由国内配套制造，这样，仅花了6 000万元，节约了几亿元资金。

问题：结合邯钢“节约”案例，你认为节约的本质是什么？作为个人，生活中应该怎么做？

分析提示：企业经营的目的是盈利，节俭是企业盈利的一种重要手段，节俭靠的是全体员工的共同努力，降低成本。靠着“节约”，靠着从细微之处加强管理，邯钢公司能够在近几年不甚景气的钢铁行业中立于不败之地。邯钢的成功向我们述说着这样的道理：一个企业，唯有重其“细”重其“微”，才能真正得其“强”得其“大”。

俗话说“细雨落成河，粒米凑成箩”，作为个人，要时刻认识到勤俭节约既是中华民族的优良传统，也是一种良好的个人素养，节约一滴水、一度电、一张纸、一粒米，从小事做起，把节俭真正落实到行动，养成勤俭节约的好习惯。

# 模块二　应付职工薪酬业务的核算

## 任务描述

掌握职工薪酬的核算内容，能审核工资结算汇总表并准确核算工资分配与工资发放业务。

## 业务流程

业务流程见图3－14。

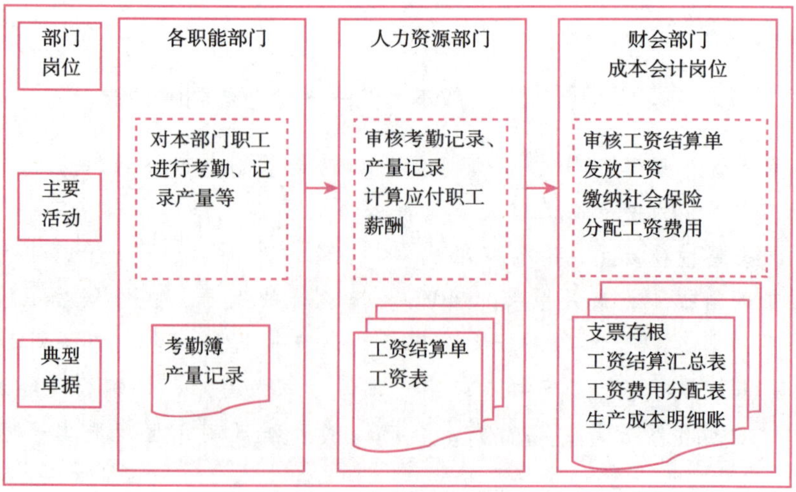


图3－14　业务流程图

## 知识准备

### 一、应付职工薪酬的定义

职工薪酬，是指企业为获得职工提供的服务或解除劳动关系而给予的各种形式的报酬或补偿。企业提供给职工配偶、子女、受赡养人、已故员工遗属及其他受益人等的福利，也属于职工薪酬。

微课：应付职工薪酬业务的核算

这里所称的“职工”主要包括三类人员：一是与企业订立劳动合同的所有人员，含全职、兼职和临时职工；二是未与企业订立劳动合同，但由企业正式任命的企业治理层和管理层人员，如董事会成员、监事会成员等；三是在企业的计划和控制下，虽未与企业订立劳动合同或未由其正式任命，但向企业所提供服务与职工所提供服务类似的人员，也属于职工的范畴，包括通过企业与劳务中介公司签订用工合同而向企业提供服务的人员。

### 二、应付职工薪酬的内容

职工薪酬包括短期薪酬、离职后福利、辞退福利和其他长期职工福利。

#### （一）短期薪酬

短期薪酬，是指企业在职工提供相关服务的年度报告期间结束后 12 个月内需要全部予以支付的职工薪酬，因解除与职工的劳动关系给予的补偿除外。包括货币性职工薪酬与非货币性职工薪酬。具体包括以下几种。

动画：职工薪酬的范围

1. 职工工资、奖金、津贴和补贴

工资，是指支付给职工的计时工资和计件工资。

奖金，是指支付给职工的超额劳动报酬和增收节支的劳动报酬。如生产奖，包括超产奖、质量奖、安全奖、考核各项经济指标的综合奖、年终奖、劳动分红等。又如劳动竞赛奖，包括发给劳动模范、先进个人的各种奖金和实物奖励等。

津贴和补贴，是指为了补偿职工特殊或额外的劳动消耗和因其他特殊原因支付给职工的津贴，以及为了保证职工工资水平不受物价影响支付的物价补贴，包括补偿职工特殊或额外劳动消耗的津贴（如高空津贴、井下津贴等），保健津贴，技术性津贴，工龄津贴及其他津贴（如直接支付的伙食津贴、合同制职工工资性补贴及书报费等）。

2. 职工福利费

职工福利费主要包括企业向职工提供的生活困难补助、丧葬补助费、抚恤费、职工异地安家费、防暑降温费等职工福利支出。

动画：社会保险

3. 社会保险费

社会保险费，是指企业按照国家规定的基准和比例计算，向社会保险经办机构缴纳的养老保险费、医疗保险费、工伤保险费、失业保险费和生育保险。

动画：住房公积金

4. 住房公积金

住房公积金，是指企业按照国家规定的基准和比例计算，向住房公积金管理机构缴存的住房公积金。

5. 工会经费和职工教育经费

工会经费和职工教育经费，是指企业为了改善职工文化生活、为职工学习先进技术和提高文化水平和业务素质，用于开展工会活动和职工教育及职业技能培训等相关支出。

6. 短期带薪休假

短期带薪休假，是指职工虽然休假但企业仍向其支付报酬的安排，包括年休假、病假、婚假、产假、丧假、探亲假等。长期带薪休假属于其他长期职工福利。

7. 短期利润分享计划

短期利润分享计划，是指因职工提供服务而与职工达成的基于利润或其他经营成果提供薪酬的协议。长期利润分享计划属于其他长期职工福利。

8. 其他短期薪酬

其他短期薪酬，是指除上述薪酬以外的其他为获得职工提供的服务而给予的短期薪酬。

### （二）离职后福利

离职后福利，是指企业为获得职工提供的服务而在职工退休或与企业解除劳动关系后，提供的各种形式的报酬和福利，短期薪酬和辞退福利除外。企业应当将离职后福利计划分类为设定提存计划和设定受益计划。离职后福利计划，是指企业与职工就离职后福利达成的协议，或者企业为向职工提供离职后福利制定的规章或办法等。其中，设定提存计划，是指向独立的基金缴存固定费用后，企业不再承担进一步支付义务的离职后福利计划；设定受益计划，是指除设定提存计划以外的离职后福利计划。

### （三）辞退福利

辞退福利，是指企业在职工劳动合同到期之前解除与职工的劳动关系，或者为鼓励职工自愿接受裁减而给予职工的补偿。

### （四）其他长期职工福利

其他长期职工福利，是指除短期薪酬、离职后福利、辞退福利之外所有的职工薪酬，包括长期带薪缺勤、长期残疾福利、长期利润分享计划等。

## 业务办理1　分配职工薪酬

**【引例分析3-7】**

### 操作指导

环宇有限责任公司财务部根据人力资源部门提供的“职工工资结算单”

（见表 3－9），编制“职工薪酬结算汇总表”（见表 3－21）。计算确认各车间、部门应付职工薪酬、代扣社保费、住房公积金和个人所得税金额并进行会计处理。

“职工工资结算单”用以计算每一位职工应得的薪酬、代扣社保费、住房公积金和个人所得税。但财会部门无法根据“职工工资结算单”进行会计处理，而应先编制“职工薪酬结算汇总表”，按车间、部门汇总计算确认各车间、部门应付职工薪酬、代扣社保费、住房公积金和个人所得税金额，再进行会计处理，包括确认“应付职工薪酬”、计提本月由企业负担的各项社会保险费。

**步骤 1**：编制“职工薪酬结算汇总表”（见表 3－21）。

根据“职工薪酬结算汇总表”中“应付职工薪酬”项目，分配工资费用，确认应付职工薪酬，编制会计分录：

| | | |
|---|---|---|
| 借：生产成本——A 产品（直接人工） | 132 000 | |
| ——B 产品（直接人工） | 66 000 | |
| ——C 产品（直接人工） | 118 800 | |
| 制造费用——一车间（工资） | 14 100 | |
| ——二车间（工资） | 11 100 | |
| 销售费用——工资 | 44 500 | |
| 管理费用——工资 | 29 800 | |
| 贷：应付职工薪酬——工资 | | 416 300 |

**步骤 2**：计提本月由企业负担的各项社会保险费。

根据“社会保险费及基金计提表”（见表 3－22），编制会计分录：

| | | |
|---|---|---|
| 借：生产成本——A 产品（社会保险及住房公积金） | 33 472 | |
| ——B 产品（社会保险及住房公积金） | 16 876 | |
| ——C 产品（社会保险及住房公积金） | 29 242 | |
| 制造费用——一车间（社会保险及住房公积金） | 3 193 | |
| ——二车间（社会保险及住房公积金） | 2 599 | |
| 销售费用——社会保险及住房公积金 | 11 147 | |
| 管理费用——社会保险及住房公积金 | 7 631 | |
| 贷：应付职工薪酬——社会保险费 | | 79 782 |
| ——住房公积金 | | 24 378 |

**步骤 3**：根据“职工薪酬结算汇总表”代扣个人负担的社会保险费、住房公积金以及个人所得税（见表 3－21），编制会计分录：

| | | |
|---|---|---|
| 借：应付职工薪酬——工资 | 95 403 | |
| 贷：其他应付款——社会保险费 | | 67 862 |
| ——住房公积金 | | 24 378 |
| 应交税费——应交个人所得税 | | 3 163 |

案例：案例解析个人所得税的计算

视频：新个人所得税法政策解读

表 3－21

**职工薪酬结算汇总表**

2023 年 12 月 31 日

单位：元

| 部门 | | 基本工资 | 岗位工资 | 伙食补贴 | 交通补贴 | 奖金 | 应付职工薪酬 | 代扣款项 | | | | 实发职工薪酬 |
|---|---|---|---|---|---|---|---|---|---|---|---|---|
| | | | | | | | | 社会保险 | 住房公积金 | 个人所得税 | 合计 | |
| 一车间 | 生产工人（A 产品） | 70 000 | 24 000 | 12 000 | 6 000 | 20 000 | 132 000 | 22 160 | 7 920 | 735 | 30 815 | 101 185 |
| | 生产工人（B 产品） | 35 000 | 12 000 | 6 000 | 3 000 | 10 000 | 66 000 | 11 000 | 3 960 | 480 | 15 440 | 50 560 |
| | 管理人员 | 5 000 | 4 500 | 600 | 1 000 | 3 000 | 14 100 | 1 200 | 510 | 273 | 1 983 | 12 117 |
| | 小计 | 110 000 | 40 500 | 18 600 | 10 000 | 33 000 | 212 100 | 34 360 | 12 390 | 1 327 | 48 077 | 164 023 |
| 二车间 | 生产工人（C 产品） | 63 000 | 21 600 | 10 800 | 5 400 | 18 000 | 118 800 | 19 944 | 7 056 | 774 | 27 774 | 91 026 |
| | 管理人员 | 4 500 | 4 000 | 600 | 1 000 | 1 000 | 11 100 | 1 082 | 474 | 183 | 1 739 | 9 361 |
| | 小计 | 67 500 | 25 600 | 11 400 | 6 400 | 19 000 | 129 900 | 21 026 | 7 530 | 957 | 29 513 | 100 387 |
| 专设销售机构 | | 16 000 | 6 000 | 3 000 | 5 000 | 14 500 | 44 500 | 7 472 | 2 670 | 585 | 10 727 | 33 773 |
| 管理部门 | | 16 000 | 4 900 | 2 400 | 2 000 | 4 500 | 29 800 | 5 004 | 1 788 | 294 | 7 086 | 22 714 |
| 合计 | | 209 500 | 77 000 | 35 400 | 23 400 | 71 000 | 416 300 | 67 862 | 24 378 | 3 163 | 95 403 | 320 897 |

表 3－22

**社会保险费及基金计提表**

2023 年 12 月 31 日

单位：元

| 部门 | | 应付职工薪酬 | 养老保险 | 医疗保险 | 失业保险 | 住房公积金 | 工伤保险 | 大病医疗 | 合计 |
|---|---|---|---|---|---|---|---|---|---|
| 一车间 | 生产工人（A 产品） | 132 000 | 15 840 | 6 336 | 1 584 | 7 920 | 792 | 1 000 | 33 472 |
| | 生产工人（B 产品） | 66 000 | 7 920 | 3 168 | 792 | 3 960 | 396 | 640 | 16 876 |
| | 管理人员 | 14 100 | 1 692 | 677 | 169 | 510 | 85 | 60 | 3 193 |
| | 小计 | 212 100 | 25 452 | 10 181 | 2 545 | 12 390 | 1 273 | 1 700 | 53 541 |
| 二车间 | 生产工人（C 产品） | 118 800 | 14 256 | 5 702 | 1 425 | 7 056 | 713 | 90 | 29 242 |
| | 管理人员 | 11 100 | 1 332 | 533 | 133 | 474 | 67 | 60 | 2 599 |
| | 小计 | 129 900 | 15 588 | 6 235 | 1 558 | 7 530 | 779 | 150 | 31 841 |
| 专设销售机构 | | 44 500 | 5 340 | 2 136 | 534 | 2 670 | 267 | 200 | 11 147 |
| 管理部门 | | 29 800 | 3 576 | 1 430 | 358 | 1 788 | 179 | 300 | 7 631 |
| 合计 | | 416 300 | 49 956 | 19 982 | 4 995 | 24 378 | 2 498 | 2 350 | 104 160 |

小贴士

**“五险一金”是什么?**

五险一金包括养老保险、医疗保险、工伤保险、失业保险、生育保险（五险）和住房公积金（一金）。其中，自2020年1月1日起，按照保留险种、保障待遇、统一管理、降低成本的总体思路，实现生育保险和医疗保险合并实施。五险一金缴纳比例按工资基数确定，其中养老保险、失业保险、医疗保险是企业与员工共同承担的，工伤保险和生育保险由企业完全承担。我国规定，企业必须按照一定比例为员工缴纳五险，但一金并不是法定的，辞职后五险一金可以办理转移。请收集资料，查查你所在城市的五险一金个人和企业缴纳比例是多少?

## 业务办理2　发放职工薪酬

**【引例分析3－8】**

环宇有限责任公司财务部根据“职工工资结算单”（见表3－9)、【项目引例】中的业务3－9委托银行发放工资。

### 操作指导

企业工资的发放，一般都是委托银行代为发放。财会部门应根据“职工薪酬结算汇总表”（见表3－21）确定的“实际工资”数，签发转账支票一张，委托开户银行办理代发工资转存银行卡业务。工资发放清单送交银行，并经银行审核发放。根据“支票存根”和“职工薪酬结算汇总表”进行会计处理，而后把代扣的“社会保险”“住房公积金”“个人所得税”和计提的由企业负担的“五险一金”一并上交给有关部门。

**步骤1**：签发转账支票一张（存根见图3－15)，委托开户银行办理代发工资转存银行卡业务。

中国工商银行
转账支票存根
$\frac{BB}{02}$ 08867711
附加信息

出票日期：2023年1月5日

| | |
|---|---|
| 收款人： | 环宇有限责任公司 |
| 金　额： | ¥320897 |
| 用　途： | 支付工资 |

单位主管：　　　会计：

**图3－15　转账支票存根**

借：应付职工薪酬——工资 320 897

　　贷：银行存款——中国工商银行 320 897

**步骤 2**：分别向人社部门和住房公积金管理部门上交社会保险费、住房公积金及个人所得税，根据申报缴纳的凭据和银行的付款通知编制会计分录。

案例：十大个税反避税典型案例

借：其他应付款——社会保险费 67 862

　　　　　　——住房公积金 24 378

　　应付职工薪酬——社会保险费 79 782

　　　　　　　——住房公积金 24 378

　　应交税费——应交个人所得税 3 163

　　贷：银行存款——中国工商银行 199 563

**课程思政案例**

### 诚实守信　遵纪守法

2018 年国庆长假期间，范冰冰“阴阳合同”偷逃税案尘埃落定，新华社 10 月 3 日报道，国家税务部门公布了该案办理情况，范冰冰被责令按期缴纳税款、滞纳金、罚款合计 8.83 亿余元，免除刑事处罚。范冰冰经纪人因故意销毁会计凭证、会计账簿，涉嫌犯罪被公安机关采取刑事强制措施。当日中午 12 时，范冰冰微博发出致歉信，表示对自己的所作所为深感羞愧，对于处罚决定将尽全力克服一切困难筹措资金，补缴税款以及罚款。

资料来源：央视新闻官方微博，2018 年 10 月 3 日。

问题：根据案例资料，思考范冰冰案警示了什么？

分析提示：范冰冰案是我国税务部门近年来处理的个人偷逃税款金额较大的案件。我国《刑法》规定，纳税人采取欺骗、隐瞒手段进行虚假纳税申报或者不申报，逃避缴纳税款数额较大并且占应纳税额百分之十以上的，处三年以下有期徒刑或者拘役，并处罚金；数额巨大并且占应纳税额百分之三十以上的，处三年以上七年以下有期徒刑，并处罚金。

《刑法》还规定，隐匿或者故意销毁依法应当保存的会计凭证、会计账簿、财务会计报告，情节严重的，处五年以下有期徒刑或者拘役，并处或者单处二万元以上二十万元以下罚金。单位犯前款罪的，对单位判处罚金，并对其直接负责的主管人员和其他直接责任人员，依照前款的规定处罚。

因此，无论是单位还是个人依法纳税的底线不容触碰。税务部门依法对该案件作出处罚，体现了法治精神。诚信纳税，人人有责，公民有依法纳税的维护社会的公平和正义的义务。

作为会计人员或相关责任人要做到公私分明，不贪不占，遵纪守法，时刻树立诚信理念，不断提升诚信素养，并要有责任意识和责任担当。

# 模块三　制造费用业务的核算

## 任务描述

掌握制造费用归集、分配的方法与账务处理，能登记制造费用明细账，编制“制造费用分配表”。

## 业务流程

业务流程如图 3－16 所示。

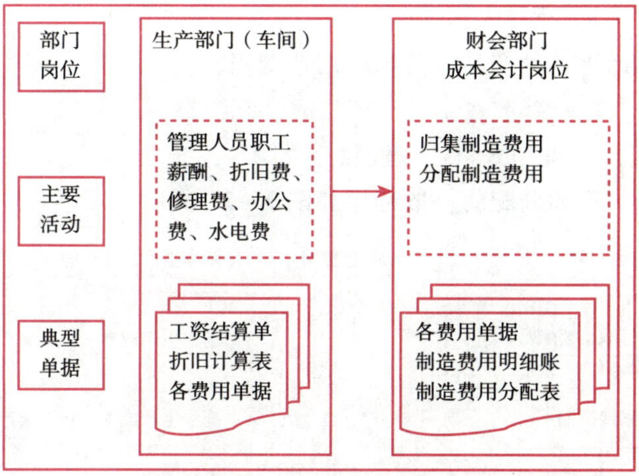


**图 3－16　业务流程图**

## 知识准备

### 一、认知制造费用

制造费用是指企业生产单位（车间、部门）为组织和管理生产所发生的各项间接费用，主要包括生产单位管理人员工资等职工薪酬、生产单位固定资产的折旧费、办公费、水电费、差旅费、运输费、保险费、设计制图费、试验检验费、机物料消耗、低值易耗品摊销、劳动保护费等。

### 二、制造费用归集和分配

#### （一）制造费用归集

制造费用的归集一般是通过设置、登记“制造费用明细账”来完成。它按不同的生产车间（或部门）设置，用多栏式账页，分费用进行归集。

### （二）制造费用分配

制造费用归集汇总后，应于月末分配给各受益对象（成本对象）。对于只生产一种产品或劳务的生产单位，制造费用可以直接转入该产品或劳务明细账中的“制造费用”项目，不存在分配的问题；但对于生产多种产品或劳务的生产单位，则所归集的制造费用需要采用适当的标准在各受益对象（成本对象）之间分配。制造费用的分配标准主要有生产工人工资、产品产量、生产工时、机器工时、耗用材料数量或成本、产品直接费用等。企业在选择分配标准时需要考虑分配标准与制造费用之间存在客观的因果比例关系，各应承担制造费用的对象都应具有该分配标准的资料且容易取得，然后选择合适的分配标准。

微课：制造费用业务的核算

1. 制造费用分配步骤

第一步，计算分配率。

分配率 = 制造费用总额 ÷ 分配标准合计

案例：先进制造之绿色制造

第二步，计算各种产品应负担的制造费用。

某产品应负担的制造费用 = 该产品的分配标准 × 分配率

2. 制造费用归集和分配的一般程序

制造费用归集和分配的一般程序如图 3－17 所示。

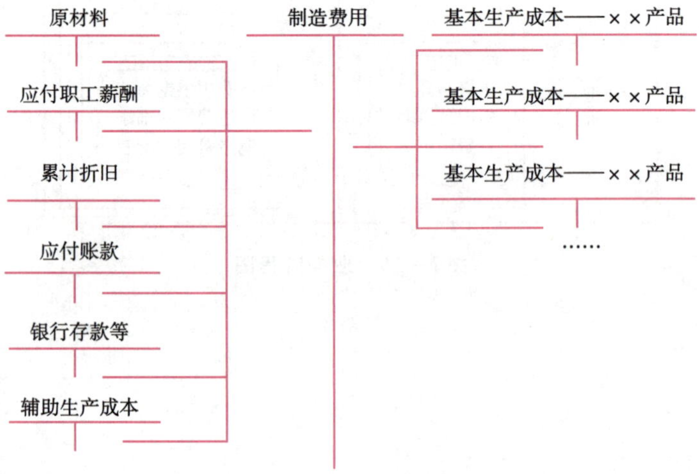


**图 3－17　制造费用归集和分配的一般程序**

#### 业务办理 1　归集制造费用

**【引例分析 3－9】**

根据【项目引例】，环宇有限责任公司财务部归集 2023 年 12 月份一车间制造费用。

#### 操作指导

对于生产部门（车间）发生的各项间接费用，应分车间设置“制造费用明细账”进行归集。

**步骤1**：根据经济业务编制有关会计分录（记账凭证）如下（为方便分析，部分已在任务一、任务二进行了分析处理的业务，本处也进行了归集）：

动画：怎样理解制造费用

1. 车间领用工具（业务3－4）

借：制造费用——一车间（低值易耗品）　13 300<br>
　　贷：周转材料——低值易耗品（工具）　13 300

2. 一车间支付办公费（业务3－7）

借：制造费用——一车间（办公费）　4 880<br>
　　贷：银行存款　4 880

3. 分配材料费【引例分析3－6】

借：生产成本——甲产品（直接材料）　60 000<br>
　　　　　　——乙产品（直接材料）　40 000<br>
　　制造费用——一车间（材料费）　10 000<br>
　　管理费用——材料费　10 000<br>
　　贷：原材料——丙材料　120 000

借：材料成本差异　3 000<br>
　　贷：生产成本——甲产品（直接材料）　1 500<br>
　　　　　　　　——乙产品（直接材料）　1 000<br>
　　　　制造费用——一车间（材料费）　250<br>
　　　　管理费用——材料费　250

4. 分配12月工资（引例分析3－7）

借：生产成本——A产品（直接人工）　132 000<br>
　　　　　　——B产品（直接人工）　66 000<br>
　　　　　　——C产品（直接人工）　118 800<br>
　　制造费用——一车间（工资）　14 100<br>
　　　　　　——二车间（工资）　11 100<br>
　　销售费用——工资　44 500<br>
　　管理费用——工资　29 800<br>
　　贷：应付职工薪酬——工资　416 300

5. 计提12月由企业负担的各项社会保险费及住房公积金（引例分析3－7）

借：生产成本——A产品（社会保险及住房公积金）　33 472<br>
　　　　　　——B产品（社会保险及住房公积金）　16 876<br>
　　　　　　——C产品（社会保险及住房公积金）　29 242<br>
　　制造费用——一车间（社会保险及住房公积金）　3 193<br>
　　　　　　——二车间（社会保险及住房公积金）　2 599<br>
　　销售费用——社会保险及住房公积金　11 147<br>
　　管理费用——社会保险及住房公积金　7 631<br>
　　贷：应付职工薪酬——社会保险费　79 782

——住房公积金 24 378

6. 计提12月固定资产折旧费（业务3－10）

借：制造费用——一车间（折旧费） 54 000

——二车间（折旧费） 48 000

辅助生产成本——机修车间（折旧费） 21 000

管理费用——折旧费 14 400

贷：累计折旧 137 400

7. 分配12月水费、电费（业务3－11）

借：制造费用——一车间（水费） 504

——二车间（水费） 420

辅助生产成本——机修车间（水费） 126

管理费用——水费 84

贷：应付账款——水厂 1 134

借：制造费用——一车间（电费） 8 400

——二车间（电费） 6 600

辅助生产成本——机修车间（电费） 1 800

管理费用——电费 2 400

贷：应付账款——电厂 19 200

8. 分配辅助生产费用

辅助生产费用＝21 000＋126＋1 800＝22 926（元）

一车间应分配的辅助生产费用＝22 926÷(500＋300)×500

＝14 329（元）

二车间应分配的辅助生产费用＝22 926－14 329＝8 597（元）

借：制造费用——一车间（修理费） 14 329

——二车间（修理费） 8 597

贷：辅助生产成本——机修车间 22 926

**步骤2**：设置制造费用明细账（见表3－23），并根据上述会计分录（记账凭证）登记制造费用明细账。

**表3－23** **制造费用明细账**

单位：第一车间 单位：元

| 2023年 | | 凭证号数 | 摘要 | 费用项目 | | | | | | | | | |
|---|---|---|---|---|---|---|---|---|---|---|---|---|---|
| 月 | 日 | | | 低值易耗品摊销 | 办公费 | 材料费 | 材料成本差异 | 工资 | 社保费及住房公积金 | 折旧费 | 水费 | 电费 | 修理费 |
| 12 | 11 | 略 | 摊销低值易耗品 | 13 300 | | | | | | | | | |
| 12 | 19 | | 支付办公费 | | 4 880 | | | | | | | | |
| 12 | 31 | | 领用材料费 | | | 10 000 | | | | | | | |

续表

| 2023 年 | | 凭证号数 | 摘要 | 费用项目 | | | | | | | | | |
|---|---|---|---|---|---|---|---|---|---|---|---|---|---|
| 月 | 日 | | | 低值易耗品摊销 | 办公费 | 材料费 | 材料成本差异 | 工资 | 社保费及住房公积金 | 折旧费 | 水费 | 电费 | 修理费 |
| 12 | 31 | 略 | 分摊材料成本差异 | | | | -250 | | | | | | |
| 12 | 31 | | 计提工资费 | | | | | 14 100 | | | | | |
| 12 | 31 | | 计提社保费及住房公积金 | | | | | | 3 193 | | | | |
| 12 | 31 | | 计提固定资产折旧费 | | | | | | | 54 000 | | | |
| 12 | 31 | | 分配水费 | | | | | | | | 504 | | |
| 12 | 31 | | 分配电费 | | | | | | | | | 8 400 | |
| 12 | 31 | | 分配修理费 | | | | | | | | | | 14 329 |
| 本月合计 | | | | 13 300 | 4 880 | 10 000 | -250 | 14 100 | 3 193 | 54 000 | 504 | 8 400 | 14 329 |
| | | | | 122 456 | | | | | | | | | |

## 业务办理 2　分配制造费用

**【引例分析 3-10】**

依据【项目引例】，以环宇有限责任公司 12 月份一车间归集的制造费用为例，该公司 2023 年 12 月第一车间生产 A 产品和 B 产品两种产品，根据一车间的生产工时记录，本月各种产品耗用工时数额分别为：A 产品 320 小时，B 产品 180 小时。按照生产工时比例法分配制造费用。

### 操作指导

在按生产部门（车间）归集了制造费用之后，接下来应找到本生产部门（车间）所生产产品的工时，编制“制造费用分配表”，对制造费用进行分配，并进行会计处理。

**步骤 1**：编制“制造费用分配表”（见表 3-24），对制造费用进行分配。

**表 3-24　制造费用分配表（生产工时比例法）**

| 产品名称 | 生产工时（小时） | 分配率（元/小时） | 分配金额（元） |
|---|---|---|---|
| A 产品 | 320 | | 78 372 |
| B 产品 | 180 | | 44 084 |
| 小计 | 500 | 244.912 | 122 456 |

第一车间制造费用分配率 = 122 456 ÷ (320 + 180) = 244.912（元/小时）

A 产品分配额 = 320 × 244.912 = 78 372（元）

B 产品分配额 = 122 456 − 78 372 = 44 084（元）

**步骤 2**：根据“制造费用分配表（生产工时比例法）”编制会计分录（记账凭证）如下：

借：生产成本——A 产品（制造费用）　　78 372
　　　　　　——B 产品（制造费用）　　44 084
　贷：制造费用——一车间　　122 456

A 产品明细账如表 3 − 25 所示（其他明细账略）。

**表 3 − 25**　　**生产成本——A 产品**　　单位：元

| 2023 年 | | 凭证号码 | 摘要 | 费用项目 | | |
|---|---|---|---|---|---|---|
| 月 | 日 | | | 直接材料 | 直接人工 | 制造费用 |
| 12 | 1 | | 期初余额 | 16 880 | 20 760 | 8 200 |
| 12 | 6 | | 领用甲材料 | 480 000 | | |
| 12 | 6 | 略 | 领用丙材料 | 60 000 | | |
| 12 | 28 | | 领用甲材料 | 510 000 | | |
| 12 | 31 | | 分担材料成本差异 | −1 500 | | |
| 12 | 31 | | 计提工资 | | 132 000 | |
| 12 | 31 | | 计提社保和住房公积金 | | 33 472 | |
| 12 | 31 | | 分配制造费用 | | | 78 372 |
| 本月发生合计 | | | | 1 048 500 | 165 472 | 78 372 |
| 本月总计 | | | | 1 065 380 | 186 232 | 86 572 |

**课程思政案例**

### 孔子“会计当而已矣”

据文献记载，孔子曾经做过管理库房的小吏，总结出的这一职位的主要职责，就是做到“会计当而已矣”。“会计当而已矣”的出处是《孟子·万章下》，其完整表述为“为贫者，辞尊居卑，辞富居贫，恶乎宜乎？抱关击柝。孔子尝为委吏矣，曰：‘会计当而已矣’，尝为乘田矣，曰：‘牛羊茁壮长而已矣。’位卑而言高，罪也。”大体的意思是：那些安于贫苦的人，不会选择做高官，而是选择在低位任职；不愿选择享受高薪，乐于接受低的薪酬，这些职位又是什么样的呢？比如打更的工作。孔子曾经担任库管小吏，他说“会计，做到适当就可以了。”他曾担任主管畜牧的官，说“把牛羊养得壮就可以了。”处在低位的人一直说着高位应做的事，就罪过了。这里的“会计”很显然并不是现在意义上的会计，它只是库房管理官员应当具备的职责。

孔子的“会计当而已矣”的“当”字含义很多，中心思想是“得当”，其意义主要有三点：一是对于经济收支事项要遵循会计制度得“当”；二是对会计事项的计算与记录要处理得“当”；三是使用会计人员要德才兼备得“当”。孔子的这番经验之谈非常有借鉴意义。

资料来源：周星．财会学习．2016（15）．原文经过整理。

问题：“会计当而已矣”作为2 500年前的会计理念，今天的你如何理解？

分析提示：党的二十大报告提出，要广泛践行社会主义核心价值观，坚持依法治国和以德治国相结合，把社会主义核心价值观融入法治建设、融入社会发展、融入日常生活。

2 500年前，孔子提出的“会计当而已矣”，在当时的意义虽不能与现代社会等同，但不可否认这一思想是会计思想史上的创举。“会计当而已矣”，在当代特殊的时代背景下，仍然具有极强的现实意义，它不仅体现了会计的基本职能、原则和要求，更反映了会计人员的职业道德。

对企业来讲，要有诚信意识并开展诚信建设，提高会计工作的质量和诚信度。会计职业道德是会计工作人员应当遵循的基本原则，会计人员应严格遵守。企业要完善内控制度的建设，通过健全的内部监督制度，有效地制约各种财务问题和财务行为。

对会计从业人员来讲，应强化其职业道德自律行为。会计人员要以朱镕基同志提出的“诚信为本、操守为重、坚持准则、不做假账”的要求做到严于律己，并指导自己的工作。努力发扬爱岗敬业、廉洁自律、诚实守信、坚持原则、客观公正的职业精神和职业行为。

# 模块四　结转完工产品成本业务的核算

## 任务描述

了解生产费用在完工产品与月末在产品之间的分配原理及方法，能核算完工产品成本。

## 业务流程

业务流程如图3－18所示。

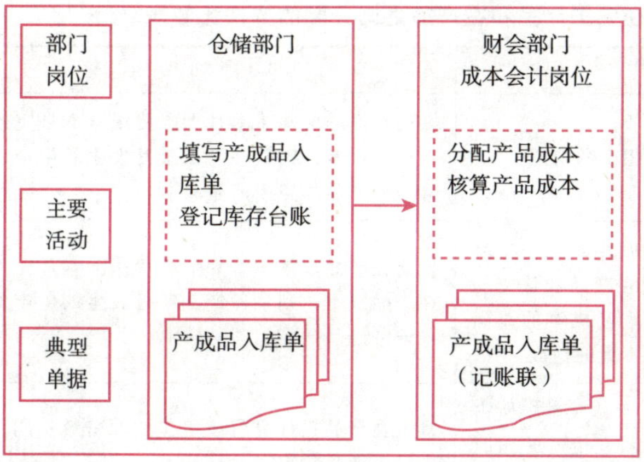


**图3－18　业务流程**

## 知识准备

### 一、认知完工产品和在产品

微课：产品生产成本的计算和结转

完工产品是指企业已完成全部生产过程，并将之验收入库、合乎标准规格和技术条件，可以作为商品销售的产品。工业企业的完工产品，包括产成品、自制材料、工具和磨具等。

在产品是指没有完成全部生产过程，不能作为商品销售的产品。

在实际工作中，平时产品完工入库不做账务处理。随着生产的进行，平日只进行生产费用的核算，月末（期末）将本月（本期）所发生的生产费用归集后，按照一定的方法将生产费用在完工产品和在产品之间分配，计算出完工产品的总成本和单位成本，再进行产品完工业务的核算。

案例：美的仓储管理及零库存分析

月初在产品成本、本月生产费用、月末在产品成本和完工产品的关系如图 3－19 所示。

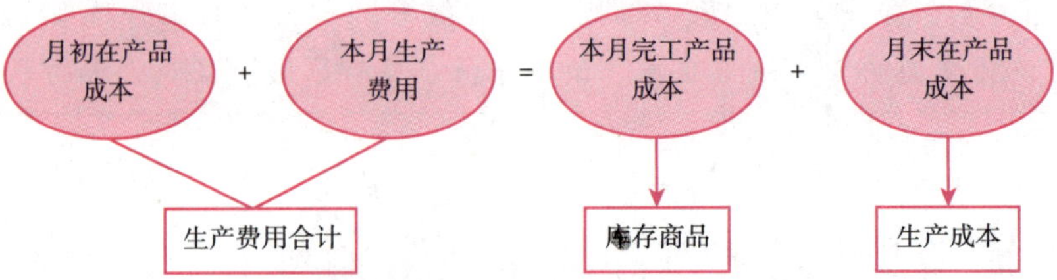


**图 3－19　月初在产品成本、本月生产费用、月末在产品成本和完工产品的关系**

### 二、生产费用在完工产品与月末在产品之间的分配方法

生产费用在完工产品和在产品之间分配的方法主要有 7 种：不计算在产品成本法、按年初数固定计算在产品成本法、在产品按所耗原材料费用计价法、约当产量法、在产品按完工产品成本计算法、在产品按定额成本计价法和定额比例法，具体如表 3－26 所示。

**表 3－26　生产费用在完工产品和在产品之间分配的方法比较表**

| 方法 | 适用范围 | 费用分配 |
| --- | --- | --- |
| 1. 不计算在产品成本法 | 适用月末在产品数量很少的情况 | 期初在产品成本＋本月生产费用＝本月完工产品成本＋期末在产品成本，则某种产品某月发生的生产费用之和，就是该月该种产品的完工产品成本 |
| 2. 按年初数固定计算在产品成本法 | 适用月末在产品数量很小，或在产品数量虽大但各月之间在产品数量变动不大，月初、月末在产品成本的差额对完工产品成本影响不大的情况 | 期初在产品成本＋本月生产费用＝本月完工产品成本＋期末在产品成本，则某种产品某月发生的生产费用之和，就是该月该种产品的完工产品成本 |
| 3. 在产品按所耗原材料费用计价法 | 适用于原材料费用在产品成本中所占比重较大，而且原材料在生产开始时一次全部投入的情况 | 月末在产品只计算应该负担的原材料费用，其他费用则全部由完工产品负担 |

续表

| 方法 | 适用范围 | 费用分配 |
|---|---|---|
| 4. 约当产量法 | 适用各月末在产品数量变化较大，产品成本中原材料费用和工资等其他费用比重相差不多的产品的情况 | 在产品约当产量＝在产品数量×在产品完工程度<br>单位成本＝（月初在产品成本＋本月发生的生产费用）÷（月末在产品约当产量＋本月产成品数量）<br>产成品成本＝单位成本×产成品数量<br>月末在产品成本＝单位成本×月末在产品约当产量 |
| 5. 在产品按完工产品成本计算法 | 适用月末在产品已经接近完工，只是尚未包装或尚未验收入库的情况 | 将在产品视同已经完工的产品，按照月末在产品数量与本月完工产品数量的比例来分配生产费用 |
| 6. 在产品按定额成本计价法 | 适用在产品数量稳定或数量较少，且制定了比较准确的定额成本的情况 | 月末在产品成本＝月末在产品单位定额成本×月末在产品数量<br>产成品总成本＝（月初在产品成本＋本月生产费用）－月末在产品成本 |
| 7. 定额比例法 | 适用于各月末在产品数量变化较大，有较为准确的消耗定额资料的情况 | 费用分配率＝（月初在产品成本＋本月生产费用）÷（完工产品定额＋月末在产品定额）<br>完工产品应分配的成本＝完工产品定额×费用分配率<br>月末在产品成本＝月末在产品定额×费用分配率 |

企业应根据在产品数量的多少、各月在产品数量变化的大小、各种费用比重的大小以及定额基础的好坏等情况，选择既合理又简便的分配方法。

## 三、产品完工入库的核算

### （一）核算账户设置

为核算库存商品的收入、发出和结存成本，企业应设置“库存商品”账户进行会计核算，该账户为资产类账户，借方反映验收入库的各种库存商品的实际成本，贷方反映发出库存商品的实际成本，期末余额在借方，反映期末库存商品的实际成本。

### （二）账务处理

借：库存商品（完工产品成本）

　贷：生产成本

## 业务办理　核算完工产品

**【引例分析 3－11】**

根据【项目引例】，环宇有限责任公司 2023 年 12 月 A 产品生产情况：12 月月初在产品 180 件，本月投产 2 600 件，完工 2 500 件，月末在产品 280 件。A 产品生产成本明细账如表 3－27 所示。环宇有限责任公司采用约当产量法分配完工产品和在产品成本，假设在产品的完工程度为 50%，原材料随着生产陆续投入。

**表 3－27** **A 产品生产成本明细账** 单位：元

| 项目 | 直接材料 | 直接人工 | 制造费用 | 合计 |
|---|---|---|---|---|
| 期初在产品成本 | 16 880 | 20 760 | 8 200 | 45 840 |
| 本月生产费用 | 1 048 500 | 165 472 | 78 372 | 1 292 344 |
| 合计 | 1 065 380 | 186 232 | 86 572 | 1 338 184 |

## 操作指导

**步骤 1**：编制“生产费用分配表”（见表 3－28），对生产费用进行分配。

**表 3－28** **生产费用分配表** 金额单位：元

| 项目 | 直接材料 | 直接人工 | 制造费用 | 合计 |
|---|---|---|---|---|
| 期初在产品成本 | 16 880 | 20 760 | 8 200 | 45 840 |
| 本月生产费用 | 1 048 500 | 165 472 | 78 372 | 1 292 344 |
| 合计 | 1 065 380 | 186 232 | 86 572 | 1 338 184 |
| 约当产量（件） | 2 640 | 2 640 | 2 640 | — |
| 分配率（元/件） | 403. 55 | 70. 54 | 32. 79 | — |
| 完工产品成本 | 1 008 875 | 176 350 | 81 975 | 1 267 200 |
| 在产品成本 | 56 505 | 9 882 | 4 597 | 70 984 |

分配材料费：约当产量＝2 500＋280×50%＝2 640（件）

分配率＝材料费÷约当产量＝1 065 380÷2 640＝403. 55（元/件）

完工产品的材料费＝2 500×403. 55＝1 008 875（元）

在产品的材料费＝1 065 380－1 008 875＝56 505（元）

动画：约当产量法

分配人工费：约当产量＝2 500＋280×50%＝2 640（件）

分配率＝人工费÷约当产量＝186 232÷2 640＝70. 54（元/件）

完工产品的人工费＝2 500×70. 54＝176 350（元）

在产品的人工费＝186 232－176 350＝9 882（元）

分配制造费用：约当产量＝2 500＋280×50%＝2 640（件）

分配率＝制造费用÷约当产量＝86 572÷2 640＝32. 79（元/件）

完工产品的制造费用＝2 500×32. 79＝81 975（元）

在产品的制造费用＝86 572－81 975＝4 597（元）

完工产品成本＝直接材料＋直接人工＋制造费用

＝1 008 875＋176 350＋81 975

＝1 267 200（元）

在产品成本＝56 505＋9 882＋4 597＝70 984（元）

**步骤 2**：根据“生产费用分配表（约当产量法）”编制会计分录（记账凭证）如下：

借：库存商品——A 产品 1 267 200

贷：生产成本——A 产品 1 267 200

## 任务训练

**一、单项选择题**

1. 甲公司仓库发出原材料 8 000 元，直接用于 A 产品的生产，应借记（　　），贷记“原材料”。

A. “生产成本”　　B. “制造费用”　　C. “管理费用”　　D. “库存商品”

2. 下列会计科目中，企业在计提固定资产折旧时，不可能涉及的是（　　）。

A. 管理费用　　B. 制造费用　　C. 固定资产　　D. 累计折旧

3. 下列各项中，应计入工业企业产品成本的是（　　）。

A. 管理费用　　B. 制造费用　　C. 销售费用　　D. 财务费用

4. 某企业采用月末一次加权平均法计算发出材料成本。202×年 3 月 1 日结存甲材料 200 件，单位成本 40 元/件。3 月 15 日购入甲材料 400 件，单位成本 35 元/件。3 月 20 日购入甲材料 400 件，单位成本 38 元/件。当月共发出甲材料 500 件。3 月发出甲材料的成本为（　　）元。

A. 18 500　　B. 18 600　　C. 19 000　　D. 20 000

5. 某企业采用移动加权平均法计算发出甲材料的成本，202×年 4 月 1 日，甲材料结存 300 千克，每千克实际成本为 3 元；4 月 3 日，发出甲材料 100 千克；4 月 12 日，购入甲材料 200 千克，每千克实际成本为 10 元；4 月 27 日，发出甲材料 350 千克，4 月末该企业甲材料的期末结存成本为（　　）元。

A. 450　　B. 440　　C. 500　　D. 325

6. 某企业材料采用计划成本法核算。月初结存材料计划成本为 30 万元，材料成本差异为节约 2 万元。当月购入材料一批，实际成本 110 万元，计划成本 120 万元，领用材料的计划成本为 100 万元。该企业当月月末结存材料的实际成本为（　　）万元。

A. 48　　B. 50　　C. 62　　D. 46

7. 某企业原材料按实际成本进行日常核算。202×年 3 月 1 日结存甲材料 300 千克，每千克实际成本为 15 元；3 月 15 日购入甲材料 280 千克，每千克实际成本为 25 元，3 月 20 日购入甲材料 200 千克，每千克实际成本为 30 元；3 月 31 日发出甲材料 200 千克（该批材料为 3 月 15 日购进材料）。按个别计价法计算 3 月份发出甲材料的实际成本为（　　）元。

A. 3 000　　B. 4 000　　C. 5 000　　D. 6 000

8. 某企业采用先进先出法计算发出材料的成本。202×年 3 月 1 日结存 A 材料 200 吨，每吨实际成本为 200 元；3 月 4 日和 3 月 17 日分别购进 A 材料 300 吨和 400 吨，每吨实际成本分别为 180 元和 220 元；3 月 10 日和 3 月 27 日分别发出 A 材料 400 吨和 350 吨。A 材料月末账面余额为（　　）元。

A. 30 000　　B. 30 333　　C. 32 040　　D. 33 000

9. 甲公司有货车 1 辆，采用工作量法计提折旧。原值为 200 000 元，预计使用 10 年，每年行驶里程 60 000 千米，净残值率为 5%，当月行驶里程 4 000 千米，该运输车的当月折旧额为（　　）元。

A. 1 266.67　　B. 12 666.67　　C. 1 333.33　　D. 3 000

10. 202×年 12 月 15 日，某企业购入不需要安装生产设备一台，原值为 350 万元，预计使用年限为5年，预计净残率为5%，采用双倍余额递减法计提折旧。不考虑其他因素，该生产设备5年内计提折旧总额为（　　）万元。

A. 350　　B. 332.5　　C. 140　　D. 287

11. 下列关于企业计提固定资产折旧会计处理的表述中，不正确的是（　　）。

A. 对管理部门使用的固定资产计提的折旧额应计入管理费用

B. 对财务部门使用的固定资产计提的折旧额应计入财务费用

C. 对生产车间使用的固定资产计提的折旧额应计入制造费用

D. 对专设销售机构使用的固定资产计提的折旧额应计入销售费用

12. 某企业本月生产A产品耗用机器工时120小时，生产B产品耗用机器工时180小时。本月发生车间管理人员工资30 000元，产品生产人员工资400 000元。该企业按机器工时比例法分配制造费用。假设不考虑其他因素，本月B产品应分配的制造费用为（　　）元。

A. 12 000　　B. 13 200　　C. 18 000　　D. 19 800

13. 甲企业只生产一种产品。202×年12月1日期初在产品成本35万元；12月份发生如下费用：生产领用材料60万元，生产工人工资20万元，制造费用10万元，管理费用10万元，销售费用8万元；月末在产品成本20万元。该企业12月份完工产品的生产成本为（　　）万元。

A. 85　　B. 90　　C. 105　　D. 119

**二、多项选择题**

1. 下列各项中，属于成本的有（　　）。

A. 制造费用　　B. 管理费用　　C. 直接人工　　D. 直接材料

2. 下列关于发出存货的计价方法的描述中，正确的有（　　）。

A. 采用个别计价法，计算发出存货成本的前提是假定存货具体项目的实物流转与成本流转相一致

B. 采用先进先出法，在物价持续上升时，期末存货成本接近于市价，而发出成本偏低，会高估企业当期利润和库存存货价值

C. 月末一次加权平均法只需计算月末一次加权平均单价，比较简单，有利于简化成本计算工作，但由于平时无法从账上提供发出和结存存货的单价及金额，因而不利于存货成本的日常管理与控制

D. 移动加权平均法能够使企业管理层及时了解存货的结存情况，计算的平均单位成本以及发出和结存的存货成本比较客观，所以被所有企业所采用

3. 下列各项中，关于“材料成本差异”账户的表述中正确的有（　　）。

A. 贷方登记入库材料节约差异及发出材料应负担的超支差异

B. 借方登记入库材料超支差异及发出材料应负担的节约差异

C. 借方期末余额反映库存材料实际成本大于计划成本的差异

D. 贷方期末余额反映库存材料实际成本小于计划成本的差异

4. 下列各项中，属于“应付职工薪酬”账户核算内容的有（　　）。

A. 正式任命并聘请的独立董事津贴

B. 已订立劳动合同的全职职工的奖金

C. 已订立劳动合同的临时职工的工资

D. 向住房公积金管理机构缴存的住房公积金

5. 下列各项中，属于企业职工薪酬内容的有（　　）。

A. 因解除劳动关系而应给予职工的现金补偿

B. 向职工提供的异地安家费

C. 应提供给已故职工遗属的福利

D. 应支付给临时员工的短期薪酬

6. 下列各项中，属于短期薪酬的有（　　）。

A. 支付给职工的生活困难补助

B. 用于开展职工教育及职工技能培训的支出

C. 支付给职工离职后的福利

D. 支付给职工的工资和津贴

7. 在核算生产车间人员的职工薪酬时，可能涉及的账户有（　　）。

A. 生产成本　　B. 制造费用　　C. 销售费用　　D. 应付职工薪酬

8. 制造费用是指为生产产品和提供劳务所发生的各项间接费用，包括（　　）。

A. 生产车间管理人员的工资和福利费

B. 生产车间固定资产折旧

C. 生产车间的办公费

D. 行政管理部门的水电费

9. 甲公司有一台生产用设备，原价为7.5万元，预计可以使用5年，预计净残值为0.6万元。该生产用设备于2022年6月30日购入，采用年数总和法计提折旧。假定不考虑其他因素，则下列有关固定资产折旧的说法中正确的有（　　）。

A. 计提固定资产的年折旧率为40%

B. 2022年该项固定资产计提的折旧额为1.15万元

C. 2023年该项固定资产计提的折旧额为2.07万元

D. 至2023年年末，该项固定资产累计计提的折旧额为2.5万元

10. 下列各项中，关于固定资产计提折旧的表述错误的有（　　）。

A. 承租方短期租入的房屋应计提折旧

B. 提前报废的固定资产应补提折旧

C. 已提足折旧继续使用的房屋应计提折旧

D. 暂时闲置的库房应计提折旧

**三、判断题**

1. 个别计价法，适用于一般不能替代使用的存货、为特定项目专门购入或制造的存货以及提供的劳务，如珠宝、名画等贵重物品。（　　）

2. 先进先出法可以随时结出存货发出成本，且计算简单。（　　）

3. 日常工作中，企业发出的存货，必须按照实际成本进行核算。（　　）

4. 企业提供给职工配偶、子女、受赡养人、已故员工遗属及其他受益人等的福利，不属于职工薪酬。（　　）

5. 应付职工薪酬包括职工在职期间和离职后提供给职工的全部货币性薪酬和非货币性福利，

也包括解除劳务关系给予的补偿。（ ）

6. 制造费用的分配方法一经确定，不能随意变动，以利于各期进行分析对比。（ ）

7. 生产车间管理人员的福利费用通过“管理费用”账户核算。（ ）

8. 制造费用是成本类账户，不是期间费用的核算范围。（ ）

9. 产品成本是企业在一定时期内生产产品而发生的成本。（ ）

10. 产品的生产过程是工人借助于设备把原材料加工成为产品的过程。（ ）

**四、业务核算题**

（一）掌握固定资产折旧的计算方法

【资料】A 企业一项固定资产的原价为 40 000 元，预计使用年限为 5 年，预计净残值 200 元。

要求：分别按年限平均法、年数总和法、双倍余额递减法计算各年折旧额。

（二）掌握存货发出计价方法

【资料】甲企业 2023 年 9 月份某存货收入、发出资料如表 3－29 所示。

表 3－29 **某存货收入、发出资料表** 单位：元

| 2023 年 | | 摘要 | 收入 | | | 发出 | | | 结存 | | |
|---|---|---|---|---|---|---|---|---|---|---|---|
| 月 | 日 | | 数量（千克） | 单价（元/千克） | 金额（元） | 数量（千克） | 单价（元/千克） | 金额（元） | 数量（千克） | 单价（元/千克） | 金额（元） |
| 9 | 1 | 结存 | | | | | | | 600 | 5 | 3 000 |
| | 8 | 购入 | 2 000 | 5.5 | 11 000 | | | | | | |
| | 12 | 发出 | | | | 1 600 | | | | | |
| | 18 | 购入 | 1 800 | 5.8 | 10 440 | | | | | | |
| | 26 | 发出 | | | | 2 200 | | | | | |
| | 合计 | | 3 800 | | 21 440 | 3 800 | | | | | |

要求：试用先进先出法、一次加权平均法、移动加权平均法计算各次发出存货成本和月末结存存货成本。

（三）掌握职工薪酬业务的核算

【资料】F 企业 2023 年 9 月份职工薪酬的部分资料如下：

（1）本月应付工资情况如下：生产工人工资 60 000 元；生产车间管理人员工资 10 000 元；行政管理人员工资 30 000 元；福利部门人员工资 10 000 元；在建工程人员工资 10 000 元。

（2）支付困难职工补助费 1 000 元。

（3）发放工资并代扣水电费 5 000 元（生产人员 4 000 元，行政人员 1 000 元）。

（4）按工资总额的 14% 提取职工福利费。

（5）本月职工报销医药费 3 200 元，以银行存款支付。

要求：根据上述资料，编制 F 企业有关经济业务的会计分录。

（四）掌握生产过程业务的核算

【资料】润泽公司 2023 年 6 月月初“生产成本——A 产品”在产品 500 件，账面余额为 12 500 元，其中直接材料 8 000 元、直接人工 2 000 元、制造费用 2 500 元。本月又有 400 件 B 产品投

入生产，6 月份发生以下经济业务：

（1）以现金支付生产车间办公用品费 800 元。

（2）以现金支付职工王方生活补助 6 000 元。

（3）委托银行代发工资 25 400 元。

（4）以银行存款支付生产用固定资产修理费 1 600 元。

（5）用银行存款支付本月水电费 2 000 元，其中，生产车间应负担 1 400 元，行政管理部门负担 600 元。

（6）行政管理部门李广报销差旅费 3 900 元，原预借 4 000 元，余款交回现金。

（7）以银行存款支付本季度短期借款利息 6 000 元。

（8）仓库本月共发出甲材料 20 000 元，其中，用于生产 A 产品 10 000 元，用于生产 B 产品 5 000 元，生产车间一般耗用 3 000 元，销售部门领用 2 000 元。发出乙材料 10 000 元，其中用于生产 A 产品 2 000 元，用于生产 B 产品 5 000 元，生产车间一般耗用 2 500 元，企业行政管理部门耗用 500 元。

（9）本月应付职工工资 25 400 元，其中，A 产品生产工人 2 人，人均工资 3 000 元，B 产品生产工人 2 人，人均工资 3 200 元，生产车间技术管理人员 1 人，工资 4 500 元，销售人员 1 人，工资 3 500 元，企业行政管理人员 1 人，工资 5 000 元。

（10）按职工工资总额的 16% 计提职工社会保险费。

（11）按职工人数每人补贴餐费 200 元，餐费需在企业下设内部食堂用餐时使用。

（12）计提本月固定资产折旧 8 540 元，其中，生产用的固定资产折旧 5 340 元，行政管理部门用固定资产折旧 3 200 元。

（13）计提应由本月负担的短期借款利息 2 000 元。

（14）按 A、B 两种产品的机器工时比例分配并结转本月制造费用，根据生产工时记录，本月 A 产品生产工时为 2 000 小时，B 产品生产工时为 3 000 小时。

（15）上月投入生产的 500 件 A 产品已全部完工入库，本月投入的 400 件 B 产品尚未完工，计算并结转完工产品的实际生产成本。

要求：根据上述经济业务编制会计分录。

## 学习评价

**专业能力测评表**

（在□中打√，A 掌握，B 基本掌握，C 未掌握）

| 业务能力 | 评价指标 | 自测结果 | 要求 |
|---|---|---|---|
| 理解产品制造过程工作内容 | 1. 制造业生产过程主要业务活动<br>2. 生产过程核算主要内容<br>3. 生产过程核算的流程<br>4. 固定资产的折旧 | □A □B □C<br>□A □B □C<br>□A □B □C<br>□A □B □C | 能清晰地描述制造业生产业务活动，能准确界定企业产品核算的主要内容，能清晰描述生产过程核算基本流程，掌握固定资产折旧的方法 |
| 办理发出材料业务 | 1. 实际成本法下四种方法的账务处理<br>2. 计划成本法下材料成本差异率的计算和账务处理 | □A □B □C<br>□A □B □C | 能运用适当的方法准确计算发出材料的成本并进行账务处理 |

续表

| 业务能力 | 评价指标 | 自测结果 | 要求 |
| --- | --- | --- | --- |
| 办理应付职工薪酬业务 | 1. 应付职工薪酬的定义和具体内容<br>2. 应付职工薪酬的分配<br>3. 应付职工薪酬的发放 | □A □B □C<br>□A □B □C<br>□A □B □C | 能审核工资结算汇总表，能进行发放工资与分配工资的账务处理 |
| 办理制造费用业务 | 1. 制造费用的内容<br>2. 制造费用的归集<br>3. 制造费用的分配方法和账务处理 | □A □B □C<br>□A □B □C<br>□A □B □C | 能准确界定制造费用的内容，能编制“制造费用分配表”并进行账务处理 |
| 办理产品完工入库业务 | 1. 生产费用和生产成本的关系<br>2. 生产费用在完工产品与月末在产品之间的分配方法<br>3. 结转完工产品成本账务处理 | □A □B □C<br>□A □B □C<br>□A □B □C | 能运用适当的方法在完工产品和月末在产品之间分配生产费用，并进行账务处理 |
| 教师评语： | | | |
| 成绩： | | 教师签字： | |

项目四

# 核算销售过程业务

## 学习目标

**知识学习目标：**

◆ 了解制造企业销售的主要业务活动

◆ 了解企业相关税费的种类

◆ 了解坏账及坏账损失

◆ 了解收入的概念及分类

◆ 掌握收入确认原则和确认前提条件

◆ 掌握销售成本的计算

◆ 了解销售费用的内容

◆ 掌握销售环节涉及的税金种类及计算方法

**技能训练目标：**

◆ 能够判断收入的种类及确认条件

◆ 能够对商品销售环节业务进行会计核算

◆ 能够描述销售环节涉及的税收义务

**课程思政目标：**

◆ 熟悉国家法律、财经法规，做到诚实守信、遵纪守法、不贪不占

◆ 了解国家税收法律，树立依法诚信纳税意识，做到讲诚信、勇担当、尽职责

## 思政导图

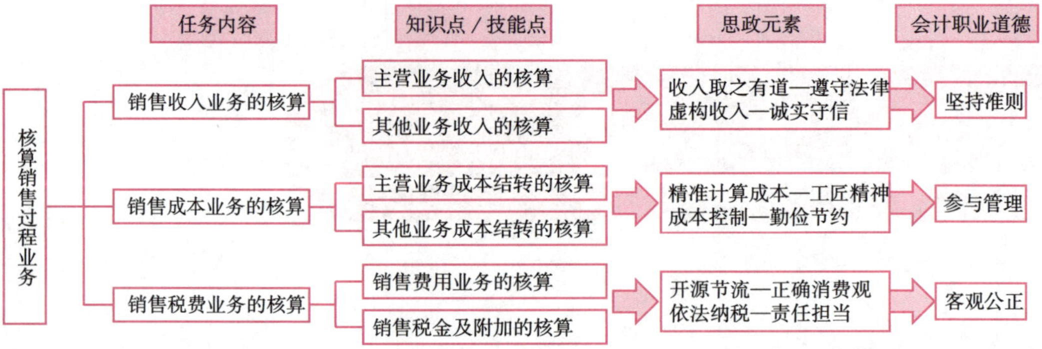


## 项目引例

### 广州胜利机械有限责任公司销售过程会计核算

广州胜利机械有限责任公司（统一社会信用代码为：350521630802554000000）为增值税一般纳税人，主要从事机械设备、器件等的生产和销售，2023 年 12 月发生以下相关业务：

**业务 4－1**：2023 年 12 月 7 日，广州胜利机械有限责任公司签发转账支票支付产品的广告费用 16 000 元。

**业务 4－2**：2023 年 12 月 10 日，购入无须安装的设备一台，价款 400 000 元，取得增值税专用发票上注明的增值税税额 52 000 元，款项以银行存款支付，设备已交付使用。运输费用增值税专用发票上注明运费 10 000 元，增值税 900 元。设备已交付车间使用，买价及运费签发转账支票予以支付。

**业务 4－3**：2023 年 12 月 12 日，从外地购入原材料一批，增值税专用发票上注明货款 20 000 元，增值税 2 600 元，另外向运输公司（小规模纳税人）支付运输费用 2 000 元，增值税 60 元，取得增值税普通发票。货物已运抵公司并验收入库，原材料按实际成本核算。货款、进项税款和运输费均已用银行存款支付。

**业务 4－4**：2023 年 12 月 12 日，缴纳上月增值税 152 300. 10 元。

**业务 4－5**：2023 年 12 月 13 日，广州胜利机械有限责任公司向华中纺织厂出售 A 设备 1 000 台，增值税专用发票注明每台设备不含税售价 850 元，价款共计 850 000 元，增值税 110 500 元，款项已收存入银行。

**业务 4－6**：2023 年 12 月 20 日，购入免税农产品一批，价款 20 000 元，规定的扣除率 9%，货物已验收入库，货款已用银行存款支付。

**业务 4－7**：2023 年 12 月 20 日，广州胜利机械有限责任公司向明珠公司销售 B 产品 200 件，每件不含税售价 200 元，共计 40 000 元，增值税销项税额 5 200 元，款项尚未收到。

**业务 4－8**：2023 年 12 月 20 日，广州胜利机械有限责任公司向华中纺织厂出售 B 产品 600 件，增值税专用发票注明每件不含税售价 200 元，价款共计 120 000 元，增值税 15 600 元，收到一张商业承兑汇票，票面金额为 135 600 元。

**业务 4-9**：2023 年 12 月 23 日，广州胜利机械有限责任公司向长沙捷成有限责任公司销售 A 设备 1 000 台，增值税专用发票注明不含税单价 850 元/台，共计 850 000 元，增值税 110 500 元。合同约定长沙捷成有限责任公司在一个月内付款，现金折扣条件为“2/10，N/30”，双方约定，计算折扣时不考虑增值税，产品当天交付并办妥托收手续。

**业务 4-10**：2023 年 12 月 24 日，广州胜利机械有限责任公司向明达公司同时销售 A、B 两项商品，A 商品的单独总售价为 6 000 元，数量 8 台；B 商品的单独总售价为 14 000 元，数量 70 件。该项交易的合同总款为 18 000 元，增值税为 2 340 元。合同约定，A 商品于合同开始日交付，B 商品在一个月之后交付，只有当两项商品全部交付之后，甲公司才有权收取 18 000 元的合同对价，发票于交付 B 商品时开具。

**业务 4-11**：2023 年 12 月 25 日，用自己生产的 B 产品 2 000 件自行建造职工俱乐部。该批产品的计税价格为 400 000 元，增值税税率为 13%。

**业务 4-12**：2023 年 12 月 28 日，广州胜利机械有限责任公司向广州美婕有限责任公司销售一批 B 产品 10 000 件，不含税单价 200 元/件，由于是成批销售，给予 2% 的商业折扣。货款已经收存银行。

**业务 4-13**：2023 年 12 月 28 日，广州胜利机械有限责任公司与万博公司签订不可撤销的合同，合同开始日，广州胜利机械有限责任公司收到万博公司预付的货款 30 000 元。2024 年 12 月 31 日，按合同约定，广州胜利机械有限责任公司向万博公司交付 B 商品 500 件，该批商品销售价格为 100 000 元，增值税额为 13 000 元。按合同约定，不足的货款于交货时支付。

**业务 4-14**：2023 年 12 月 25 日，广州胜利机械有限责任公司向红星公司销售一批不需用的原材料（甲材料）500 千克，金额 10 000 元，增值税税额为 1 300 元，款项已收到。

**业务 4-15**：2023 年 12 月 31 日，广州胜利机械有限责任公司结转已销产品成本，存货发出采用月末一次加权平均计价方法，A 产品发出汇总单如表 4-1所示、B 产品发出汇总单如表 4-2 所示。

**表 4-1**　　**产品发出汇总单**

企业名称：广州胜利机械有限责任公司　　2023 年 12 月 31 日　　产品名称：A 产品

| 时间 | 用途 | 计量单位 | 数量 | 单位成本（元/台） | 总成本（元） |
|---|---|---|---|---|---|
| 2023.12.13 | 销售发出 | 台 | 1 000 | | |
| 2023.12.23 | 销售发出 | 台 | 1 000 | | |
| 2023.12.24 | 销售发出 | 台 | 8 | | |
| | | | | | |
| 合计 | | 台 | 2 008 | | |

**表 4－2**　**产品发出汇总单**

企业名称：广州胜利机械有限责任公司　2023 年 12 月 31 日　产品名称：B 产品

| 时间 | 用途 | 计量单位 | 数量 | 单位成本（元/件） | 总成本（元） |
|---|---|---|---|---|---|
| 2023. 12. 20 | 销售发出 | 件 | 200 | | |
| 2023. 12. 20 | 销售发出 | 件 | 600 | | |
| 2023. 12. 24 | 销售发出 | 件 | 70 | | |
| 2023. 12. 25 | 建造职工俱乐部自用 | 件 | 2 000 | | |
| 2023. 12. 28 | 销售发出 | 件 | 10 000 | | |
| 2023. 12. 28 | 销售发出 | 件 | 500 | | |
| 合计 | | 件 | 13 370 | | |

**业务 4－16**：2023 年 12 月 31 日，结转 12 月 25 日销售的甲材料成本（甲材料成本为 6 000 元）。

**业务 4－17**：2023 年 12 月 31 日，库存甲材料因霉烂变质毁损一批，增值税专用发票注明其成本为 20 000 元，增值税税额为 2 600 元，增值税发票已做用途确认。

张兰作为广州胜利机械有限责任公司的一名会计，需对公司业务进行相关的会计核算。

**【引例分析 4－1】**

## 操作指导

张兰作为一名会计，首先要有良好的职业道德观念，恪尽职守、遵纪守法、爱岗敬业，以实事求是、客观公正的道德准则处理会计事项，不做假账、不畏权势，不被利益左右；同时要具有较高的服务意识、熟悉相关的法律法规、具有一定的职业判断能力，能明确自己的职业特性，树立为企业出谋划策、为信息使用者担负责任的服务意识，并做到会计工作的合法、合规。

微课：销售过程业务认知

将产品生产制造企业从产品验收入库到销售给购买方的整个过程称为销售过程。在此过程中，企业以一定方式将产品销售给购买方，并按约定的销售价格取得销售收入，是产品价值和使用价值的实现过程。在此过程中，企业为取得一定数量的销售收入，必须付出相应数量的产品，这些产品的制造成本称为产品销售成本；为了销售产品还要发生广告费、包装费、运输费等销售费用；在取得销售收入时，应按国家规定计算缴纳相关税费。所有的这些成本、费用、相关税费都应当在销售收入中得到补偿。综上所述，销售过程的主要业务是：销售产品，实现收入；与购货单位结算货款；结转销售成本；支付销售费用；计算和结转税金及相关附加税费。

**想一想**

**从“YBT”，看上市公司销售收入造假**

江苏 YBT 科技股份有限公司（简称“YBT”）始建于 2009 年，公司于 2015 年借壳江苏

ZL电气股份有限公司在深圳证券交易所成功上市，自上市以来发展极其迅速，利润成倍增长，然而，事实却并非如此。2017年12月14日，中国证监会出具了对YBT的《行政处罚决定书》，证监会认为YBT于2015年至2016年9月通过虚构巨额跨境订单、虚构建材进出口业务等手段，累计虚增营业收入约5.8亿元，虚增利润近2.6亿元，财务造假行为嚣张。2018年7月6日深交所发布消息称，已正式启动对YBT的强制退市机制，公司股票存在被暂停及终止上市的风险。

一、虚构海外工程项目

YBT利用我国跨境项目审核和控制的疏漏，谎称公司于2015年承接了巴基斯坦国木尔坦城市的快速公交项目，实现当年营业收入2.01亿元。为了让跨境交易显得更加真实，其通过伪造巴基斯坦信函以及工程建设合同来取得审计师的信任；YBT还特地向海关报关出口了一批建材，称这批建材将会用于巴基斯坦木尔坦的快速公交车站的建设，但经查，这些建材并未实际运往巴基斯坦，而是将报关出口的建材运至中国香港，再由其控制的关联公司将货物运回内地。

二、虚假采购

根据证监会的调查，YBT通过注册大量空壳公司来充当上下游，进行频繁的关联方交易，虚假采购，伪造资金循环，虚增营业收入。具体手段为：先将其自有资金以虚假采购的方式转入其控制的关联企业，然后再以销售回款的名义转回虚构销售收入，其工程款大多来源于YBT本身控制的关联公司，为了隐蔽资金循环，其还通过100多个银行账户进行资金划转和走账，运用银行票据和第三方支付划转，企图利用资金划转渠道的复杂性来瞒天过海。

思考：企业销售收入造假的目的和动机都有哪些？“YBT”事件对企业销售业务会计处理有什么启示？

## 项目综合知识

### 一、企业销售过程的主要业务活动

#### （一）询盘

询盘，是指买方或卖方为了购买或销售某商品，向对方询问有关交易条件的意思表示。询盘的内容可能涉及价格、规格、品质、数量、包装、装运以及索取样品等，而多数只是询问价格。因此，业务上常把询盘称为询价。

询盘不是每笔交易必经的程序，如交易双方彼此都了解情况，不需要向对方探询成交条件或交易的可能性，则不必使用询盘，可直接向对方发盘。

在实际业务中，询盘只是探寻买或卖的可能性，所以不具备法律上的约束力，询盘的一方对能否达成协议不负任何责任，由于询盘不具有法律效力，因此可作为与对方的试探性接触。但合同订立后，询盘的内容成为磋商文件中不可分割的部分，若发生争议，也可作为处理争议的依据。

### （二）报盘、谈判

报盘是卖方向买方提供商品信息，或者是对询盘的答复，是卖方根据买方的询盘，向其报盘，其内容可以包括商品名称、规格、数量、包装条件、价格、付款方式和交货期限等。

商品购销谈判，是买卖双方为了促成交易而就商品名称、规格、数量、包装条件、价格、付款方式和交货期限等进行的磋商活动。

### （三）签订合同或协议

双方当事人协商一致的结果是通过签订协议或合同来体现的。合同条款实质上反映了各方的权利和义务，合同条款的严密性与准确性是保障谈判获得各种利益的重要前提。

### （四）填制销售单

销售合同或协议签订后，销售单管理部门或人员根据销售合同或协议填写销售单。销售单列示顾客所订商品的名称、规格、数量、合计以及其他与顾客所订货物有关信息，作为销售方内部处理顾客订货的依据。

### （五）出库和装运货物

厂库管理人员根据经批准的销售单填制发运凭证（出库单、提货单）并供货。

装运部门根据发运凭证装运货物，并取得客户签收记录或签收单。发运凭证是商品实物转移的重要标志。

### （六）开具销售发票

基于证明商品和资金所有权转移、进行会计核算和进行税收管理的需要，发票应在发生经营业务确认营业收入时由收款方向付款方开具，特殊情况下，由付款方向收款方开具。

为了降低开具发票过程中出现遗漏、重复、错误计价或其他差错的风险，负责开发票的员工在开具每张销售发票之前，检查是否存在发运凭证和相应的经批准的销售单，并将发票与已授权批准的价目表和发运凭证上的商品数量进行比较。

### （七）记录销售

只依据附有有效装运凭证和销售单的销售发票记录销售。这些装运凭证和销售单应能证明销售交易的发生及其发生的日期，并独立检查已处理销售发票上的销售金额与会计记录金额的一致性。

### （八）办理和记录现金、银行存款收入

根据汇款通知单，由出纳办理和记录库存现金和银行存款的收款入账。

### （九）办理和记录销售退回、销售折扣与折让

客户如果对商品不满意，销售企业一般都会同意接受退货，或给予一定的销售折让；客户如果提前支付货款，销售企业则可能会给予一定的销售折扣。该项活动与商品销售收入的准确性直接相关。

### （十）提取坏账准备

定期对应收账款的信用风险进行评估，并根据预期信用损失计提坏账准备。

### （十一）核销坏账

销售企业若认为某项货款再也无法收回，就必须注销这笔货款。对这些坏账，正确的处理方法应该是获取货款无法收回的确凿证据，经适当审批后及时作会计调整。

制造企业销售过程主要业务活动如图 4－1 所示。

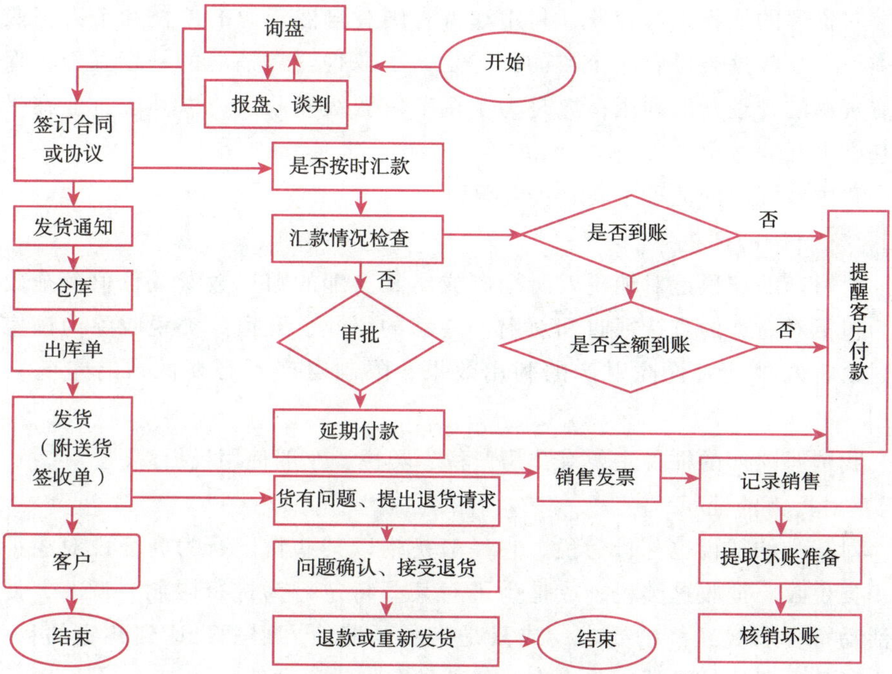


**图 4－1　制造企业销售过程主要业务活动**

动画：何为税

## 二、相关税费认知

我国目前征收的税费有 19 个，包括：增值税、消费税、城市维护建设税、教育费附加、企业所得税、个人所得税、印花税、房产税、车船税、契税、城镇土地使用税、耕地占用税、船舶吨税、烟叶税、车辆购置税、土地增值税、关税、环境保护税、资源税。

### （一）对流转额的征税

对流转额的征税简称流转税，或商品和劳务税。它是对销售商品或提供劳务的流转额征收的一类税收。商品交易发生的流转额称为商品流转额。这个流转额既可以是指商品的实物流转额，也可以是指商品的货币流转额。

我国当前开征的流转税主要有：增值税、消费税和关税。

### （二）对所得额的征税

对所得额的征税简称所得税。通常包括生产经营所得（如利润等），提供劳务所得（如工资、薪金、劳务报酬等），投资所得（如股息、利息、特许权使用费收入等）和其他所得（如财产租赁所得、遗产继承所得等），所得税按照纳税人负担能力（即所得）的大小和有无来确定税收负担，实行“所得多的多征，所得少的少征，无所得的不征”的原则。因此，它对调节国民收入分配，缩小纳税人之间的收入差距有着特殊的作用。

我国当前开征的所得税主要有：企业所得税、个人所得税。

动画：偷税和骗税的区别

### （三）对资源的征税

对资源的征税是对开发、利用和占有国有自然资源的单位和个人征收的一类税。征收这类税有两个目的：一是为了取得资源消耗的补偿基金，保护国有资源的合理开发利用；二是为了调节资源级差收入，以利于企业在平等的基础上开展竞争。

我国对资源的征税主要有：资源税。

视频：税法基础和减税降费

### （四）对财产的征税

对财产的征税是对纳税人所拥有或属其支配的财产数量或价值额征收的税。包括对财产的直接征收和对财产转移的征收。开征这类税收除为国家取得财政收入外，对提高财产的利用效果、限制财产不必要的占有量有一定作用。

我国对财产的征税主要有：房产税、契税、车船使用税。

### （五）对行为的征税

对行为的征税也称行为税，它一般是指以某些特定行为为征税对象征收的一类税收。征收这类税，或是为了对某些特定行为进行限制、调节，使微观活动符合宏观经济的要求；或只是为了开辟地方财源，达到特定的目的。这类税的设置比较灵活，其中有些税种具有临时税的性质。

我国对行为的征税主要有：土地增值税、城镇土地使用税、印花税、车辆购置税、城市维护建设税、教育费附加、耕地占用税、船舶吨税、烟叶税、环境保护税。

## 三、坏账及坏账损失的认知

### （一）坏账及坏账损失的概念

坏账是指企业无法收回或收回的可能性极小的应收款项，主要包括应收账款和其他应收款等。由于发生坏账而产生的损失，称为坏账损失。

### （二）坏账损失的确认

企业确认坏账时，应遵循财务报告的目标和会计核算的基本原则，具体分析各应收账款的特性、金额的大小、信用期限、债务人的信誉和当时的经营情况等因素。一般情况，企业的应收款项符合下列条件之一的，应确认为坏账。

（1）债务人破产或死亡，其破产财产或遗产清偿后仍然无法收回。

（2）债务人较长时期内未履行其偿债义务，并有足够的证据表明无法收回或收回的可能性极小。

企业应当在期末对应收款项进行检查，并预计可能产生的坏账损失。对预计可能发生的坏账损失，计提坏账准备。

企业计提坏账准备的方法由企业自行确定。企业应当制定计提坏账准备的政策，明确计提的范围、方法、账龄的划分和提取比例，按照管理权限，经股东大会或董事会，或经理（厂长）会议或类似机构批准，按照法律、行政法规的规定报有关各方备案。坏账准备计提方法一经确定，不得随意变更，如需变更，仍需按上述程序，经批准后报送有关各方备案，并在会计报表附注中予以说明。

## （三）坏账损失的核算

坏账损失的核算方法有两种：直接转销法和备抵法。我国企业会计准则规定，企业应当采用备抵法核算坏账损失。

1. 备抵法

备抵法是指采用一定的方法按期估计坏账损失，计入当期费用，同时建立坏账准备，当实际发生坏账损失时，应根据其金额冲减已计提的坏账准备，同时转销相应的应收账款的一种方法。

采用这种方法，坏账损失计入同一期间损益，体现了权责发生制和配比原则的要求；避免了企业虚盈实亏，体现了稳健原则的要求；在报表上列示应收账款净额，使报表使用者能了解企业应收账款的可变现金额。

在备抵法下，企业应设置“坏账准备”账户，该账户的贷方登记每期提取的坏账准备数额，借方登记实际发生的坏账损失数额，期末余额一般在贷方，反映企业已经提取但尚未转销的坏账准备数额，备抵法核算流程如图 4 – 2 所示。

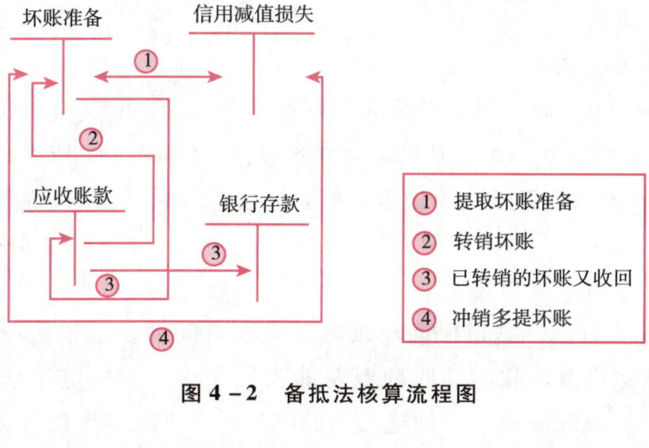


**图 4 – 2　备抵法核算流程图**

2. 坏账损失的计算方法

企业采用备抵法进行坏账损失的核算时，首先应按期估计坏账损失。估计坏账损失的方法有应收账款余额百分比法、账龄分析法和销货百分比法等。

（1）应收账款余额百分比法，是根据会计期末应收账款的余额乘以估计坏账率为当期应估计的计提坏账损失，据此提取坏账准备。估计坏账率可以按照以往的数据资料加以确定，也可以根据规定的百分率计算。企业发生的坏账多，比例相应就高些；反之则低些。

微课：坏账准备的计提

**【例4－1】** 广州凯佳有限责任公司2021年年末应收账款的余额为2 000 000元，无其他应收款，2021年第一次提取坏账准备，坏账提取比例为3‰，2022年发生了坏账损失8 000元，2022年年末应收账款的余额为2 400 000元，2023年，已冲销的应收账款又收回5 000元，2023年年末应收账款的余额为3 000 000元。

2021—2023年坏账损失核算如下：

2021年提取坏账准备的金额为：2 000 000×3‰ ＝6 000（元）

借：信用减值损失　　6 000

　　贷：坏账准备　　6 000

2022年转销坏账：

借：坏账准备　　8 000

　　贷：应收账款　　8 000

2022年年末按应收账款余额计提坏账准备的金额为：2 400 000×3‰＝7 200（元），年末计提坏账准备前，“坏账准备”账户的借方余额为2 000元，2022年应提坏账准备的金额为9 200（7 200＋2 000）元。

借：信用减值损失　　9 200

　　贷：坏账准备　　9 200

2023年，已冲销的应收账款又收回5 000元：

借：应收账款　　5 000

　　贷：坏账准备　　5 000

同时，

借：银行存款　　5 000

　　贷：应收账款　　5 000

2023年年末按应收账款余额计算提取坏账准备的金额为3 000 000×3‰＝9 000（元），至2023年年末，计提坏账准备前，“坏账准备”账户的贷方余额为12 200元，本年度应冲销多提的坏账准备金额为3 200（12 200－9 000）元。

借：坏账准备　　3 200

　　贷：信用减值损失　　3 200

动画：账龄分析法

（2）账龄分析法，是指根据应收账款入账时间的长短来估计坏账损失的一种方法。虽然应收账款能否收回以及能收回多少，不一定完全取决于入账时间的长短，但一般来说，账款拖欠的时间越长，发生坏账的可能性就越大。

**【例4－2】** 安美有限责任公司2023年8月31日应收账款账龄及估计坏账损失的情况如表4－3所示。

表 4 - 3　**账龄分析表**

| 应收账款账龄 | 应收账款金额（元） | 估计损失（%） | 估计损失金额（元） |
|---|---|---|---|
| 未到期 | 120 000 | 0.6 | 720 |
| 过期 1 个月 | 80 000 | 1 | 800 |
| 过期 2 个月 | 60 000 | 2 | 1 200 |
| 过期 3 个月 | 30 000 | 3 | 900 |
| 过期 3 个月以上 | 30 000 | 4 | 1 200 |
| 合计 | 320 000 | | 4 820 |

从表 4 - 3 看出，该企业 2023 年 8 月 31 日"坏账准备"账户的账面金额应为 4 820 元，企业需要根据前期"坏账准备"账户的账面余额，计算本期应计提的金额，编制会计分录，予以入账。

假设在估计坏账损失前，"坏账准备"账户有贷方余额 1 200 元，则安美有限责任公司本期还应计提坏账准备 3 620（4 820 - 1 200）元。编制的会计分录如下：

借：信用减值损失　　3 620

　贷：坏账准备　　3 620

假设在估计坏账损失前，"坏账准备"账户有借方余额 1 200 元，则安美有限责任公司本期还应计提坏账准备 6 020（4 820 + 1 200）元。编制的会计分录如下：

借：信用减值损失　　6 020

　贷：坏账准备　　6 020

（3）销货百分比法，是指根据赊销金额的一定百分比估计坏账损失的一种方法。在采用此方法时，估计坏账损失百分比可能由于企业生产经营情况的不断变化而与实际情况不相适应，因此，需要经常检查百分比是否能真实反映企业坏账损失实际情况的不断变化，倘若发现过高或过低的情况，应及时调整百分比。与应收账款余额百分比法和账龄分析法不同，采用销货百分比法计提坏账准备时，不用考虑上年或上期"坏账准备"账户的余额。

**【例 4 - 3】** 博艺股份有限公司 2023 年全年赊销金额为 4 000 000 元，根据以往资料和经验，估计坏账损失率为 1%，则 2023 年年末估计坏账损失为 40 000（4 000 000 × 1%）元。

会计分录如下：

借：信用减值损失　　40 000

　贷：坏账准备　　40 000

# 模块一　销售收入业务的核算

## 任务描述

能判断收入的种类及确认条件，能进行销售收入相关业务的核算。

## 业务流程

业务流程如图 4－3 所示。

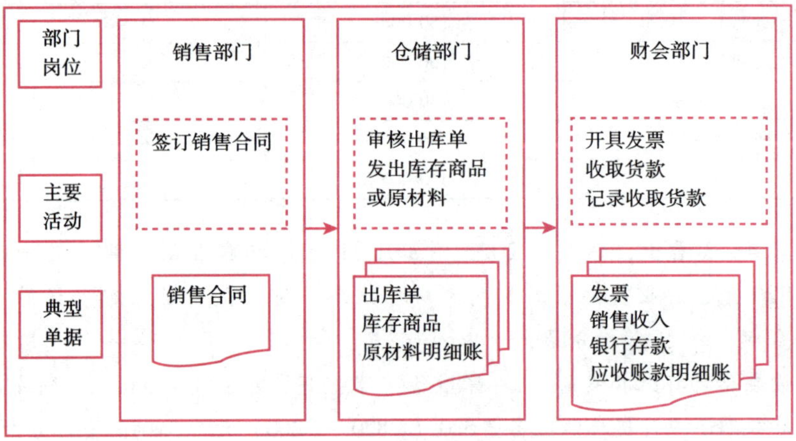


**图 4－3　业务流程图**

## 知识准备

### 一、收入的认知

#### （一）收入的定义

收入是指企业在日常活动中形成的，会导致所有者权益增加，与所有者投入资本无关的经济利益的总流入。

微课：收入基础知识

#### （二）收入的分类

（1）收入按企业从事日常活动的性质不同：分为销售商品收入、提供劳务收入和让渡资产使用权收入。

（2）收入按企业经营业务的主次不同：分为主营业务收入和其他业务收入。

①主营业务收入是企业为完成其经营目标而从事的日常活动中的主要项目，可根据企业营业执照上规定的主要业务范围进行确定。

②其他业务收入是指企业主营业务以外业务所取得的收入。如剩余材料物资的销售收入，包装物的租金收入，无形资产使用权转让收入等。

案例：如何识别企业虚构收入

#### （三）收入确认的原则

企业应当在履行了合同中的履约义务，即在客户取得相关商品控制权时确认收入。

取得相关商品控制权是指客户能够主导该商品的使用并从中获得几乎全部经济利益，也包括有能力阻止其他方主导该商品的使用并从中获得经济利益。取得商品控制权具体包括三个要素：

（1）客户必须拥有现时权利，能够主导该商品的使用并从中获得几乎全部经济利益。如果客户只能在未来的某一期间主导该商品的使用并从中获益，则表明其尚未取得该商品的控制权。

（2）客户有能力主导该商品的使用，即客户在其活动中有权使用该商品，或者能够允许或阻止其他方使用该商品。

（3）客户能够获得商品几乎全部的经济利益。商品的经济利益是指商品的潜在现金流量，既包括现金流入的增加，也包括现金流出的减少。

### （四）收入确认和计量的步骤

收入的确认和计量大致分为以下五个步骤。

**步骤1**：识别与客户订立的合同。

客户是指与企业订立合同以向该企业购买其日常活动产出的商品或服务并支付对价的一方。

合同是指双方或多方之间订立有法律约束力的权利义务的协议。合同包括书面形式、口头形式以及其他形式（如隐含于商业惯例或企业以往的习惯中等）。

企业与客户之间的合同同时满足下列五项条件的，企业应当在客户取得相关商品控制权时确认收入：

（1）合同各方已批准该合同并承诺将履行各自义务；

（2）该合同明确了合同各方与所转让商品相关的权利和义务；

（3）该合同有明确的与所转让商品相关的支付条款；

（4）该合同具有商业实质，即履行该合同将改变企业未来现金流量的风险、时间分布或金额；

（5）企业因向客户转让商品而有权取得的对价很可能收回。

合同的存在是企业确认客户合同收入的前提，企业与客户之间的合同一经签订，企业即享有从客户取得与转移商品和服务对价的权利，同时负有向客户转移商品和服务的履约义务。

**步骤2**：识别合同中的单项履约义务

合同开始日，企业应当对合同进行评估，识别合同所包含的各单项履约义务，并确定各单项履约义务是在某一时段内履行，还是在某一时点履行，然后在履行了各单项履约义务时分别确认收入。

履约义务是指合同中企业向客户转让可明确区分商品或服务的承诺。该商品或服务可明确区分，是指客户能够从单独使用某项商品或服务或将其与客户易于获得的其他资源一起使用中获益，且企业向客户转让该商品或服务的承诺可与合同中的其他承诺单独区分。企业应当将向客户转让可明确区分商品（或者商品的组合）的承诺以及向客户转让一系列实质相同且转让模式相同的、可明确区分商品的承诺作为单项履约义务。

例如，企业与客户签订合同，向其销售商品并提供安装服务，若该安装服务简单，且除该企业外其他供应商也可以提供此类安装服务，该合同中销售商品和提供安装服务为两项单项履约义务。再如，企业与客户签订为期一年的保洁服务合同，承诺每天为客户提供保洁服务。由于企业每天所提供的服务都是可明确区分且实质相同的，因此，企业应当将每天提供的保洁服务合并在一起作为单项履约义务进行会计处理。

**步骤3**：确定交易价格

交易价格是指企业因向客户转让商品而预期有权收取的对价金额，不包括企业代第三方收取的款项（如增值税）以及企业预期将退还给客户的款项。

交易价格一般是固定的对价金额，但有时也可能包含可变对价、重大融资成分以及应付客户的对价等，企业应考虑这些因素，确定最终交易价格。

例如，甲公司与客户签订合同为其建造一栋厂房，约定的价款为100万元，9个月完工，交易价格就是固定金额100万元；假如合同中约定若提前1个月完工，客户将额外奖励甲公司10万元，甲公司对合同估计工程提前1个月完工的概率为98%，则甲公司预计有权收取的对价为110万元，因此交易价格包括固定金额100万元和可变金额10万元，总计为110万元。

**步骤4**：将交易价格分摊至单项履约义务

当合同中包含两项或多项履约义务时，需要将交易价格分摊至各单项履约义务，分摊的方法是在合同开始日，按照各单项履约义务所承诺商品的单独售价（企业向客户单独销售商品的价格）的相对比例，将交易价格分摊至各单项履约义务。通过分摊交易价格，使企业分摊至各单项履约义务的交易价格能够反映其因向客户转让已承诺的相关商品而有权收取的对价金额。

例如，企业与客户签订合同，向其销售A、B两件商品，不含增值税的合同总价款为8 100元。A、B商品的不含增值税单独售价分别为5 500元、3 500元，合计9 000元。则按照交易价格分摊原则，A产品应当分摊的交易价格为4 950（5 500 ÷ 9 000 × 8 100）元；B产品应当分摊的交易价格为3 150（3 500 ÷ 9 000 × 8 100）元。

**步骤5**：履行每项履约义务时确认收入

当企业将商品转移给客户，客户取得了相关商品的控制权，意味着企业履行了合同履约义务，此时，企业应确认收入。企业将商品控制权转移给客户，可能是在某一时段内（即履行履约义务的过程中）发生，也可能在某一时点（即履约义务完成时）发生。企业应当根据实际情况，首先判断履约义务是否满足在某一时段内履行的条件，如不满足，则该履约义务属于在某一时点履行的履约义务。

1. 在某一时段内履行履约义务的条件

满足下列条件之一的，属于在某一时段内履行的履约义务，相关收入应当在该履约义务履行的期间内确认：

（1）客户在企业履约的同时即取得并消耗企业履约所带来的经济利益，如保洁服务、咨询服务。

（2）客户能够控制企业履约过程中在建的商品或服务等，如在客户场地上进行施工的建造合同。

（3）企业履约过程中所产出的商品或服务等具有不可替代用途，且该企业在整个合同期间内有权就累计至今已完成的履约部分收取款项，如专项定制。

2. 在某一时点履行的履约义务

当一项履约义务不属于在某一时段内履行的履约义务时，应当属于在某一时点履行的履约义务。对于在某一时点履行的履约义务，企业应当在客户取得相关商品控制权时点确认收入。

需要说明的是，上述步骤主要是针对复杂业务的营业收入确认与计量。但是，企业大部分业务为简单业务，如为简单业务，有些步骤不一定存在，则不需要完全按照上述步骤进行营业收入的确认与计量。如商品零售企业销售商品，不需要签订合同，则不需要识别客户合同和识别合同中的履约义务；客户合同中不包含可变对价、重大融资成分以及应付客户的对价等，则合同规定的交易价格即为最终交易价格；客户合同中的商品为单件商品，则不需要再单独识别合同中的履约义务及交易价格的分摊。

## 二、主要核算账户设置

### （一）“主营业务收入”账户

“主营业务收入”账户用来核算企业销售产品、提供劳务及让渡资产使用权等日常活动所实现的收入，该账户属于损益类账户。该账户贷方登记出售商品、自制半成品、提供劳务等取得的收入；借方登记发生销售退回、销售折让时冲减的主营业务收入以及期末将转入“本年利润”账户的金额，期末结转后该账户应无余额；该账户可以按产品的种类设置明细账，进行明细核算。“主营业务收入”账户结构如图4－4所示。

| 借方　　主营业务收入 | 贷方 |
|---|---|
| 因销售退回或折让冲减的销售收入、期末转入“本年利润”的金额 | 销售产品、提供劳务实现的收入 |

**图4－4　“主营业务收入”账户结构**

### （二）“其他业务收入”账户

“其他业务收入”账户用于核算企业确认的除主营业务活动以外的其他营业活动实现的收入，包括出租固定资产、出租无形资产、出租包装物和商品、销售材料等实现的收入，该账户属于损益类账户；贷方登记企业实现的各种其他业务收入；借方登记期末转入“本年利润”账户的金额；期末结转后应无余额；按其他业务收入的种类设置明细账进行明细核算。“其他业务收入”账户结构如图4－5所示。

| 借方　　其他业务收入 | 贷方 |
|---|---|
| 期末转入“本年利润”的金额 | 其他业务活动实现的收入 |

**图4－5　“其他业务收入”账户结构**

### （三）“应收账款”账户

“应收账款”账户用于核算企业因销售商品、提供劳务等经营活动应收取尚未收取的款项，该账户属于资产类账户。借方登记应收账款的发生额，贷方登记应收账款的收回数和确认的坏账损失数，期末余额一般在借方，表示尚未收回的应收账款；期末如为贷方余额表示企业预收的货款；本账户应按不同的购货或接受劳务单位或个人设置明细账，进行明细核算。“应收账款”账户结构如图 4－6 所示。

| 借方 | 应收账款　　　　贷方 |
|---|---|
| 发生的应收账款 | 收回的应收账款、确认的坏账损失 |
| 尚未收回的应收账款 | 预收的账款 |

**图 4－6　“应收账款”账户结构**

## （四）“应收票据”账户

动画：合同资产、合同负债与应收账款、预收账款的区别

“应收票据”账户用于核算企业因销售商品和提供劳务等而收到的商业汇票，属于资产类账户；借方登记应收票据的增加数；贷方登记到期减少的应收票据款；期末余额一般在借方，表示尚未到期的应收票据款；企业应设置应收票据备查簿，用以登记应收票据的详细资料，比如签发日期、到期日期、承兑人信息等。“应收票据”账户结构如图 4－7 所示。

| 借方 | 应收票据　　　　贷方 |
|---|---|
| 收到的应收票据 | 收到的票据款 |
| 尚未到期的应收票据款 | |

**图 4－7　“应收票据”账户结构**

## （五）“合同资产”账户

“合同资产”账户用于核算企业已向客户转让商品而有权收取对价的权利，该账户属于资产类账户。仅取决于时间流逝因素的权利不在本科目核算。该账户借方登记已经向客户转让商品应当按因已转让商品而有权收取对价的金额；贷方登记企业取得无条件收款权时转销的收取对价的金额，期末借方金额反映应收的应已转让商品而有权收取的对价金额。“合同资产”账户结构如图 4－8 所示。

| 借方 | 合同资产　　　　贷方 |
|---|---|
| 因已转让商品而有权收取的对价金额 | 登记取得无条件收款权的金额 |
| 应收的应已转让商品而有权收取的对价金额 | |

**图 4－8　“合同资产”账户结构**

## （六）“合同负债”账户

“合同负债”账户用于核算已收应收客户对价而应向客户转让商品的义务，该账户属于负债类账户。贷方登记企业在向客户转让商品之前，已经收到的合同对价或已经取得的无条件收到合同对价权利的金额，借方登记企业向客户转让相关商品时抵减的已收到的合同对价权利金额，期末余额在贷方，反映企业已收尚未向客户转让相关商品的合同对价权利的金额。“合同负债”账户结构如图 4－9 所示。

| 借方 | 合同负债 贷方 |
|---|---|
| 企业向客户转让相关商品时抵减的金额 | 企业向客户转让商品之前，已经收到的合同对价或已经取得的无条件收到合同对价权利的金额 |
| | 反映企业已收尚未向客户转让相关商品的合同对价权利的金额 |

**图 4－9 “合同负债”账户结构**

## 业务办理 1 主营业务收入的核算

**【引例分析 4－2】**

### 操作指导

根据【项目引例】业务 4－5，2023 年 12 月 13 日，广州胜利机械有限责任公司向华中纺织厂出售 A 设备 1 000 台，增值税专用发票注明每台不含税售价 850 元，价款共计 850 000 元，增值税 110 500 元，款项已收存入银行。

此项业务中，广州胜利机械有限责任公司向华中纺织厂销售商品，应向华中纺织厂收取商品的销售价款和其应承担的增值税。收到款项增加银行存款，记入“银行存款”账户的借方；销售价款 850 000 元作为“主营业务收入”的增加，记入其账户的贷方；由于增值税是价外税，收到的增值税销项税额 110 500 元不能作为收入，应将其作为负债的增加，记入“应交税费——应交增值税（销项税额）”账户的贷方。

微课：销售收入业务的核算

动画：民法典之合同效力

**步骤 1：** 审核购销合同（见图 4－10）、销售单（见表 4－4）、增值税专用发票的记账联（见图 4－11）、进账单的收账通知联（见表 4－5），主要审核单据填写的完整性、准确性、规范性及单据间信息的一致性。

**销售合同**

广州胜利机械有限责任公司（以下称为甲方）与华中纺织厂（以下简称乙方）达成购销协议如下：

一、甲方向乙方出售A设备1 000台，不含税售价人民币捌拾伍万元整。

二、甲方负责于2023年12月15日前代办托运手续。

三、质量验收标准：外观无瑕疵，货品名称、规格、材质符合乙方要求。乙方收货后如发现质量问题，须于收货后的一周内办理退货手续。

四、双方约定价税款以银行转账方式结算，乙方须在收货验收无质量问题的3天内一次性支付价税款。

五、违约条款：违约方须赔偿对方一切经济损失。但遇天灾人祸或其他人力不能控制之因素而导致延误交货，需方不能要求供方赔偿任何损失。

六、本合同一式两份，供需双方各执一份，自签定之日起生效。

甲方：法人代表及单位签章　　乙方：法人代表及单位签章

2023年12月13日　　2023年12月13日

广州胜利机械有限责任公司 公司合同章　余飞

华中纺织厂 公司合同章　李丽华印

**图 4－10 销售合同**

**表 4－4**

**销售单 1**

客户名称：华中纺织厂　　2023 年 12 月 13 日　　№：63012501

| 品名 | 规格 | 单位 | 单价（元） | 数量（台） | 金额（元） |
|---|---|---|---|---|---|
| A 设备 | | 台 | 850 | 1 000 | 850 000 |
| | | | | | |
| 备注 | | | | | |

第一联：存银（白）

信用审批：　　业务主管：杨一　　经办人：陈红

61000091321

## 广东省增值税专用发票

全国统一发票监制章　国家税务总局监制

**记账联**

№ 007684522

开票日期：2023年12月13日

| 购货单位 | | 密码区 | |
|---|---|---|---|
| 名　　称：华中纺织厂<br>纳税人识别号：054418357645292<br>地址、电话：武汉市友谊路36号8728555<br>开户行及账号：工行友谊分行86282235-59 | | 40<+6+14//2 2 2 2 /81-283/<br>*<81*+0736025/>06059><br>907<813266*26<6+61->+<br>3<1>*-<9+ 8 7 4 >1>3/>> 5 5 | 加密版本：<br>0161000091320<br>007684522 |

| 货物或应税劳务名称 | 规格型号 | 单位 | 数量 | 单价 | 金额 | 税率 | 税额 |
|---|---|---|---|---|---|---|---|
| 销售A产品 | | 台 | 1000 | 850 | 850000 | 13% | 110500 |
| 合　计 | | | | | ¥850000 | | ¥110500 |
| 价税合计（大写） | ⊗玖拾陆万零伍佰元整 | | | | （小写）¥960500 | | |

| 销货单位 | 备注 |
|---|---|
| 名　　称：广州胜利机械有限责任公司<br>纳税人识别号：350521630802554000000<br>地址、电话：广州市天河路146号85218886<br>开户行及账号：工行广州天河支行 | 广州胜利机械有限责任公司<br>350521630802554000000<br>发票专用章 |

收款人：×××　　复核：×××　　开票人：刘娟　　销售方：（章）

第一联：记账联　销货方记账凭证

**图 4－11　增值税专用发票**

**表 4－5**

**中国工商银行进账单（收账通知）　1**

**2023 年 12 月 13 日**　　第 087456 号

| 付款人 | | | 收款人 | | |
|---|---|---|---|---|---|
| | 全　称 | 华中纺织厂 | | 全　称 | 广州胜利机械有限责任公司 |
| | 账　号 | 86282235-59 | | 账　号 | 432001260004619 |
| | 开户银行 | 工行友谊分行 | | 开户银行 | 工行广州天河支行 |

| 人民币（大写） | | 亿 | 千 | 百 | 十 | 万 | 千 | 百 | 十 | 元 | 角 | 分 |
|---|---|---|---|---|---|---|---|---|---|---|---|---|
| | 玖拾陆万零伍佰元整 | | | ¥ | 9 | 6 | 0 | 5 | 0 | 0 | 0 | 0 |
| 票据种类 | | | | | | | | | | | | |

工商银行　天河支行　转讫

此联是收款人开户银行交给收款人的回单或收账通知

**步骤 2**：审核无误后，编制记账凭证（见表 4－6）。

**表 4－6**

**记账凭证**

2023 年 12 月 13 日　　　　记字第 35 号

| 摘要 | 总账科目 | 明细科目 | 借方金额 | | | | | | | | | | | 贷方金额 | | | | | | | | | | |
|---|---|---|---|---|---|---|---|---|---|---|---|---|---|---|---|---|---|---|---|---|---|---|---|---|
| | | | 亿 | 千 | 百 | 十 | 万 | 千 | 百 | 十 | 元 | 角 | 分 | 亿 | 千 | 百 | 十 | 万 | 千 | 百 | 十 | 元 | 角 | 分 |
| 销售A产品 | 银行存款 | | | | | 9 | 6 | 0 | 5 | 0 | 0 | 0 | 0 | | | | | | | | | | | |
| | 主营业务收入 | | | | | | | | | | | | | | | | 8 | 5 | 0 | 0 | 0 | 0 | 0 | 0 |
| | 应交税费 | 应交增值税（销项税额） | | | | | | | | | | | | | | | 1 | 1 | 0 | 5 | 0 | 0 | 0 | 0 |
| | | | | | | | | | | | | | | | | | | | | | | | | |
| | | | | | | | | | | | | | | | | | | | | | | | | |
| 合计 | | | | | ¥ | 9 | 6 | 0 | 5 | 0 | 0 | 0 | 0 | | | ¥ | 9 | 6 | 0 | 5 | 0 | 0 | 0 | 0 |

附单据 4 张

财务主管 黄英　记账 张兰　出纳　审核 陈青　制单 张兰

**步骤 3**：登记银行存款日记账，主营业务收入、应交税费——应交增值税明细账。

**【引例分析 4－3】**

## 操作指导

根据【项目引例】业务 4－7，2023 年 12 月 20 日，广州胜利机械有限责任公司向明珠公司销售 B 产品 200 件，每件不含税售价 200 元，计 40 000 元，增值税销项税额 5 200 元，款项尚未收到。

广州胜利机械有限责任公司向明珠公司的此项销售业务属于赊销业务，由于商品价款和增值税尚未收到，广州胜利机械有限责任公司向明珠公司的应收账款增加，记入“应收账款”账户的借方；销售的商品价款作为“主营业务收入”的增加，记入其贷方；同时增加了应交的增值税，记入“应交税费——应交增值税（销项税额）”账户的贷方。

**步骤 1**：审核专用发票的记账联（略）、销货合同（略）。

**步骤 2**：审核无误后，编制记账凭证。

借：应收账款——明珠公司　　　　45 200

　贷：主营业务收入——B 产品　　　　40 000

　　应交税费——应交增值税（销项税额）　　　　5 200

**步骤 3**：登记应收账款、主营业务收入、应交税费——应交增值税明细账。

**【引例分析 4－4】**

## 操作指导

根据【项目引例】业务 4－8，2023 年 12 月 20 日广州胜利机械有限责任公司向华中纺织厂出售 B 产品 600 件，增值税专用发票注明每件不含税售价 200 元，价款共计 120 000 元，增值税 15 600 元，收到一张商业承兑汇票，票面金额为 135 600 元。

此项业务中，广州胜利机械有限责任公司向华中纺织厂出售 B 产品，由于商品价款和增值税尚未收到，收到一张商业承兑汇票，增加了票据权利，记入“应收票据”账户的借方；销售的商品价款作为“主营业务收入”的增加，记入其贷方；同时增加了应交的增值税，记入“应交税费——应交增值税（销项税额）”账户的贷方。

**步骤 1**：审核购销合同（见图 4－12）、销售单（见表 4－7）、增值税专用发票的记账联（见图 4－13）、商业承兑汇票（见表 4－8），主要审核单据填写的完整性、准确性、规范性及单据间信息的一致性。

## 销售合同

广州胜利机械有限责任公司（以下简称甲方）与华中纺织厂（以下简称乙方）达成购销协议如下：

一、甲方向乙方出售B产品600件，不含税售价人民币拾贰万元整。

二、甲方负责于2023年12月21日前代办托运手续。

三、质量验收标准：外观无瑕疵，货品名称、规格、材质符合乙方要求。乙方收货后如发现质量问题，须于收货后的一周内办理退货手续。

四、双方约定价税款以商业承兑汇票结算，乙方须按期偿付票据款，否则按票面金额的千分之三的日利率加收利息。

五、违约条款：违约方须赔偿对方一切经济损失。但遇天灾人祸或其他人力不能控制之因素而导致延误交货，需方不能要求供方赔偿任何损失。

六、本合同一式两份，供需双方各执一份，自签定之日起生效。

甲方：法人代表及单位签章　　乙方：法人代表及单位签章

2023年12月20日　　2023年12月20日

广州胜利机械有限责任公司 公司合同章　余飞　　华中纺织厂 公司合同章　李丽华印

图 4－12　销售合同

表 4－7

**销售单 1**

客户名称：华中纺织厂　　2023 年 12 月 20 日　　№：63012517

| 品名 | 规格 | 单位 | 单价（元） | 数量（件） | 金额（元） |
|---|---|---|---|---|---|
| B 产品 | | 件 | 200 | 600 | 120 000 |
| | | | | | |
| 备注 | | | | | |

第一联：存银（白）

信用审批：张大力　　业务主管：杨一　　经办人：陈红

视频：发票开具流程

61000091330

# 广东省增值税专用发票

记 账 联

№ 007684538

开票日期：2023年12月20日

| | | | | | | | | |
|---|---|---|---|---|---|---|---|---|
| 购货单位 | 名　　称：华中纺织厂<br>纳税人识别号：054418357645292<br>地 址 、电 话：武汉市友谊路36号8728555<br>开户行及账号：工行友谊分行86282235-59 | | | | 密码区 | 40<+6+14//2 2 2 2 /81-283/<br>*<81*+0736025/>06059><br>907<813266*26<6+61->+<br>3<1>*-<9+ 8 7 4 >1>3/>> 5 5 | 加密版本：<br>0161000091328<br>007684522 | |
| 货物或应税劳务名称 | 规格型号 | 单位 | 数量 | 单价 | 金额 | | 税率 | 税额 |
| 销售B产品 | | 件 | 600 | 200 | 120000 | | 13% | 15600 |
| 合　计 | | | | | ¥120000 | | | ¥15600 |
| 价税合计（大写） | ⊗壹拾叁万伍仟陆佰元整 | | | | （小写）¥135600 | | | |
| 销货单位 | 名　　称：广州胜利机械有限责任公司<br>纳税人识别号：350521630802554000000<br>地 址 、电 话：广州市天河路146号85218886<br>开户行及账号：工行广州天河支行432001260004619 | | | | 备注 | | | |

第三联：记账联 销货方记账凭证

收款人：××× 复核：××× 开票人：刘娟 销售方：（章）

图 4－13 增值税专用发票

表 4－8

**商业承兑汇票**

出票日期（大写）贰零贰叁年壹拾贰月贰拾日

汇票号码：0269888

| | | | | | | | | | | | | | | | | | | |
|---|---|---|---|---|---|---|---|---|---|---|---|---|---|---|---|---|---|---|
| 付款人 | 全　称 | 华中纺织厂 | | | 收款人 | 全　称 | 广州胜利机械有限责任公司 | | | | | | | | | | | |
| | 账　号 | 86282235-59 | | | | 账　号 | 432001260004619 | | | | | | | | | | | |
| | 开户银行 | 工行友谊分行 | 行号 | 34278 | | 开户银行 | 工行广州天河支行 | | 行号 | 67222 | | | | | | | | |
| 出票金额 | 人民币（大写） | 壹拾叁万伍仟陆佰元整 | | | | | | 千 | 百 | 十 | 万 | 千 | 百 | 十 | 元 | 角 | 分 | |
| | | | | | | | | | ¥ | 1 | 3 | 5 | 6 | 0 | 0 | 0 | 0 | |
| 汇票到期日（大写） | | 贰零贰肆年零壹月贰拾日 | | | 交易合同号码 | | 1111 | | | | | | | | | | | |
| 本汇票已经承兑，到期无条件支付票款。<br>承兑人签章<br>承兑日期：2023年12月20日 | | | | | | | | | | | | | | | | | | |

**步骤2**：审核无误后，编制记账凭证（见表4－9）。

**步骤3**：登记应收票据、主营业务收入、应交税费——应交增值税明细账。

**表 4－9**

**记账凭证**

2023年12月20日　　　　记字第 42 号

| 摘要 | 总账科目 | 明细科目 | 借方金额 | | | | | | | | | | | 贷方金额 | | | | | | | | | | |
|---|---|---|---|---|---|---|---|---|---|---|---|---|---|---|---|---|---|---|---|---|---|---|---|---|
| | | | 亿 | 千 | 百 | 十 | 万 | 千 | 百 | 十 | 元 | 角 | 分 | 亿 | 千 | 百 | 十 | 万 | 千 | 百 | 十 | 元 | 角 | 分 |
| 销售B产品 | 应收票据 | 华中纺织厂 | | | | 1 | 3 | 5 | 6 | 0 | 0 | 0 | 0 | | | | | | | | | | | |
| | 主营业务收入 | | | | | | | | | | | | | | | | 1 | 2 | 0 | 0 | 0 | 0 | 0 | 0 |
| | 应交税费 | 应交增值税（销项税额） | | | | | | | | | | | | | | | | 1 | 5 | 6 | 0 | 0 | 0 | 0 |
| | | | | | | | | | | | | | | | | | | | | | | | | |
| | | | | | | | | | | | | | | | | | | | | | | | | |
| 合计 | | | | | ¥ | 1 | 3 | 5 | 6 | 0 | 0 | 0 | 0 | | | ¥ | 1 | 3 | 5 | 6 | 0 | 0 | 0 | 0 |

附单据 4 张

财务主管 黄英　　记账 张兰　　出纳　　审核 陈青　　制单 张兰

**【引例分析 4－5】**

## 操作指导

动画：商业折扣和现金折扣

根据【项目引例】业务 4－9，2023 年 12 月 23 日，广州胜利机械有限责任公司向长沙捷成有限责任公司销售 A 设备 1 000 台，增值税发票注明不含税单价 850 元，共计 850 000 元，增值税 110 500 元。合同约定长沙捷成有限责任公司在一个月内付款，现金折扣条件为“2/10，N/30”，双方约定，计算折扣时不考虑增值税，产品当天交付并办妥托收手续。

所谓现金折扣是指债权人为鼓励债务人在规定的期限内付款而向债务人提供的债务扣除，一般用符号“折扣率/付款期限”表示。现金折扣是一种可变对价，所谓可变对价，通俗的理解就是随着未来某事件的发生，客户承诺的对价发生变化。企业需要在合同开始日按照期望值或者最可能发生的金额估计可变对价，确认收入。例如，用总额法或者净额法确认合同对价，借记“应收账款”“应收票据”等账户，按确定的收入金额贷记“主营业务收入”账户，按应收取的增值税税额，贷记“应交税费——应交增值税（销项税额）”账户。可变对价的后续变动，对于已履行的履约义务，其分摊的可变对价变动额应当调整变动当期的收入，借记或贷记“主营业务收入”账户。

**步骤 1**：审核购销合同（略）、销售单（略）、增值税专用发票的记账联（见图 4－14）。

**步骤 2**：估计捷成公司付款的可能性，并进行账务处理。

如果广州胜利机械有限责任公司估计捷成公司极有可能不会在 10 天内付款，则需在捷成公司获得商品控制权时确认 850 000 元的收入，应收账款按总价法入账；

如果广州胜利机械有限责任公司估计捷成公司极有可能会在 10 天内付款，则应该按照 833 000 元确认收入，应收账款按净价法入账。

**情形 1**：广州胜利机械有限责任公司估计捷成公司极有可能不会在 10 天内付款

61000091321

## 广东省增值税专用发票

全国统一发票监制章　国家税务总局监制

**记 账 联**

№ 007684538

开票日期：2020年12月23日

| 购货单位 | | 密码区 | |
|---|---|---|---|
| | 名　　称：长沙捷成有限责任公司<br>纳税人识别号：054418357645292<br>地 址 、电 话：长沙市光明路08号8728888<br>开户行及账号：工行友谊分行86372235-20 | | 40<+6+14//2 2 2 2 /81-283/<br>*<81*+0736025/>06059><br>907<813266*26<6+61->+<br>3<1>*-<9+ 8 7 4 >1>3/>> 5 5<br>加密版本：0161000097124<br>007684525 |

| 货物或应税劳务名称 | 规格型号 | 单位 | 数量 | 单价 | 金额 | 税率 | 税额 |
|---|---|---|---|---|---|---|---|
| A设备 | | 件 | 1000 | 850 | 850000 | 13% | 110500 |
| 合　　计 | | | | | ¥850000 | | ¥110500 |
| 价税合计（大写） | ⊗玖拾陆万零伍佰元整 | | | | （小写）¥960500 | | |

| 销货单位 | | 备注 | |
|---|---|---|---|
| | 名　　称：广州胜利机械有限责任公司<br>纳税人识别号：350521630802554000000<br>地 址 、电 话：广州市天河路146号85218886<br>开户行及账号：工行广州天河支行432001260004619 | | 广州胜利机械有限责任公司<br>350521630802554000000<br>发票专用章 |

收款人：×××　　复核：×××　　开票人：刘娟　　销售方：（章）

第一联：记账联　销货方记账凭证

**图 4－14　增值税专用发票**

2023 年 12 月 23 日，确认收入：

借：应收账款——捷成公司　　960 500

　　贷：主营业务收入——A 设备　　850 000

　　　　应交税费——应交增值税（销项税额）　　110 500

如果 2023 年 12 月 29 日，捷成公司支付货款：

借：银行存款　　943 500

　　主营业务收入　　17 000

　　贷：应收账款——捷成公司　　960 500

如果 2024 年 1 月 23 日，捷成公司支付货款：

借：银行存款　　960 500

　　贷：应收账款——捷成公司　　960 500

**情形 2**：广州胜利机械有限责任公司估计捷成公司极有可能会在 10 天内付款

2023 年 12 月 23 日，确认收入：

借：应收账款——捷成公司　　943 500

　　贷：主营业务收入　　833 000

　　　　应交税费——应交增值税（销项税额）　　110 500

如果 2023 年 12 月 29 日，捷成公司支付货款：

借：银行存款　　943 500

案例：虚开发票之案例分析

贷：应收账款——捷成公司　　943 500

如果2024年1月23日，捷成公司支付货款：

借：银行存款　　960 500

贷：应收账款——捷成公司　　943 500

主营业务收入　　17 000

**【引例分析4－6】**

## 操作指导

根据【项目引例】业务4－10，2023年12月24日，广州胜利机械有限责任公司向明达公司同时销售A、B两项商品，A商品的单独总售价为6 000元，数量8台；B商品的单独总售价为14 000元，数量70件，合同价款为18 000元，增值税2 340元。合同约定，A商品于合同开始日交付，B商品在一个月之后交付，只有当两项商品全部交付之后，甲公司才有权收取18 000元的合同对价，发票于交付B商品时开具。

广州胜利机械有限责任公司该项业务是同时销售两种产品，属于一项合同包含两项履约义务，根据新收入准则的收入确认步骤，首先就需要把合同对价分摊至每一项履约义务。在该项销售业务中，广州胜利机械有限责任公司将A商品交付给客户之后，与该A商品相关的履约义务已经完成，但是需要等到后续交付B商品时，企业才具有无条件收取合同对价的权利，因此，广州胜利机械有限责任公司应当将因交付A商品而有权收取的对价5 400元确认为合同资产，而不是应收账款。交付B商品并开具发票时，确认B商品的销售收入和增值税销项税额，此时是无条件收款权利，所以记为应收账款，应收账款的金额为全部应收取款项，所以也需要把之前记为合同资产的金额转为应收账款。

**步骤1**：审核销货合同（略），并将合同对价分摊至每一单项履约义务。

分摊合同对价至单项履约义务：

A商品：[18 000÷(6 000+14 000)]×6 000=5 400（元）

B商品：[18 000÷(6 000+14 000)]×14 000=12 600（元）

**步骤2**：广州胜利机械有限责任公司交付A商品时，确认A商品销售收入，编制记账凭证（会计分录）。

借：合同资产——明达公司　　5 400

贷：主营业务收入——A商品　　5 400

**步骤3**：广州胜利机械有限责任公司交付B商品时，确认B商品销售收入，同时，由于此时是无条件收款权利，所以记为应收账款，编制记账凭证（会计分录）。

借：应收账款——明达公司　　20 340

贷：主营业务收入——B商品　　12 600

合同资产——明达公司　　5 400

应交税费——应交增值税（销项税额）　　　　2 340

**步骤4**：登记应收账款、合同资产、主营业务收入、应交税费——应交增值税明细账。

**【引例分析4-7】**

## 操作指导

根据【项目引例】业务4-12，2023年12月28日，广州胜利机械有限责任公司向广州美婕有限责任公司销售一批B产品10 000件，不含税单价200元/件，由于是成批销售，给予2%的商业折扣。货款已经收存银行。

视频：红字增值税专用发票开具注意事项

广州胜利机械有限责任公司向广州美婕有限责任公司的此项销售属于含有商业折扣的销售。商业折扣又称“折扣销售”，是指实际销售商品或提供劳务时，将价目单中的报价打一个折扣后提供给客户，这个折扣就叫商业折扣。

销售商品涉及商业折扣的，应按照扣除商业折扣后的金额确定销售商品收入金额。发生商业折扣时，借记“应收账款”“应收票据”“银行存款”等账户，按扣除折扣后的金额贷记“主营业务收入”账户，按应收取的增值税税额，贷记“应交税费——应交增值税（销项税额）”账户。

**步骤1**：审核购销合同（略）、销售单（略）、增值税专用发票的记账联（见图4-15）、银行进账单（见表4-10）等。

61000091652

广东省增值税专用发票

全国统一发票监制章　国家税务总局监制

记账联

№ 007684579

开票日期：2023年12月28日

| | | | | | | | | |
|---|---|---|---|---|---|---|---|---|
| 购货单位 | 名称：广州美婕有限责任公司<br>纳税人识别号：054418357616666<br>地址、电话：广州华泰路36号8728888<br>开户行及账号：工行海珠分行8637265-99 | | | | 密码区 | 40<+6+14//2 2 2 2/81-283/<br>*<81*+0736025/>06059><br>907<813266*26<6+61->+<br>3<1>*-<9+3 7 4 >1>5/>> 5 4 | | 加密版本：<br>0161000090001<br>007684531 |
| 货物或应税劳务名称 | 规格型号 | 单位 | 数量 | 单价 | 金额 | 税率 | 税额 | |
| 销售B产品<br>折扣（2%） | | 件 | 10000 | 200 | 2000000<br>-40000 | 13% | 260000<br>-5200 | |
| 合　计 | | | | | ¥1960000 | | ¥254800 | |
| 价税合计（大写） | ⊗贰佰贰拾壹万肆仟捌佰元整 | | | | （小写）¥2214800 | | | |
| 销货单位 | 名称：广州胜利机械有限责任公司<br>纳税人识别号：35052163080255400000<br>地址、电话：广州市天河路146号85218886<br>开户行及账号：工行广州天河支行432001260004619 | | | | 备注 | 广州胜利机械有限责任公司<br>35052163080255400000<br>发票专用章 | | |

第一联：记账联　销货方记账凭证

收款人：×××　复核：×××　开票人：刘娟　销售方：（章）

图4-15　增值税专用发票

**表 4－10**

## 中国工商银行进账单（收账通知） 1

2023 年 12 月 28 日　　　　第 087487 号

| | | | | | | | | | | | | | | | |
|---|---|---|---|---|---|---|---|---|---|---|---|---|---|---|---|
| 付款人 | 全　　称 | 广州美婕有限责任公司 | 收款人 | 全　　称 | 广州胜利机械有限责任公司 | | | | | | | | | | |
| | 账　　号 | 8637265-99 | | 账　　号 | 4320012560004619 | | | | | | | | | | |
| | 开户银行 | 工行海珠分行 | | 开户银行 | 工行广州天河支行 | | | | | | | | | | |
| 人民币（大写） | | 贰佰贰拾壹万肆仟捌佰元整 | | | 亿 | 千 | 百 | 十 | 万 | 千 | 百 | 十 | 元 | 角 | 分 |
| | | | | | | ¥ | 2 | 2 | 1 | 4 | 8 | 0 | 0 | 0 | 0 |
| 票据种类 | | | | | | | | | | | | | | | |

工商银行天河支行 转讫

此联是收款人开户银行交给收款人的回单或收账通知

**步骤 2：** 审核无误后，编制记账凭证（见表 4－11）。

**表 4－11**

**记账凭证**

2023年12月28日　　　　记字第83号

| 摘要 | 总账科目 | 明细科目 | 借方金额 | | | | | | | | | | | 贷方金额 | | | | | | | | | | |
|---|---|---|---|---|---|---|---|---|---|---|---|---|---|---|---|---|---|---|---|---|---|---|---|---|
| | | | 亿 | 千 | 百 | 十 | 万 | 千 | 百 | 十 | 元 | 角 | 分 | 亿 | 千 | 百 | 十 | 万 | 千 | 百 | 十 | 元 | 角 | 分 |
| 销售B产品 | 银行存款 | | | | 2 | 2 | 1 | 4 | 8 | 0 | 0 | 0 | 0 | | | | | | | | | | | |
| | 主营业务收入 | | | | | | | | | | | | | | | 1 | 9 | 6 | 0 | 0 | 0 | 0 | 0 | 0 |
| | 应交税费 | 应交增值税（销项税额） | | | | | | | | | | | | | | | 2 | 5 | 4 | 8 | 0 | 0 | 0 | 0 |
| | | | | | | | | | | | | | | | | | | | | | | | | |
| | | | | | | | | | | | | | | | | | | | | | | | | |
| 合　　计 | | | | ¥ | 2 | 2 | 1 | 4 | 8 | 0 | 0 | 0 | 0 | | ¥ | 2 | 2 | 1 | 4 | 8 | 0 | 0 | 0 | 0 |

附单据 4 张

财务主管 黄英　　记账 张兰　　出纳　　审核 陈青　　制单 张兰

**步骤 3：** 登记银行存款、主营业务收入、应交税费——应交增值税明细账。

**【引例分析 4－8】**

### 操作指导

根据【项目引例】业务 4－13，2023 年 12 月 28 日，广州胜利机械有限责任公司与万博公司签订不可撤销的合同，合同开始日，广州胜利机械有限责任公司收到万博公司预付的货款 30 000 元。2024 年 12 月 31 日，按合同约定，广州胜利机械有限责任公司向万博公司交付 B 商品 500 件，该批商品的销售价格为 100 000 元，增值税税额为 13 000 元。按合同约定，不足的货款于交货时支付。

广州胜利机械有限责任公司与万博公司签订不可撤销的合同属于预收款销售，根据新的收入准则，基于合同的预收款销售，不再使用预收账款科目，而使用合同负债，合同负债核算企业基于合同已收或应收客户对价而应向客户转让商品的义务，属于负债类账户。

**步骤1**：审核收款单（略）、销货合同（略）。

**步骤2**：审核无误后，编制记账凭证（会计分录）。

借：银行存款　　　　30 000

　　贷：合同负债　　　　30 000

**步骤3**：审核发票（略）、出库单（略）。

**步骤4**：审核无误后，编制记账凭证（会计分录）。

借：合同负债　　　　30 000

　　银行存款　　　　83 000

　　贷：主营业务收入　　　　100 000

　　　　应交税费——应交增值税（销项税额）　　　　13 000

**步骤5**：登记银行存款、合同负债、主营业务收入、应交税费——应交增值税明细账。

## 业务办理2　其他业务收入的核算

**【引例分析4－9】**

### 操作指导

根据【项目引例】业务4－14，2023年12月25日，广州胜利机械有限责任公司向红星公司销售一批不需用的原材料500千克，金额10 000元，增值税税额为1 300元，款项已收到。

企业的原材料主要用于生产，销售原材料一般作为其他经营业务。价税款项未收，增加“应收账款”，记入借方；销售原材料的价款作为“其他业务收入”，增加记入其贷方；增值税记入“应交税费——应交增值税（销项税额）”账户的贷方。

**步骤1**：审核专用发票的记账联（略）、销货合同（略）等。

**步骤2**：根据增值税专用发票的记账联等，编制记账凭证（见表4－12）。

表4－12

**记账凭证**

2023年12月25日　　　　记字第78号

| 摘要 | 总账科目 | 明细科目 | 借方金额 | | | | | | | | | | | 贷方金额 | | | | | | | | | | |
|---|---|---|---|---|---|---|---|---|---|---|---|---|---|---|---|---|---|---|---|---|---|---|---|---|
| | | | 亿 | 千 | 百 | 十 | 万 | 千 | 百 | 十 | 元 | 角 | 分 | 亿 | 千 | 百 | 十 | 万 | 千 | 百 | 十 | 元 | 角 | 分 |
| 销售A产品 | 银行存款 | | | | | | 1 | 1 | 3 | 0 | 0 | 0 | 0 | | | | | | | | | | | |
| | 其他业务收入 | | | | | | | | | | | | | | | | | 1 | 0 | 0 | 0 | 0 | 0 | 0 |
| | 应交税费 | 应交增值税（销项税额） | | | | | | | | | | | | | | | | | 1 | 3 | 0 | 0 | 0 | 0 |
| | | | | | | | | | | | | | | | | | | | | | | | | |
| | | | | | | | | | | | | | | | | | | | | | | | | |
| 合计 | | | | | | ¥ | 1 | 1 | 3 | 0 | 0 | 0 | 0 | | | | ¥ | 1 | 1 | 3 | 0 | 0 | 0 | 0 |

附单据2张

财务主管 黄英　记账 张兰　出纳　审核 陈青　制单 张兰

**步骤3**：登记银行存款、其他业务收入、应交税费——应交增值税明细账。

## 课程思政案例

### 虚构销量 虚增单价——瑞幸之财务造假

瑞幸咖啡注册成立于2017年6月，由原神州优车集团COO钱治亚创建，总部位于福建厦门。2017年10月，瑞幸咖啡第一家门店开业。仅用了18个多月的时间，瑞幸咖啡于2019年5月在美国纳斯达克上市，打破了趣头条创下的中企赴美上市最短时间纪录，刷新了全球最快IPO纪录。从2017年10月第一家门店开业起，仅4个月的时间瑞幸咖啡便在中国开了800多家门店，截至2019年年底，其直营门店达到4 507家，超越了星巴克在中国线下门店的数量，成为中国最大的咖啡连锁品牌，实现了2019年1月在战略发布会上宣布的“在门店总数上超过4 500家，在门店和杯量上全面超越星巴克”的目标，成功刮起了“小蓝杯”风暴。

但2020年4月，瑞幸咖啡突然一纸公告，自爆伪造了四分之三的交易和22亿元的业绩，被美国纳斯达克交易所强制退市，领下了美国证监会1.8亿美元的巨额罚单，全国门店迎来关店潮。

瑞幸如何造假的呢？首先是夸大营业额，调研人员对单个门店进行全天监控，记录外卖和到店销售情况。长达11 260小时的门店流量监控视频显示，2019年第三季度和2019年第四季度，每家门店每天的销量分别至少夸大了69%和88%。瑞幸知道很多人会去打小票研究、统计销量，所以他用了一个开挂的模式，小票跳码。其次，夸高实际销售单价。瑞幸财报显示，2019年第三季度每件商品的净售价为11.2元。然而，匿名机构的25 843张收据显示的净售价只有9.97元。

问题：作为一名财经学子，瑞幸事件的背后，有哪些值得我们深思和在职业生涯中引以为戒的地方？

分析提示：党的二十大报告提出，要弘扬诚信文化，健全诚信建设长效机制。

曾经有一句话说得好：“诚信是资本游戏的底线”。先是之前的“三鹿奶粉”事件，再到如今的瑞幸造假风波，这无异于会大大打击外国投资者的信心，并影响一些准备赴美上市的初创企业。“瑞幸”事件面临着信任的危机，破坏了中国企业的国际形象。

此次事件也为企业敲响了警钟，尽管国家大力鼓励推进“互联网+”的发展，但是企业还是要从根本出发，发展好自身的底层业务，将产品和服务这两项根基打好，虚实结合才能实现企业的可持续发展。而且，随着中国企业逐步走向世界，中国企业需不断加强学习完备资本市场突发事件的应对措施，遵守市场规则，讲求诚信，才能迈向更高的台阶。

作为将从事财经工作的我们，除了看到此次“瑞幸事件”的表象，更应该从专业的角度去发掘和分析此类事件对我们的启示——恪守本分，不见财起意；公私分明，不贪不占；遵纪守法，讲究诚信。熟悉国家法律、法规及国家统一的会计制度，始终坚持按法律、法规和国家统一的会计制度进行会计核算，实施会计监督功能。做一个认真负责的财会人。

# 模块二　销售成本业务的核算

## 任务描述

理解收入与成本的“配比原则”，掌握销售成本的结转和会计核算方法。

## 业务流程

业务流程如图4-16所示。

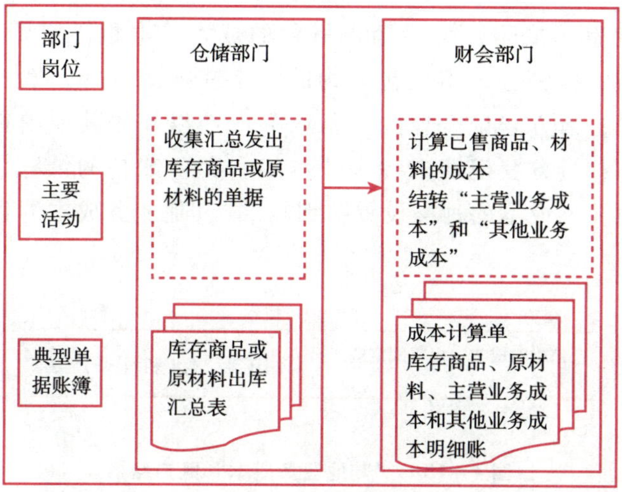


**图4-16　业务流程图**

## 知识准备

### 一、销售成本的认知

销售成本是在商品、材料销售后，按会计核算的规定，根据已售商品、材料的生产、购置成本，从库存商品、原材料账户中结转而来的成本，其目的主要是根据配比原则，把“收入”与“取得收入所耗费成本”在同一时间内确认，以正确地计算“利润”。

销售成本和销售收入一样，也分为“主营业务成本”账户和“其他业务成本”账户。

### 二、核算账户的设置

#### （一）“主营业务成本”账户

“主营业务成本”账户用于企业销售商品、提供劳务等日常活动中的主要业务交易所发生的实际成本，该账户属于损益类账户；借方登记本期结转的销售商品、提供劳务的实际成本；贷方登记期末将本月销售成本转入“本年利润”账户的成本及因销售退回而冲减的主营业务成本，结转后该账户应无余额；按产品的种类设置明细账。“主营业务成本”账户结构如图 4－17 所示。

| 借方　主营业务成本 | 贷方 |
|---|---|
| 已销产品、提供劳务成本 | 结转至“本年利润”的金额、销售退回冲减的成本 |

**图 4－17　“主营业务成本”账户结构**

## （二）“其他业务成本”账户

微课：销售成本业务的核算

“其他业务成本”账户用于核算企业确认的除主营业务活动以外的其他经营活动所发生的成本，包括销售材料的成本、出租固定资产的折旧额、出租无形资产的摊销额、出租包装物的成本或摊销额等，属于损益类账户中的支出账户；借方登记企业除主营业务成本以外的其他销售或其他业务所发生的成本；贷方登记期末转入“本年利润”账户的余额，结转后应无余额；按其他业务成本的种类设置明细账。“其他业务成本”账户结构如图 4－18 所示。

| 借方　其他业务成本 | 贷方 |
|---|---|
| 已销材料成本、出租固定资产折旧等 | 结转至“本年利润”的金额 |

**图 4－18　“其他业务成本”账户结构**

### 业务办理 1　结转主营业务成本

**【引例分析 4－10】**

**操作指导**

根据【项目引例】业务 4－15，2023 年 12 月 31 日，广州胜利机械有限责任公司结转已销产品 A 产品、B 产品销售成本（存货发出采用月末一次加权平均计价方法）。

分析：企业销售商品，一方面增加了主营业务收入，按配比原则，要增加已销商品的成本。已销商品成本的增加记入“主营业务成本”账户的借方；商品的减少记入“库存商品”账户的贷方。

**步骤 1**：依“【项目引例】业务 4－15”显示，本月共销售 A 产品 2 008 台、B 产品 12 800 件。按照广州胜利机械有限责任公司的存货发出计价方法（月末一次加权平均），计算已销产品的成本。登记库存商品的明细账（见表 4－13、表 4－14）。

表 4－13　　库存商品明细账（A 产品）

| 2023 年 | | 摘要 | 收入 | | | 发出 | | | 结存 | | |
|---|---|---|---|---|---|---|---|---|---|---|---|
| 月 | 日 | | 数量（件） | 单价（元/件） | 金额（元） | 数量（件） | 单价（元/件） | 金额（元） | 数量（件） | 单价（元/件） | 金额（元） |
| 12 | 1 | 月初结存 | | | | | | | 200 | 480 | 96 000 |
| | 10 | 完工入库 | 1 500 | 490 | 735 000 | | | | | | |
| | 20 | 完工入库 | 1 000 | 482 | 482 000 | | | | | | |
| | 31 | 销售发出 | | | | 2 008 | 486. 30 | 976 490. 40 | 692 | | |
| | 31 | 本月小计 | 2 500 | | 1 217 000 | 2 000 | 482. 16 | 976 490. 40 | 692 | 486. 30 | 336 509. 4 |

A 产品平均单位成本 =（96 000 + 735 000 + 482 000）÷（200 + 1 500 + 1 000）≈486. 30（元/件）

发出存货成本 = 2 008 × 486. 30 = 976 490. 40（元）

结存存货成本 = 96 000 + 735 000 + 482 000 － 976 490. 40 = 336 509. 4（元）

表 4－14　　库存商品明细账（B 产品）

| 2023 年 | | 摘要 | 收入 | | | 发出 | | | 结存 | | |
|---|---|---|---|---|---|---|---|---|---|---|---|
| 月 | 日 | | 数量（件） | 单价（元/件） | 金额（元） | 数量（件） | 单价（元/件） | 金额（元） | 数量（件） | 单价（元/件） | 金额（元） |
| 12 | 1 | 月初结存 | | | | | | | 100 | 110 | 11 000 |
| | 06 | 完工入库 | 800 | 110 | 88 000 | | | | | | |
| | 20 | 完工入库 | 13 000 | 112 | 1 456 000 | | | | | | |
| | 31 | 销售发出 | | | | 12 800 | 111. 87 | 1 431 942. 45 | 1 100 | 111. 87 | 123 057. 55 |
| | 31 | 本月小计 | 21 000 | | 1 544 000 | 12 800 | 111. 87 | 1 431 942. 45 | 1 100 | 111. 87 | 123 057. 55 |

B 产品平均单位成本 =（11 000 + 88 000 + 1 456 000）÷（100 + 800 + 13 000）≈111. 87（元/件）

发出存货成本 = 12 800 × 111. 87 = 1 431 936（元）

结存存货成本 = 11 000 + 88 000 + 1 456 000 － 1 431 936 = 123 064（元）

**步骤 2：**编制已销产品销售成本计算单（见表 4－15）。

表 4－15　　销售成本计算单

| 产品 | 销售数量（件） | 销售成本（元） |
|---|---|---|
| A 产品 | 2 008 | 2 000 × 486. 30 = 976 490. 40 |
| B 产品 | 12 800 | 12 800 × 111. 87 = 1 431 936 |

**步骤3**：根据已销产品销售成本计算单，编制会计分录如下：

借：主营业务成本——A产品　　976 490.40

　　　　　　　　——B产品　　1 431 936

　贷：库存商品——A产品　　976 490.40

　　　　　　　——B产品　　1 431 936

**步骤4**：登记主营业务成本明细账。

### 业务办理2　结转其他业务成本

**【引例分析4－11】**

**操作指导**

根据【项目引例】业务4－16，2023年12月31日，结转12月25日销售的甲材料成本（甲材料成本为6 000元）。销售原材料，一方面，收到款项或增加债权作为其他业务收入；另一方面，减少原材料，增加已销材料的成本。已销材料成本的增加记入“其他业务成本”账户的借方；减少的材料记入“原材料”账户的贷方。

**步骤1**：计算销售的甲材料成本。本月共销售原材料500千克、按照材料发出计价方法，计算出其成本6 000元（过程略）。登记原材料明细账。

**步骤2**：根据已销原材料销售成本计算单（略），编制会计分录如下：

借：其他业务成本——甲材料　　6 000

　贷：原材料——甲材料　　6 000

**步骤3**：登记其他业务成本明细账。

## 模块三　销售税费业务的核算

**任务描述**

了解销售环节涉及的税收义务，掌握销售环节涉及的税金种类和计算，知悉销售费用的内容和会计核算方法。

**业务流程**

业务流程如图4－19所示。

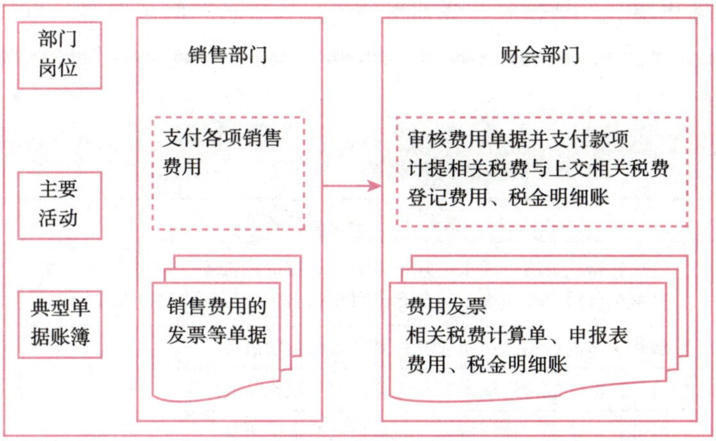


**图 4－19 业务流程图**

## 知识准备

### 一、销售费用的认知

销售费用是指企业在销售产品、自制半成品和提供劳务等过程中发生的费用，包括由企业负担的包装费、运输费、广告费、装卸费、保险费、委托代销手续费、展览费、租赁费（不含融资租赁费）和销售服务费、销售部门人员工资、职工福利费、差旅费、办公费、折旧费、修理费、物料消耗、低值易耗品摊销以及其他经费等。

微课：销售税费基础知识

### 二、销售税金及附加的认知

企业在销售环节缴纳的税金及附加。税金主要是指按照销售额计征的增值税、消费税和按照实际缴纳的增值税、消费税计算的城市维护建设税；附加是指按照实际缴纳的增值税、消费税，计算的教育费附加和地方教育费附加。

动画：增值税零税率和免税率的区别

#### （一）增值税

增值税是以单位和个人生产经营过程中取得的增值额为课税对象征收的一种税，其征收对象包括在中华人民共和国境内销售货物或者加工、修理修配劳务、销售服务、无形资产或者不动产，以及进口货物的单位和个人。

1. 征收范围

（1）销售货物。货物是指除土地、房屋和其他建筑物等一切不动产之外的有形动产，包括电力、热力和气体在内。

（2）提供加工和修理修配劳务。加工是指受托加工货物，即委托方提供原料及主要材料，受托方按照委托方的要求制造货物并收取加工费的业务；修理修配是指受托方对损伤和丧失功能的货物进行修复，使其恢复原状和功能的业务。

（3）销售服务。销售服务分别指交通运输服务、邮政服务、电信服务（基础、增值）、建筑服务、现代服务、生活服务及金融服务，具体如表 4-16 所示。

**表 4-16　　销售服务的具体内容**

| 行业 | 应税服务 | 具体内容 |
|---|---|---|
| 1. 交通运输服务 | （1）陆路运输服务 | 包括铁路、公路、缆车、索道、地铁、城市轻轨等运输<br>出租车公司向使用本公司自有出租车的出租车司机收取的管理费用 |
| | （2）水路运输服务 | 水路运输的程租、期租业务，属于水路运输服务 |
| | （3）航空运输服务 | 航天运输、航空运输的湿租业务，属于航空运输服务 |
| | （4）管道运输服务 | 通过管道输送气体、液体、固体物质的运输服务 |
| 2. 邮政服务 | （1）邮政普遍服务 | 函件、包裹等邮件寄递，以及邮票发行、报刊发行和邮政汇兑等业务活动 |
| | （2）邮政特殊服务 | 义务兵平常信函、机要通信、盲人读物和革命烈士遗物的寄递等业务活动 |
| | （3）其他邮政服务 | 邮册等邮品销售、邮政代理等活动 |
| 3. 电信服务 | （1）基础电信服务 | 利用固网、移动网、卫星、互联网，提供语音通话服务，及出租出售带宽、波长等网络元素（传统电信业务） |
| | （2）增值电信服务 | 利用固网、移动网、卫星、互联网、有线电视网络，提供短信和彩信服务、电子数据和信息的传输及应用服务、互联网接入服务等业务活动（新型电信业务） |
| 4. 建筑服务 | （1）工程服务 | 新建、改建各种建筑物、构筑物的工程作业 |
| | （2）安装服务 | 包括固话、有线电视、宽带、水、电、燃气、暖气等收取的安装费、初装费、扩容费等 |
| | （3）修缮服务 | 对建筑物、构筑物进行修补、加固、养护、改善 |
| | （4）装饰服务 | 修饰装修，使之美观或具有特定用途的工程 |
| | （5）其他建筑服务 | 如钻井（打井）、拆除建筑物、平整土地、园林绿化等 |
| 5. 现代服务 | （1）研发和技术服务 | 包括研发服务、合同能源管理服务、工程勘察勘探服务、专业技术服务（如气象服务、地震服务、海洋服务、测绘服务、城市规划、环境与生态监测服务等专项技术服务） |
| | （2）信息技术服务 | 包括软件服务、电路设计及测试服务、信息系统服务、业务流程管理服务和信息系统增值服务 |
| | （3）文化创意服务 | 包括设计服务、知识产权服务、广告服务和会议展览服务 |
| | （4）物流辅助服务 | 包括航空服务、港口码头服务（含港口设施保安费）、货运客运场站服务、打捞救助服务、装卸搬运服务、仓储服务、收派服务（含收、分、送等服务） |
| | （5）租赁服务 | 包括融资租赁和经营性租赁 |
| | （6）鉴证咨询服务 | 包括认证服务、鉴证服务和咨询服务<br>如：会计税务法律鉴证、工程监理、资产评估、环境评估、房地产土地评估、建筑图纸审核、医疗事故鉴定等 |
| | （7）广播影视服务 | 包括广播影视节目（作品）的制作服务、发行服务、播映（含放映）服务 |
| | （8）商务辅助服务 | 包括企业管理服务（含物业管理）、经纪代理服务（如金融代理、知识产权代理、法律代理、房地产中介、婚姻中介等）、人力资源服务、安全保护服务（如武装守护押运服务） |
| | （9）其他现代服务 | 如纳税人为客户办理退票而向客户收取的退票费、手续费等收入、对安装运行后的机器设备提供的维护保养服务 |

续表

| 行业 | 应税服务 | 具体内容 |
|---|---|---|
| 6. 生活服务 | (1) 文化体育服务 | 包括文艺表演、文化比赛，档案馆的档案管理，文物及非物质遗产保护，提供游览场所等 |
| | (2) 教育医疗服务 | 包括教育服务和医疗服务<br>教育服务，是指提供学历教育服务、非学历教育服务、教育辅助服务的业务活动 |
| | (3) 旅游娱乐服务 | 包括旅游服务和娱乐服务 |
| | (4) 餐饮住宿服务 | 包括餐饮服务和住宿服务 |
| | (5) 居民日常服务 | 包括市容市政管理、家政、婚庆、养老、殡葬、护理、美容美发、按摩、桑拿、沐浴、洗染、摄影扩印等服务 |
| | (6) 其他生活服务 | 如植物养护服务 |
| 7. 金融服务 | (1) 贷款服务 | 各种占用、拆借资金取得的收入、融资性售后回租、罚息、票据贴现等业务取得的利息 |
| | (2) 直接收费金融服务 | 包括提供货币兑换、信用卡、基金管理、金融交易场所管理、资金结算、资金清算等服务 |
| | (3) 保险服务 | 包括人身保险服务和财产保险服务 |
| | (4) 金融商品转让 | 包括转让外汇、有价证券、非货物期货和其他金融商品所有权的业务活动 |

(4) 销售无形资产，是指转让技术、商标、著作权、商誉、自然资源使用权（包括土地使用权）和其他权益性无形资产等无形资产所有权或者使用权的业务活动。

(5) 销售固定资产，是指转让不动产所有权的业务活动。

(6) 进口货物，是指申报进入我国海关境内的货物。必须看其是否办理了报关进口手续来确定一项货物是否属于进口货物。只要是报关进口的应税货物，均属于增值税征税范围，在进口环节缴纳增值税（享受免税政策的货物除外）。

2. 增值税的计税原理

增值税是以商品、劳务、服务等在流转过程中产生的增值额为征税对象而征收的一种流转税。增值额是指纳税人销售某种商品或提供劳务所取得的收入价格与商品或劳务的外购价格之间的差额。

例如，如果批发商 80 元买入一件衣服，然后 120 元销售给零售商，在此环节，对于批发商而言，增值额为 40（120 - 80）元，则增值的 40 元需要向国家缴税，也就是增值税，同样的道理，如果零售商 120 元买回后 360 元销售给消费者，则在零售环节增值的 240（360 - 120）元也需要缴纳增值税。

也就是说，在理论上，应交增值税就等于流通环节的增值额乘以适用的增值税税率，即：

应交增值税额 = 增值额 × 增值税税率

在实务上，按照纳税人的经营规模及会计核算的健全程度，增值税纳税人分为一般纳税人和小规模纳税人。

一般纳税人是指销售货物的年应征增值税销售额和应税服务的年应征增

值税销售额超过财政部和国家税务总局规定标准的纳税人，其他的就是小规模纳税人。一般纳税人与小规模纳税人的划分标准如表4-17所示。

表4-17 一般纳税人与小规模纳税人的划分标准

| 纳税人 | 标准 |
| --- | --- |
| 一般纳税人<br>（必须登记） | （1）会计核算健全<br>（2）超过年应税销售额标准（500万元） |
| 小规模纳税人<br>（不办理一般纳税人登记） | （1）年销售额在规定标准（500万元）以下且会计核算不健全，不能按规定报送税务资料的纳税人<br>（2）其他个人（自然人）<br>（3）按照政策规定，选择按照小规模纳税人纳税的 |
| 一般纳税人<br>（可以登记） | 年应税销售额未超过规定标准的纳税人，会计核算健全，能提供准确税务资料，可以向主管税务机关办理一般纳税人登记 |

增值税一般纳税人使用增值税专用发票，实行税款抵扣制度，即应交增值税额等于销项税额减去进项税额；销项税额是指纳税人销售货物或者提供应税劳务，按照不含增值税的销售额或应税劳务收入乘以规定的适用税率计算出的应向购买方收取的增值税税额。销项税额的计算公式为：

销项税额=不含增值税的销售额×适用税率

进项税额是指纳税人购进货物或者接受应税劳务所支付或负担的增值税额。进项税额的计算公式为：

进项税额=不含增值税的购买价款×适用税率

增值税的核心就是纳税人收取的销项税额抵扣其支付的进项税额，其余额即为纳税人实际应缴纳的增值税税额。除税法规定不得抵扣的项目外，纳税人在抵扣进项税额时应当提供相应的证明凭证，如购进货物或接受劳务时，从销售方或提供方取得的增值税专用发票。

**【例4-4】** 某公司为增值税一般纳税人，从事服装的批发业务，2023年12月采购服装取得增值税发票注明价款共计860 000元，适用税率13%，增值税专用发票已做用途确认；本月取得不含税销售额为1 260 000元，则该公司本月应交增值税为：

应交增值税=当期销项税额-当期进项税额

=1 260 000×13%-860 000×13%

=52 000（元）

小规模纳税人一般只使用普通发票，实行按征收率计算的简易征管办法，购进货物或应税劳务不得抵扣进项税额，即：

应交增值税=销售额×征收率

3. 记录增值税的会计账户

（1）一般纳税人的增值税核算账户。为了核算企业应交增值税的发生、抵扣、缴纳、退税及转出等情况，增值税一般纳税人应当在“应交税费”账户下设置11个明细账户核算增值税。其中，在“应交税费——应交增值税”的借方和贷方共设置10个专栏加以反映，一般纳税人增值税的核算账户如表

4－18所示。

表4－18　　一般纳税人增值税核算账户

<table>
<tr><th>一级账户</th><th>二级账户</th><th colspan="2">三级明细账户（专栏）</th></tr>
<tr><td rowspan="11">应交税费</td><td>应交增值税（设置10个三级专栏）</td><td>借方</td><td>贷方</td></tr>
<tr><td>未交增值税</td><td>销项税额抵减</td><td>销项税额</td></tr>
<tr><td>预交增值税</td><td>已交税金</td><td>—</td></tr>
<tr><td>待抵扣进项税额</td><td>进项税额</td><td>进项税额转出</td></tr>
<tr><td>待认证进项税额</td><td>减免税款</td><td>—</td></tr>
<tr><td>待转销项税额</td><td rowspan="2">出口抵减内销产品应纳税额</td><td rowspan="2">出口退税</td></tr>
<tr><td>增值税留抵税额</td></tr>
<tr><td>简易计税</td><td>转出未交增值税</td><td>转出多交增值税</td></tr>
<tr><td>转让金融商品应交增值税</td><td></td><td></td></tr>
<tr><td>代扣代交增值税</td><td></td><td></td></tr>
<tr><td>增值税检查调整</td><td></td><td></td></tr>
</table>

（2）小规模纳税人的“应交税费——应交增值税”账户。小规模纳税人只需在“应交税费”账户下设置“应交增值税”明细账户，不需要设置上述专栏及设置“转让金融商品应交增值税”“代扣代交增值税”的明细账户。

### （二）消费税

消费税是指在我国境内生产、委托加工和进口应税消费品的单位和个人，按其流转额缴纳的一种税。它是在对货物普遍征收增值税的基础上，选择少数消费品再征收的一个税种。

现行消费税的征收范围（应税消费品）主要包括：烟、酒、高档化妆品、高档手表、贵重首饰及珠宝玉石、高尔夫球及球具、游艇、鞭炮焰火、摩托车、成品油、小汽车、木制一次性筷子、实木地板、电池、涂料等税目。

消费税属于价内税，一般在应税消费品的生产、委托加工和进口环节征收，在以后的批发、零售等环节中，由于价款中已包含消费税，因此不再征收消费税。

1. 消费税的征收方法

消费税实行从价定率、从量定额，或者从价定率和从量定额复合计税（以下简称复合计税）的办法计算应纳税额。

应纳税额计算公式：

实行从价定率办法计算的应纳消费税税额＝销售额×比例税率

实行从量定额办法计算的应纳消费税税额＝销售数量×定额税率

实行复合计税办法计算的应纳消费税税额＝销售额×比例税率＋销售数量×定额税率

采取从价定率方法征收的消费税，以不含增值税的销售额为税基，按照税法规定的税率计算。企业的销售收入包含增值税的，应将其换算为不含增值税的销售额。销售额为纳税人销售应税消费品向购买方收取的全部价款和价外费用。

采取从量定额计征的消费税，根据税法确定的企业应税消费品的数量和单位应税消费品应缴纳的消费税计算确定。

2. “应交税费——应交消费税”账户的设置

企业在“应交税费”账户下设置“应交消费税”明细账户，核算应交消费税的发生、缴纳情况。该账户贷方登记应缴纳的消费税，借方登记已缴纳的消费税；期末贷方余额为尚未缴纳的消费税，借方余额为多缴纳的消费税。

### （三）城市维护建设税

城市维护建设税是为了加强城市的维护建设，扩大和稳定城市维护建设资金的来源，对缴纳增值税、消费税的单位和个人征收的一种附加税。

城市维护建设税实行地区差别的比例税率，有7%、5%、1%三档，具体如表4－19所示。

**表4－19　城市维护建设税税率表**

| 纳税人所在地区 | 适用税率 |
|---|---|
| 市区 | 7% |
| 县城、镇 | 5% |
| 不在市区、县城、镇 | 1% |
| 开采海洋石油的中外合作油（气）田所在地在海上 | 1% |
| 中国铁路总公司 | 5% |

企业在“应交税费”账户下设置“应交城市维护建设税”明细账户，核算应交城市维护建设税的发生、缴纳情况。该账户贷方登记应缴纳的城市维护建设税，借方登记已缴纳的城市维护建设税；期末贷方余额为尚未缴纳的城市维护建设税。

城建税的计税依据是纳税人实际缴纳的消费税、增值税税额，包括被税务机关查补的消费税、增值税税额，不包括加收的滞纳金和罚款。其计算公式为：

应交城市维护建设税＝（实际缴纳的增值税税额＋实际缴纳的消费税税额）×适用税率

**【例4－5】** 吉祥公司位于广州珠海区，2023年10月应缴纳增值税120 000元，实际缴纳增值税110 000元，应缴纳消费税90 000元，实际缴纳消费税80 000元，由于税务会计人员疏忽，导致未在规定期限内缴纳增值税款，加收滞纳金10 000元。计算吉祥公司应缴纳的城市维护建设税税额。

解析：城市维护建设税的计税依据为纳税人实际缴纳的增值税和实际消费税税额。所以应以实际缴纳的增值税110 000元和实际缴纳的消费税80 000元为城建税计税依据。

纳税人因违反“两税”的有关规定而加收的滞纳金和罚款，不作为城市维护建设税的计税依据。所以，吉祥公司未在规定期限内缴纳增值税税款而加收的滞纳金不作为其城建税的计税依据。

吉祥公司位于广州珠海区，属于市区，适用7%税率。

则吉祥公司应缴纳的城建税税额 =（110 000 + 80 000）× 7% = 13 300（元）

### （四）教育费附加

教育费附加是国家为扶持教育事业发展，计征用于教育的政府性基金。

凡缴纳了增值税、消费税的单位和个人，均为教育费附加的纳税义务人（简称纳税人）。

应交教育费附加 =（实际缴纳增值税 + 实际缴纳消费税）× 征收率

教育费附加适应的征收率为3%。

企业在“应交税费”账户下设置“应交教育费附加”明细账户，核算应交教育费附加的发生、缴纳情况。该账户贷方登记应缴纳的应交教育费附加，借方登记已缴纳的应交教育费附加；期末贷方余额为尚未缴纳的应交教育费附加。

### （五）地方教育费附加

地方教育费附加是指根据国家有关规定，为实施“科教兴省”战略，增加地方教育的资金投入，促进各省、自治区、直辖市教育事业发展，开征的一项地方政府性基金。按照地方教育费附加使用管理规定，在各省、直辖市的行政区域内，凡缴纳增值税、消费税的单位和个人，都应按规定缴纳地方教育费附加。

应交地方教育费附加 =（实际缴纳增值税 + 实际缴纳消费税）× 征收率

地方教育费附加适用的征收率为2%。

企业在“应交税费”账户下设置“应交地方教育费附加”明细账户，核算应交地方教育费附加的发生、缴纳情况。该账户贷方登记应缴纳的应交地方教育费附加，借方登记已缴纳的应交地方教育费附加；期末贷方余额为尚未缴纳的应交地方教育费附加。

## 三、核算账户的设置

### （一）“销售费用”账户

“销售费用”账户属于损益类账户中的支出账户，用于核算企业在商品销售过程中所发生的费用，包括运输费、装卸费、包装费、保险费、展览费、广告费和专设销售人员薪酬等；借方登记企业发生的商品销售费用；贷方登记期末将本月商品销售费用转入“本年利润”账户借方的数额，结转后应无余额；该账户按费用的种类设置明细账。

### （二）“税金及附加”账户

“税金及附加”账户核算企业由于销售商品等应负担的有关税金及附加，

包括消费税、城市维护建设税和教育费附加等，该账户属于损益类账户；借方登记企业按照计算应负担的各项税金及附加；贷方登记期末转入“本年利润”账户借方的金额，结转后应无余额；该账户按税费的种类设置明细账。

### 业务办理1　发生销售费用

**【引例分析4-12】**

**操作指导**

根据【项目引例】业务4-1，2023年12月7日，广州胜利机械有限责任公司签发转账支票支付产品的广告费用16 000元。企业为促进产品销售的广告费作为期间费用，不计入产品的成本，其增加记入“销售费用”账户的借方，同时，广告服务是部分现代服务业，属于增值税的范围，如果取得了增值税专用发票，并进行了用途确认，其增值税是可以抵扣的，应借记“应交税费——应交增值税（进项税额）”；减少的存款记入“银行存款”账户的贷方。

**步骤1**：审核广告宣传的合同、广告费的专用发票（见图4-20）。

3100931000

江苏省增值税专用发票

全国统一发票监制章 国家税务总局监制

发票联

№ 00286809

开票日期：2023年12月7日

| | | | |
|---|---|---|---|
| 购货单位 | 名　　称：广州胜利机械有限责任公司<br>纳税人识别号：350521630802554000000<br>地 址 、电 话：广州市天河路146号85218886<br>开户行及账号：工行广州天河支行432001260004619 | 密码区 | 21<+6+14//295/81-283/<br>*<81*+0735825/>06059><br>907<953266*26<6+61->+<br>31++7-6<54391*3-+>>09 |
| | | 加密版本： | 013100931000<br>00286809 |

| 货物或应税劳务名称 | 规格型号 | 单位 | 数量 | 单价 | 金额 | 税率 | 税额 |
|---|---|---|---|---|---|---|---|
| 展览费 | | 次 | 1 | 15094.34 | 15094.34 | 6% | 905.66 |
| 合　计 | | | | | ￥15094.34 | | ￥905.66 |
| 价税合计（大写） | ⊗壹万陆仟元整 | | | | （小写）￥16000 | | |

| | | | |
|---|---|---|---|
| 销货单位 | 名　　称：江苏省展示中心<br>纳税人识别号：410513712367895<br>地 址 、电 话：淮河路67号63292439<br>开户行及账号：工行淮河分行380419673-69 | 备注 | 江苏省展示中心 410513712367895 发票专用章 |

收款人：×××　　复核：×××　　开票人：陈奇　　销售方：（章）

第三联：发票联　购货方记账凭证

图4-20　增值税专用发票

**步骤2**：审核后，签发转账支票（转账支票存根如图4-21所示）支付款项。

中国工商银行
转账支票存根
$\frac{BB}{02}$ 08867704

附加信息

出票日期：2023年12月7日

| |
|---|
| 收款人：江苏省展示中心 |
| 金　额：￥16000 |
| 用　途：展览费 |

单位主管：　　　　会计：

图 4－21　转账支票存根

**步骤 3**：根据专用发票和支票存根，编制会计分录。

借：销售费用——广告费　　15 094. 34
　　应交税费——应交增值税（进项税额）　　905. 66
　　贷：银行存款——工商银行　　16 000

**步骤 4**：登记销售费用、“应交税费——应交增值税”明细账和银行存款日记账。

## 业务办理 2　计算销售税金及附加

**【引例分析 4－13】**

依据我国现行税法的规定，企业销售商品、材料、提供应税服务和劳务，需要缴纳增值税等流转税，除此之外还需要缴纳城市维护建设税和教育费附加等附加税费。因此，期末，广州胜利机械有限责任公司需要计算并申报本期的增值税、城市维护建设税和教育费附加。

## 操作指导

根据【项目引例】业务，广州胜利机械有限责任公司需要在业务发生时对各项业务进行单独的会计核算，编制会计分录，并进行登账处理；期末进行增值税、各种附加税费的核算；纳税申报期进行税款的申报和缴纳。

**步骤 1**：编制各项业务的会计分录（为方便分析，部分已在任务一、任务二、任务三进行了业务分析，本处也进行了归集）。

**业务 4－1**：支付广告费（详见【引例分析 4－12】）应编制如下会计分录：

借：销售费用——广告费　　15 094. 34
　　应交税费——应交增值税（进项税额）　　905. 66
　　贷：银行存款——工商银行　　16 000

微课：销售税费的计算

**业务4－2**：企业购置无须安装的固定资产业务。根据购买发票、支付运费发票、固定资产验收单、支票存根编制会计分录：

借：固定资产 410 000
　　应交税费——应交增值税（进项税额） 52 900
　　贷：银行存款 462 900

**业务4－3**：采购原材料业务。根据采购发票、运费发票、验收入库单、支付凭证等编制会计分录：

借：原材料 202 060
　　应交税费——应交增值税（进项税额） 26 000
　　贷：银行存款 228 060

**业务4－4**：缴纳上月增值税。根据完税凭证、银行回单编制会计分录：

借：应交税费——未交增值税 152 300.10
　　贷：银行存款 152 300.10

**业务4－5**：现销业务应编制如下会计分录（详见【引例分析4－2】）：

借：银行存款 960 500
　　贷：主营业务收入 850 000
　　　　应交税费——应交增值税（销项税额） 110 500

**业务4－6**：收购免税农产品业务。收购免税农产品可以根据收款收据等收购凭证计算抵扣进项税额，其分录如下：

借：原材料 18 200
　　应交税费——应交增值税（进项税额） 1 800
　　贷：银行存款 20 000

**业务4－7**：赊销业务应编制如下会计分录（详见【引例分析4－3】）：

借：应收账款——明珠公司 45 200
　　贷：主营业务收入——B产品 40 000
　　　　应交税费——应交增值税（销项税额） 5 200

**业务4－8**：商业汇票结算方式销售业务应编制如下会计分录（详见【引例分析4－4】）：

借：应收票据——华中纺织厂 135 600
　　贷：主营业务收入 120 000
　　　　应交税费——应交增值税（销项税额） 15 600

**业务4－9**：现金折扣方式销售业务应编制如下会计分录（详见【引例分析4－5】）：

借：应收账款——捷成公司 960 500
　　贷：主营业务收入——A设备 850 000
　　　　应交税费——应交增值税（销项税额） 110 500

**业务4－10**：组合销售业务应编制如下会计分录（详见【引例分析4－6】，仅涉税部分，其余略）：

借：应收账款——明达公司　20 340
　　贷：主营业务收入——B 商品　12 600
　　　　合同资产——明达公司　5 400
　　　　应交税费——应交增值税（销项税额）　2 340

**业务 4-11**：领用自产产品业务。领用自产产品用于职工集体福利，要视同销售确认增值税，其会计分录如下：

借：在建工程　452 000
　　贷：库存商品　400 000
　　　　应交税费——应交增值税（销项税额）　52 000

**业务 4-12**：商业折扣销售业务应编制如下会计分录（详见【引例分析 4-7】）：

借：银行存款　2 214 800
　　贷：主营业务收入　1 960 000
　　　　应交税费——应交增值税（销项税额）　254 800

**业务 4-13**：预收款方式销售业务应编制如下会计分录（详见【引例分析 4-8】，仅涉税部分，其余略）：

借：合同负债　30 000
　　银行存款　83 000
　　贷：主营业务收入　100 000
　　　　应交税费——应交增值税（销项税额）　13 000

**业务 4-14**：销售多余原材料业务应编制如下会计分录（详见【引例分析 4-9】）：

借：银行存款　11 300
　　贷：主营业务收入　10 000
　　　　应交税费——应交增值税（销项税额）　1 300

**业务 4-15、业务 4-16**：属于非涉税业务，此处略。

**业务 4-17**：盘亏原材料。盘亏原材料，之前确认的增值税进项税额不能再抵扣，要作进项税额转出，其分录为：

借：待处理财产损溢——待处理流动资产损溢　22 600
　　贷：原材料——甲材料　20 000
　　　　应交税费——应交增值税（进项税额转出）　2 600

**步骤 2**：根据增值税明细账，结转本期需要缴纳的增值税，并登记“应交税费——应交增值税”明细账（见表 4-20）和“应交增值税——未交增值税”明细账（见表 4-21），其分录为：

借：应交税费——应交增值税（转出未交增值税）　486 234.34
　　贷：应交税费——未交增值税　486 234.34

表 4－20

**应交税费（增值税）明细账**

单位：元

| 2023 年 | | 凭证 | 摘要 | 借方 | | | | | | 贷方 | | | | 余额 | |
|---|---|---|---|---|---|---|---|---|---|---|---|---|---|---|---|
| 月 | 日 | 字号 | | 合计 | 进项税额 | 销项税额抵减 | 已交税款 | 转出未交增值税 | 减免税款 | 合计 | 销项税额 | 进项税额转出 | 转出多交增值税 | 借或贷 | 金额 |
| 12 | 7 | 略 | 广告费 | 905.66 | 905.66 | | | | | | | | | 借 | 905.66 |
| 12 | 10 | | 采购 | 52 900.00 | 52 900.00 | | | | | | | | | 借 | 53 805.66 |
| 12 | 12 | | 采购 | 26 000.00 | 26 000.00 | | | | | | | | | 借 | 79 805.66 |
| 12 | 13 | | 销售 | | | | | | | 110 500.00 | 110 500.00 | | | 贷 | 30 694.34 |
| 12 | 20 | | 采购 | 1 800.00 | 1 800.00 | | | | | | | | | 贷 | 28 894.34 |
| 12 | 20 | | 销售 | | | | | | | 5 200.00 | 5 200.00 | | | 贷 | 34 094.34 |
| 12 | 23 | | 销售 | | | | | | | 15 600.00 | 15 600.00 | | | 贷 | 49 694.34 |
| 12 | 23 | | 销售 | | | | | | | 110 500.00 | 110 500.00 | | | 贷 | 160 194.34 |
| 12 | 24 | | 销售 | | | | | | | 2 340.00 | 2 340.00 | | | 贷 | 162 534.34 |
| 12 | 25 | | 领用产品 | | | | | | | 52 000.00 | 52 000.00 | | | 贷 | 214 534.34 |
| 12 | 25 | | 销售 | | | | | | | 1 300.00 | 1 300.00 | | | 贷 | 215 834.34 |
| 12 | 28 | | 销售 | | | | | | | 254 800.00 | 254 800.00 | | | 贷 | 470 634.34 |
| 12 | 28 | | 销售 | | | | | | | 13 000.00 | 13 000.00 | | | 贷 | 483 634.34 |
| 12 | 31 | | 盘亏 | | | | | | | 2 600.00 | | 2 600.00 | | 贷 | 486 234.34 |
| 12 | 31 | | 月末结转 | 486 234.34 | | | | 486 234.34 | | | | | | 平 | 0 |
| 12 | 31 | | 月末结账 | | 81 605.66 | | | 486 234.34 | | | 565 240.00 | 2 600 | | | |

表 4－21

**应交税费——未交增值税三栏账**

单位：元

| 2023 年 | | 凭证 | | 摘要 | 借方 | 贷方 | 借或贷 | 余额 |
|---|---|---|---|---|---|---|---|---|
| 月 | 日 | 字 | 号 | | | | | |
| 12 | 1 | 略 | | 期初余额 | | | 贷 | 152 300.10 |
| 12 | 12 | | | 缴纳税金 | 152 300.10 | | 平 | — |
| 12 | 31 | | | 月末结账 | | 486 234.34 | 贷 | 486 234.34 |

**步骤3**：填写增值税纳税申报表（见表4－22），计算应交的增值税。

本期应交增值税＝本期销项税额－（本期进项税额－本期进项税额转出）

＝(110 500＋5 200＋15 600＋110 500＋2 340＋52 000＋1 300＋254 800＋13 000)－[(905.66＋52 900＋26 000＋1 800)－2 600]

＝565 240－79 005.66

＝486 234.34(元)

**表4－22**　　**增值税纳税申报表（部分）**　　单位：元

| | 项目 | 列数 | 金额 |
|---|---|---|---|
| 税款计算 | 销项税额 | 11 | 565 240.00 |
| | 进项税额 | 12 | 81 605.66 |
| | 上期留抵税额 | 13 | |
| | 进项税额转出 | 14 | 2 600.00 |
| | 免抵退货物应退税额 | 15 | |
| | 按适用税率计算的纳税检查应补缴税额 | 16 | |
| | 应抵扣税额合计 | 17＝12＋13－14－15＋16 | 79 005.66 |
| | 实际抵扣税额 | 18（如17＜11，则为17，否则为11） | 79 005.66 |
| | 应纳税额 | 19＝11－18 | 486 234.34 |
| | 期末留抵税额 | 20＝17－18 | |
| | 简易征收办法计算的应纳税额 | 21 | |
| | 按简易征收办法计算的纳税检查应补缴税额 | 22 | |
| | 应纳税额减征额 | 23 | |
| | 应纳税额合计 | 24＝19＋21－23 | 486 234.34 |

**步骤4**：计算应交的城市维护建设税、教育费附加、地方教育费附加（见表4－23）。

**表4－23**　　**城市维护建设税、教育费附加、地方教育费附加计算表**

2023年12月31日　　单位：元

| 税种 | 计税依据 | 税率 | 应交金额 |
|---|---|---|---|
| 城市维护建设税 | 486 234.34 | 7% | 34 036.40 |
| | | | |
| | 小计 | | 34 036.40 |
| 教育费附加 | 486 234.34 | 3% | 14 587.03 |
| | | | |
| | 小计 | | 14 587.03 |
| 地方教育费附加 | 486 234.34 | 2% | 9 724.69 |
| | | | |
| | 小计 | | 9 724.69 |
| | 合计 | | 58 348.12 |

借：税金及附加　　58 348.12
　　贷：应交税费——应交城建税　　34 036.40
　　　　　　　　——应交教育费附加　　14 587.03
　　　　　　　　——应交地方教育费附加　　9 724.69

**步骤5**：2024年1月9日，申报缴纳上月应交增值税、城市维护建设税、教育费附加及地方教育费附加。根据申报表及完税凭证编制会计分录：

借：应交税费——未交增值税　　486 234.34
　　贷：银行存款——工商银行　　486 234.34
借：应交税费——应交城建税　　34 036.40
　　　　　　——应交教育费附加　　14 587.03
　　　　　　——应交地方教育费附加　　9 724.69
　　贷：银行存款——工商银行　　58 348.12

**课程思政案例**

### 合同造假偷逃税，出行消费皆受限

在得知企业和自己的信息已从税收违法“黑名单”中撤出的消息后，福建省闽侯县L科技有限责任公司法定代表人老刘心里终于踏实了。老刘对来企业做涉税辅导的税务人员说：“上‘黑名单’，受惩戒这件事，给了我一个深刻的教训。因为一时贪念，不仅让企业受损失，个人和企业名声扫地，而且企业的经营和我的出行、消费都因此而受限，涉税违法的事真是不能做，处处受阻，遭人白眼的感觉太难受了。”

老刘的这番感慨源自其一次偷逃税款的违法行为。由于公司经营效益不好，老刘将企业的厂房出租给无锡一家信息技术企业。老刘认为，企业想要多赚钱，就得尽量少缴税款，即便被税务机关发现了，大不了把少缴的税款补齐就行了，没啥大事，于是老刘开始找人帮他在出租厂房业务上进行“税收筹划”。

但是没过多久，接到举报信息的闽侯县地税局检查人员，就对老刘的企业实施了税收检查。检查人员通过现场检查和外部协查，最终识破了老刘经营的L公司在申报纳税时的“猫儿腻”：L公司与承租方签署的是《租赁合同》，实际业务也为厂房租赁，但是在申领、开具发票及纳税申报时，却没有如实办理。为了隐瞒厂房租赁收入，L公司伪造了一份《仓储服务合同》提供给税务机关，并以提供仓储服务的名义申领、开具发票及办理纳税申报业务。

确认L公司的违法事实后，闽侯县地税局依法认定该企业违法性质为偷税，并依法作出追征税款143.1万多元（其中偷税税款118.7万多元）、加收滞纳金19.6万多元，并处罚款59.3万多元的处理决定。

老刘听人说起过，根据新修订的我国《刑法》相关规定，偷税违法后，当事人及时补缴税款、滞纳金和罚款，就不会负刑事责任，于是赶紧缴清了税款，并以为这件事就此了结了。

但老刘没想到，2015年9月，他准备乘飞机去上海谈生意时，航空公司竟然告诉他因为涉税违法，他不能乘坐头等舱。随后，在上海消费时，由于信用有污点，付款时刷信用卡也被限制交易。返程时，老刘想坐高铁一等座，也因为曾有涉税违法行为而吃了“闭门羹”。

后来，老刘才了解到，他所在企业的偷税案，由于达到了重大税收违法案件“黑名单”公布标准，老刘本人及企业的相关信息已被纳入税收违法“黑名单”，并在税务机关外部网站上对外进行了公布。同时，税务机关还将相关“黑名单”信息推送给了工商、金融、铁路运输、航空等多个部门实施联合惩戒——老刘在出行、消费等活动时感受到的种种不便，均来自联合惩戒措施。

“黑名单”曝光名声扫地，受到联合惩戒处处受限，老刘尝到了自己涉税违法带来的苦果。痛定思痛，老刘随后加强了企业核算管理，按时足额申报纳税，并时常在办理涉税业务时询问税务人员何时企业才能移出“黑名单”。

国家税务总局重新修订的《重大税收违法案件信息公布办法（试行）》实施后，当税务人员告诉老刘，经过上级审定，老刘的企业及个人信息可以从“黑名单”中撤出后，老刘这才松了一口气。

问题：根据本案例，谈谈你对依法纳税的理解。

分析提示：税收作为国家经济杠杆之一，具有调节收入分配、促进资源配置、促进经济增长的作用。纳税是国家财政收入的主要渠道，国家用征来的税发展经济、科技、教育、文化和国防等事业。社会主义税收“取之于民，用之于民”，与人民的生活息息相关，税收工作的成效直接关系着小康社会的实现进程。

“民无信不立，商无信不兴，国无信不强”。社会主义市场经济不仅仅是法治经济，更是信用经济，而信用经济的根本立足点便是“诚信”。

从纳税信用角度看，纳税信用制度将纳税人按信用度分为不同级别，采取分类管理及服务措施，相比守信企业的一路畅通，失信企业将面临寸步难行的窘境。诚信纳税是企业的商业信誉和企业经营者道德品质的表现，是遵守市场竞争规则、维护商业道德的体现，同时也是衡量企业社会信誉和对所作贡献的重要尺度。

纳税人依法诚信纳税，对国家而言是履行了一种义务，对社会而言是尽了一份责任，这种诚信行为不仅符合法律规定，也符合道德要求。因此，依法诚信纳税是企业发展的立身之本，纳税人只有依法诚信纳税、守法经营，才能树立良好的信誉和公众形象，才能增强其市场竞争力，进而实现长远的发展。

## 任务训练

### 一、单项选择题

1. 下列各项中，不符合会计要素收入定义的是（　　）。

A. 出售材料收入　　B. 出售单独计价的包装物收取的价款

C. 销售商品收入　　D. 固定资产报废净收益

2. 下列选项中，属于主营业务收入的是（　　）。

A. 烟草公司销售香烟收入　　B. 工业企业销售原材料收入

C. 水泥厂出租办公楼的租金收入　　D. 工业企业出租包装物的租金收入

3. 202×年8月1日，甲公司向乙公司销售商品一批，开出的增值税专用发票上注明售价为100万元，增值税税额为13万元，商品成本为80万元。该批商品已经发出，甲公司以银行存款代垫运杂费10万元（不考虑增值税）。假定不考虑其他因素，则甲公司应确认的销售商品收入的金额为（　　）万元。

A. 20　　B. 100　　C. 110　　D. 113

4. 某企业为增值税一般纳税人，适用的增值税税率为13%。202×年10月1日，该企业向某客户销售商品20 000件，单位售价为20元（不含增值税），单位成本为10元，给予客户10%的商业折扣，当日发出商品，并符合收入确认条件。销售合同约定的现金折扣条件为“2/10，1/20，N/30”（计算现金折扣时不考虑增值税）。不考虑其他因素，该客户于202×年10月15日付款时应享有的现金折扣为（　　）元。

A. 5 200　　B. 3 600　　C. 4 068　　D. 4 000

5. 202×年11月甲公司发生如下税费：增值税60万元，消费税80万元，销售产品应交资源税5万元，印花税2万元，适用的城市维护建设税和教育费附加的税率分别为7%和3%，假定不考虑其他因素，下列关于甲公司11月份相关税费计算的说法中，正确的是（　　）。

A. 城市维护建设税为7.7万元　　B. 教育费附加为3.3万元

C. 教育费附加为4.2万元　　D. 税金及附加为99万元

6. 企业为销售产品而专设的销售机构的职工工资应记入（　　）账户。

A. 管理费用　　B. 销售费用　　C. 财务费用　　D. 制造费用

7. 某公司202×年支付广告费300 000元，银行借款利息费用20 000元，以上业务贷记“银行存款”账户320 000元，借记（　　）。

A. “财务费用”账户320 000元　　B. “销售费用”账户300 000元

C. “管理费用”账户320 000元　　D. “销售费用”账户320 000元

8. 企业与客户之间的合同同时满足收入确认条件的情况下，企业通常应当在（　　）确认收入。

A. 商品运抵客户时　　B. 双方签订合同时

C. 客户取得相关商品控制权时　　D. 双方制订购销计划时

9. 甲公司赊销销售商品一批，商品的销售价款为2 000元，商业折扣10%，增值税税率为13%，现金折扣条件为“2/10，1/20，N/30”。甲公司销售商品时为对方代垫运费150元（不考虑运费的增值税抵扣问题）。该项销售业务属于在某一时点履行的履约义务。假定甲公司已发出商品。则应收账款的入账金额为（　　）元。

A. 2 490　　B. 2 184　　C. 2 106　　D. 2 260

10. 下列各项中，期末余额不能转入“本年利润”账户借方的是（　　）。

A. 生产成本　　B. 主营业务成本　　C. 管理费用　　D. 财务费用

**二、多项选择题**

1. 下列各项中，企业与客户之间的合同同时满足（　　）条件，应当在客户取得相关商品控制权时确认收入。

A. 合同各方已批准该合同并承诺将履行各自的义务

B. 该合同明确了合同各方与所转让商品相关的权利和义务

C. 该合同有明确的与所转让商品相关的支付条款

D. 该合同具有商业实质，因履行该合同将改变企业未来现金流量的风险、时间分布或金额

2. 下列企业发生的事项中，通过“主营业务成本”核算的有（　　）。

A. 工业企业销售产品结转的产品成本　　B. 安装公司提供安装服务发生的支出

C. 工业企业出租固定资产发生的折旧　　D. 租赁公司出租固定资产发生的折旧

3. 下列各项中，不应计入工业企业其他业务成本的有（　　）。

A. 短期租入的固定资产计提的折旧额

B. 行政管理部门使用的固定资产计提的折旧额

C. 专设销售机构使用的固定资产计提的折旧额

D. 经营租出的固定资产计提的折旧额

4. 下列各项中，应计入销售费用的有（　　）。

A. 销售商品时发生的包装费

B. 销售商品时发生的装卸费

C. 为宣传产品发生的广告费

D. 与专设销售机构相关的固定资产的后续支出

5. 下列项目中，一般应记入企业的“其他业务收入”账户的有（　　）。

A. 销售原材料的收入

B. 经营性租出固定资产的租金收入

C. 随同商品出售不单独计价的包装物取得的收入

D. 出租包装物取得的收入

6. 下列各项中，属于企业营业成本核算内容的有（　　）。

A. 处置固定资产的净损失　　B. 销售材料成本

C. 销售商品成本　　D. 经营租出固定资产折旧额

7. 企业判断客户是否取得商品控制权时，应考虑的迹象有（　　）。

A. 客户就该商品负有现时付款义务

B. 客户已拥有该商品的法定所有权

C. 客户已占用和接受该商品

D. 客户已取得该商品所有权的主要风险和报酬

8. 按我国企业会计准则的规定，下列项目中不应确认为收入的有（　　）。

A. 销售商品收取的增值税　　B. 出售飞机票时代收的保险费

C. 旅行社代客户购买门票收取的款项　　D. 销售商品代垫的运杂费

9. 下列各项中，应计入销售费用的有（　　）。

A. 预计产品质量保证损失

B. 销售产品为购货方代垫的运费

C. 结转随同产品出售不单独计价的包装物成本

D. 专设销售机构固定资产折旧费

10. 关于商业折扣的处理，下列表述不正确的有（　　）。

A. 销售企业应当将实际发生的商业折扣计入销售费用

B. 销售企业应当按照扣除商业折扣后的金额确定销售商品收入金额

C. 购买企业应按扣除商业折扣后的含税价款计入应付账款

D. 购买企业应当将享受的商业折扣冲减财务费用

**三、判断题**

1. 企业确认和计量收入的基本原则是确认收入的方式应当反映其向客户转让商品或提供服务的模式，收入的金额应当反映企业因转让商品或提供服务而预期有权收取的对价金额。（　　）

2. 确定交易价格时，代第三方收取的款项不应计入交易价格。（　　）

3. 企业销售原材料、包装物等存货也视同商品销售，其收入确认和计量原则比照商品销售，其实现的收入应该作为主营业务收入处理。（　　）

4. 企业出租无形资产的租金收入，一般通过“其他业务收入”账户核算；所出租的无形资产计提的摊销额等，一般通过“其他业务成本”账户核算。（　　）

5. 企业已完成销售手续但购买方在月末尚未提取的商品，不应确认收入的实现。（　　）

6. 导致经济利益流出企业的支出都构成费用。（　　）

7. 期末，将已销售商品结转的主营业务成本余额转入“本年利润”账户，结转后该账户无余额。（　　）

8. 其他业务成本年末时应转入“资本公积”账户，结转后本账户无余额。（　　）

9. 期间费用是指企业日常活动发生的不能计入特定核算对象的成本，应在发生时计入当期损益。（　　）

10. 企业发生的与专设销售机构相关的固定资产修理费用属于期间费用。（　　）

11. 计提资产减值损失会增加营业利润的金额。（　　）

12. 企业购买商品附有商业折扣的，如果商业折扣实际发生了，则应按扣除商业折扣后的含税金额作为应付账款的入账价值。（　　）

**四、业务核算题**

（一）掌握坏账损失的会计处理

【资料】202×年1月1日，W企业应收账款余额为2 000 000元，坏账准备贷方余额为10 000元，202×年度，W企业发生了如下相关业务：

（1）销售商品一批，增值税专用发票上注明的价款为4 000 000元，增值税额为520 000元，货款尚未收到。

（2）因某客户破产，该客户所欠货款12 000元不能收回，确认为坏账损失。

（3）收回上年度已转销为坏账损失的应收账款8 000元并存入银行。

（4）收到某客户以前所欠的货款2 000 000元并存入银行。

202×年12月31日，W企业对应收账款进行减值测试。确定仍按5‰计提坏账准备。

要求：

（1）编制202×年度确认坏账损失的会计分录。

（2）编制收到上半年已转销为坏账损失的会计分录。

（3）计算 202×年末应计提的坏账准备。

（4）编制 202×年末计提坏账准备的会计分录。

（二）掌握制造业企业销售过程业务的核算

【资料】华夏公司 202×年 12 月份发生销售业务如下：

（1）向永盛公司销售 A 产品 600 件，每件售价 1 200 元，货款计 720 000 元，增值税 93 600 元，款项已收存入银行。

（2）向兴成公司销售 B 产品 800 件，每件售价 1 000 元，货款计 800 000 元，增值税 104 000 元，商品已发出，款项尚未收到。

（3）向利民公司销售 A 产品 500 件，每件售价 1 200 元，价款 600 000 元，增值税 78 000 元。收到该公司签发的商业承兑汇票一张，期限 6 个月。

（4）接到银行通知，收到销售给兴成公司的 B 产品的销货款 904 000 元。

（5）企业以银行存款支付销售产品的广告费 80 000 元。

（6）销售甲材料 1 000 千克，单价 10 元/千克，增值税 1 300 元，价税合计 11 300 元存入银行。

（7）结转销售的上述甲材料的成本 8 000 元。

（8）月末，计算并结转已售商品的销售成本，其中，A 产品 1 100 件，每件单位生产成本 900 元，计 990 000 元；B 产品 800 件，每件单位生产成本 700 元，计 560 000 元。

要求：编制上述业务会计分录。

## 学习评价

专业能力测评表

（在□中打√，A 掌握，B 基本掌握，C 未掌握）

| 业务能力 | 评价指标 | 自测结果 | 要求 |
|---|---|---|---|
| 理解销售过程工作内容 | 1. 销售过程业务活动<br>2. 相关税费的基本知识<br>3. 坏账准备的认知和方法 | □A □B □C<br>□A □B □C<br>□A □B □C | 理解销售业务的主要业务活动，了解坏账和坏账准备的基本知识 |
| 办理销售收入业务 | 1. 收入的分类和确认条件<br>2. 主营业务收入的核算<br>3. 其他业务收入的核算 | □A □B □C<br>□A □B □C<br>□A □B □C | 理解收入的分类与确认的条件，会判断一个企业的主营业务收入与其他业务收入 |
| 办理销售成本业务 | 1. 销售成本的认知<br>2. 主营业务成本的结转<br>3. 其他业务成本的结转 | □A □B □C<br>□A □B □C<br>□A □B □C | 掌握销售成本的结转和会计核算方法 |
| 办理销售税费业务 | 1. 销售费用的认知<br>2. 销售环节增值税的内容<br>3. 销售环节消费税的内容<br>4. 其他税费及附加的内容 | □A □B □C<br>□A □B □C<br>□A □B □C<br>□A □B □C | 掌握销售环节涉及的销售费用核算，能描述销售环节涉及的税收义务 |
| 教师评语： | | | |
| 成绩： | | 教师签字： | |

项目五

# 核算财务成果业务

## 学习目标

**知识学习目标：**

- ◆ 理解利润的概念
- ◆ 了解利润的形成过程
- ◆ 掌握利润形成和分配的核算方法
- ◆ 掌握所得税费用的核算方法
- ◆ 了解利润分配的程序
- ◆ 掌握利润形成与分配业务涉及的会计账户

**技能训练目标：**

- ◆ 能够准确核算利润
- ◆ 能够准确核算所得税费用
- ◆ 能够准确核算对内投资
- ◆ 能够准确核算交易性金融资产

**课程思政目标：**

- ◆ 培养勤俭节约的品德
- ◆ 树立依法分配利润的法律意识

## 思政导图

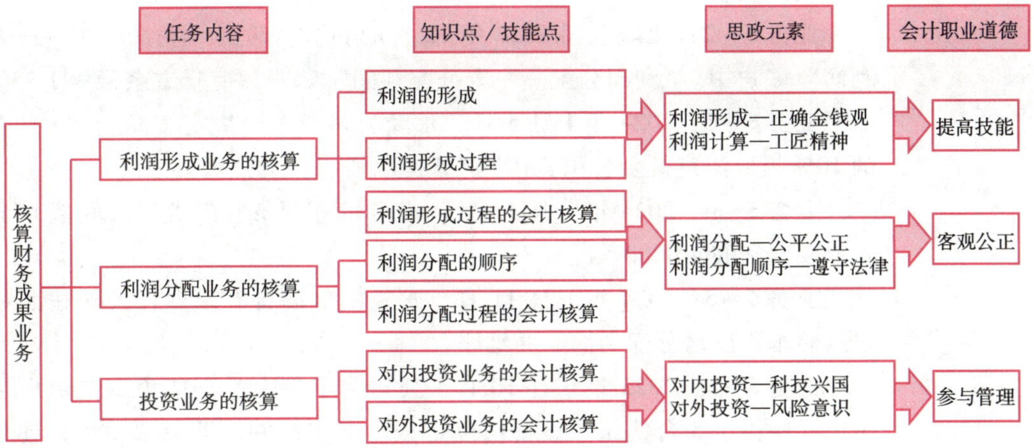


## 项目引例

### 永隆机电设备有限责任公司财务成果的核算

永隆机电设备有限责任公司（统一社会信用代码为：91441900MA4UNMX84）为增值税一般纳税人，该公司主要从事机电设备的研发、批发、技术咨询等业务。采用账结法结转损益类科目，2023 年 12 月 31 日，会计于结账前查看有关损益类账簿，账户余额如表 5－1 所示：

**表 5－1**　**永隆机电设备有限责任公司 2023 年 1～12 月损益账户余额表**　单位：元

| 账户名称 | 借或贷 | 结账前余额 |
| --- | --- | --- |
| 主营业务收入 | 贷 | 3 000 000 |
| 其他业务收入 | 贷 | 600 000 |
| 投资收益 | 借 | 150 000 |
| 营业外收入 | 贷 | 150 000 |
| 公允价值变动损益 | 贷 | 300 000 |
| 主营业务成本 | 借 | 2 200 000 |
| 其他业务成本 | 借 | 200 000 |
| 税金及附加 | 借 | 120 000 |
| 销售费用 | 借 | 170 000 |
| 管理费用 | 借 | 500 000 |
| 财务费用 | 贷 | 80 000 |
| 营业外支出 | 借 | 60 000 |
| 资产减值损失 | 借 | 140 000 |

永隆机电设备有限责任公司发生了如下业务：

**业务 5－1：**公司 2023 年 12 月初递延所得税资产和递延所得税负债的账面余额均为 0 元，该公司当月实现利润总额 590 000 元，适用的所得税税率为 25%。为了计算当年的应交所得税与所得税费用，会计查找了全年的交易和事项，其中纳税调增事项为应付违反环保法规罚款 10 000 元，纳税调减事项为当期国债利息收入 5 000 元。

**业务 5 -2**：永隆公司 2023 年 12 月的利润结转到“利润分配——未分配利润”账户中。“利润分配——未分配利润”账户原有贷方余额 441 250 元。

**业务 5 -3**：2024 年 1 月 5 日，永隆公司股东会决定按净利润 441 250 元的 10% 提取法定盈余公积，按其 5% 提取任意盈余公积。

**业务 5 -4**：2024 年 1 月 11 日，永隆机电设备有限责任公司股东会决定发放现金利润 40 000 元。

**业务 5 -5**：2024 年 1 月 11 日，永隆机电设备有限责任公司按照相关规定结转本年度已分配利润，并结账。

**业务 5 -6**：2023 年 6 月 10 日，公司为了扩大生产能力，向佛山市宏远车床厂购买了 5 台铣床。设备已经运抵生产车间并安装完成，可以使用。采购部门转来购置设备增值税发票和运输发票，发票注明铣床每台 10 000 元，货款共计 50 000 元，增值税为 6 500 元。银行转账支付设备款。车间转来设备验收单，出纳开出转账支票支付物流公司的运输费用 1 000 元（按规定可按 9% 抵扣增值税）。

**业务 5 -7**：公司为如何利用利润资金召开股东大会，会议通过了将此笔资金用于购买“南山铝业”股票 100 万股，并以短期出售获利为持有目的。该公司于 2023 年 10 月 12 日在上海证券交易所网站购入南山铝业（代码：600219）股票 100 万股，支付现金 2 660 000 元。其中有已宣告但尚未领取的现金股利 260 000 元，交易费用 20 000 元。当年 12 月 31 日，公司所持有的南山铝业的股票市值 3 180 000 元。2024 年 1 月 29 日收到现金红利 260 000 元。2024 年 8 月 20 日，公司出售所有南山铝业的股票，获得现金收入 3 350 000 元。

思考：

（1）永隆机电设备有限责任公司 2023 年的利润总额是多少？如何进行账务处理？

（2）永隆机电设备有限责任公司 2023 年所得税费用是多少？如何进行账务处理？

（3）如何结转永隆机电设备有限责任公司 2023 年所得税费用？如何进行账务处理？

（4）至 2023 年 12 月 31 日止，永隆机电设备有限责任公司累计利润有多少？如何进行账务处理？

（5）2024 年 1 月 5 日，永隆机电设备有限责任公司应计提的法定盈余公积金和任意盈余公积金分别为多少？如何进行账务处理？

（6）对于 2024 年 1 月 11 日，永隆机电公司股东会决定发放的现金利润 40 000 元如何进行账务处理？

（7）2023 年 6 月 10 日，公司从佛山市宏远车床厂购买的 5 台铣床应如何进行账务处理？

（8）公司使用利润购买股票用作投资的业务，如何进行账务处理？

【引例分析 5－1】

## 操作指导

要核算企业期末的利润、所得税费用、公积金计提、发放现金利润、购置固定资产及对外投资等业务，公司的会计黄建明需要了解利润的形成、利润的分配、对内和对外投资业务，收齐企业发生业务的原始凭证，并对凭证进行审核，之后再根据《企业会计准则》的规定，准确做出会计分录，编制记账凭证，登记总分类账和明细分类账。

利润的形成过程是期末企业将收入与成本费用分别汇总后相减，得到税前利润，然后根据《企业所得税法》计算出本期应交所得税费用，最后将税前利润减去所得税费用，得出净利润。

净利润是企业可以支配的利润，根据《企业会计准则》规定，企业按净利润的 10% 计提法定盈余公积金，然后企业根据实际需要可以再计提任意盈余公积金，最后剩余利润就可以用来在股东或投资者之间进行分配了。

除了将利润分配给股东或投资者外，企业可以使用剩余利润弥补以前年度的亏损，也可以扩大对企业本身的投资，还可以进行对外投资。

**想一想**

**三大家电巨头半年报 PK：美的营收、利润“碾压式领先”**

2020 年 8 月末，我国家电行业的三巨头——美的集团、格力电器和海尔智家纷纷披露了 2020 年的半年度报告。据中国家用电器研究院和全国家用电器工业信息中心发布的数据显示，2020 年上半年家电行业国内市场零售规模为 3 365.2 亿元，同比下降 18.4%，新型冠状病毒感染疫情之下，家电行业毫无疑问也受到了波及。

1. 疫情之下——上半年营收皆下降（见图 5－1）

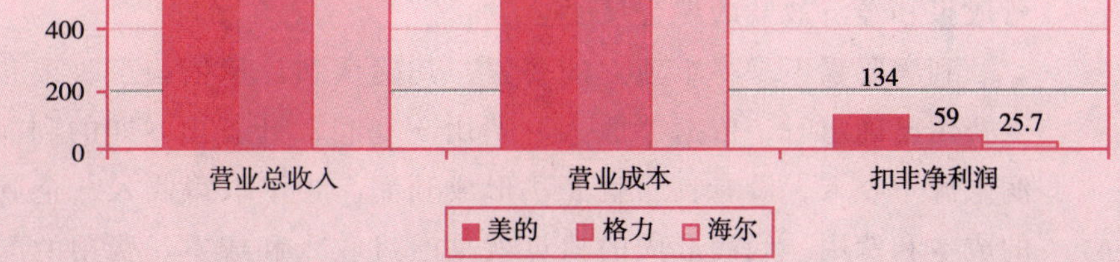


**图 5－1　美的集团、格力电器和海尔智家 2020 年上半年主要财务指标对比**

2. 美的营收、利润大幅领先

我们先来看看这三家公司提交的上半年“成绩单”。

从公司营业总收入来看，美的、格力和海尔分别实现了上半年总营收 1 397 亿元、695 亿元、957 亿元。

美的集团的营收一马当先，已经远远甩开海尔和格力，金额达到了格力的两倍，而海尔也拉开了与格力的差距，总营收超出 200 多亿元。

与去年的同期对比看，美的、格力、海尔分别下降了 9.47%、28.57%、4.29%，其中可见格力的营业收入下降幅度是最大的。

而在营业成本方面，美的本期营业成本为 925 亿元，同比减少 5.55%；格力营业成本为 548 亿元，同比减少了 18.31%；海尔为 689 亿元，同比减少了 2.91%。相对应的，营业收入较高的同时营业成本也比较高。

3. 格力扣除非净利润下降 55.23%

值得注意的是，相比较于今年的第一季度，三家企业的第二季度净利润均大幅提升，美的第一季度净利润为 48.11 亿元，第二季度为 139.28 亿元；格力第一季度净利润仅为 15.58 亿元，第二季度为 63.62 亿元，同比增长近四成；而海尔则由 10.70 亿元的净利润提高到 27.81 亿元。

但是从扣除非经常性损益的净利润来看，美的的收入无疑是三者之中最稳定的。美的的扣非净利润为 134 亿元，同比较少 7.55% ，格力为 59 亿元，同比下降 55.23%，海尔为 25.7 亿元，同比下降 45.37%。

资料来源：三大家电巨头半年报 PK：美的营收、利润“碾压式领先”。南方都市报，2020 年 9 月 1 日。

思考：企业的利润是如何计算出来的，企业利润的多与少与什么因素密切相关？

## 项目综合知识

### 一、利润形成及资金退出概述

利润是企业在一定期间内的各项收入与各项费用相抵后形成本期的最终经营成果，经营成果的表现形式有利润和亏损两种。当各项收入总额大于各项费用时，其差额为利润；反之当各项收入总额小于各项费用时，其差额为亏损。利润是企业经营活动效率与效益的综合表现，利润要素是衡量企业经营成果和经济效益的综合尺度。

利润要素不是一个独立的要素，其确认和计量依赖于收入和费用，当收入费用已确定时，依据“收入－费用＝利润”计算出本期的利润。企业的利润来源于收入，没有收入就无法形成利润。为了取得收入，企业要发生各种的成本和费用。利润形成的核算就是通过收入和成本、费用的配比，把企业的盈利或亏损体现出来。利润形成后，还涉及利润的分配，企业盈利扣除国家规定上交的所得税后，一般称为净利润，净利润应按照国家的有关规定，建立企业发展方面的资金（为扩充企业实力追加投资）和用于防范风险的资金（如出现亏损时进行弥补）；还应按照协议、合同、公司章程或有关规定，在企业所有者之间进行分配，作为企业所有者投资的回报所得，并最终退出企业运营。

## 二、应交所得税及所得税费用

企业在会计期末将收入类和成本费用类账户余额结转至“本年利润”后，本年利润账户的余额就是企业所实现的总利润，称为利润总额。当利润总额为正数时，按照我国税法的规定就要缴纳企业所得税。

企业所得税是指对中华人民共和国境内的企业（居民企业及非居民企业）和其他取得收入的组织以其生产经营所得为课税对象所征收的一种所得税。作为企业所得税纳税人，应依照《中华人民共和国企业所得税法》缴纳企业所得税，但个人独资企业及合伙企业除外。

### （一）应纳税所得额

应纳税所得额是在企业税前会计利润（即利润总额）的基础上调整确定的，计算公式为：

应纳税所得额＝税前会计利润＋纳税调整增加额－纳税调整减少额

### （二）纳税调整

纳税调整是由于会计制度和税收法规差异形成的，即按照税法对利润所得进行调整，包括按照税法超规定的工资、费用和提取的业务招待费、福利费、工会费、教育费、折旧，不能在税前扣除的各种开支等。还有未提取或者未提足的成本费用，可以进行调整提足。

纳税调整增加额主要包括税法规定允许扣除项目中，企业已计入当期费用但超过税法规定扣除标准的金额（如超过税法规定标准的职工福利费、工会经费、职工教育经费、业务招待费、公益性捐赠支出、广告费和业务宣传费等），以及企业已计入当期损益但税法规定不允许扣除项目的金额（如税收滞纳金、罚金、罚款等）。

纳税调整减少额主要包括按税法规定允许弥补的亏损和准予免税的项目，如前五年内未弥补亏损、国债利息收入和符合条件的居民企业取得的股息、红利等权益性投资收益等。

### （三）应交所得税

应交所得税是指企业按照税法规定计算确定的应缴纳给税务部门的所得税金额，即当期应交所得税。它是根据应纳税所得额和适用的所得税率计算的。

应交所得税＝应纳税所得额×适用的所得税率

＝（会计利润总额＋纳税调整增加项－纳税调整减少项）×所得税率

### （四）所得税费用

企业根据会计准则的规定，计算确定的当期所得税和递延所得税之和，即应从当期利润总额中扣除的所得税费用，即：

所得税费用 = 当期应交所得税 + 递延所得税

# 模块一　利润形成业务的核算

## 任务描述

掌握利润的类型，了解利润形成过程的资金运动，能正确核算企业的净利润以及对利润的形成进行正确的账务处理。

## 业务流程

业务流程如图 5－2 所示。

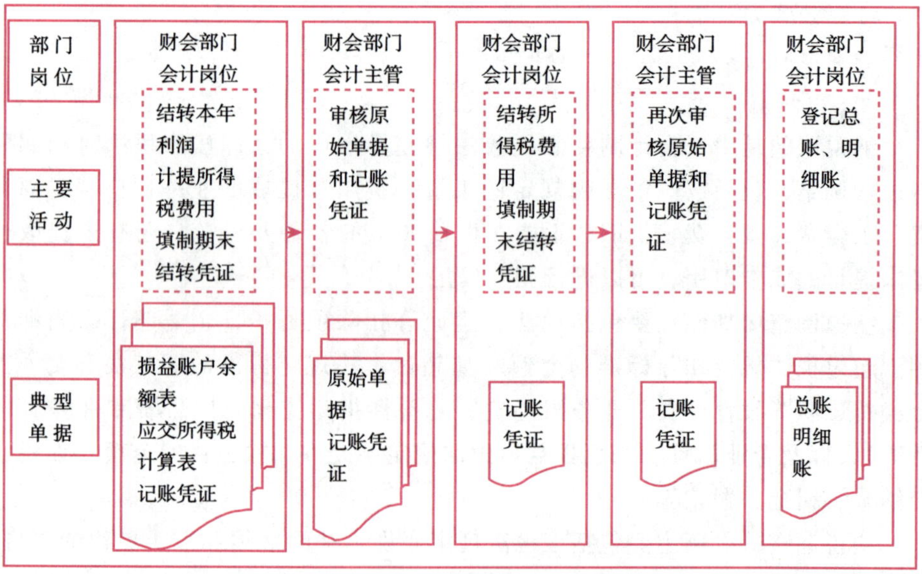


图 5－2　业务流程

## 知识准备

微课：利润的概念及类型

### 一、利润的概念及类型

### （一）利润的概念

利润是指企业在一定会计期间的经营成果，包括收入减去费用后的净额，直接计入当期利润的利得和损失等。所以企业利润的获得，既包括与企业的生产经营活动有关的所得，又包括企业生产经营活动无直接关系的事项所产生的盈利。

直接计入当期利润的利得，是指由企业非日常活动所形成的，会导致所有者权益增加的，与所有者投入资本无关的经营利润的流入。主要体现在营业外收入项目上。

直接计入当期利润的损失，是指由企业非日常活动所发生的，会导致所有者权益减少的，与向所有者分配利润无关的经济利益的流出。主要体现在营业外支出项目上。

案例：福耀玻璃净利润的形成与质量

### （二）利润的类型

根据利润表列示内容，企业的利润类型有营业利润、利润总额、净利润。利润表如表 5 – 2 所示。

**表 5 – 2**　**利润表（简表）**

会企 02 表

编制单位：　年　月　单位：元

| 项目 | 本年累计数 | 本期金额 |
| --- | --- | --- |
| 一、营业收入 | | |
| 减：营业成本 | | |
| 税金及附加 | | |
| 销售费用 | | |
| 管理费用 | | |
| 研发费用 | | |
| 财务费用（收益以“－”号填列） | | |
| 其中：利息费用 | | |
| 利息收入 | | |
| 资产减值损失 | | |
| 信用减值损失 | | |
| 加：其他收益 | | |
| 投资收益（损失以“－”号填列） | | |
| 其中：对联营企业和合营企业的投资收益 | | |
| 净敞口套期收益（损失以“－”号填列） | | |
| 公允价值变动净收益（损失以“－”号填列） | | |
| 资产处置收益（损失以“－”号填列） | | |
| 二、营业利润（亏损以“－”号填列） | | |
| 加：营业外收入 | | |
| 减：营业外支出 | | |
| 三、利润总额（亏损总额以“－”号填列） | | |
| 减：所得税费用 | | |
| 四、净利润（净亏损以“－”号填列） | | |

视频：华为2020年财务利润分析

1. 营业利润

营业利润是企业最基本经营活动的成果，也是企业一定时期获得利润中最为主要、最为稳定的来源。

企业的营业利润是企业营业收入扣除营业成本、税金及附加、期间费用等之后的利润。其中营业收入是企业经营业务所确认的收入总额，包括主营业务收入和其他业务收入。营业成本是指企业经营业务所发生的实际成本总额，包括主营业务成本和其他业务成本。我们将发生后直接计入当期损益的各项费用，称为期间费用，包括管理费用、销售费用和财务费用。

营业利润的计算公式为：

营业利润＝营业收入－营业成本－税金及附加－期间费用－资产减值损失－信用减值损失＋其他收益±公允价值变动损益±资产处置损益±投资收益

其中：

营业收入＝主营业务收入＋其他业务收入

营业成本＝主营业务成本＋其他业务成本

资产减值损失是指企业计提各项资产减值准备所形成的损失。

信用减值损失是指企业因购货人拒付、破产、死亡等原因无法收回而遭受的损失。

其他收益是指用以核算与企业日常活动相关，但不宜确认收入或冲减成本费用的政府补助。

公允价值变动损益是指企业交易性金融资产等公允价值变动形成的应计入当期损益的利得或损失。

投资损益是指企业以各种方式对外投资所取得的收益或发生的损失。

2. 利润总额

利润总额是企业从事生产经营活动以及非生产经营活动所取得的财务成果。在营业利润中加上营业外收入，减去营业外支出，便是利润总额。

营业外收入是与企业经营业务无直接关系的各种收入，如盘盈利得、债务重组利得、捐赠利得等。

营业外支出，是指企业发生的与企业经营业务无直接关系的各种支出，如非常损失、盘亏损失、债务重组损失、公益性捐赠支出等。

利润总额是企业生产经营各方面的最终成果，是企业主营业务、其他业务、对外投资、营业外业务各环节经营效益的综合反映，也是我们对企业获利能力和投资效益利润分配等进行分析的主要依据。

利润总额＝营业利润＋营业外收入－营业外支出

3. 净利润

利润总额在扣除所得税后的差额，即为企业的净利润。净利润的大小，最终体现为企业的盈利能力。

净利润＝利润总额－所得税费用

所得税费用＝应纳税所得额×适用税率

## 课程思政案例

### 财务如何助力华为持续增长

华为自 1987 年创立至今 30 多年，从净利润指标看，一直为正，从未亏损过。这是企业界的一个增长奇迹。2020 年 3 月 31 日，华为发布 2019 年度报告：全年实现营业收入 8 588 亿元，同比增长 19.1%。

华为的发展分为三个阶段：

第一阶段：从 1987 年成立到 1998 年，这 11 年属于起步阶段。

第二阶段：1999 年到 2010 年，这 11 年华为的业务逐步从国内向全球、海外扩展。IFS 变革持续了将近 8 年，基本奠定了财务在业务中或者在整个公司中的地位。

第三个阶段：从 2011 年到现在。2011 年组建了企业业务、消费者业务，组建了财务组织，同时签发了流程架构，2013 年开始系统构筑 CFO 组织，CFO 开始发挥越来越重要的作用。到 2014 年华为营业收入已经到了 2 882 亿元，将近 3 000 亿元。2018 年华为就实现了营业收入过千亿美元，到 2018 年实现 1 052 亿美元，也就是 7 212 亿元。

华为如何在开源的同时做到节流的呢？

第一，制定整个费用预算的高压线。同时规定费用额零增长，同比去年零增长。制定差异化的不同部门、不同领域、不同业务的费用高压线。但在这个过程中并没有因为节流把两个新业务的费用压缩，华为对战略投入的预算中有一句话，叫“再穷不能穷战略”；第二句话叫“再省不能省客户”，因为华为讲“以客户为中心”，所以要区别对待。对客户的费用保持不变，对内部运营的费用，则要挖掘成本、挖掘潜力，降低内部运营费用。

第二，实行弹性预算。对于各个业务单元，尤其是代表处，实行弹性预算，按照销售收入和销售毛利完成率孰低的原则。

第三，管住权签人之笔。当时华为财务管理部实行强管控，对于业务主管费用权签系统梳理了一下，发现有 104 个主管得分为 C，怎么办？下处罚，取消未来三年的权签。

这三招下来整个费用管住了。

问题：华为严格控制费用与 30 多年持续盈利有什么关系？

分析提示：党的二十大报告提出，在全社会弘扬劳动精神、奋斗精神、奉献精神、创造精神、勤俭节约精神，培育时代新风新貌。

很多企业在开疆拓土过程中营业收入快速增长，但净利润的增长比例和速度跟营业收入有很大差距，甚至营业收入正增长，净利润负增长，究其原因，多数是成本费用控制得不好，成本费用在营业收入中占比过高最终导致净利润很少，净利润积累过少，企业很难有长足发展。华为 30 多年来严格控制费用，将每一分不必要消耗的费用转换成利润，积累了资本，为自身的发展奠定了基础。

开源节流是企业的生存之本，勤俭节约也是一种中华民族的美德，更是一种优秀的传统文化。古语云：“俭，德之共也；侈，恶之大也。”俭是中华民族的传统美德，中国人历来以勤劳勇敢、不畏艰苦著称，历来讲求以俭持家，以俭旺家，以俭为荣。很多大贤大家都以俭为荣，以奢为耻。这样的家风，最受人敬重，值得后人继承发扬。像司马光“以俭素为美”，是我们塑造俭朴家风的典范，值得我们好好学习。司马光是北宋著名的政治家、史学家、文学家，一生忠于君王、孝顺父母、温良谦恭、节俭正直，他节俭为乐的品德更是一直被后世传颂。他生活十分俭朴，做事刻苦勤奋，更把俭朴作为教子成才的主要内容。为了使儿子认识崇尚俭朴的重要性，特意写信给儿子，这就是家训史上著名的《训俭示康》。

## 二、利润形成过程

微课：利润形成过程

利润是在会计期末将收入类及成本费用类账户的余额结转至“本年利润”账户而形成的，结转本年利润的方法有表结法和账结法。

表结法即用“利润表”结转期末损益类项目，计算体现期末财务成果的方法。表结法下，各损益类账户每月月末只需结计出本月发生额和月末累计余额，不结转到“本年利润”账户。但每月月末要将损益类账户的本月发生额合计数填入利润表的本月数栏。同时将本月末累计余额填入利润表的本年累计数栏，通过利润表计算反映各期的利润（或亏损）。表结法在平时直接在利润表结转，省去了转账环节并可以从账户余额得出本年累计的指标，同时并不影响利润表的编制及有关损益指标的利用。到了年末再使用账结法结转整个年度的累计余额。

账结法是通过编制记账凭证来完成损益结转工作的方法，即在账上每月进行损益类账户（包括期间费用）的结转，每月末结出收入与利得，费用和损失账户的余额，并从账户余额的反方向结转入“本年利润”账户。损益类账户在月末结转后均无余额。企业各月的财务成果，直接体现在“本年利润”账户中，将各月利润累计即可求得当期累计实现的财务成果。

所得税费用的计算有赖于利润总额的计算。因此，利润形成通常分为三个主要步骤进行：

（1）将当期的损益类账户余额结转至“本年利润”账户，计算出利润总额；

（2）计算应交所得税，计提所得税费用；

（3）将“所得税费用”账户余额结转至“本年利润”账户，计算出净利润。

## 三、利润形成过程的会计核算

微课：利润形成业务的会计核算

### （一）应设置账户

1.“本年利润”账户

“本年利润”账户属于所有者权益类账户，用来核算企业当期实现的净利润（或发生的净亏损）。贷方登记期末从损益类账户转入的、企业本期实现的构成利润总额的各种收入和利得；借方登记期末从损益类账户转入的、企业本期发生的各种影响利润总额减少的成本、费用和损失等；经过期末损益类账户的结转，本账户如果出现贷方余额，为企业本年度自年初至本期期末累计实现的利润总额，如果出现借方余额，为企业本年度自年初至本期末累计发生的亏损总额。本账户一般不设置明细账。

2.“所得税费用”账户

“所得税费用”账户属于损益类账户的支出类账户，是用来核算企业确认的应从当期利润总额中扣除的所得税费用。资产负债表日，企业按照税法规定计算确定的当期应交所得税，借记本账户（当期所得税费用），贷记“应交税费——应交所得税”账户；期末，应将本账户的余额转入“本年利润”账户，结转后本账户无余额。

3.“利润分配”账户

“利润分配”账户属于所有者权益类账户，借方反映提取的盈余公积、应付的所有者利润、转入的本年累计亏损，贷方反映盈余公积弥补的亏损及转入本年的累计利润。本账户的余额可能在借方，表示未弥补亏损；也可能在贷方，表示未分配利润。

### （二）核算内容

1. 核算利润总额

首先，将本期的所有收入结转到“本年利润”账户的贷方，相当于归集企业的所有收入。

结转各项收入时：

借：主营业务收入（贷方发生额合计，从借方转出）
　　其他业务收入
　　投资收益
　　营业外收入
　　公允价值变动损益
　　……
　　贷：本年利润

其次，将本期的所有成本费用结转到“本年利润”账户的借方，相当于归集企业的所有成本费用。

结转各项费用时：

借：本年利润
　　贷：主营业务成本（借方发生额合计，从贷方转出）
　　　　税金及附加
　　　　其他业务成本
　　　　销售费用
　　　　管理费用
　　　　财务费用
　　　　研发费用
　　　　营业外支出
　　　　……

2. 计提所得税费用

在利润总额的基础上进行纳税前调整，即加上纳税调增额，减去纳税调减额，得到应纳税所得额，再根据企业适用的所得税率计算应纳所得税，如表 5－3 所示。

**表 5－3　纳税调整内容表**

| 项目 | 核算内容 |
| --- | --- |
| 纳税调整增加额 | （1）实际发生的超过税法规定标准的业务招待费支出［企业发生的与生产经营活动有关的业务招待费支出，按照发生额的 60% 扣除，但最高不得超过当年销售（营业）收入的 5‰。］<br>（2）企业已抵减当期损失但税法规定不允许扣除项目的金额（如税收滞纳金、行政罚款、罚金）等<br>（3）超过税法规定标准的职工福利费（工资总额的 14%）、工会经费（工资总额的 2%）、职工教育经费（工资总额的 2.5%）、公益性捐赠支出（利润总额的 12%）、广告费和业务宣传费（营业收入的 15%）等 |
| 纳税调整减少额 | （1）国债利息收入<br>（2）前五年内未弥补亏损等 |

借：所得税费用（当期应纳所得税）

　　贷：应交税费——应交所得税

3. 结转所得税费用

借：本年利润

　　贷：所得税费用

4. 累计利润核算

将“本年利润”账户的余额归集到“利润分配——未分配利润”账户上。

“本年利润”余额在贷方时：

借：本年利润

　　贷：利润分配——未分配利润

“本年利润”余额在借方时：

借：利润分配——未分配利润

　　贷：本年利润

### 业务办理 1　核算利润总额

视频：如何计算亚马逊一个订单的利润

**【引例分析 5－2】**

**操作指导**

利润总额是通过将除“所得税费用”以外的损益类账户余额直接转入“本年利润”账户中计算得出的。

根据【项目引例】表 5－1 可知，永隆公司收入类账户有：“主营业务收入”“其他业务收入”“投资收益”“营业外收入”“公允价值变动损益”。收入类账户的期末余额一般在贷方，在本例中“投资收益”的余额在借方，并非真正的收益，而应是投资的损失。

根据【项目引例】表 5－1 可知，永隆公司的成本费用类账户有：“主营业务成本”“其他业务成本”“税金及附加”“销售费用”“管理费用”“财务费用”“营业外支出”“资产减值损失”。成本费用类账户的期末余额一般在借方，在本例中“财务费用”余额在贷方，它反映出永隆公司的利息收入要大于利息支出。

## 操作指导

**步骤**：会计根据账户余额表，填制记账凭证（见表 5－4 至表 5－7）。

**表 5－4**

**记账凭证**

记字第 68 1/2号
附件 4 张

2023年12月31日

| 摘要 | 总账科目 | 明细科目 | 借方金额（亿千百十万千百十元角分） | 记账符号 | 贷方金额（亿千百十万千百十元角分） | 记账符号 |
|---|---|---|---|---|---|---|
| 结转损益 | 主营业务收入 | | 300000000 | ☑ | | □ |
| | 其他业务收入 | | 60000000 | ☑ | | □ |
| | 营业外收入 | | 15000000 | ☑ | | □ |
| | 公允价值变动损益 | | 30000000 | ☑ | | □ |
| | 投资收益 | | | □ | 15000000 | ☑ |
| 结算方式及票号： | | 合　计 | ¥405000000 | □ | ¥15000000 | □ |

科兴财会

会计主管：黄玉英　　记账：黄建明　　复核：陈礼敢　　制证：黄建明

**表 5－5**

**记账凭证**

记字第 68 2/2号
附件 4 张

2023年12月31日

| 摘要 | 总账科目 | 明细科目 | 借方金额（亿千百十万千百十元角分） | 记账符号 | 贷方金额（亿千百十万千百十元角分） | 记账符号 |
|---|---|---|---|---|---|---|
| 结转损益 | 本年利润 | | | □ | ¥390000000 | ☑ |
| | | | | □ | | □ |
| | | | | □ | | □ |
| | | | | □ | | □ |
| | | | | □ | | □ |
| 结算方式及票号： | | 合　计 | | □ | ¥390000000 | □ |

科兴财会

会计主管：黄玉英　　记账：黄建明　　复核：陈礼敢　　制证：黄建明

**表 5－6**

**记账凭证**

记字第 69 1/2号
附件 4 张

2023年12月31日

| 摘要 | 总账科目 | 明细科目 | 借方金额（亿千百十万千百十元角分） | 记账符号 | 贷方金额（亿千百十万千百十元角分） | 记账符号 |
|---|---|---|---|---|---|---|
| 结转损益 | 本年利润 | | 269000000 | ☑ | | □ |
| | 主营业务成本 | | | □ | 220000000 | ☑ |
| | 其他业务成本 | | | □ | 20000000 | ☑ |
| | 税金及附加 | | | □ | 12000000 | ☑ |
| | 销售费用 | | | □ | 17000000 | ☑ |
| 结算方式及票号： | | 合　计 | ¥269000000 | □ | ¥269000000 | □ |

科兴财会

会计主管：黄玉英　　记账：黄建明　　复核：陈礼敢　　制证：黄建明

**表 5－7**

**记账凭证**

记字第 69 1/2号
附件 4 张

2023年12月31日

科兴财会

| 摘要 | 总账科目 | 明细科目 | 借方金额 | | | | | | | | | | | 记账符号 | 贷方金额 | | | | | | | | | | | 记账符号 |
|---|---|---|---|---|---|---|---|---|---|---|---|---|---|---|---|---|---|---|---|---|---|---|---|---|---|---|
| | | | 亿 | 千 | 百 | 十 | 万 | 千 | 百 | 十 | 元 | 角 | 分 | | 亿 | 千 | 百 | 十 | 万 | 千 | 百 | 十 | 元 | 角 | 分 | |
| 结转损益 | 本年利润 | | | | | 6 | 2 | 0 | 0 | 0 | 0 | 0 | 0 | ☑ | | | | | | | | | | | | ☐ |
| | 管理费用 | | | | | | | | | | | | | ☐ | | | | 5 | 0 | 0 | 0 | 0 | 0 | 0 | 0 | ☑ |
| | 财务费用 | | | | | | 8 | 0 | 0 | 0 | 0 | 0 | 0 | ☑ | | | | | | | | | | | | ☐ |
| | 营业外支出 | | | | | | | | | | | | | ☐ | | | | | 6 | 0 | 0 | 0 | 0 | 0 | 0 | ☑ |
| | 资产减值损失 | | | | | | | | | | | | | ☐ | | | | 1 | 4 | 0 | 0 | 0 | 0 | 0 | 0 | ☑ |
| 结算方式及票号： | | 合计 | | | ¥ | 7 | 0 | 0 | 0 | 0 | 0 | 0 | 0 | ☐ | | | ¥ | 7 | 0 | 0 | 0 | 0 | 0 | 0 | 0 | ☐ |

会计主管：黄玉英　　记账：黄建明　　复核：陈礼敢　　制证：黄建明

永隆机电设备有限责任公司 2023 年 12 月的利润总额为：

3 900 000－2 690 000－620 000 ＝ 590 000（元）

**步骤 2**：会计根据审核过的记账凭证登记“本年利润”的总账（见表 5－8）。

**表 5－8**

**总账**

会计科目编号：4103
会计科目名称：本年利润

| 2023年 | | 汇总凭证 | | 摘要 | 借方 | | | | | | | | | | | √ | 贷方 | | | | | | | | | | | √ | 借或贷 | 余额 | | | | | | | | | | | √ |
|---|---|---|---|---|---|---|---|---|---|---|---|---|---|---|---|---|---|---|---|---|---|---|---|---|---|---|---|---|---|---|---|---|---|---|---|---|---|---|---|---|---|
| 月 | 日 | 种类 | 号数 | | 亿 | 千 | 百 | 十 | 万 | 千 | 百 | 十 | 元 | 角 | 分 | | 亿 | 千 | 百 | 十 | 万 | 千 | 百 | 十 | 元 | 角 | 分 | | | 亿 | 千 | 百 | 十 | 万 | 千 | 百 | 十 | 元 | 角 | 分 | |
| 1 | 31 | 记 | 88 | 结转利润 | | | | | | | | | | | | | | | | | | | | | | | | | 平 | | | | | | | | | 0 | 0 | 0 | |
| | | | | …… | | | | | | | | | | | | | | | | | | | | | | | | | | | | | | | | | | | | | |
| 12 | 31 | 记 | 68 | 结转损益 | | | | | | | | | | | | | | | 3 | 9 | 0 | 0 | 0 | 0 | 0 | 0 | 0 | √ | 贷 | | | 3 | 9 | 0 | 0 | 0 | 0 | 0 | 0 | 0 | |
| 12 | 31 | 记 | 69 | 结转损益 | | | 3 | 3 | 1 | 0 | 0 | 0 | 0 | 0 | 0 | √ | | | | | | | | | | | | | 贷 | | | | 5 | 9 | 0 | 0 | 0 | 0 | 0 | 0 | |

## 业务办理 2　计提所得税费用

**【引例分析 5－3】**

根据【项目引例】业务 5－1 可知：

永隆公司 2023 年应纳税所得额 ＝ 税前会计利润 ＋ 纳税调增额 － 纳税调减额＝590 000＋10 000－5 000＝595 000（元）

应纳所得税额＝应纳税所得额×税率＝595 000×25%＝148 750（元）

永隆公司由于实现了会计利润，需要承担企业所得税的纳税义务。当期的两项纳税差异均属于永久性差异，不会形成递延所得税。因此，永隆公司 2023 年所得税费用为 148 750 元（等于应交所得税金额）。

视频：各类保险的税前扣除

### 操作指导

**步骤 1**：会计根据账户记录，编制应交所得税计算表（见表 5－9）及所得税费用计算表（见表 5－10）。

**表 5－9**　　**应交所得税计算表**

2023 年 12 月 31 日　　单位：元

| 项目 | 金额 |
|---|---|
| 税前会计利润 | 590 000 |
| ＋纳税调整增加额 | 10 000 |
| －纳税调整减少额 | 5 000 |
| 应纳税所得额 | 595 000 |
| 税率 | 25% |
| 应交所得税 | 148 750 |

财务主管：黄海英　　复核：陈礼敢　　制表：苏青

**表 5－10**　　**所得税费用计算表**

2023 年 12 月 31 日　　单位：元

| 项目 | 金额 |
|---|---|
| 应交所得税 | 148 750 |
| ＋递延所得税负债增加额 | 0 |
| －递延所得税资产增加额 | 0 |
| 所得税费用 | 148 750 |

财务主管：黄海英　　复核：陈礼敢　　制表：苏青

**步骤 2**：会计根据上述原始凭证，编制记账凭证（见表 5－11）。

**步骤 3**：会计根据审核过的记账凭证登记“所得税费用”的总账（见表 5－12）。

**表 5－11**　　**记账凭证**

记字第 70号
附件 2 张

2023年12月31日

科兴财会

| 摘　要 | 总账科目 | 明细科目 | 借方金额（亿千百十万千百十元角分） | 记账符号 | 贷方金额（亿千百十万千百十元角分） | 记账符号 |
|---|---|---|---|---|---|---|
| 结转损益 | 所得税费用 | | 14875000 | ☑ | | ☐ |
| | 应交税费 | 应交所得税 | | ☐ | 14875000 | ☑ |
| | | | | ☐ | | ☐ |
| | | | | ☐ | | ☐ |
| | | | | ☐ | | ☐ |
| 结算方式及票号： | | 合　计 | ¥14875000 | ☐ | ¥14875000 | ☐ |

会计主管：黄玉英　　记账：黄建明　　复核：陈礼敢　　制证：黄建明

表 5－12

总账

会计科目编号：6801
会计科目名称：所得税费用

| 2023年 | | 汇总凭证 | | 摘要 | 借方 | | | | | | | | | | | √ | 贷方 | | | | | | | | | | | √ | 借或贷 | 余额 | | | | | | | | | | | √ |
|---|---|---|---|---|---|---|---|---|---|---|---|---|---|---|---|---|---|---|---|---|---|---|---|---|---|---|---|---|---|---|---|---|---|---|---|---|---|---|---|---|---|
| 月 | 日 | 种类 | 号数 | | 亿 | 千 | 百 | 十 | 万 | 千 | 百 | 十 | 元 | 角 | 分 | | 亿 | 千 | 百 | 十 | 万 | 千 | 百 | 十 | 元 | 角 | 分 | | | 亿 | 千 | 百 | 十 | 万 | 千 | 百 | 十 | 元 | 角 | 分 | |
| 1 | 31 | 记 | 86 | 结转所得税费用 | | | | | | | | | | | | | | | | | | | | | | | | | 平 | | | | | | | | | 0 | 0 | 0 | |
| | | | | …… | | | | | | | | | | | | | | | | | | | | | | | | | | | | | | | | | | | | | |
| 12 | 31 | 记 | 70 | 计提所得税费用 | | | | 1 | 4 | 8 | 7 | 5 | 0 | 0 | 0 | √ | | | | | | | | | | | | | 借 | | | | 1 | 4 | 8 | 7 | 5 | 0 | 0 | 0 | |

## 业务办理 3　结转所得税费用

**【引例分析 5－4】**

由于永隆公司的“本年利润”账户已经归集了除“所得税费用”以外的损益类账户余额，该账户的当前余额实际就是永隆公司 2023 年的利润总额。因此，只要将“所得税费用”的余额转入“本年利润”的借方。

随之得到永隆公司的净利润：

净利润＝590 000－148 750＝441 250（元）

## 操作指导

**步骤 1：**会计根据账户记录，编制记账凭证（见表 5－13）。

表 5－13

记账凭证

记字第71号
2023年12月31日　附件　张

| 摘要 | 总账科目 | 明细科目 | 借方金额 | | | | | | | | | | | 记账符号 | 贷方金额 | | | | | | | | | | | 记账符号 |
|---|---|---|---|---|---|---|---|---|---|---|---|---|---|---|---|---|---|---|---|---|---|---|---|---|---|---|
| | | | 亿 | 千 | 百 | 十 | 万 | 千 | 百 | 十 | 元 | 角 | 分 | | 亿 | 千 | 百 | 十 | 万 | 千 | 百 | 十 | 元 | 角 | 分 | |
| 结转所得税费用 | 本年利润 | | | | | 1 | 4 | 8 | 7 | 5 | 0 | 0 | 0 | ☑ | | | | | | | | | | | | ☐ |
| | 所得税费用 | | | | | | | | | | | | | ☐ | | | | 1 | 4 | 8 | 7 | 5 | 0 | 0 | 0 | ☑ |
| | | | | | | | | | | | | | | ☐ | | | | | | | | | | | | ☐ |
| | | | | | | | | | | | | | | ☐ | | | | | | | | | | | | ☐ |
| | | | | | | | | | | | | | | ☐ | | | | | | | | | | | | ☐ |
| 结算方式及票号： | | 合计 | | | ¥ | 1 | 4 | 8 | 7 | 5 | 0 | 0 | 0 | ☐ | | | ¥ | 1 | 4 | 8 | 7 | 5 | 0 | 0 | 0 | ☐ |

科兴财会

会计主管：黄玉英　记账：黄建明　复核：陈礼敢　制证：黄建明

**步骤 2：**会计根据审核过的记账凭证登记“所得税费用”及“本年利润”的总账（见表 5－14、表 5－15）。

## 业务办理 4　核算累计利润

**【引例分析 5－5】**

根据【项目引例】业务 5－2 可知：永隆公司 2023 年 12 月的净利润为 441 250 元，将净利润从“本年利润”的借方转入“利润分配——未分配利润”账户的贷方，“利润分配——未分配利润”账户的贷方余额就是该企业累计起来的利润，此未分配利润可以用于进行法律允许范围内的分配，比如，分配股利等。

表 5－14

**总账**

会计科目编号：6801
会计科目名称：所得税费用

| 2023年 | | 汇总凭证 | | 摘要 | 借方 | | | | | | | | | | | √ | 贷方 | | | | | | | | | | | √ | 借或贷 | 余额 | | | | | | | | | | | √ |
|---|---|---|---|---|---|---|---|---|---|---|---|---|---|---|---|---|---|---|---|---|---|---|---|---|---|---|---|---|---|---|---|---|---|---|---|---|---|---|---|---|---|
| 月 | 日 | 种类 | 号数 | | 亿 | 千 | 百 | 十 | 万 | 千 | 百 | 十 | 元 | 角 | 分 | | 亿 | 千 | 百 | 十 | 万 | 千 | 百 | 十 | 元 | 角 | 分 | | | 亿 | 千 | 百 | 十 | 万 | 千 | 百 | 十 | 元 | 角 | 分 | |
| 1 | 31 | 记 | 86 | 结转所得税费用 | | | | | | | | | | | | | | | | | | | | | | | | | 平 | | | | | | | | | 0 | | | |
| | | | | …… | | | | | | | | | | | | | | | | | | | | | | | | | | | | | | | | | | | | | |
| 12 | 31 | 记 | 70 | 计提所得税费用 | | | | 1 | 4 | 8 | 7 | 5 | 0 | 0 | 0 | √ | | | | | | | | | | | | | 贷 | | | | 1 | 4 | 8 | 7 | 5 | 0 | 0 | 0 | |
| 12 | 31 | 记 | 71 | 结转所得税费用 | | | | | | | | | | | | | | | | 1 | 4 | 8 | 7 | 5 | 0 | 0 | 0 | √ | 平 | | | | | | | | 0 | | | | |

表 5－15

**总账**

会计科目编号：4103
会计科目名称：本年利润

| 2023年 | | 汇总凭证 | | 摘要 | 借方 | | | | | | | | | | | √ | 贷方 | | | | | | | | | | | √ | 借或贷 | 余额 | | | | | | | | | | | √ |
|---|---|---|---|---|---|---|---|---|---|---|---|---|---|---|---|---|---|---|---|---|---|---|---|---|---|---|---|---|---|---|---|---|---|---|---|---|---|---|---|---|---|
| 月 | 日 | 种类 | 号数 | | 亿 | 千 | 百 | 十 | 万 | 千 | 百 | 十 | 元 | 角 | 分 | | 亿 | 千 | 百 | 十 | 万 | 千 | 百 | 十 | 元 | 角 | 分 | | | 亿 | 千 | 百 | 十 | 万 | 千 | 百 | 十 | 元 | 角 | 分 | |
| 1 | 31 | 记 | 88 | 结转利润 | | | | | | | | | | | | | | | | | | | | | | | | | 平 | | | | | | | | | 0 | | | |
| | | | | …… | | | | | | | | | | | | | | | | | | | | | | | | | | | | | | | | | | | | | |
| 12 | 31 | 记 | 68 | 结转损益 | | | | | | | | | | | | | | | 3 | 9 | 0 | 0 | 0 | 0 | 0 | 0 | 0 | √ | 贷 | | | 3 | 9 | 0 | 0 | 0 | 0 | 0 | 0 | 0 | |
| 12 | 31 | 记 | 69 | 结转损益 | | | 3 | 3 | 1 | 0 | 0 | 0 | 0 | 0 | 0 | √ | | | | | | | | | | | | | 贷 | | | | 5 | 9 | 0 | 0 | 0 | 0 | 0 | 0 | |
| 12 | 31 | 记 | 70 | 结转所得税费用 | | | | 1 | 4 | 8 | 7 | 5 | 0 | 0 | 0 | √ | | | | | | | | | | | | | 贷 | | | | 4 | 4 | 1 | 2 | 5 | 0 | 0 | 0 | |

## 操作指导

**步骤 1：** 会计根据账户记录，编制记账凭证（见表 5－16）。

表 5－16

**记账凭证**

2023年12月31日

记字第 72 号
附件 1 张

| 摘要 | 总账科目 | 明细科目 | 借方金额 | | | | | | | | | | | 记账符号 | 贷方金额 | | | | | | | | | | | 记账符号 |
|---|---|---|---|---|---|---|---|---|---|---|---|---|---|---|---|---|---|---|---|---|---|---|---|---|---|---|
| | | | 亿 | 千 | 百 | 十 | 万 | 千 | 百 | 十 | 元 | 角 | 分 | | 亿 | 千 | 百 | 十 | 万 | 千 | 百 | 十 | 元 | 角 | 分 | |
| 结转利润 | 本年利润 | | | | | 4 | 4 | 1 | 2 | 5 | 0 | 0 | 0 | ☑ | | | | | | | | | | | | ☐ |
| | 利润分配 | 未分配利润 | | | | | | | | | | | | ☐ | | | | 4 | 4 | 1 | 2 | 5 | 0 | 0 | 0 | ☑ |
| | | | | | | | | | | | | | | ☐ | | | | | | | | | | | | ☐ |
| | | | | | | | | | | | | | | ☐ | | | | | | | | | | | | ☐ |
| | | | | | | | | | | | | | | ☐ | | | | | | | | | | | | ☐ |
| 结算方式及票号： | | 合计 | | | ¥ | 4 | 4 | 1 | 2 | 5 | 0 | 0 | 0 | ☐ | | | ¥ | 4 | 4 | 1 | 2 | 5 | 0 | 0 | 0 | ☐ |

科兴财会

会计主管：黄玉英　　记账：黄建明　　复核：陈礼敢　　制证：黄建明

**步骤2**：会计根据审核过的记账凭证登记“本年利润”及“利润分配——未分配利润”的总账及明细账（见表5－17、表5－18）。

**表5－17**　　**总账**

会计科目编号：4103
会计科目名称：本年利润

| 2023年 | | 汇总凭证 | | 摘要 | 借方 | | | | | | | | | | | √ | 贷方 | | | | | | | | | | | √ | 借或贷 | 余额 | | | | | | | | | | | √ |
|---|---|---|---|---|---|---|---|---|---|---|---|---|---|---|---|---|---|---|---|---|---|---|---|---|---|---|---|---|---|---|---|---|---|---|---|---|---|---|---|---|---|
| 月 | 日 | 种类 | 号数 | | 亿 | 千 | 百 | 十 | 万 | 千 | 百 | 十 | 元 | 角 | 分 | | 亿 | 千 | 百 | 十 | 万 | 千 | 百 | 十 | 元 | 角 | 分 | | | 亿 | 千 | 百 | 十 | 万 | 千 | 百 | 十 | 元 | 角 | 分 | |
| 1 | 31 | 记 | 88 | 结转利润 | | | | | | | | | | | | | | | | | | | | | | | | | 平 | | | | | | | | | 0 | | | |
| | | | | …… | | | | | | | | | | | | | | | | | | | | | | | | | | | | | | | | | | | | | |
| 12 | 31 | 记 | 68 | 结转损益 | | | | | | | | | | | | | | | 3 | 9 | 0 | 0 | 0 | 0 | 0 | 0 | 0 | √ | 贷 | | | 3 | 9 | 0 | 0 | 0 | 0 | 0 | 0 | 0 | |
| 12 | 31 | 记 | 69 | 结转损益 | | | 3 | 3 | 1 | 0 | 0 | 0 | 0 | 0 | 0 | √ | | | | | | | | | | | | | 贷 | | | | 5 | 9 | 0 | 0 | 0 | 0 | 0 | 0 | |
| 12 | 31 | 记 | 70 | 结转所得税费用 | | | | 1 | 4 | 8 | 7 | 5 | 0 | 0 | 0 | √ | | | | | | | | | | | | | 贷 | | | | 4 | 4 | 1 | 2 | 5 | 0 | 0 | 0 | |
| 12 | 31 | 记 | 72 | 结转利润 | | | | 4 | 4 | 1 | 2 | 5 | 0 | 0 | 0 | √ | | | | | | | | | | | | | 平 | | | | | | | | | 0 | | | |

**表5－18**　　**利润分配　明细账**

第　　页
一级科目：利润分配
二科科目或明细科目：未分配利润

| 2023年 | | 凭证 | | 摘要 | 借方 | | | | | | | | | | | 贷方 | | | | | | | | | | | 借或贷 | 余额 | | | | | | | | | | |
|---|---|---|---|---|---|---|---|---|---|---|---|---|---|---|---|---|---|---|---|---|---|---|---|---|---|---|---|---|---|---|---|---|---|---|---|---|---|---|
| 月 | 日 | 种类 | 号数 | | 亿 | 千 | 百 | 十 | 万 | 千 | 百 | 十 | 元 | 角 | 分 | 亿 | 千 | 百 | 十 | 万 | 千 | 百 | 十 | 元 | 角 | 分 | | 亿 | 千 | 百 | 十 | 万 | 千 | 百 | 十 | 元 | 角 | 分 |
| 1 | 1 | | | 期初余额 | | | | | | | | | | | | | | | | | | | | | | | 贷 | | | 1 | 5 | 6 | 8 | 2 | 5 | 0 | 0 | 0 |
| | | | | …… | | | | | | | | | | | | | | | | | | | | | | | | | | | | | | | | | | |
| 12 | 31 | 记 | 72 | 结转损益 | | | | | | | | | | | | | | 4 | 4 | 1 | 2 | 5 | 0 | 0 | 0 | 0 | 贷 | | | 2 | 7 | 9 | 1 | 2 | 5 | 0 | 0 | 0 |

了解了利润的形成及核算过程后，我们发现利润的多少与收入、成本费用密切相关。在收入水平不变的情况下成本费用下降会使利润增加，成本费用上升会使利润减少；在成本费用水平不变的情况下，收入增加会使利润增加，收入减少会使利润减少。

# 模块二　利润分配业务的核算

## 任务描述

能将企业实现的净利润，按照国家财务制度规定的分配形式和分配顺序，提取盈余公积、分配股利和利润等，在企业和投资者之间进行分配，并对此过程进行正确的账务处理。

## 业务流程

业务流程如图 5－3 所示。

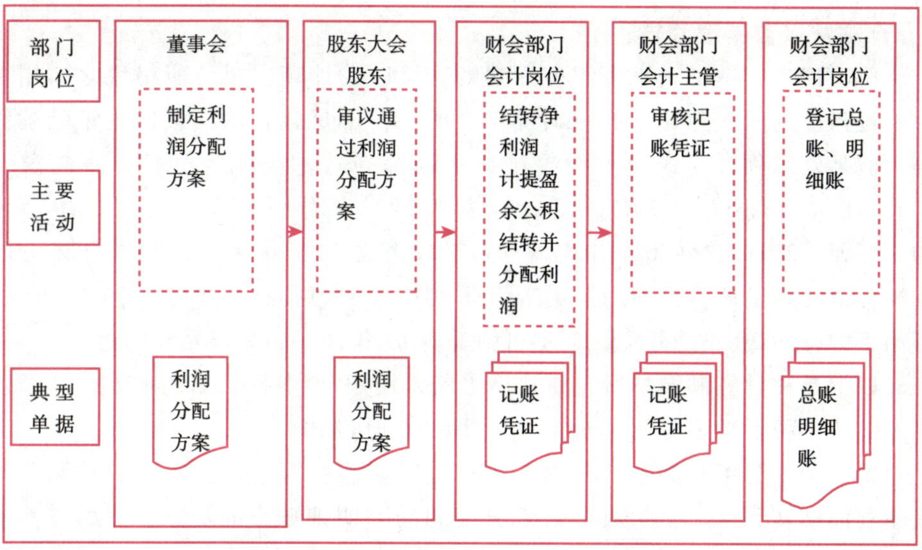


**图 5－3　业务流程**

## 知识准备

### 一、利润分配的顺序

利润分配是指将企业实现的净利润，按照国家财务制度规定的分配形式和分配顺序，在企业和投资者之间进行的分配。

要弄清利润分配的顺序，首先要了解以下几个概念：

(1) 以前年度亏损。年度亏损是指企业在生产经营过程中出现的亏损，在资产负债表日，企业应将通过本年利润反映出来的亏损，转至利润分配——未分配利润账户，结转后，利润分配——未分配利润账户如果是借方余额，则为累计的未弥补亏损的数额。

微课：利润分配的顺序

(2) 留存收益。留存收益是指企业从历年实现的净利润中提取或形成的，留存于企业内部的积累，留存收益主要包括盈余公积和未分配利润两部分。

(3) 盈余公积。盈余公积是指企业按照有关规定从净利润中提取的积累资金。盈余公积一般分为法定盈余公积和任意盈余公积两种。公司提取的盈余公积主要用于弥补亏损和转增资本金，也可以用于发放现金股利，但其余额不得少于注册资本的 25%。

(4) 未分配利润。未分配利润是指企业留待以后年度进行分配的留存利润，是企业拥有较大使用和分配权的资金，也是企业实现自我发展的主要资金来源之一。未分配利润是所有者权益的组成部分，来源于本年利润账户的转入。

在企业有结余的未分配利润时，利润分配的具体顺序为：①弥补以前年度的亏损；②提取盈余公积金；③向投资者分配股利或利润。利润分配后还有剩余的，继续存放在“利润分配——未分配利润”的贷方。

具体说来是：

### （一）弥补以前年度亏损

税法规定，纳税人发生年度亏损的，可以在计算应缴纳所得税之前用下一纳税年度的所得弥补；下一纳税年度的所得不足弥补的，可以逐年延续弥补，但是延续弥补期最长不得超过 5 年（高新技术企业为最长不得超过十年）。比如，某企业在 2017 年、2021 年和 2022 年分别亏损 10 万元、20 万元和 5 万元，2018 年和 2019 年无盈利，2021 年盈利 8 万元，则 2021 年未分配利润可以在缴纳所得税费用前用于弥补 2017 年的亏损；2023 年盈利 15 万元，可用于弥补 2020 年的亏损，但不可弥补 2017 年余下的 2 万元亏损。

以上是在计算和缴纳所得税费用之前，使用利润补亏的时间限制 ，企业在缴纳所得税后的未分配利润补亏是没有时间限制的。

企业用未分配利润弥补亏损，需在进行年终决算时，将实现的利润总额或净利润结转到“利润分配——未分配利润”明细账户的贷方，然后与其借方尚未弥补的亏损额进行比较，如果“利润分配——未分配利润”明细账是借方余额表示有尚未弥补的亏损，今后继续弥补；如果“利润分配——未分配利润”明细账是贷方余额表示已是企业实现了盈利，转存下年的未分配利润。从数量上讲，期末未分配利润是期初未分配利润加（或减）本期净利润，再减去提取的各种盈余公积和分出去的利润的结果。

### （二）计提盈余公积

盈余公积是企业按净利润一定比例提取而形成的一种积累，是留于企业内部具有专门用途的留存收益。企业根据《公司法》的规定，按净利润的 10% 提取形成法定盈余公积。非公司制企业可以按高于 10% 的比例提取。股份制公司提取法定公积金之后，还可以提取任意盈余公积。提取任意盈余公积的企业，当年是否提取以及提取的比例由公司自行决定。公司法定盈余公积金累计额为公司注册资本的 50% 以上时，可以不再计提。

企业提取法定盈余公积和任意盈余公积金的用途主要有以下几个方面：

（1）用于弥补亏损。企业根据税法规定，发生亏损时可以用缴纳所得税前的利润弥补；超过税前利润弥补期限的，可以用企业实现的净利润弥补以前年度亏损。如果企业发生特大亏损，用净利润仍不能弥补的，可以用提取的盈余公积弥补亏损。用盈余公积弥补亏损应当由董事会提议，股东大会或相应的权力机关批准后进行。

（2）转增资本。企业提取的盈余公积较多时，可以将提取的盈余公积转增资本，但必须经过股东大会决定或类似机构批准。在将盈余公积转增资本时，应按投资人持股比例进行结转。而且盈余公积在转增资本时，对任意盈余公积转增资本的法律没有限制。但用法定盈余公积转增资本时，转增后的法定盈余公积的比例不得少于转增前企业注册资本的 25%。

小贴士

### 盈余公积知多少

企业计提盈余公积实际上是对投资者分配利润的一种限制。提取盈余公积是利润分配的一种方式，其对应的资金不得用于向投资者分配利润或股利。企业提取的盈余公积，无论是用于弥补亏损，还是用于转增资本，只不过是在企业所有者权益内部结构的转换，并不引起企业所有者权益总额的变动。企业盈余公积的结存数，实际只表现企业生产经营资金的一个来源，其形成的资金可能表现为一定的货币资金，也可能表现为一定的实物资产，随同企业的其他来源的资金进行循环周转。

### （三）分配股利（利润）

企业在提取盈余公积后，可按规定向投资人分配利润。企业实现的净利润扣除提取的盈余公积再加上本期未分配利润，构成了可供投资者分配的利润。企业应按投资人出资比例或持有的股份向投资人进行分配。

视频：格力公司给员工分房子

## 二、利润分配过程的会计核算

### （一）设置账户

1. “利润分配”账户

“利润分配”账户属于所有者权益类账户，用来核算企业利润的分配（或亏损的弥补）和历年分配（或弥补）后的积存余额。本账户属于所有者权益类账户，借方登记按规定实际分配的利润数，或年终时从“本年利润”账户的贷方转来的全年亏损总额；贷方登记年终时从“本年利润”账户借方转来的全年实现的净利润总额；年终贷方余额表示历年积存的未分配利润，如为借方余额，则表示历年积存的未弥补亏损。同时，将“利润分配”账户所属其他明细账户的余额转入本账户的“未分配利润”明细账户。结转后，本账户除“未分配利润”明细账户外，其他明细账户无余额。

案例：格力一季度分红

本账户应当分别按“提取法定盈余公积”“提取任意盈余公积”“应付现金股利或利润”“转作股本的股利”“盈余公积补亏”和“未分配利润”等设置明细账，进行明细核算，适合采用“三栏式”明细账。

2. “盈余公积”账户

“盈余公积”账户属于所有者权益类账户，用来核算企业从税后利润中提取的盈余公积金。该账户贷方登记盈余公积的提取数，借方登记盈余公积弥补亏损或转增资本数，期末余额在贷方，表示盈余公积金的实际结存数。

微课：利润分配过程的会计核算

3. “应付股利”及“应付利润”账户

“应付股利”及“应付利润”账户属于负债类账户，用来核算企业经董事会或股东大会或类似机构决议确定分配的现金股利或利润（股票股利不通过该账户）。该账户贷方登记企业通过股利分配方案确定的应付的现金股利或利润数，借方登记企业实际支付的股利或利润数。该账户期末贷方余额，反映企业尚未支付的现金股利或利润。

### （二）核算内容

1. 提取盈余公积的核算

国内企业提取盈余公积时的基本会计分录：

借：利润分配——提取法定盈余公积

　　　　　　——提取任意盈余公积

　　贷：盈余公积——法定盈余公积 （公司制企业按净利润的10%计提）

　　　　　　　　——任意盈余公积

（按照股东大会的决议，以企业当期净利润为依据计提）

外商投资企业按规定提取储备基金、企业发展基金时的基本分录：

借：利润分配——提取储备基金

　　　　　　——提取企业发展基金

　　贷：盈余公积——储备基金

　　　　　　　　——企业发展基金

2. 分配股利或利润的核算

经股东大会或类似机构决议，分配给股东或投资者的现金股利或利润时的基本会计分录：

借：利润分配——应付现金股利（或应付利润）

　　贷：应付股利

经股东大会或类似机构决议，分配给股东的股票股利，在办理增资手续后的基本会计分录：

借：利润分配——转作股本的股利

　　贷：股本

3. 用盈余公积弥补亏损的核算

基本会计分录：

借：盈余公积——法定盈余公积

　　　　　　——任意盈余公积

　　贷：利润分配——盈余公积补亏

4. 年终利润结转

年度终了，企业应在利润分配后，将“利润分配”账户下的其他有关明细账户的余额，转入“未分配利润”明细账户。结转后，“未分配利润”明细账户的贷方余额，就是累计未分配的利润数额；如为借方余额，则表示累计未弥补的亏损数额。结转后，“利润分配”账户除“未分配利润”明细账户外，其他明细账户应无余额。同时，“利润分配”账户也无余额。

基本会计分录：

借：利润分配——未分配利润

　　　　　　——盈余公积补亏

贷：利润分配——提取法定盈余公积

　　　　　　——提取任意盈余公积

　　　　　　——应付现金股利（或应付利润）

　　　　　　——转作股本的股利

### 业务办理 1　计提盈余公积

**【引例分析 5－6】**

根据【项目引例】业务 5－3 可知：2024 年 1 月 5 日，永隆公司的净利润为 441 250 元，应按照可供分配净利润的 10% 提取法定盈余公积 44 125 元，按照可供分配净利润的 5% 提取任意盈余公积 22 062.5 元。

## 操作指导

**步骤 1：** 会计根据账户记录，编制记账凭证，如表 5－19 所示。

**表 5－19**　　　　**记账凭证**

2024年01月05日　　　　记字第 20 号　附件 1 张

科兴财会

| 摘要 | 总账科目 | 明细科目 | 借方金额 | | | | | | | | | | | 记账符号 | 贷方金额 | | | | | | | | | | | 记账符号 |
|---|---|---|---|---|---|---|---|---|---|---|---|---|---|---|---|---|---|---|---|---|---|---|---|---|---|---|
| | | | 亿 | 千 | 百 | 十 | 万 | 千 | 百 | 十 | 元 | 角 | 分 | | 亿 | 千 | 百 | 十 | 万 | 千 | 百 | 十 | 元 | 角 | 分 | |
| 计提盈余公积 | 利润分配 | 计提法定盈余公积 | | | | | 4 | 4 | 1 | 2 | 5 | 0 | 0 | ☑ | | | | | | | | | | | | □ |
| | 利润分配 | 计提任意盈余公积 | | | | | 2 | 2 | 0 | 6 | 2 | 5 | 0 | ☑ | | | | | | | | | | | | □ |
| | 盈余分配 | 法定盈余分配 | | | | | | | | | | | | □ | | | | | 4 | 4 | 1 | 2 | 5 | 0 | 0 | ☑ |
| | 盈余分配 | 任意盈余分配 | | | | | | | | | | | | □ | | | | | 2 | 2 | 0 | 6 | 2 | 5 | 0 | ☑ |
| | | | | | | | | | | | | | | □ | | | | | | | | | | | | □ |
| 结算方式及票号： | | 合　计 | | | | ¥ | 6 | 6 | 1 | 8 | 7 | 5 | 0 | □ | | | | ¥ | 6 | 6 | 1 | 8 | 7 | 5 | 0 | □ |

会计主管：黄玉英　　记账：黄建明　　复核：陈礼敢　　制证：黄建明

**步骤 2：** 会计根据审核过的记账凭证登记“盈余公积”“利润分配”的总账和明细账。为避免重复表述，以下对“利润分配”和“盈余公积”的明细账和总账各展示一张表，如表 5－20 至表 5－22 所示。

**表 5－20**　　　　**盈余公积　明细账**

第　　页

一级科目：盈余公积

二科科目或明细科目：法定盈余公积

| 2024年 | | 凭证 | | 摘要 | 借方 | | | | | | | | | | | 贷方 | | | | | | | | | | | 借或贷 | 余额 | | | | | | | | | | |
|---|---|---|---|---|---|---|---|---|---|---|---|---|---|---|---|---|---|---|---|---|---|---|---|---|---|---|---|---|---|---|---|---|---|---|---|---|---|---|
| 月 | 日 | 种类 | 号数 | | 亿 | 千 | 百 | 十 | 万 | 千 | 百 | 十 | 元 | 角 | 分 | 亿 | 千 | 百 | 十 | 万 | 千 | 百 | 十 | 元 | 角 | 分 | | 亿 | 千 | 百 | 十 | 万 | 千 | 百 | 十 | 元 | 角 | 分 |
| 1 | 5 | | | 期初余额 | | | | | | | | | | | | | | | | | | | | | | | 贷 | | | 1 | 6 | 8 | 5 | 0 | 0 | 0 | 0 | 0 |
| 1 | 5 | 记 | 20 | 计提法定盈余公积 | | | | | | | | | | | | | | | | 4 | 4 | 1 | 2 | 5 | 0 | 0 | 贷 | | | 1 | 7 | 2 | 9 | 1 | 2 | 5 | 0 | 0 |
| | | | | | | | | | | | | | | | | | | | | | | | | | | | | | | | | | | | | | | |
| | | | | | | | | | | | | | | | | | | | | | | | | | | | | | | | | | | | | | | |

表 5－21

**总账**

会计科目编号：4101
会计科目名称：盈余公积

| 2024年 月 | 2024年 日 | 汇总凭证 种类 | 汇总凭证 号数 | 摘要 | 借方 亿 | 千 | 百 | 十 | 万 | 千 | 百 | 十 | 元 | 角 | 分 | √ | 贷方 亿 | 千 | 百 | 十 | 万 | 千 | 百 | 十 | 元 | 角 | 分 | √ | 借或贷 | 余额 亿 | 千 | 百 | 十 | 万 | 千 | 百 | 十 | 元 | 角 | 分 | √ |
|---|---|---|---|---|---|---|---|---|---|---|---|---|---|---|---|---|---|---|---|---|---|---|---|---|---|---|---|---|---|---|---|---|---|---|---|---|---|---|---|---|---|
| 1 | 5 | | | 期初余额 | | | | | | | | | | | | | | | | | | | | | | | | | 贷 | | | 2 | 4 | 8 | 5 | 0 | 0 | 0 | 0 | 0 | |
| 1 | 5 | 记 | 20 | 计提盈余公积 | | | | | | | | | | | | | | | | | 6 | 6 | 1 | 8 | 7 | 5 | 0 | | 贷 | | | 2 | 5 | 5 | 1 | 1 | 8 | 7 | 5 | 0 | |

表 5－22

**利润分配 明细账**

第　　页
一级科目：利润分配
二科科目或明细科目：计提法定盈余公积

| 2024年 月 | 2024年 日 | 凭证 种类 | 凭证 号数 | 摘要 | 借方 亿 | 千 | 百 | 十 | 万 | 千 | 百 | 十 | 元 | 角 | 分 | 贷方 亿 | 千 | 百 | 十 | 万 | 千 | 百 | 十 | 元 | 角 | 分 | 借或贷 | 余额 亿 | 千 | 百 | 十 | 万 | 千 | 百 | 十 | 元 | 角 | 分 |
|---|---|---|---|---|---|---|---|---|---|---|---|---|---|---|---|---|---|---|---|---|---|---|---|---|---|---|---|---|---|---|---|---|---|---|---|---|---|---|
| 1 | 5 | 记 | 20 | 计提法定盈余公积 | | | | | 4 | 4 | 1 | 2 | 5 | 0 | 0 | | | | | | | | | | | | 借 | | | | | 4 | 4 | 1 | 2 | 5 | 0 | 0 |
| | | | | | | | | | | | | | | | | | | | | | | | | | | | 贷 | | | | | | | | | | | |
| | | | | | | | | | | | | | | | | | | | | | | | | | | | | | | | | | | | | | | |

## 业务办理 2　向投资者分配利润

**【引例分析 5－7】**

根据【项目引例】业务 5－4 可知：永隆公司决定发放现金利润，一方面导致公司可供分配利润减少；另一方面利润尚未实际支付，形成公司的一项负债。

## 操作指导

**步骤 1：**会计根据账户记录，编制记账凭证，如表 5－23 所示。

表 5－23

**记账凭证**

2024年01月11日

记字第 32 号
附件 1 张

| 摘要 | 总账科目 | 明细科目 | 借方金额 亿 | 千 | 百 | 十 | 万 | 千 | 百 | 十 | 元 | 角 | 分 | 记账符号 | 贷方金额 亿 | 千 | 百 | 十 | 万 | 千 | 百 | 十 | 元 | 角 | 分 | 记账符号 |
|---|---|---|---|---|---|---|---|---|---|---|---|---|---|---|---|---|---|---|---|---|---|---|---|---|---|---|
| 宣告发放现金利润 | 利润分配 | 应付利润 | | | | | 4 | 0 | 0 | 0 | 0 | 0 | 0 | ☑ | | | | | | | | | | | | □ |
| | 应付利润 | | | | | | | | | | | | | □ | | | | | 4 | 0 | 0 | 0 | 0 | 0 | 0 | ☑ |
| | | | | | | | | | | | | | | □ | | | | | | | | | | | | □ |
| | | | | | | | | | | | | | | □ | | | | | | | | | | | | □ |
| | | | | | | | | | | | | | | □ | | | | | | | | | | | | □ |
| 结算方式及票号： | | 合计 | | | | ¥ | 4 | 0 | 0 | 0 | 0 | 0 | 0 | □ | | | | ¥ | 4 | 0 | 0 | 0 | 0 | 0 | 0 | □ |

科兴财会

会计主管：黄玉英　　记账：黄建明　　复核：陈礼敢　　制证：黄建明

**步骤2**：会计根据审核过的记账凭证登记“应付利润”“利润分配”的总账和明细账。为避免重复表述，以下只对“利润分配”总账进行展示，如表5－24所示。

**表5－24**

**总账**

会计科目编号：4104
会计科目名称：利润分配

| 2024年 月 | 日 | 汇总凭证 种类 | 号数 | 摘要 | 借方（亿千百十万千百十元角分） | √ | 贷方（亿千百十万千百十元角分） | √ | 借或贷 | 余额（亿千百十万千百十元角分） | √ |
|---|---|---|---|---|---|---|---|---|---|---|---|
| 1 | 5 | | | 期初余额 | | | | | 贷 | 279125000 | |
| 1 | 5 | 记 | 20 | 计提盈余公积 | 6618750 | | | | 贷 | 272506250 | |
| 1 | 11 | 记 | 32 | 宣告发放现金利润 | 4000000 | | | | 贷 | 268506250 | |

## 业务办理3　结转已分配利润

**【引例分析5－8】**

根据【项目引例】业务5－4与业务5－5可知：结转利润分配实际上就是从“利润分配”的“未分配利润”明细账户中，将上述利润分配的金额转销的过程，从而使“利润分配——未分配利润”账户真实反映尚未分配利润的金额。

## 操作指导

**步骤1**：会计根据账户记录，编制记账凭证，如表5－25所示。

**表5－25**

**记账凭证**

2024年01月11日　　记字第33号　附件1张

| 摘要 | 总账科目 | 明细科目 | 借方金额（亿千百十万千百十元角分） | 记账符号 | 贷方金额（亿千百十万千百十元角分） | 记账符号 |
|---|---|---|---|---|---|---|
| 结转利润分配 | 利润分配 | 未分配利润 | 10618750 | ☑ | | ☐ |
| | 利润分配 | 提取法定盈余公积 | | ☐ | 4412500 | ☑ |
| | 利润分配 | 提取任意盈余公积 | | ☐ | 2206250 | ☑ |
| | 利润分配 | 应付利润 | | ☐ | 4000000 | ☑ |
| | | | | ☐ | | ☐ |
| 结算方式及票号： | | 合计 | ¥10618750 | ☐ | ¥10618750 | ☐ |

科兴财会

会计主管：黄玉英　　记账：黄建明　　复核：陈礼敢　　制证：黄建明

**步骤2**：会计根据审核过的记账凭证登记“利润分配”的总账和明细账。为避免重复表述，以下只对“利润分配”总账、“利润分配——应付利润”和“利润分配——未分配利润”明细账进行展示，如表5－26至表5－28所示。

表 5－26

**总账**

会计科目编号：4104
会计科目名称：利润分配

| 2024年 | | 汇总凭证 | | 摘要 | 借方 | | | | | | | | | | | √ | 贷方 | | | | | | | | | | | √ | 借或贷 | 余额 | | | | | | | | | | | √ |
|---|---|---|---|---|---|---|---|---|---|---|---|---|---|---|---|---|---|---|---|---|---|---|---|---|---|---|---|---|---|---|---|---|---|---|---|---|---|---|---|---|---|
| 月 | 日 | 种类 | 号数 | | 亿 | 千 | 百 | 十 | 万 | 千 | 百 | 十 | 元 | 角 | 分 | | 亿 | 千 | 百 | 十 | 万 | 千 | 百 | 十 | 元 | 角 | 分 | | | 亿 | 千 | 百 | 十 | 万 | 千 | 百 | 十 | 元 | 角 | 分 | |
| 1 | 1 | | | 期初余额 | | | | | | | | | | | | | | | | | | | | | | | | | 贷 | | | 2 | 7 | 9 | 1 | 2 | 5 | 0 | 0 | 0 | |
| 1 | 5 | 记 | 20 | 计提盈余公积 | | | | | 6 | 6 | 1 | 8 | 7 | 5 | 0 | | | | | | | | | | | | | | 贷 | | | 2 | 7 | 2 | 5 | 0 | 6 | 2 | 5 | 0 | |
| 1 | 11 | 记 | 32 | 宣告发放现金利润 | | | | | 4 | 0 | 0 | 0 | 0 | 0 | 0 | | | | | | | | | | | | | | 贷 | | | 2 | 6 | 8 | 5 | 0 | 6 | 2 | 5 | 0 | |
| 1 | 11 | 记 | 32 | 结转利润分配 | | | | 1 | 0 | 6 | 1 | 8 | 7 | 5 | 0 | | | | | 1 | 0 | 6 | 1 | 8 | 7 | 5 | 0 | | 贷 | | | 2 | 6 | 8 | 5 | 0 | 6 | 2 | 5 | 0 | |

表 5－27

**利润分配　明细账**

第　　页
一级科目：利润分配
二科科目或明细科目：应付利润

| 2024年 | | 凭证 | | 摘要 | 借方 | | | | | | | | | | | 贷方 | | | | | | | | | | | 借或贷 | 余额 | | | | | | | | | | |
|---|---|---|---|---|---|---|---|---|---|---|---|---|---|---|---|---|---|---|---|---|---|---|---|---|---|---|---|---|---|---|---|---|---|---|---|---|---|---|
| 月 | 日 | 种类 | 号数 | | 亿 | 千 | 百 | 十 | 万 | 千 | 百 | 十 | 元 | 角 | 分 | 亿 | 千 | 百 | 十 | 万 | 千 | 百 | 十 | 元 | 角 | 分 | | 亿 | 千 | 百 | 十 | 万 | 千 | 百 | 十 | 元 | 角 | 分 |
| 1 | 11 | 记 | 32 | 宣告发放现金利润 | | | | | 4 | 0 | 0 | 0 | 0 | 0 | 0 | | | | | | | | | | | | 借 | | | | | 4 | 0 | 0 | 0 | 0 | 0 | 0 |
| 1 | 11 | 记 | 33 | 结转利润分配 | | | | | | | | | | | | | | | | 4 | 0 | 0 | 0 | 0 | 0 | 0 | 平 | | | | | | | | | 0 | 0 | 0 |

表 5－28

**利润分配　明细账**

第　　页
一级科目：利润分配
二科科目或明细科目：未分配利润

| 2024年 | | 凭证 | | 摘要 | 借方 | | | | | | | | | | | 贷方 | | | | | | | | | | | 借或贷 | 余额 | | | | | | | | | | |
|---|---|---|---|---|---|---|---|---|---|---|---|---|---|---|---|---|---|---|---|---|---|---|---|---|---|---|---|---|---|---|---|---|---|---|---|---|---|---|
| 月 | 日 | 种类 | 号数 | | 亿 | 千 | 百 | 十 | 万 | 千 | 百 | 十 | 元 | 角 | 分 | 亿 | 千 | 百 | 十 | 万 | 千 | 百 | 十 | 元 | 角 | 分 | | 亿 | 千 | 百 | 十 | 万 | 千 | 百 | 十 | 元 | 角 | 分 |
| 1 | 1 | | | 期初余额 | | | | | | | | | | | | | | | | | | | | | | | 贷 | | | 2 | 7 | 9 | 1 | 2 | 5 | 0 | 0 | 0 |
| 1 | 11 | 记 | 33 | 结转利润分配 | | | | 1 | 0 | 6 | 1 | 8 | 7 | 5 | 0 | | | | | | | | | | | | 贷 | | | 2 | 6 | 8 | 5 | 0 | 6 | 2 | 5 | 0 |

# 模块三　投资业务的核算

## 任务描述

掌握投资业务的类型，了解投资业务过程的资金运动，能正确核算企业的对内投资业务和交易性金融资产业务，并对其进行正确的账务处理。

## 业务流程

业务流程如图 5－4 所示。

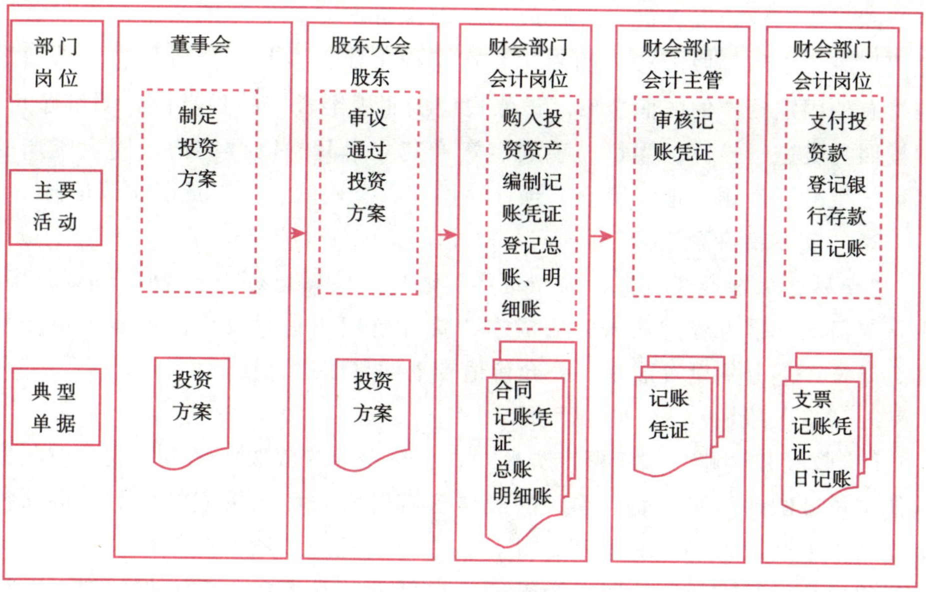


**图 5-4　业务流程**

## 知识准备

### 一、投资业务的种类

企业在取得利润后，就有了再投资的资本。投资是一个宽泛的概念，既可以是对内投资，也可以是对外投资。

如果一个公司对内投资的现金流出量大幅度地提高，往往意味着该公司正面临着新的发展机会或新的投资机会。如果一个公司对外投资的现金流出量大幅度地提高，则说明该公司正常的经营活动不能充分吸纳其现有的资金，而需要通过投资活动来寻找获利机会。

企业对内投资是指把资金投向企业内部，形成各项流动资产、固定资产、无形资产和其他资产的投资。

企业也可以通过买卖金融资产进行对外投资，金融资产的种类包括以摊余成本计量的金融资产（比如债券），以公允价值计量且变动计入其他综合收益的金融资产（比如购入外部公司的股权）以及以公允价值计量且变动计入当期损益的金融资产（比如在证券市场购入股票）。本节介绍对内投资业务和以公允价值计量且变动计入当期损益的交易性金融资产业务的对外投资的核算。

微课：企业的投资类型

案例：如何提高企业闲置资金的利用率

### 二、投资业务的核算

#### （一）设置账户

1. “固定资产”

“固定资产”账户属于资产类账户，核算对内投资时取得的生产设备、厂房等固定资产的情况，借方登记取得的固定资产发票上注明的金额，贷方登记因报废、出售等原因减少的固定资产账面金额，余额在借方，表示企业当前持有的固定资产的账面金额。该账户应按照固定资产的种类设置明细账户，并按照种类进行核算。为每一项固定资产建立卡片，以详细记录固定资产的名称、型号、使用场地、原值、预计使用期数、残值、已提折旧额等信息。

2. “交易性金融资产”

微课：交易性金融资产

“交易性金融资产”账户属于资产类账户，核算交易性金融资产的取得和出售等情况。借方登记购入时的成本，贷方登记出售时减少的成本。在交易性金融资产下分别设置成本、公允价值变动明细账进行核算。

3. “应收股利”和“应收利息”

“应收股利”账户属于资产类账户，核算企业应收取的现金股利和应收取其他单位分配的利润，如果购买的股票含有已宣告而未发放的股利，应从投资支出中单列记入“应收股利”账户。借方登记应收股利的增加，贷方登记收到的现金股利或利润，期末余额一般在借方，反映企业尚未收到的现金股利或利润。

“应收利息”账户也属于资产类账户，核算短期债券投资实际支付的价款中包含的已到付息期但尚未领取的债券利息。借方登记应收而未收的利息，贷方登记已收利息，余额一般在借方，反映期末应收未收的利息。如果购买的债券含有应收取而未收取的利息，应从投资支出中单列记入“应收利息”账户，但实际支付的价款中包含尚未到期的债券利息，则计入短期债券投资初始投资成本中不需要单独核算的部分。

因为应收股利和应收利息不是投资成本，而是投资时垫支的支出，当被投资企业发放股利和支付利息时即可收回。

4. “投资收益”

“投资收益”账户属于损益类账户，核算企业对外投资取得股利收入（或损失）、债券利息收入（或损失）等。贷方登记获得的投资收益，借方登记产生的投资损失以及为获得交易性金融资产发生的交易费用。余额在贷方表示净收益，余额在借方表示净损失。

## （二）核算内容

1. 对内投资的核算

微课：对内投资

企业将筹集的资金投资于内部的生产经营活动，形成了各项经济资源，比如企业的厂房、生产设备、办公设备、无形资产等，供企业长期使用。在企业购入固定资产时，会计人员需要收集房屋、设备等的购买合同，以及以银行存款支付单等原始凭证作为记账的依据，并通过固定资产账户进行核算。

2. 对外投资的核算

企业将暂时不用的资金，在证券市场购入一些股票、债券等金融资产，在持有一段时间后，如果这些金融资产价值上升，企业将其售出获利。这类资产通过“交易性金融资产”账户核算。

3. 基本会计分录

（1）对内投资。

借：固定资产　　　　　　　　（按照购入固定资产发票上的未税金额）

　　应交税费——应交增值税（进项税额）

　　　　　　　　　　　　　　　（按照购入固定资产发票上的税额）

　　贷：银行存款　　　　　　　（按照购入固定资产发票上的总额）

（2）对外投资。

借：交易性金融资产——××公司股票——成本

　　　（按照除去已宣告但尚未领取的现金股利及手续费后的购买款）

　　应收股利　　　　　　　　（按照已宣告但尚未领取的现金股利）

　　应收利息　　　　　　　　（按照已到期但尚未领取的利息）

　　投资收益　　　　　　　　（按照手续费）

　　贷：银行存款　　　　　　（按照实际支付的总金额）

借：交易性金融资产——公允价值变动

　　　　　　　　（按照资产负债表日公允价值与账面价值的差额）

　　贷：公允价值变动损益　　　　　　　　　　　　　（同上）

借：银行存款　　　　　　　　　（按照收到的现金股利或利息）

　　贷：应收股利　　　　　　　（按照领取的现金股利）

　　　　应收利息　　　　　　　（按照领取的现金利息）

借：银行存款　　　　　　　　　（按照转让资产实收款项）

　　贷：交易性金融资产——××公司股票——成本

　　　　　　　　　　　　　　　（按照转让资产对应的账面成本）

　　　　　　　　　　——公允价值变动

　　　　　　（按照转让资产对应的公允价值变动账面余额）

　　　　投资收益　　　　　　　　　　（按照借贷方的差额）

借：公允价值变动损益（借或贷）

　　贷：投资收益（贷或借）

## 业务办理 1　对内投资业务的核算

**【引例分析 5－9】**

企业为了扩大生产力，购买生产设备属于对内投资。外购生产设备，一方面机器设备增加；另一方面是支付设备款或形成应付款，企业货币资金减少或负债增加。在支付的总价款中，除了设备的买价和购置费用外，还包括支付的增值税税额，增值税是价外税，对于一般纳税人，企业购入设备时预付的增值税专用发票上的税金不能计入设备购置成本中，而应计入增值税的“进项税额”；对于小规模纳税人，无论取得专用发票还是普通发票，增值税应计入固定资产初始入账价值中。因此，企业购入设备时应按设备的买价和购置费用，借记“固定资产”账户，按增值税进项税额借记“应交税费——应交增值税（进项税额）”账户，同时按实际支付的款项贷记“银行存款”账户，若设备款项尚未支付，则记入“应付账款”或“应付票据”账户的贷方。

视频：2020 年全球企业研发投入 500 强

根据【项目引例】业务 5－6 可知：本例中永隆机电购置铣床，取得发票，设备安装后达到可使用状态，确认为“固定资产——铣床”。铣床的入账价值为 50 100 元（购买价款 50 000 元＋运输费用 1 000 元），应确认的增值税进项税额 6 590元（专用发票税额 6 500 元＋运输发票可抵扣税额 90 元）。

## 操作指导

**步骤 1：**会计审核收到的购买设备发票（见图 5－5），运费发票（见图 5－6）及验收单（见表 5－29），审核无误后，交财务主管核准。

增值税专用发票　　No 05621456

全国统一发票监制章　国家税务总局监制

发票联

开票日期：2023年6月10日

国税函（2014）257号浙江印钞厂

| | | | | | | | |
|---|---|---|---|---|---|---|---|
| 购买方 | 名　　称：永隆机电设备有限责任公司<br>纳税人识别号：91441900MA4UNMX84<br>地 址 、电 话：东莞市厚街镇新塘社区永福路8号0769-34326968<br>开户行及账号：中国农业银行东莞市厚街支行60225698741456 | | | 密码区 | 67/*+3*0/611*++0/0+0*/*+3+2/9<br>*11*+66666**066611*+66666*<br>1**+216***6000*261*2*4/*547<br>203994+-42*64151*6915361/3* | | |
| 货物或应税劳务、服务名称 | 规格型号 | 单位 | 数量 | 单价 | 金额 | 税率 | 税额 |
| *货物*铣床 | MXNU8809 | 台 | 5 | 10000 | 50000.00 | 13% | 6500 |
| 合　　计 | | | | | ¥50000 | | ¥6500 |
| 价税合计（大写） | ⊗伍万陆仟伍佰元整 | | | | （小写）¥56500.00 | | |
| 销货方 | 名　　称：佛山市宏远车床厂<br>纳税人识别号：91440605AF71926571<br>地 址 、电 话：广东省佛山市禅城区桂乐新村8号0757-86887549<br>开户行及账号：中国工商银行佛山市禅城支行60238965419862 | | | 备注 | 佛山市宏远车床厂 91440605AF71926571 发票专用章 | | |

第三联：发票联　购货方记账凭证

收款人：罗振兴　　复核：陈冬梅　　开票人：李红　　销售方：章

图 5－5　增值税专用发票

增值税专用发票　　No00698534

全国统一发票监制章 国家税务总局监制

发票联

开票日期：2023年6月10日

| | | | |
|---|---|---|---|
| 购买方 | 名　　　称：永隆机电设备有限责任公司<br>纳税人识别号：91441900MA4UNMJX84<br>地 址 、电 话：东莞市厚街镇新塘社区永福路8号0769-34326968<br>开户行及账号：中国农业银行东莞市厚街支行60225698741456 | 密码区 | 67/*+3*0/611*++0/0+0*/*+3+2/9<br>*11*+66666**066611*+66666*<br>1**+216***6000*261*2*4/*547<br>203994+-42*64151*6915361/3* |

| 货物或应税劳务、服务名称 | 规格型号 | 单位 | 数量 | 单价 | 金额 | 税率 | 税额 |
|---|---|---|---|---|---|---|---|
| *应税劳务*货物运输 | | 千米 | 10 | 100 | 1000.00 | 9% | 90 |
| 合　　计 | | | | | ¥1000 | | ¥90 |
| 价税合计（大写） | ⊗壹仟零玖拾元整 | | | | （小写）¥1090.00 | | |

| | | | |
|---|---|---|---|
| 销货方 | 名　　　称：佛山市速达物流有限责任公司<br>纳税人识别号：914406057192699632５<br>地 址 、电 话：广东省佛山市禅城区同济东路125号0757-86952145<br>开户行及账号：中国工商银行佛山市禅城支行602389654177777 | 备注 | 佛山市速达物流有限责任公司<br>914406057192699632５<br>发票专用章 |

收款人：李溥　　复核：林芬　　开票人：钟丽妍　　销售方：章

国税函（2014）257号浙江印钞厂

第三联：发票联　购货方记账凭证

**图 5－6　增值税专用发票**

**表 5－29**　　**固定资产（低耗品）验收单**

购货时间：2023年6月10日

供货单位：佛山市宏远车床厂

| 出厂时间： | | 出厂编号： | | 安装时间： | | | |
|---|---|---|---|---|---|---|---|
| 类别 | 资产编号 | 设备名称 | 规格型号 | 单位 | 数量 | 单价（元） | 金额（元） |
| 生产设备 | 10236 | 铣床 | MXNU8809 | 台 | 5 | 10 000.00 | 50 000.00 |
| 以下空白 | | | | | | | |
| | | | | | | | |
| | | | | | | | |
| 金额合计（大写）：伍万元整 | | | | | | （小写：¥50 000.00） | |
| 验收结论：符合合同要求，安装后调试正常。<br><br>验收人：黄溥明<br>验收日期：2023年6月12日 | | | | | | | |

**步骤2**：出纳开出转账支票支付设备款56 500元（见图5－7），以及运费1 090元（见图5－8）。

**步骤3**：会计根据发票、运输单据、验收单以及转账支票存根等编制记账凭证（见表5－30），相关人员在记账凭证上签章并交财务主管核准。

中国农业银行
转账支票存根

浙江莱织华印刷有限公司·2011年印制

附加信息

购买铣床

出票日期：2023年6月10日

收款人：佛山宏远

金　额：56500.00

用　途：货款

单位主管：谢琪　　会计：崔俊

图 5－7　转账支票存根（1）

中国农业银行
转账支票存根

浙江莱织华印刷有限公司·2011年印制

附加信息

支付货运款

出票日期：2023年6月11日

收款人：佛山宏远

金　额：1090.00

用　途：运费

单位主管：谢琪　　会计：崔俊

图 5－8　转账支票存根（2）

表 5－30

记账凭证

记字第 056 号

2023年06月12日

附件 5 张

| 摘　要 | 总账科目 | 明细科目 | 借方金额 | | | | | | | | | | | 记账符号 | 贷方金额 | | | | | | | | | | | 记账符号 |
|---|---|---|---|---|---|---|---|---|---|---|---|---|---|---|---|---|---|---|---|---|---|---|---|---|---|---|
| | | | 亿 | 千 | 百 | 十 | 万 | 千 | 百 | 十 | 元 | 角 | 分 | | 亿 | 千 | 百 | 十 | 万 | 千 | 百 | 十 | 元 | 角 | 分 | |
| 购入铣床 | 固定资产 | 铣床 | | | | | 5 | 1 | 0 | 0 | 0 | 0 | 0 | □ | | | | | | | | | | | | □ |
| | 应交税费 | 应交增值税（进项税额） | | | | | | 6 | 5 | 9 | 0 | 0 | 0 | □ | | | | | | | | | | | | □ |
| | 银行存款 | | | | | | | | | | | | | □ | | | | | 5 | 7 | 5 | 9 | 0 | 0 | 0 | □ |
| | | | | | | | | | | | | | | □ | | | | | | | | | | | | □ |
| | | | | | | | | | | | | | | □ | | | | | | | | | | | | □ |
| 结算方式及票号：支票 | | 合　计 | | | | ¥ | 5 | 7 | 5 | 9 | 0 | 0 | 0 | □ | | | | ¥ | 5 | 7 | 5 | 9 | 0 | 0 | 0 | □ |

科兴财会

会计主管：谢琪　　记账：崔俊　　复核：陈冬梅　　制证：李红

## 业务办理 2　对外投资业务的核算

**【引例分析 5－10】**

企业从证券市场购入股票，并且持有目的是在短期内获利出售，此类对外投资的股票属于以公允价值计量且其变动计入当期损益的金融资产，需要设置交易性金融资产账户进行核算。该账户只核算购买“交易性金融资产”的成本。为获得交易性金融资产发生的交易费用，直接借记“投资收益”账户。如果购买的股票含有已宣告而未发放的股利，应从投资支出中单列记入“应收股利”账户；如果购买的债券含有应收取而未收取的利息，应从投资支出中单列记入“应收利息”账户。因为应收股利和应收利息不是投资成本，而是投资时垫付的支出，当被投资企业发放股利和支付利息时即可收回，实际收到时，借记“银行存款”账户，贷记“应收股利”或者“应收利息”账户。在交易性金融资产下分别设置成本、公允价值变动明细账进行核算。出售交易性金融资产时，按实际收到的价款借记“银行存款”账户，贷记“交易性金融资产——成本”“交易性金融资产——公允价值变动”账户，将其差额借记或者贷记“投资收益”账户。

视频：盘点 2020 年金融圈暴雷大事件

由于电子技术的发展与应用，我国沪深股市股票的发行和交易都借助于电子计算机及电子通信系统进行，上市股票的日常交易已实现了无纸化，股票仅仅是由电子计算机系统管理的一组组二进制数字而已，所以股票交易可以在网上证券交易营业厅进行。

## 操作指导

根据【项目引例】业务 5－7 可知：

**步骤 1：** 2023 年 10 月 12 日，出纳根据会议文件，在上海证券交易市场网上营业厅购入“南山铝业”100 万股，会计根据会议文件及电子凭证（见表 5－31），编制记账凭证（见表 5－32）。

**表 5－31**　　证券交易明细表　　金额单位：元

| 证券名称 | 操作 | 成交数量（股） | 成交编号 | 成交均价 | 成交金额 | 余额 | 发生金额 | 手续费 | 其他杂费 |
|---|---|---|---|---|---|---|---|---|---|
| 南山铝业 | 证券买入 | 1000000 | 956832 | 2.66 | 2 660 000.00 | 200 | –2 660 000.00 | 20 000.00 | — |

**表 5－32**　　记账凭证

记字第 066 号
附件 2 张

2023年10月12日

科兴财会

| 摘　　要 | 总账科目 | 明细科目 | 借方金额 | | | | | | | | | | | 记账符号 | 贷方金额 | | | | | | | | | | | 记账符号 |
|---|---|---|---|---|---|---|---|---|---|---|---|---|---|---|---|---|---|---|---|---|---|---|---|---|---|---|
| | | | 亿 | 千 | 百 | 十 | 万 | 千 | 百 | 十 | 元 | 角 | 分 | | 亿 | 千 | 百 | 十 | 万 | 千 | 百 | 十 | 元 | 角 | 分 | |
| 购入股票100万股 | 交易性金融资产 | 南山铝业（成本） | | | 2 | 6 | 6 | 0 | 0 | 0 | 0 | 0 | 0 | ☐ | | | | | | | | | | | | ☐ |
| | 应收股利 | 南山铝业 | | | | 2 | 6 | 0 | 0 | 0 | 0 | 0 | 0 | ☐ | | | | | | | | | | | | ☐ |
| | 投资收益 | 南山铝业 | | | | | 2 | 0 | 0 | 0 | 0 | 0 | 0 | ☐ | | | | | | | | | | | | ☐ |
| | 银行存款 | | | | | | | | | | | | | ☐ | | | 2 | 9 | 4 | 0 | 0 | 0 | 0 | 0 | 0 | ☐ |
| | | | | | | | | | | | | | | ☐ | | | | | | | | | | | | ☐ |
| 结算方式及票号： | | 合　计 | | ¥ | 2 | 9 | 4 | 0 | 0 | 0 | 0 | 0 | 0 | ☐ | | ¥ | 2 | 9 | 4 | 0 | 0 | 0 | 0 | 0 | 0 | ☐ |

会计主管：谢琪　　记账：崔俊　　复核：陈冬梅　　制证：李红

**步骤 2：** 2023 年 12 月 31 日为报表编制日，当天公司所持有的南山铝业的股票市值 318 万元，股票价格从 266 万元增加到 318 万元，增加了 52 万元。会计编制记账凭证，记录股票价格的变动（见表 5－33）。

**表 5－33**　　记账凭证

记字第 121 号
附件 1 张

2023年12月31日

科兴财会

| 摘　　要 | 总账科目 | 明细科目 | 借方金额 | | | | | | | | | | | 记账符号 | 贷方金额 | | | | | | | | | | | 记账符号 |
|---|---|---|---|---|---|---|---|---|---|---|---|---|---|---|---|---|---|---|---|---|---|---|---|---|---|---|
| | | | 亿 | 千 | 百 | 十 | 万 | 千 | 百 | 十 | 元 | 角 | 分 | | 亿 | 千 | 百 | 十 | 万 | 千 | 百 | 十 | 元 | 角 | 分 | |
| 交易性金融资产 | 交易性金融资产 | 公允价值变动 | | | | 5 | 2 | 0 | 0 | 0 | 0 | 0 | 0 | ☑ | | | | | | | | | | | | ☐ |
| 公允价值变动 | 公允价值变动损益 | 南山铝业 | | | | | | | | | | | | ☐ | | | | 5 | 2 | 0 | 0 | 0 | 0 | 0 | 0 | ☑ |
| | | | | | | | | | | | | | | ☐ | | | | | | | | | | | | ☐ |
| | | | | | | | | | | | | | | ☐ | | | | | | | | | | | | ☐ |
| | | | | | | | | | | | | | | ☐ | | | | | | | | | | | | ☐ |
| 结算方式及票号： | | 合　计 | | | ¥ | 5 | 2 | 0 | 0 | 0 | 0 | 0 | 0 | ☐ | | | ¥ | 5 | 2 | 0 | 0 | 0 | 0 | 0 | 0 | ☐ |

会计主管：谢琪　　记账：崔俊　　复核：陈冬梅　　制证：李红

**步骤3**：永隆机电设备有限责任公司于2024年1月29日收到现金红利26万元。会计编制记账凭证（见表5－34）。

**表5－34**

**记账凭证**

记字第142号
附件1张

2024年01月29日

| 摘要 | 总账科目 | 明细科目 | 借方金额（亿千百十万千百十元角分） | 记账符号 | 贷方金额（亿千百十万千百十元角分） | 记账符号 |
|---|---|---|---|---|---|---|
| 收到南山铝业发放的股票利息 | 银行存款 | | 2600000 | ☑ | | ☐ |
| | 应收股利 | 南山铝业 | | ☐ | 2600000 | ☑ |
| | | | | ☐ | | ☐ |
| | | | | ☐ | | ☐ |
| | | | | ☐ | | ☐ |
| 结算方式及票号： | | 合计 | ¥2600000 | ☐ | ¥2600000 | ☐ |

科兴财会

会计主管：谢琪　　记账：崔俊　　复核：陈冬梅　　制证：李红

**步骤4**：2024年8月20日，永隆机电设备有限责任公司出售所有南山铝业的股票，获得现金收入335万元。永隆机电设备有限责任公司的款项已经存入银行账户。会计编制记账凭证（见表5－35）。

**表5－35**

**记账凭证**

记字第63号
附件1张

2024年08月20日

| 摘要 | 总账科目 | 明细科目 | 借方金额（亿千百十万千百十元角分） | 记账符号 | 贷方金额（亿千百十万千百十元角分） | 记账符号 |
|---|---|---|---|---|---|---|
| 出售南山铝业股票 | 银行存款 | | 33500000 | ☑ | | ☐ |
| | 交易性金融资产 | 南山铝业（成本） | | ☐ | 266000000 | ☑ |
| | 交易性金融资产 | 公允价值变动 | | ☐ | 52000000 | ☑ |
| | 投资收益 | | | ☐ | 17000000 | ☑ |
| | | | | ☐ | | ☐ |
| 结算方式及票号： | | 合计 | ¥33500000 | ☐ | ¥335000000 | ☐ |

科兴财会

会计主管：谢琪　　记账：崔俊　　复核：陈冬梅　　制证：李红

**步骤5**：2024年8月20日，永隆机电设备有限责任公司就出售所有南山铝业的股票，结转南山铝业股票相关公允价值变动损益到投资收益账户。会计编制记账凭证（见表5－36）。

**表5－36**

**记账凭证**

记字第64号
附件1张

2024年08月20日

| 摘要 | 总账科目 | 明细科目 | 借方金额（亿千百十万千百十元角分） | 记账符号 | 贷方金额（亿千百十万千百十元角分） | 记账符号 |
|---|---|---|---|---|---|---|
| 结转南山铝业股票 | 公允价值变动损益 | 南山铝业 | 52000000 | ☑ | | ☐ |
| 公允价值变动损益 | 投资收益 | 南山铝业 | | ☐ | 52000000 | ☑ |
| | | | | ☐ | | ☐ |
| | | | | ☐ | | ☐ |
| | | | | ☐ | | ☐ |
| 结算方式及票号： | | 合计 | ¥52000000 | ☐ | ¥52000000 | ☐ |

科兴财会

会计主管：谢琪　　记账：崔俊　　复核：陈冬梅　　制证：李红

## 任务训练

### 一、单项选择题

1. 202×年某企业取得债券投资利息收入15万元，其中国债利息收入5万元，全年税前利润总额为150万元，所得税税率为25%，不考虑其他因素，2020年该企业的净利润为（　　）万元。

A. 112.5　　B. 108.75　　C. 116.75　　D. 111.25

2. 下列各项中，不影响企业当期营业利润的是（　　）。

A. 销售原材料取得的收入

B. 资产负债表日持有交易性金融资产的公允价值变动

C. 无法查明原因的现金溢余

D. 资产负债表日计提的存货跌价准备

3. 下列各项中，不属于利润表中利润总额项目核算内容的是（　　）。

A. 确认的资产减值损失　　B. 无法查明原因的现金溢余

C. 确认的所得税费用　　D. 收到政府补助确认的其他收益

4. 下列各项中，不应计入营业外收入的是（　　）。

A. 债务重组利得　　B. 毁损固定资产净收益

C. 收支差错造成的存货盘盈　　D. 确实无法支付的应付账款

5. 下列各项中，应计入营业外支出的是（　　）。

A. 合同违约金　　B. 法律诉讼费

C. 出租无形资产的摊销额　　D. 广告宣传费

6. 下列各项中，企业不应通过营业外支出账户核算的是（　　）。

A. 公益性捐赠支出　　B. 违反合同的违约金

C. 毁损固定资产净损失　　D. 无法查明原因的现金短缺损失

7. 某企业202×年度实现利润总额1 350万元，适用的所得税税率为25%，本年度该企业取得国债利息收入150万元，发生税收滞纳金4万元，不考虑其他因素，该企业202×年度利润表所得税费用项目本期余额为（　　）万元。

A. 338.5　　B. 301　　C. 374　　D. 337.5

8. 下列关于本年利润结转方法的表述中，正确的是（　　）。

A. 采用表结法，增加"本年利润"账户的结转环节和工作量

B. 采用表结法，每月月末应将各损益类账户的余额结转入"本年利润"账户

C. 采用账结法，每月月末应将各损益类账户的余额结转入"本年利润"账户，月末应将各损益类账户的余额结转入"本年利润"账户

D. 采用账结法，减少"本年利润"账户的结转环节和工作量

9. 甲公司202×年7月1日购入乙公司202×年1月1日发行的债券，支付价款为2 100万元（含已到付息期但尚未领取的债券利息40万元），另支付交易费用15万元（不考虑增值税）。该债券面值为2 000万元。票面年利率为4%（票面利率等于实际利率），每半年付息一次，甲公司将其划分为交易性金融资产。不考虑其他因素，甲公司202×年度该项交易性金融资产应确认的投资收益为（　　）万元。

A. 25　　B. 40　　C. 65　　D. 80

10. 甲公司 20×1 年利润总额为 100 万元，适用所得税税率 25%，20×0 年发生亏损 50 万元，当年无任何纳税调整事项，该公司按 10% 提取法定盈余公积，则当年甲公司应计提的法定盈余公积为（　　）万元。

A. 10　　B. 3.75　　C. 2.5　　D. 5

**二、多项选择题**

1. 下列各项中，影响企业营业利润的有（　　）。

A. 销售商品发生的广告费　　B. 出售包装物取得的收入

C. 出售固定资产的净损失　　D. 确认的固定资产减值损失

2. 下列各项中，影响企业当期营业利润的有（　　）。

A. 固定资产减值损失　　B. 销售商品收入

C. 交易性金融资产公允价值变动收益　　D. 所得税费用

3. 下列关于结转本年利润账结法的表述中，正确的有（　　）。

A. “本年利润”账户，本年余额反映本年累计实现的净利润或发生的亏损

B. 各月均可通用“本年利润”账户提供当月及本年累计的利润或亏损额

C. 年末时需将各损益类科目的全年累计余额结转入“本年利润”账户

D. 每月月末各损益类账户，需将本月的余额结转入“本年利润”账户

4. 下列各项中，应列入利润表营业成本项目的有（　　）。

A. 销售商品的成本　　B. 出租非专利技术的摊销额

C. 销售材料的成本　　D. 以经营租赁方式出租设备计提的折旧额

5. 企业发生的下列交易或事项中，不会直接影响营业利润的有（　　）。

A. 诉讼费　　B. 计提的坏账准备

C. 进口环节缴纳的关税　　D. 固定资产盘亏

6. 出售交易性金融资产时，下列账务处理正确的有（　　）。

A. 贷记或借记“交易性金融资产——公允价值变动”账户

B. 借记或贷记“投资收益”账户

C. 借记“其他货币资金”账户

D. 按交易性金融资产的成本，贷记“交易性金融资产——成本”账户

7. 下列各项中，影响利润表“所得税费用”项目金额的有（　　）。

A. 递延所得税收益　　B. 递延所得税费用

C. 当期应交所得税　　D. 代扣代缴的个人所得税

8. 企业下列账户中，期末余额应结转到“本年利润”账户的有（　　）。

A. 所得税费用　　B. 投资收益

C. 资产减值损失　　D. 公允价值变动损益

9. 下列项目中，属于营业外支出的有（　　）。

A. 捐赠支出　　B. 非正常损失

C. 非流动资产毁损报废损失　　D. 无形资产处置损失

10. 下列项目的期末余额一定为零的有（　　）。

A. 公允价值变动损益　　B. 其他综合收益

C. 资产处置损益　　D. 信用减值损失

**三、判断题**

1. 费用包括成本费用和期间费用，成本费用计入有关核算对象的成本，而期间费用直接计入当前损益。(　　)

2. 企业需在每月月末将本年利润的余额结转至利润分配。(　　)

3. 账结法下，各损益类账户每月月末只需结出本月发生额和月末累计数额，不结转到“本年利润”账户。(　　)

4. 月份终了，“本年利润”账户无余额。(　　)

5. 年度终了，“利润分配”账户无余额。(　　)

6. “本年利润”账户余额在借方代表企业亏损，余额在贷方代表企业盈利。(　　)

7. 企业的利润分配，最终一定会引起资金流出企业。(　　)

8. 盈余公积和未分配利润属于留存收益。(　　)

9. 企业年初利润分配——未分配利润账面余额为 2 380 万元，年末将本期已实现的利润 5 000 万元全部转入“未分配利润”账户，至此，本年利润项目的余额为 7 380 万元。(　　)

10. 为了减少所得税费用，企业可以选择使用税前利润补亏。(　　)

**四、业务核算题**

(一) 掌握利润形成业务的会计核算

20×0 年 12 月 31 日，广州多彩文具有限责任公司所有收入与费用类账户余额如表 5-37 所示，请完成以下业务处理：

(1) 请使用表结法将该公司的收入、费用结转到“本年利润”账户；

(2) 请计算本期应缴纳的企业所得税（企业利润与税务利润一致），并进行账务处理；

(3) 结转企业本期所得税费用。

**表 5-37　　广州多彩文具有限责任公司总分类账户余额试算平衡表（部分）**

20×0 年 12 月　　单位：元

| 会计科目 | 借方余额 | 贷方余额 |
|---|---|---|
| 主营业务收入 | | 3 000 000 |
| 其他业务收入 | | 600 000 |
| 投资收益 | | 620 000 |
| 营业外收入 | | 280 000 |
| 公允价值变动损益 | | 500 000 |
| 主营业务成本 | 1 800 000 | |
| 其他业务成本 | 200 000 | |
| 税金及附加 | 120 000 | |
| 销售费用 | 200 000 | |
| 管理费用 | 500 000 | |
| 营业外支出 | 60 000 | |

续表

| 会计科目 | 借方余额 | 贷方余额 |
|---|---|---|
| 财务费用 | 80 000 | |
| 资产减值损失 | 300 000 | |
| 资产处置损益 | -260 000 | |

（二）掌握利润分配业务的会计核算

承接业务核算题（一）的资料，该公司实收资本为 1 000 万元，20×0 年年末未进行本年度利润分配之前的未分配利润为贷方余额 800 万元，20×0 年实现净利润 200 万元。

20×1 年 2 月 18 日，公司公布利润分配方案：按 20×0 年实现净利润的 10% 提取法定盈余公积，按 5% 提取任意盈余公积，同时向公司的投资者分配利润 50 万元。

20×1 年 3 月 20 日，以银行存款支付了应付利润。

请根据以上业务，进行账务处理。

## 学习评价

**专业能力测评表**

（在□中打√，A 掌握，B 基本掌握，C 未掌握）

| 业务能力 | 评价指标 | 自测结果 | 要求 |
|---|---|---|---|
| 理解利润形成的过程 | 1. 理解利润形成及资金退出<br>2. 熟悉企业所得税<br>3. 掌握应纳税所得的公式<br>4. 纳税调整的内容 | □A □B □C<br>□A □B □C<br>□A □B □C<br>□A □B □C | 了解利润的形成过程，了解企业所得税的基本内容 |
| 办理利润形成业务的核算 | 1. 利润的类型<br>2. 利润形成的过程<br>3. 核算利润总额<br>4. 计提所得税费用<br>5. 核算净利润 | □A □B □C<br>□A □B □C<br>□A □B □C<br>□A □B □C<br>□A □B □C | 能根据给定的账户发生额进行利润总额、所得税和净利润的计算及账务处理 |
| 办理利润分配业务的核算 | 1. 利润分配的程序<br>2. 计提盈余公积<br>3. 向投资者分配利润<br>4. 结转已分配的利润 | □A □B □C<br>□A □B □C<br>□A □B □C<br>□A □B □C | 能对利润分配事项进行分析计算，并进行账务处理 |
| 教师评语： | | | |
| 成绩： | | 教师签字： | |

项目六

# 编制财务报表

## 学习目标

**知识学习目标：**

◆ 了解账务处理程序的意义和种类

◆ 掌握记账凭证、汇总记账凭证及科目汇总表账务处理程序的优缺点及适用范围

◆ 理解资产负债表、利润表以及现金流量表的概念、意义及编制原理

◆ 重点掌握资产负债表、利润表和现金流量表的结构和编制方法

**技能训练目标：**

◆ 能够合理选择各种账务处理程序编制科目汇总表

◆ 能够描述资产负债表编制的内容和方法，编制简单的资产负债表

◆ 能够描述利润表编制的内容和方法，编制简单的利润表

◆ 能够描述现金流量表编制的内容和方法，编制简单的现金流量表

**课程思政目标：**

◆ 了解财务造假要承担的法律责任，树立诚信守法的观念

◆ 编制财务报告，培养细致专心、精益求精的工匠精神

## 思政导图

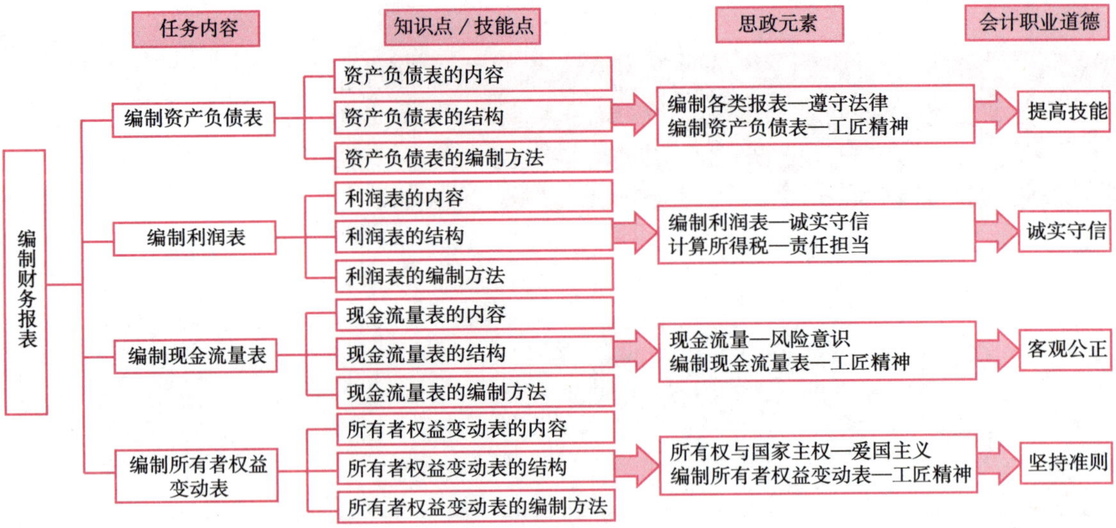


## 项目引例

华兴公司采用科目汇总表账务处理程序。该公司2023年5月份的有关资料如下：

（1）2023年5月1日，各总分类账的余额如表6－1所示。

**表6－1　　华兴公司总分类账户余额表**

2023年5月1日　　单位：元

| 账户名称 | 借方金额 | 账户名称 | 贷方金额 |
|---|---|---|---|
| 库存现金 | 5 600 | 累计折旧 | 400 000 |
| 银行存款 | 150 000 | 短期借款 | 100 000 |
| 应收账款 | 40 000 | 应付利息 | 3 600 |
| 其他应收款 | 3 000 | 应付职工薪酬 | 200 000 |
| 原材料 | 801 000 | 实收资本 | 1 700 000 |
| 库存商品 | 230 000 | 资本公积 | 646 000 |
| 固定资产 | 2 000 000 | 盈余公积 | 80 000 |
| 利润分配 | 200 000 | 本年利润 | 300 000 |
| 合计 | 3 429 600 | 合计 | 3 429 600 |

有关明细分类账户余额如下：

应收账款——前进公司　　20 000元（借方）

应收账款——宏达公司　　10 000元（借方）

应收账款——凯利公司　　10 000元（借方）

原材料——甲材料　结存2 000千克　单价150元/千克　金额300 000元

原材料——乙材料　结存5 000千克　单价100元/千克　金额500 000元

原材料——丙材料 结存 50 千克 单价 20 元/千克 金额 1 000 元

库存商品——A 产品 结存 300 件 单价 500 元/件 金额 150 000 元

库存商品——B 产品 结存 100 件 单价 800 元/件 金额 80 000 元

(2) 5 月份发生了下列经济业务:

**业务 6 -1**: 5 月 1 日，从光明公司购入甲材料 1 000 千克，不含税每千克单价 149.5 元，增值税进项税额为 19 435 元，材料尚在途中，货款及增值税尚未支付。

**业务 6 -2**: 5 月 3 日，从永嘉公司购入乙材料 1 000 千克，不含税单价 99.5 元/千克，增值税进项税额 12 935 元，材料尚在运输途中，货款及增值税均已用银行存款支付。

**业务 6 -3**: 5 月 4 日，以银行存款支付上述材料的运费 1 000 元，其中甲材料 500 元，乙材料 500 元。

**业务 6 -4**: 5 月 5 日，业务员李强出差预借差旅费 1 000 元，以现金支付。

**业务 6 -5**: 5 月 6 日，业务 6 -1 和业务 6 -3 的甲、乙材料均已完成采购过程，全部验收入库，结转实际采购成本。

**业务 6 -6**: 5 月 7 日，售给泰兴公司 A 产品 300 件，不含税单价为 1 000 元/件，适用的增值税税率为 13%，款项存入银行。

**业务 6 -7**: 5 月 9 日，以银行存款支付本月产品广告费 3 000 元。

**业务 6 -8**: 5 月 10 日，领用甲材料 2 200 千克，计 330 000 元，乙材料 3 500 千克，计 350 000 元。其中，生产 A 产品耗用 287 120 元，生产 B 产品耗用 329 900 元，车间维修耗用 60 000 元，行政管理部门消耗 2 980 元。

**业务 6 -9**: 5 月 11 日，售给嘉宝公司 B 产品 100 件，不含税单价为 1 500 元/件，款项已存入银行。

**业务 6 -10**: 5 月 15 日，从银行提取现金 200 000 元，备发工资。

**业务 6 -11**: 5 月 15 日，以现金 200 000 元发放上月工资。

**业务 6 -12**: 5 月 16 日，企业出售已不需用的丙材料一批 50 千克，售价 20 元/千克，适用增值税税率 13%，计 130 元，款项已收到存入银行；同时结转已售丙材料的实际成本。

**业务 6 -13**: 5 月 16 日，通过政府有关部门以银行存款向贫困山区小学捐款 3 000 元。

**业务 6 -14**: 5 月 17 日，收到银行通知，收到宏达公司前欠货款 10 000 元，并同时收到逾期付款的滞纳金 200 元。

**业务 6 -15**: 5 月 20 日，行政部门从电脑城新购联想电脑一台，买价为 4 500 元，增值税税率 13%，计 585 元，款项已通过银行存款支付。

**业务 6 -16**: 5 月 31 日，从银行借入 3 年期长期借款 500 000 元，用于扩大生产，款项已存入银行。

**业务 6 -17**: 5 月 31 日，分配结转本月职工工资 295 000 元，其中，生产 A 产品工人工资 120 000 元，生产 B 产品工人工资 150 000 元，车间管理人员工资10 000元，公司行政管理人员工资10 000元，销售部门人员工资5 000元。

**业务6－18：** 5月31日，按工资总额的14%计提集体职工福利费。

**业务6－19：** 5月31日，计提本月固定资产折旧150 000元，其中生产车间固定资产计提折旧99 780元，行政管理部门计提折旧50 220元。

**业务6－20：** 5月31日，职工刘伟报销差旅费500元，以现金付讫。

**业务6－21：** 5月31日，计算应由本月负担的借款利息800元。

**业务6－22：** 5月31日，根据甲、乙产品生产工人工资比例，分配本月发生的制造费用。

**业务6－23：** 5月31日，本月投产的A产品1 000件，B产品745件，全部完工入库，结转其生产成本。

**业务6－24：** 5月31日，结转本月已售产品的生产成本230 000元，其中A产品150 000元，B产品80 000元。

**业务6－25：** 5月31日，计提本月应交城市维护建设税1 050元，教育费附加450元。

**业务6－26：** 5月31日，将损益类账户余额结转至“本年利润”账户。

**业务6－27：** 5月31日，按应纳税所得额的25%计算应交所得税，并结转所得税。

**业务6－28：** 5月31日，按税后利润的10%提取盈余公积；按税后利润的10%计算应付投资者利润。

公司材料采购采用实际成本法核算，黄建明作为公司的会计，需要根据每个月发生的业务做会计核算，并于月末终了，编制资产负债表、利润表和现金流量表。

**【引例分析6－1】**

## 操作指导

要核算企业发生的业务，公司的会计黄建明需要了解企业的组织形式、股东构成、规模、主营业务等资料，收齐企业发生业务的原始凭证，并对凭证进行审核，之后再根据《企业会计准则》的规定，准确做出会计分录，编制记账凭证，登记总分类账和明细分类账。

要编制会计报表，需要了解公司的账务处理程序，了解资产负债表、利润表和现金流量表的内容、结构和编制方法。

账务处理程序决定了公司会计核算的组织程序，会计报表综合反映了企业在一定日期或时期的财务状况、经营成果以及现金流量增减变动情况，相当于企业的体检表。

## 项目综合知识

账务处理程序也称会计核算形式或会计核算组织程序，是指账簿组织、记账程序和记账方法有机结合的方式。账簿组织是指账簿的种类、格式和各种账簿之间的相互关系；记账程序和记账方法是指从凭证的整理、填制，账簿的登记到编制会计报表的步骤和方法。不同的账簿组织、记账程序和记账方法相互结合在一起，就构成了不同的账务处理程序。目前各企业手工记账方式下采用的账务处理程序主要有：记账凭证账务处理程序、汇总记账凭证账务处理程序、科目汇总表账务处理程序、多栏式日记账账务处理程序、日记总账账务处理程序。各种账务处理程序的区别在于登记总账的依据和方法不同。

视频：财务报表与财务思维

21 世纪初开始，会计电算化得到了长足的发展，在传统账务处理程序的基础上产生了许多会计电算化软件，赋予了账务处理程序新的内容。当然，当企业实行会计电算化后，也就不存在会计核算形式的选择问题。

最近两年更是出现了财务机器人，账务处理的过程变得自动化和智能化，人们只需要把原始凭证扫描到机器人软件中，财务机器人便可以完成编制记账凭证、登记明细账和总账、结转损益、编制科目汇总表和编制会计报表的整个账务处理程序。也可以实时进行诸如汇总记账凭证、科目汇总表、各种明细账、总账以及成本核算报表、账务报表等的查询。

为了让大家清楚会计核算过程中的信息传递与汇总，下面介绍常用的三种账务处理程序。

## 一、记账凭证账务处理程序

### （一）记账凭证账务处理程序的概念和特点

记账凭证账务处理程序是根据记账凭证，直接逐笔登记总分类账的一种账务处理程序。它是一种最基本的账务处理程序，是其他各种账务处理程序产生和演变的基础。

这种会计核算形式的特点是记账凭证无须通过汇总，而是直接逐笔登记总分类账。

微课：账务处理程序

### （二）记账凭证账务处理程序下记账凭证和账簿的设置

1. 记账凭证的设置

记账凭证可选择通用格式的，也可以选择收款、付款、转账等专用记账凭证格式。

2. 账簿格式及相应账页格式

需要设置的账簿有：库存现金日记账、银行存款日记账、总分类账和明细分类账。

各种账页的格式具体为：总分类账和库存现金日记账，银行存款日记账一般采用三栏式；明细分类账应根据管理需要，按不同的经济业务采用三栏式、数量金额式或多栏式。

### （三）记账凭证账务处理的程序及其工作流程

（1）制单会计根据原始凭证或原始凭证汇总表，编制收款凭证、付款凭证和转账凭证或通用的记账凭证。

（2）出纳根据审核后的收款凭证、付款凭证及所附原始凭证或根据通用的记账凭证，逐笔顺序登记库存现金日记账和银行存款日记账。

（3）会计根据审核后的原始凭证或原始凭证汇总表及所编制的记账凭证（或收款凭证、付款凭证、转账凭证）逐笔登记明细分类账。

（4）会计主管根据审核后的收款凭证、付款凭证和转账凭证或通用的记账凭证逐笔登记各总分类账。

（5）按照对账的要求，会计主管与出纳和会计定期将总分类账与日记账，总分类账与明细分类账相核对。

（6）月末，会计主管根据总分类账和明细分类账及其他有关资料按照一定的要求和方法编制会计报表。

记账凭证账务处理程序流程如图 6－1 所示。

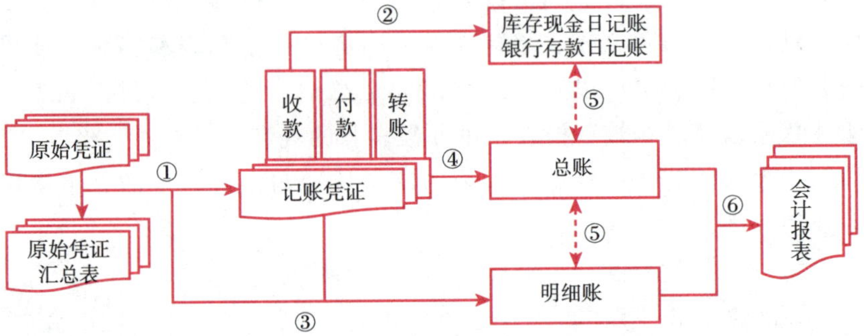


**图 6－1 记账凭证核算程序的具体工作步骤**

说明：

→ 表示填制凭证、过账和编表。

←---→ 表示账账核对。

### （四）记账凭证账务处理程序的优缺点及适用范围

记账凭证账务处理程序的优点是简单明了、易于掌握。总账对全部经济业务起到序时记录的作用，便于查账。但是，由于总分类账直接根据记账凭证逐笔登记，登记总分类账的工作量较大，因此这种会计核算程序一般只适用于规模小，业务量少的单位。

## 二、汇总记账凭证账务处理程序

### （一）汇总记账凭证账务处理程序的概念和特点

汇总记账凭证账务处理程序是根据汇总记账凭证登记总分类账的一种账务处理程序。

在汇总记账凭证核算程序下，凭证和账簿的设置与记账凭证核算程序基本相同，只是需定期根据记账凭证编制汇总记账凭证（汇总收款凭证、汇总付款凭证、汇总转账凭证），作为登记总分类账的依据。汇总时间应根据业务量的大小确定，一般为 5 天、10 天或 15 天汇总一次。

## （二）汇总记账凭证账务处理程序下记账凭证和账簿的设置

1. 记账凭证的设置

记账凭证应选择收款、付款、转账等专用记账凭证，以便于汇总使用；还应设置汇总记账凭证、汇总付款凭证和汇总转账凭证作为登记总账的直接依据；各种汇总记账凭证中，都要求反映账户的对应关系。

2. 账簿格式及相应账页格式

需要设置的账簿与记账凭证核算形式相同。

需要设置的账簿有：库存现金日记账、银行存款日记账、总分类账和明细分类账。

各种账页的格式具体为：总分类账和库存现金日记账、银行存款日记账一般采用三栏式；明细分类账应根据管理需要，按不同的经济业务采用三栏式、数量金额式或多栏式。

## （三）汇总记账凭证的编制方法

汇总记账凭证分为汇总收款凭证、汇总付款凭证和汇总转账凭证三种，它们分别是根据收款凭证、付款凭证和转账凭证进行汇总编制。

汇总记账凭证的汇总期限不应超过 10 天，一般为 5 天或 10 天汇总填列一次，每月至少汇总三次。每种汇总记账凭证每月编制一张，月终算出合计数，以便于据以登记总账。

1. 汇总收款凭证的编制方法和登账方法

汇总收款凭证是反映库存现金和银行存款收入业务的汇总记账凭证，定期根据收款凭证汇总编制，按“库存现金”和“银行存款”科目的借方分别设置，按其对应的贷方科目分设专栏。

定期按贷方对应科目归类汇总，月末结出合计数，据以登记总账。在按汇总收款凭证的合计数登记银行存款和库存现金总账的同时，将其对应账户的合计数，登记在各对应账户的总分类账中。对于库存现金和银行存款之间相互划转的业务，如从银行提现和将现金存入银行的业务，分别在其相应的汇总付款凭证中加以汇总，并以此计入库存现金、银行存款总账。汇总收款凭证的格式如表 6－2 所示。

**表 6－2**　　汇总收款凭证

借方科目：银行存款　　年　月　　汇收第　号

| 贷方科目 | 金额 | | | |
|---|---|---|---|---|
| | 1～10 日收款凭证第 号至第 号 | 11～20 日收款凭证第 号至第 号 | 21～31 日收款凭证第 号至第 号 | 合计 |
| 主营业务收入 | | | | |
| 长期借款 | | | | |
| 实收资本 | | | | |
| 合计 | | | | |

2. 汇总付款凭证的编制方法和登账方法

汇总付款凭证是反映库存现金和银行存款付出业务的汇总记账凭证，定期根据付款凭证汇总编制，按“库存现金”和“银行存款”科目的贷方设置，按其对应的借方科目分设专栏。

定期按借方对应科目归类汇总，月末结出合计数，据以登记总账。在按汇总付款凭证的合计数登记银行存款和库存现金总账的同时，将其对应账户的合计数，登记在各对应账户的总分类账中。汇总付款凭证的格式如表6－3所示。

**表6－3** **汇总付款凭证**

贷方科目：银行存款　　　　年　月　　　　汇付第　　号

| 借方科目 | 金额 | | | |
|---|---|---|---|---|
| | 1～10日付款凭证第　号至第　号 | 11～20日付款凭证第　号至第　号 | 21～31日付款凭证第　号至第　号 | 合计 |
| 原材料 | | | | |
| 应交税费 | | | | |
| 库存现金 | | | | |
| 固定资产 | | | | |
| 合计 | | | | |

3. 汇总转账凭证的编制方法和登账方法

汇总转账凭证是反映不涉及库存现金和银行存款收付的转账业务的汇总记账凭证，定期根据转账凭证汇总编制。为了避免重复，一般按转账凭证的每一贷方科目分别设置，并根据转账凭证相对应的借方科目分设专栏。

定期按借方对应科目归类汇总，月末结出合计数，据以登记总账。由于汇总转账凭证上的科目对应关系是一个贷方科目与一个或几个借方科目相对应。所以，在汇总记账凭证账务处理程序下，为了便于编制汇总转账凭证，要求所有转账凭证应按一个贷方科目与一个或几个借方科目相对应来填列，不得填制一个借方科目与几个贷方科目相对应的转账凭证。汇总转账凭证的格式如表6－4所示。

**表6－4** **汇总转账凭证**

贷方科目：　　　　年　月　　　　汇转第　　号

| 借方科目 | 金额 | | | |
|---|---|---|---|---|
| | 1～10日转账凭证第　号至第　号 | 11～20日转账凭证第　号至第　号 | 21～31日转账凭证第　号至第　号 | 合计 |
| | | | | |
| | | | | |
| | | | | |
| | | | | |
| 合计 | | | | |

### （四）汇总记账凭证账务处理的程序及其工作流程

（1）会计人员根据原始凭证或原始凭证汇总表，编制记账凭证（收款凭证、付款凭证、转账凭证）。

（2）出纳根据审核后的收款凭证、付款凭证及所附原始凭证，逐笔按顺序登记库存现金日记账和银行存款日记账。

（3）明细账会计根据审核后的记账凭证（有时需结合原始凭证和原始凭证汇总表）或原始凭证汇总表及所编制的记账凭证（或收款凭证、付款凭证、转账凭证）逐笔登记明细分类账。

（4）汇总会计根据收款凭证、付款凭证、转账凭证分别编制汇总收款凭证、汇总付款凭证、汇总转账凭证。

（5）会计主管根据审核后的汇总记账凭证登记总分类账。

（6）按照对账的要求，会计主管与出纳和会计定期将总分类账与日记账、总分类账与明细分类账相核对。

（7）月末，会计主管根据总分类账和明细账资料及其他有关资料按照一定的要求和方法编制会计报表。

汇总记账凭证账务处理程序流程如图6－2所示。

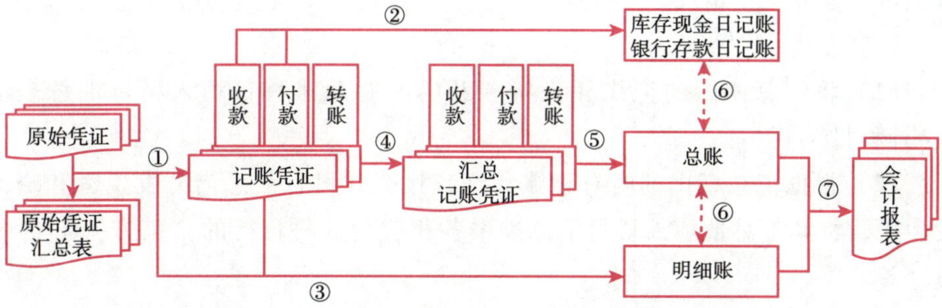


**图6－2　汇总记账凭证核算程序的具体工作步骤**

说明：

→ 表示填制凭证、过账和编表。

←---→ 表示账账核对。

### （五）汇总记账凭证账务处理程序的优缺点及适用范围

汇总记账凭证账务处理程序的优点：将日常发生的大量记账凭证分散于平时整理汇总，期末一次登记入账，减轻了登记总分类账的工作量；由于按照账户对应关系汇总编制记账凭证，便于了解账户之间的对应关系。缺点：按每一贷方科目编制汇总转账凭证，不利于会计核算的日常分工，不能完整反映一项经济业务的全貌，并且当转账凭证较多时，编制汇总转账凭证的工作量较大；同时在经营规模小，业务量不大的单位，采用这种核算程序时，仍需编制汇总记账凭证，从而增加了账务处理手续。因此，一般适用于规模大、经济业务较多的单位。

## 三、科目汇总表账务处理程序

### （一）科目汇总表账务处理程序的概念和特点

科目汇总表账务处理程序是根据记账凭证定期编制科目汇总表（也称记账凭证汇总表），并据以登记总分类账的一种账务处理程序。其特点是定期将所有记账凭证汇总编制成科目汇总表，然后再根据科目汇总表登记总分类账。科目汇总表账务处理程序是最常用的账务处理程序。

视频：如何编制科目汇总表

### （二）科目汇总表账务处理程序记账凭证和账簿的设置

在科目汇总表账务处理程序下，凭证及账簿的设置与记账凭证账务处理程序基本相同，只是需要根据一定时期内的全部记账凭证按总账科目进行汇总编制科目汇总表，据以计算出每一总账科目的本期借方发生额和贷方发生额，作为登记总分类账的依据。因此，科目汇总表实质上是一种发生额平衡表。

### （三）科目汇总表的编制方法

科目汇总表汇总的时间应根据业务量的多少而定。业务量多的单位，可以每天、每五天或每十天汇总，每汇总一次就编制一张科目汇总表；业务量较少的单位，可以定期进行汇总，但一般不得超过十天，以便及时了解和检查经济业务的发生情况。

编制方法：

（1）将汇总期内的记账凭证所涉及的所有总账科目填入科目汇总表的“会计科目”栏；

（2）根据汇总期内的所有记账凭证，按会计科目汇总借方发生额和贷方发生额，将其汇总数填入科目汇总表中各相应会计科目行的“借方”和“贷方”栏；

（3）加总科目汇总表上每栏的借方发生额和贷方发生额，并分别填入“合计”栏下的“借方”栏和“贷方”栏，借方发生额合计应与贷方发生额合计相等。

### （四）科目汇总表账务处理的程序及流程

（1）制单会计根据原始凭证或原始凭证汇总表，编制各种记账凭证。

（2）出纳根据审核后的收款凭证和付款凭证逐日逐笔登记库存现金日记账和银行存款日记账。

（3）会计根据审核后的原始凭证或原始凭证汇总表及所编制的记账凭证，逐笔登记明细分类账。

（4）会计人员根据审核后的收款凭证、付款凭证和转账凭证或通用记账凭证，每日或定期编制“科目汇总表”。

（5）总账会计根据审核后的“科目汇总表”，每日或定期登记总分类账。

（6）按照对账的要求，总账会计与出纳和明细账会计定期将总分类账和日记账与明细分类账相核对。

（7）期末会计主管根据核对无误的总账和有关明细账和其他有关资料按要求和一定的方法编制会计报表。

科目汇总表账务处理程序流程如图 6－3 所示。

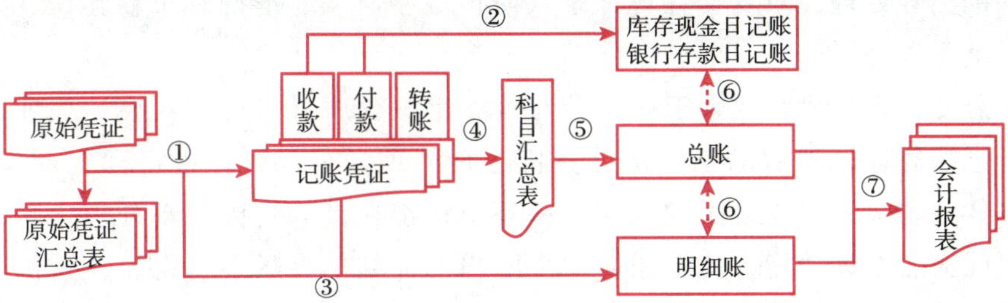


**图 6－3　科目汇总表核算程序的具体工作步骤**

说明：

⟶ 表示填制凭证、过账和编表。

⟷ 表示账账核对。

## （五）科目汇总表账务处理程序的优缺点及适用范围

科目汇总表账务处理程序的优点：根据科目汇总表登记总分类账，大大减少了登记总账的工作量；编制的科目汇总表还可以起到试算平衡的作用，从而保证总账登记的准确性。

缺点：在科目汇总表中和总账中，不能明确反映各账户之间的对应关系，不利于分析和检查经济业务的来龙去脉，不便于查对账目。

这种会计账务处理程序适用于规模大、业务量较多的企业。由于这种核算形式的凭证汇总手续比较简便，所以，我国的工商企业和其他单位较为广泛地运用这种形式。

## 四、会计电算化及财务机器人下的会计核算组织程序

手工会计核算下，会计核算组织程序主要有记账凭证会计核算组织程序、汇总记账凭证会计核算组织程序、科目汇总表会计核算组织程序、多栏式日记账会计核算组织程序四种，流程均为凭证—账簿—报表。会计人员的工作重点是在填制凭证以后的阶段。手工会计核算下要登记账簿直至编制会计报表，必须经过填制凭证、过账、结账、试算平衡、对账等诸多程序。

视频：华为全球结账工作控制指挥中枢

视频：华为文档一哥

会计电算化下，有了计算机辅助数据处理，突破了手工处理手段的局限，会计核算组织程序极大地简化，呈现出以下四方面的特征：第一，纸质会计凭证和电子会计凭证共存。第二，数据获取快捷。计算机具有强大、快速的数据处理功能。计算机对记账凭证库文件进行分类、汇总；对于账户余额，只要保证系统初始化时，输入的初始余额数据正确无误，以后各个会计期的发生额和余额只需要点击鼠标，便可以得到。第三，记账过程虚拟化。所谓的“记账”就是将账前凭证中审核通过的记账凭证，做上过账标识或者另外

形成一个过账后凭证库文件，表明该记账凭证已入账，不允许再对其进行无痕迹修改或作废、删除操作。如果有错误，只能采用类似于手工会计下的红字冲销法，通过输入“更正凭证”予以纠正。第四，账账核对可省略。计算机辅助会计处理，只要会计凭证录入阶段数字真实、准确且审核无误，账账核对就可省略。

总之，计算机替代人工后，会计核算组织程序只需要输入会计凭证形成电子记账凭证，随后的工作由计算机进行处理，企业可轻松得到会计报表。记账凭证和会计报表之间的一切中间环节，都在计算机内自动处理。同时计算机强大的查询功能，使得任何一个账户的详细信息唾手可得。计算机替代人工整个核算组织流程具有高度的连续性、严密性，呈现出一体化趋势，极大地提高了财务会计报表的时效性。

财务机器人问世后，会计账务处理程序进一步智能化，财务人员只需要扫描原始凭证并对计算机获取的原始凭证进行查核，确认正确无误后，财务机器人就可以完成从编制记账凭证到会计报表的全过程，实现会计信息查询实时化。

## 模块一　编制资产负债表

微课：财务报表概述

### 任务描述

能够根据企业的账务处理程序种类，理解资产负债表的意义及编制原理，重点掌握资产负债表的内容、结构和编制方法。

### 业务流程

编制步骤和业务流程如图 6－4 与图 6－5 所示。

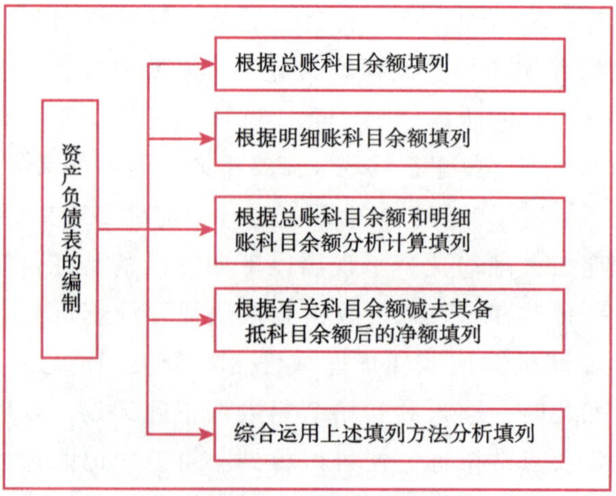


**图 6－4　编制步骤**

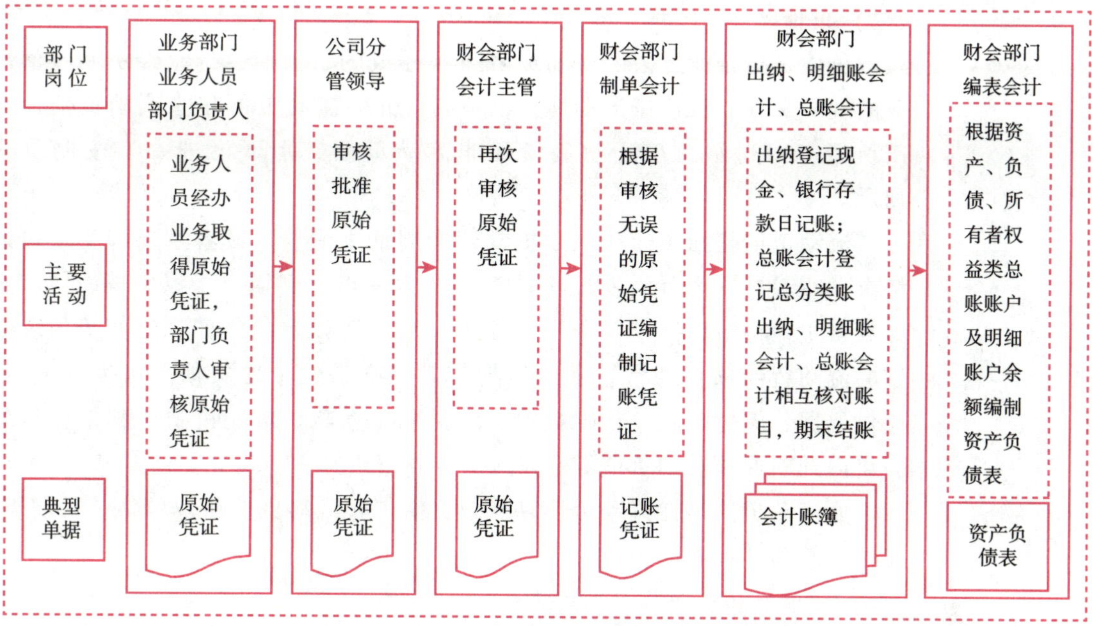


**图 6－5　业务流程图**

## 知识准备

### 一、资产负债表的内容

资产负债表主要反映企业某一特定日期资产、负债和所有者权益三方面的内容，并满足“资产 = 负债 + 所有者权益”平衡式。

#### （一）资产

资产，是指企业由过去的交易或事项形成的、由企业拥有或控制的、预期会给企业带来经济利益的资源。资产按资产流动性大小不同，分为流动资产和非流动资产两大类别，在资产负债表中列示，在流动资产和非流动资产类别下进一步按性质分项列示。

流动资产是指预计在一个正常营业周期中变现、出售或耗用，或者主要为交易目的而持有，或者预计在资产负债表日起一年内（含一年）变现的资产，或者自资产负债表日起一年内交换其他资产或清偿负债的能力不受限制的现金或现金等价物。资产负债表中列示的流动资产项目通常包括：货币资金、交易性金融资产、衍生金融资产、应收票据、应收账款、应收账款融资、预付款项、其他应收款、存货、合同资产、持有待售资产和一年内到期的非流动资产等。

非流动资产是指流动资产以外的资产。资产负债表中列示的非流动资产项目通常包括：债权投资、长期应收款、长期股权投资、其他权益工具投资、投资性房地产、固定资产、在建工程、工程物资、生产性生物资产、无形资产、开发支出、长期待摊费用以及其他非流动资产等。

微课：资产负债表的结构和内容

案例：挖掘资产负债表的方法论价值

案例：资产负债表对公司价值的反映

### （二）负债

负债是指企业过去的交易或者事项形成的、预期会导致经济利益流出企业的现时义务。负债按流动性大小不同，分为流动负债和非流动负债，在资产负债表中列示，在流动负债和非流动负债类别下再进一步按性质分项列示。

流动负债是指预计在一个正常营业周期中清偿，或者主要为交易目的而持有，或者自资产负债表日起一年内（含一年）到期应予以清偿，或者企业无权自主地将清偿推迟至资产负债表日后一年以上的负债。资产负债表中列示的流动负债项目通常包括：短期借款、交易性金融负债、衍生金融负债、应付票据、应付账款、预收款项、应付职工薪酬、应交税费、其他应付款和一年内到期的非流动负债等。

非流动负债是指流动负债以外的负债。非流动负债通常包括：长期借款、应付债券和其他非流动负债等。

### （三）所有者权益

所有者权益是指企业资产扣除负债后由所有者享有的剩余权益。公司的所有者权益又称为股东权益。所有者权益反映企业在某一特定日期股东（投资者）拥有的净资产的总额，它一般按照实收资本、其他权益工具、资本公积、其他综合收益、盈余公积和未分配利润分项列示。

## 二、资产负债表的结构

资产负债表有两种基本格式，即报告式和账户式。

根据我国《企业会计准则》的规定，我国企业的资产负债表采用账户式结构。

账户式资产负债表的基本结构是以“资产 = 负债 + 所有者权益”这一会计平衡公式为理论基础。账户式资产负债表是按照 T 型账户的形式设计资产负债表，将资产列在报表的左方（借方），负债及所有者权益列在报表的右方（贷方），左（借）右（贷）两方总额相等，整张报表反映的是企业持有的各项经济资源及其产权归属的对应关系，无论资金运动处于何种状态，这种平衡的对照关系始终存在。

一个完整的资产负债表是由表首、正表和报表附注三部分组成。

### （一）表首

表首是报表的基本标志，列有资产负债表的名称、报表编号、编制单位、编报日期和计量单位等项目。由于该表是反映企业在某一时点总的财务状况，属于静态报表，所以编报的日期应填写报告期末最后一天的日期，要注明是某年某月某日的报表。

### （二）正表

正表部分是报表的主体，主要反映资产负债表各项目的内容。资产负债表包括资产、负债和所有者权益三个会计要素。资产负债表分为左右两方。各要素按一定的标准进行分类，并按一定的顺序加以排列。

（1）左方。左方为资产项目，主要分为：流动资产、长期性投资、固定资产、无形及递延资产、其他长期资产等。各个资产项目是根据资产变现能力的顺序排列的，也就是说按其流动性的大小排列，流动性大的在先，流动性小的在后。货币资金本身就是可用于支付的库存现金或银行存款，排在首位；以后是变现能力较强，在一年或一个营业周期内可以变现的各种流动资产；而长期投资、固定资产、无形资产及其他等长期资产不容易变为库存现金，排在后面。按变现先后排列资产项目，可以反映企业的支付能力状况，与该表的右方项目联系起来，可以看出企业的偿债能力。

（2）右方。右方为负债及所有者权益项目，主要包括流动负债、长期负债、递延所得税款负债以及所有者权益。右方是按照清偿时间的先后顺序排列的。也就是说负债按照其到期日的远近排列，到期日近的在前，到期日远的在后；所有者权益项目按其永久程度排列，永久程度高的在前，永久程度低的在后。短期借款等需要在一年内或一个营业周期内偿还的流动负债在前面；在一年以上或一个营业周期以上才需要偿还的长期负债排在中间；在企业清算之前不需要偿还的所有者权益排在后面。按需要偿还的先后顺序，可以反映企业各种债务需要偿还的时间性，联系该表左方可以看出企业的偿债能力。

### （三）报表附注

会计报表附注是企业财务会计报告中不可或缺的重要组成部分，列在资产负债表的下方。附注所提供的信息是使用者需要了解，但在正表中无法反映或难以反映的一些资料。如采用的主要会计政策和会计处理方法、会计处理方法的变更；以及有关重要项目的相关明细资料等。账户式资产负债表的格式如表 6－5 所示。

**表 6－5　　资产负债表**

（适用于已执行新金融准则、新收入准则和新租赁准则的企业）

会企 01 表

编制单位：　　　　年　月　日　　　　单位：元

| 资产 | 期末余额 | 年初余额 | 负债及所有者权益 | 期末余额 | 年初余额 |
|---|---|---|---|---|---|
| 流动资产： | | | 流动负债： | | |
| 货币资金 | | | 短期借款 | | |
| 交易性金融资产 | | | 交易性金融负债 | | |
| 衍生金融资产 | | | 衍生金融负债 | | |
| 应收票据 | | | 应付票据 | | |
| 应收账款 | | | 应付账款 | | |
| 应收款项融资 | | | 预收款项 | | |
| 预付款项 | | | 合同负债 | | |

续表

| 资产 | 期末余额 | 年初余额 | 负债及所有者权益 | 期末余额 | 年初余额 |
|---|---|---|---|---|---|
| 其他应收款 | | | 应付职工薪酬 | | |
| 存货 | | | 应交税费 | | |
| 合同资产 | | | 其他应付款 | | |
| 持有待售资产 | | | 持有待售负债 | | |
| 一年内到期的非流动资产 | | | 一年内到期的非流动负债 | | |
| 其他流动资产 | | | 其他流动负债 | | |
| 流动资产合计 | | | 流动负债合计 | | |
| 非流动资产： | | | 非流动负债： | | |
| 债权投资 | | | 长期借款 | | |
| 其他债权投资 | | | 应付债券 | | |
| 长期应收款 | | | 其中：优先股 | | |
| 长期股权投资 | | | 永续债 | | |
| 其他权益工具投资 | | | 租赁负债 | | |
| 其他非流动金融资产 | | | 长期应付款 | | |
| 投资性房地产 | | | 预计负债 | | |
| 固定资产 | | | 递延收益 | | |
| 在建工程 | | | 递延所得税负债 | | |
| 生产性生物资产 | | | 其他非流动负债 | | |
| 油气资产 | | | 非流动负债合计 | | |
| 使用权资产 | | | 负债合计 | | |
| 无形资产 | | | 所有者权益： | | |
| 开发支出 | | | 实收资本（或股本） | | |
| 商誉 | | | 其他权益工具 | | |
| 长期待摊费用 | | | 其中：优先股 | | |
| 递延所得税资产 | | | 永续债 | | |
| 其他非流动资产 | | | 资本公积 | | |
| 非流动资产合计 | | | 减：库存股 | | |
| | | | 其他综合收益 | | |
| | | | 专项储备 | | |
| | | | 盈余公积 | | |
| | | | 未分配利润 | | |
| | | | 所有者权益合计 | | |
| 资产总计 | | | 负债及所有者权益总计 | | |

## 三、资产负债表的编制方法

所有的资产负债表项目都列有“年初余额”和“期末余额”两栏，相当于两期的比较资产负债表。

微课：资产负债表的编制方法

### （一）资产负债表中“年初余额”栏的填列方法

资产负债表的“年初余额”栏内的各项数字，应根据上年末资产负债表“期末余额”栏内所列数字填列。如果本年度资产负债表规定的各个项目的名称和内容与上年不一致，应对上年年末资产负债表各项目的名称和数字按照本年度的规定进行调整，填入“年初余额”栏内。

资产负债表的“期末余额”栏，是指月末、季末或年末余额，他们是根据本会计期间各项目有关总账科目或明细科目的期末余额直接填列或者分析计算填列。

### （二）资产负债表中“期末余额”栏的填列方法

资产负债表的编制，主要是通过对日常会计核算记录的数据加以归集、整理，使之成为有用的财务信息。

资产负债表中“期末余额”栏各项目数据的来源，主要通过以下几种方法取得。

1. 根据总账账户余额直接填列

总分类账户和资产负债表项目形成对应关系，即总分类账户中有什么账户，资产负债表就有什么项目，就可以根据总分类账户余额直接填列资产负债表项目。如“交易性金融资产”“短期借款”“应付职工薪酬”等项目，应根据“交易性金融资产”“短期借款”“应付职工薪酬”各总账账户的余额直接填列。

2. 根据几个总账账户余额计算填列

资产负债表项目包括多个总账账户内容，可将多个总分类账户期末余额进行分析计算，根据计算结果进行报表项目填列。如“货币资金”项目，应根据“库存现金”“银行存款”“其他货币资金”三个总账账户的余额合计填列。“其他应付款”项目，应根据“应付利息”“应付股利”或“应付利润”和“其他应付款”账户的期末余额合计数填列。

3. 根据明细账账户余额分析计算填列

结算类账户必须根据其明细账的余额性质进行填列。在编制资产负债表时必须严格划分其应收、预收、应付与预付各项目的性质，分清是债权还是债务。根据有关明细账的余额分析计算填列的项目如：“应收账款”项目，需要根据“应收账款”和“预收账款”两个账户所属的明细账户的期末借方余额计算填列；“预收款项”项目，应根据“应收账款”和“预收账款”两个账户所属的明细账户的期末贷方余额计算填列；而“应付账款”项目要根据“应付账款”“预付账款”两个账户所属的明细分类账户的期末贷方余额计算填列；“预付款项”项目应根据“应付账款”“预付账款”两个账户所属的明细分类账户的期末借方余额计算填列。

4. 根据总账账户和明细账户余额分析计算填列

例如，“长期借款”项目，需要根据“长期借款”总分类账户余额扣除“长期借款”账户所属的明细分类账户中将在一年内到期，且企业不能自主地将清偿义务展期的长期借款后的金额计算填列。

5. 根据有关账户余额减去其备抵账户余额后的净额填列

如资产负债表中的“应收票据”“应收账款”“长期股权投资”“在建工程”等项目，应根据“应收票据”“应收账款”“长期股权投资”“在建工程”等账户的期末余额减去“信用减值准备”“长期股权投资减值准备”“在建工程减值准备”等账户余额后的净额填列；“固定资产”项目，应当根据“固定资产”账户期末余额减去“累计折旧”“固定资产减值准备”备抵账户余额后的净额填列；“无形资产”项目，应当根据“无形资产”账户的期末余额，减去“累计摊销”“无形资产减值准备”备抵账户后的净额填列。

6. 综合运用上述填列方法分析计算填列

如资产负债表中的“存货”项目，需要根据“原材料”“委托加工物资”“周转材料”“材料采购”“在途物资”“发出商品”“材料成本差异”等总账账户期末余额的分析汇总数，再减去“存货跌价准备”账户后的净额填列。

“资产负债表”的有些项目在填列时根据账户余额方向的不同，在该表上分别以“正数”和“负数”填写。如“固定资产清理”项目，如为借方余额以正数填列，如为贷方余额，以负数填列。“应付职工薪酬”“应交税费”“应付股利”“未分配利润”等项目，如其所依据填列的账户期末为贷方余额，以“正数”填列，期末为借方余额，以“负数”填列。

## 业务办理　编制资产负债表

**【引例分析 6－2】**

### 操作指导

为了更好地理解和掌握会计账务处理程序，以上述华兴公司有关资料为例，假设该制造企业采用科目汇总表账务处理程序，并且记账凭证采用收款凭证、付款凭证和转账凭证专用记账凭证。其主要账务处理程序如下：

**步骤 1：填制凭证（根据经济业务）**

根据【项目引例】业务 6－1 至业务 6－28 可知：制单会计根据本月发生经济业务所取得的原始凭证或汇总原始凭证填制收款凭证、付款凭证、转账凭证（见表 6－6 至表 6－37）。记账凭证中的符号“√”，表示已经过账，计入相应的明细分类账户和总账账户。

表 6－6

**转账凭证**

2023 年 5 月 1 日　　转字第 1 号

| 摘要 | 总账科目 | 明细科目 | 账页 | | 借方金额 | 贷方金额 |
|---|---|---|---|---|---|---|
| 采购材料，料款未付 | 在途物资 | 甲材料 | √ | √ | 149 500 | |
| | 应交税费 | 应交增值税（进项税额） | √ | √ | 19 435 | |
| | 应付账款 | 光明公司 | √ | √ | | 168 935 |
| 合计 | | | | | 168 935 | 168 935 |

附件　张

会计主管　　记账　　审核　　制单

表 6－7

**付款凭证**

贷方科目：银行存款　　2023 年 5 月 3 日　　银付字第 1 号

| 摘要 | 总账科目 | 明细科目 | 账页 | | 借方金额 |
|---|---|---|---|---|---|
| 采购材料，款已付 | 在途物资 | 乙材料 | √ | √ | 99 500 |
| | 应交税费 | 应交增值税（进项税额） | √ | √ | 12 935 |
| 合计 | | | | | 112 435 |

附件　张

会计主管　　记账　　稽核　　出纳　　制单　　领款人签章

表 6－8

**付款凭证**

贷方科目：银行存款　　2023 年 5 月 4 日　　银付字第 2 号

| 摘要 | 总账科目 | 明细科目 | 账页 | | 借方金额 |
|---|---|---|---|---|---|
| 付材料运费 | 在途物资 | 甲材料 | √ | √ | 500 |
| | | 乙材料 | √ | √ | 500 |
| 合计 | | | | | 1 000 |

附件　张

会计主管　　记账　　稽核　　出纳　　制单　　领款人签章

表 6－9

**付款凭证**

贷方科目：库存现金　　2023 年 5 月 5 日　　现付字第 1 号

| 摘要 | 总账科目 | 明细科目 | 账页 | | 借方金额 |
|---|---|---|---|---|---|
| 暂付差旅费 | 其他应收款 | 李强 | √ | √ | 1 000 |
| 合计 | | | √ | √ | 1 000 |

附件　张

会计主管　　记账　　稽核　　出纳　　制单　　领款人签章

表 6－10

**转账凭证**

2023 年 5 月 6 日　　转字第 2 号

| 摘要 | 总账科目 | 明细科目 | 账页 | | 借方金额 | 贷方金额 |
|---|---|---|---|---|---|---|
| 材料验收入库，结转材料实际成本 | 原材料 | 甲材料 | √ | √ | 150 000 | |
| | | 乙材料 | √ | √ | 100 000 | |
| | 在途物资款 | 甲材料 | √ | √ | | 150 000 |
| | | 乙材料 | √ | √ | | 100 000 |
| 合计 | | | | | 250 000 | 250 000 |

附件　张

会计主管　　记账　　审核　　制单

**表 6－11**

**收款凭证**

借方科目：银行存款　　2023 年 5 月 7 日　　银收字第 1 号

| 摘要 | 总账科目 | 明细科目 | 账页 | | 贷方金额 |
|---|---|---|---|---|---|
| 销售 A 产品，款已存入银行 | 主营业务收入 | | √ | | 300 000 |
| | 应交税费 | 应交增值税（销项税额） | √ | √ | 39 000 |
| 合计 | | | | | 339 000 |

附件　张

会计主管　　记账　　审核　　制单

**表 6－12**

**付款凭证**

贷方科目：银行存款　　2023 年 5 月 9 日　　银付字第 3 号

| 摘要 | 总账科目 | 明细科目 | 账页 | | 借方金额 |
|---|---|---|---|---|---|
| 支付广告费 | 销售费用 | 广告费 | √ | √ | 3 000 |
| 合计 | | | | | 3 000 |

附件　张

会计主管　　记账　　稽核　　出纳　　制单　　领款人签章

**表 6－13**

**转账凭证**

2023 年 5 月 10 日　　转字第 3 号

| 摘要 | 总账科目 | 明细科目 | 账页 | | 借方金额 | 贷方金额 |
|---|---|---|---|---|---|---|
| 材料耗用转账 | 生产成本 | A 产品 | √ | √ | 287 120 | |
| | | B 产品 | √ | √ | 329 900 | |
| | 制造费用 | 修理费 | √ | √ | 60 000 | |
| | 管理费用 | 修理费 | √ | √ | 2 980 | |
| | 原材料 | 甲材料 | √ | √ | | 330 000 |
| | 原材料 | 乙材料 | √ | √ | | 350 000 |
| 合计 | | | | | 680 000 | 680 000 |

附件　张

会计主管　　记账　　审核　　制单

**表 6－14**

**收款凭证**

借方科目：银行存款　　2023 年 5 月 11 日　　银收字第 2 号

| 摘要 | 总账科目 | 明细科目 | 账页 | | 贷方金额 |
|---|---|---|---|---|---|
| 销售 B 产品，款已存入银行 | 主营业务收入 | | √ | | 150 000 |
| | 应交税费 | 应交增值税（销项税额） | √ | √ | 19 500 |
| 合计 | | | | | 169 500 |

附件　张

会计主管　　记账　　审核　　制单

**表 6－15**

**付款凭证**

贷方科目：银行存款　　2023 年 5 月 15 日　　银付字第 4 号

| 摘要 | 总账科目 | 明细科目 | 账页 | | 借方金额 |
|---|---|---|---|---|---|
| 提现备发工资 | 库存现金 | | √ | | 200 000 |
| 合计 | | | | | 200 000 |

附件　张

会计主管　　记账　　稽核　　出纳　　制单　　领款人签章

**表 6－16**

## 付款凭证

贷方科目：库存现金　　2023 年 5 月 15 日　　现付字第 2 号

| 摘要 | 总账科目 | 明细科目 | 账页 | | 借方金额 |
|---|---|---|---|---|---|
| 发放工资 | 应付职工薪酬 | 工资 | √ | √ | 200 000 |
| 合计 | | | | | 200 000 |

附件　张

会计主管　记账　稽核　出纳　制单　领款人签章

**表 6－17**

## 收款凭证

借方科目：银行存款　　2023 年 5 月 16 日　　银收字第 3 号

| 摘要 | 总账科目 | 明细科目 | 账页 | | 贷方金额 |
|---|---|---|---|---|---|
| 销售丙材料，款已存入银行 | 其他业务收入 | | √ | | 2 000 |
| | 应交税费 | 应交增值税（销项税额） | √ | √ | 260 |
| 合计 | | | | | 2 260 |

附件　张

会计主管　记账　审核　制单

**表 6－18**

## 转账凭证

2023 年 5 月 16 日　　转字第 4 号

| 摘要 | 总账科目 | 明细科目 | 账页 | | 借方金额 | 贷方金额 |
|---|---|---|---|---|---|---|
| 销售丙材料，结转成本材料 | 其他业务成本 | | √ | | 1 000 | |
| | 原材料 | 丙材料 | √ | √ | | 1 000 |
| 合计 | | | | | 1 000 | 1 000 |

附件　张

会计主管　记账　审核　制单

**表 6－19**

## 付款凭证

贷方科目：银行存款　　2023 年 5 月 16 日　　银付字第 5 号

| 摘要 | 总账科目 | 明细科目 | 账页 | | 借方金额 |
|---|---|---|---|---|---|
| 给山区小学捐款 | 营业外支出 | | √ | | 3 000 |
| 合计 | | | | | 3 000 |

附件　张

会计主管　记账　稽核　出纳　制单　领款人签章

**表 6－20**

## 收款凭证

借方科目：银行存款　　2023 年 5 月 17 日　　银收字第 4 号

| 摘要 | 总账科目 | 明细科目 | 账页 | | 贷方金额 |
|---|---|---|---|---|---|
| 收到宏达公司货款和逾期罚金 | 应收账款 | 宏达公司 | √ | √ | 10 000 |
| | 营业外收入 | 罚金收入 | √ | √ | 200 |
| 合计 | | | | | 10 200 |

附件　张

会计主管　记账　审核　制单

**表 6－21**

## 付款凭证

贷方科目：银行存款　　2023 年 5 月 20 日　　银付字第 6 号

| 摘要 | 总账科目 | 明细科目 | 账页 | | 借方金额 |
|---|---|---|---|---|---|
| 行政部门购买电脑 | 固定资产 | 联想电脑 | √ | √ | 4 500 |
| | 应交税费 | 应交增值税（进项税额） | | | 585 |
| 合计 | | | | | 5 085 |

附件　张

会计主管　记账　稽核　出纳　制单　领款人签章

**表 6－22** 收款凭证

借方科目：银行存款 2023 年 5 月 31 日 银收字第 5 号

| 摘要 | 总账科目 | 明细科目 | 账页 | | 贷方金额 |
|---|---|---|---|---|---|
| 从银行取得长期借款 | 长期借款 | | √ | | 500 000 |
| 合计 | | | | | 500 000 |

附件 张

会计主管 记账 审核 制单

**表 6－23** 转账凭证

2023 年 5 月 31 日 转字第 5 号

| 摘要 | 总账科目 | 明细科目 | 账页 | | 借方金额 | 贷方金额 |
|---|---|---|---|---|---|---|
| 分配职工工资 | 生产成本 | A 产品 | √ | √ | 120 000 | |
| | | B 产品 | √ | √ | 150 000 | |
| | 制造费用 | 工资 | √ | √ | 10 000 | |
| | 管理费用 | 工资 | √ | √ | 10 000 | |
| | 销售费用 | 工资 | √ | √ | 5 000 | |
| | 应付职工薪酬 | 工资 | √ | √ | | 295 000 |
| 合计 | | | | | 295 000 | 295 000 |

附件 张

会计主管 记账 审核 制单

**表 6－24** 转账凭证

2023 年 5 月 31 日 转字第 6 号

| 摘要 | 总账科目 | 明细科目 | 账页 | | 借方金额 | 贷方金额 |
|---|---|---|---|---|---|---|
| 计提职工福利费 | 生产成本 | A 产品 | √ | √ | 16 800 | |
| | | B 产品 | √ | √ | 21 000 | |
| | 制造费用 | 福利费 | √ | √ | 1 400 | |
| | 管理费用 | 福利费 | √ | √ | 1 400 | |
| | 销售费用 | 福利费 | √ | √ | 700 | |
| | 应付职工薪酬 | 福利费 | √ | √ | | 41 300 |
| 合计 | | | | | 41 300 | 41 300 |

附件 张

会计主管 记账 审核 制单

**表 6－25** 转账凭证

2023 年 5 月 31 日 转字第 7 号

| 摘要 | 总账科目 | 明细科目 | 账页 | | 借方金额 | 贷方金额 |
|---|---|---|---|---|---|---|
| 计提折旧 | 制造费用 | 折旧费 | √ | √ | 99 780 | |
| | 管理费用 | 折旧费 | √ | √ | 50 220 | |
| | 累计折旧 | | √ | | | 150 000 |
| 合计 | | | | | 150 000 | 150 000 |

附件 张

会计主管 记账 审核 制单

表 6－26

**付款凭证**

贷方科目：库存现金　　2023 年 5 月 31 日　　现付字第 3 号

| 摘要 | 总账科目 | 明细科目 | 账页 | | 借方金额 |
|---|---|---|---|---|---|
| 刘伟报销差旅费 | 管理费用 | 差旅费 | √ | √ | 500 |
| 合计 | | | | | 500 |

附件　张

会计主管　记账　稽核　出纳　制单　领款人签章

表 6－27

**转账凭证**

2023 年 5 月 31 日　　转字第 8 号

| 摘要 | 总账科目 | 明细科目 | 账页 | | 借方金额 | 贷方金额 |
|---|---|---|---|---|---|---|
| 计算借款利息 | 财务费用 | | √ | √ | 800 | |
| | 应付利息 | | √ | √ | | 800 |
| 合计 | | | | | 800 | 800 |

附件　张

会计主管　记账　审核　制单

表 6－28

**转账凭证**

2023 年 5 月 31 日　　转字第 9 号

| 摘要 | 总账科目 | 明细科目 | 账页 | | 借方金额 | 贷方金额 |
|---|---|---|---|---|---|---|
| 分配结转制造费用 | 生产成本 | A 产品 | √ | √ | 76 080 | |
| | | B 产品 | √ | √ | 95 100 | |
| | 制造费用 | | √ | | | 171 180 |
| 合计 | | | | | 171 180 | 171 180 |

附件　张

会计主管　记账　审核　制单

制造费用分配率＝(60 000＋10 000＋1 400＋99 780)÷(120 000＋150 000)＝0.634

A 产品应承担的制造费用＝120 000×0.634＝76 080（元）

B 产品应承担的制造费用＝171 180－76 080＝95 100（元）

表 6－29

**转账凭证**

2023 年 5 月 31 日　　转字第 10 号

| 摘要 | 总账科目 | 明细科目 | 账页 | | 借方金额 | 贷方金额 |
|---|---|---|---|---|---|---|
| 结转完工入库产品生产成本 | 库存商品 | A 产品 | √ | √ | 500 000 | |
| | | B 产品 | √ | √ | 596 000 | |
| | 生产成本 | A 产品 | √ | √ | | 500 000 |
| | | B 产品 | √ | √ | | 596 000 |
| 合计 | | | | | 1 096 000 | 1 096 000 |

附件　张

会计主管　记账　审核　制单

A 产品生产成本＝287 120＋120 000＋16 800＋76 080＝500 000（元）

B 产品生产成本＝329 900＋150 000＋21 000＋95 100＝596 000（元）

表 6－30

**转账凭证**

2023 年 5 月 31 日　　转字第 11 号

| 摘要 | 总账科目 | 明细科目 | 账页 | | 借方金额 | 贷方金额 |
|---|---|---|---|---|---|---|
| 结转已售产品成本 | 主营业务成本 | | √ | | 230 000 | |
| | 库存商品 | A 产品 | √ | √ | | 150 000 |
| | | B 产品 | √ | √ | | 80 000 |
| 合计 | | | | | 230 000 | 230 000 |

附件　张

会计主管　　记账　　审核　　制单

表 6－31

**转账凭证**

2023 年 5 月 31 日　　转字第 12 号

| 摘要 | 总账科目 | 明细科目 | 账页 | | 借方金额 | 贷方金额 |
|---|---|---|---|---|---|---|
| 计提应交城市维护建设税 | 税金及附加 | | √ | | 1 500 | |
| | 应交税费 | 城市维护建设税 | √ | √ | | 1 050 |
| | 应交税费 | 教育费附加 | √ | √ | | 450 |
| 合计 | | | | | 1 500 | 1 500 |

附件　张

会计主管　　记账　　审核　　制单

表 6－32

**转账凭证**

2023 年 5 月 31 日　　转字第 13 $\frac{1}{2}$ 号

| 摘要 | 总账科目 | 明细科目 | 账页 | | 借方金额 | 贷方金额 |
|---|---|---|---|---|---|---|
| 结转损益类账户 | 本年利润 | | √ | | 242 000 | |
| | 主营业务成本 | | √ | | | 230 000 |
| | 其他业务成本 | | √ | | | 1 000 |
| | 税金及附加 | | √ | | | 1 500 |
| | 销售费用 | | √ | √ | | 8 700 |
| | 财务费用 | | √ | √ | | 800 |
| 合计 | | | | | 242 000 | 242 000 |

附件　张

会计主管　　记账　　审核　　制单

表 6－33

**转账凭证**

2023 年 5 月 31 日　　转字第 13 $\frac{2}{2}$ 号

| 摘要 | 总账科目 | 明细科目 | 账页 | | 借方金额 | 贷方金额 |
|---|---|---|---|---|---|---|
| 结转损益类账户 | 本年利润 | | √ | | 68 100 | |
| | 管理费用 | | √ | √ | | 65 100 |
| | 营业外支出 | | √ | | | 3 000 |
| 合计 | | | | | 68 100 | 68 100 |

附件　张

会计主管　　记账　　审核　　制单

**表 6－34**

**转账凭证**

2023 年 5 月 31 日　　　　转字第 14 号

| 摘要 | 总账科目 | 明细科目 | 账页 | | 借方金额 | 贷方金额 |
|---|---|---|---|---|---|---|
| 结转损益类账户 | 主营业务收入 | | √ | | 450 000 | |
| | 其他业务收入 | | √ | | 2 000 | |
| | 营业外收入 | | √ | | 200 | |
| | 本年利润 | | √ | | | 452 200 |
| 合计 | | | | | 452 200 | 452 200 |

附件　张

会计主管　　记账　　审核　　制单

**表 6－35**

**转账凭证**

2023 年 5 月 31 日　　　　转字第 15 号

| 摘要 | 总账科目 | 明细科目 | 账页 | | 借方金额 | 贷方金额 |
|---|---|---|---|---|---|---|
| 计算本月应交所得税 | 所得税费用 | | √ | | 35 525 | |
| | 应交税费 | 应交所得税 | √ | √ | | 35 525 |
| 合计 | | | | | 35 525 | 35 525 |

附件　张

会计主管　　记账　　审核　　制单

应纳税所得额 =452 200 –（242 000 +68 100）=142 100（元）

应纳所得税 =142 100 ×25% =35 525（元）

**表 6－36**

**转账凭证**

2023 年 5 月 31 日　　　　转字第 16 号

| 摘要 | 总账科目 | 明细科目 | 账页 | | 借方金额 | 贷方金额 |
|---|---|---|---|---|---|---|
| 结转所得税费用 | 本年利润 | | √ | | 35 525 | |
| | 所得税费用 | | √ | | | 35 525 |
| 合计 | | | | | 35 525 | 35 525 |

附件　张

会计主管　　记账　　审核　　制单

**表 6－37**

**转账凭证**

2023 年 5 月 31 日　　　　转字第 17 号

| 摘要 | 总账科目 | 明细科目 | 账页 | | 借方金额 | 贷方金额 |
|---|---|---|---|---|---|---|
| 提取盈余公积，计算应付投资者分配利润 | 利润分配 | 提取盈余公积 | √ | √ | 10 658 | |
| | | 应付投资者利润 | √ | √ | 10 658 | |
| | 盈余公积 | | √ | | | 10 658 |
| | 应付利润 | | √ | | | 10 658 |
| 合计 | | | | | 21 316 | 21 316 |

附件　张

会计主管　　记账　　审核　　制单

税后利润 =142 100 –35 525 =106 575（元）

盈余公积及应付利润均为：106 575 ×10% ≈10 658（元）

**步骤2：登记库存现金和银行存款日记账（根据收款凭证、付款凭证）**

出纳根据审核后的收款凭证和付款凭证逐日逐笔登记库存现金日记账和银行存款日记账，计入相应的库存现金、银行存款的明细分类账户和总账账户。具体填制内容分别如表6－38、表6－39所示。

**表6－38　库存现金日记账**

| 2023年 | | 凭证 | | 摘要 | 对应科目 | 借方 | 贷方 | √ | 余额 |
|---|---|---|---|---|---|---|---|---|---|
| 年 | 月 | 字 | 号 | | | | | | |
| 5 | 1 | | | 月初余额 | | | | √ | 5 600 |
| 5 | 1 | 现付 | 1 | 暂付李强差旅费 | 其他应收款 | | 1 000 | √ | 4 600 |
| 5 | 15 | 银付 | 4 | 提现备发工资 | 银行存款 | 200 000 | | √ | 204 600 |
| 5 | 15 | 现付 | 2 | 发放工资 | 应付职工薪酬 | | 200 000 | √ | 4 600 |
| 5 | 15 | 现付 | 3 | 刘伟报销差旅费 | 管理费用 | | 500 | √ | 4 100 |
| 5 | 31 | | | 本月发生额及期末余额 | | 200 000 | 201 500 | √ | 4 100 |

**表6－39　银行存款日记账**

| 2023年 | | 凭证 | | 摘要 | 对应科目 | 借方 | 贷方 | √ | 余额 |
|---|---|---|---|---|---|---|---|---|---|
| 年 | 月 | 字 | 号 | | | | | | |
| 5 | 1 | | | 月初余额 | | | | √ | 150 000 |
| 5 | 3 | 银付 | 1 | 付采购材料款 | 在途物资 | | 112 435 | √ | 37 565 |
| 5 | 4 | 银付 | 2 | 付材料运费 | 在途物资 | | 1 000 | √ | 36 565 |
| 5 | 7 | 银收 | 1 | 销售A产品，款已存入银行 | 主营业务收入 | 339 000 | | √ | 375 565 |
| 5 | 9 | 银付 | 3 | 支付广告费 | 销售费用 | | 3 000 | √ | 372 565 |
| 5 | 11 | 银收 | 2 | 销售B产品，款已存入银行 | 主营业务收入 | 169 500 | | √ | 542 065 |
| 5 | 15 | 银付 | 4 | 提现备发工资 | 库存现金 | | 200 000 | √ | 342 065 |
| 5 | 16 | 银收 | 3 | 销售丙材料 | 其他业务收入 | 2 260 | | √ | 344 325 |
| 5 | 16 | 银付 | 5 | 捐款给山区小学 | 营业外支出 | | 3 000 | √ | 341 325 |
| 5 | 17 | 银收 | 4 | 收到宏达公司前欠货款 | 应收账款等 | 10 200 | | √ | 351 525 |
| 5 | 20 | 银付 | 6 | 支付购买电脑款 | 固定资产 | | 5 085 | √ | 346 440 |
| 5 | 31 | 银收 | 5 | 从银行借入款项 | 长期借款 | 500 000 | | √ | 846 440 |
| 5 | 31 | | | 本月发生额及期末余额 | | 1 020 960 | 324 520 | √ | 846 440 |

**步骤3：登记明细分类账（根据原始凭证和记账凭证）**

会计根据审核后的原始凭证或原始凭证汇总表及所编制的记账凭证，逐笔登记明细分类账（本例只列举原材料、应收账款、应付账款和库存商品的明细分类账，其他从略），分别如表6－40至表6－48所示。

**表 6－40**　　原材料明细分类账

材料名称：甲材料

| 2023 年 | | 凭证 | | 摘要 | 借（收入）方 | | | 贷（发出）方 | | | 结存 | | | √ |
|---|---|---|---|---|---|---|---|---|---|---|---|---|---|---|
| 月 | 日 | 字 | 号 | | 数量（千克） | 单价（元/千克） | 金额（元） | 数量（千克） | 单价（元/千克） | 金额（元） | 数量（千克） | 单价（元/千克） | 金额（元） | |
| 5 | 1 | | | 月初结存 | | | | | | | 2 000 | 150 | 300 000 | √ |
| 5 | 6 | 转 | 2 | 材料验收入库 | 1 000 | 150 | 150 000 | | | | 3 000 | 150 | 450 000 | √ |
| 5 | 10 | 转 | 3 | 领用 | | | | 2 200 | 150 | 330 000 | 800 | 150 | 120 000 | √ |
| 5 | 31 | | | 本月发生额及期末余额 | 1 000 | 150 | 150 000 | 2 200 | 150 | 330 000 | 800 | 150 | 120 000 | √ |

**表 6－41**　　原材料明细分类账

材料名称：乙材料

| 2023 年 | | 凭证 | | 摘要 | 借（收入）方 | | | 贷（发出）方 | | | 结存 | | | √ |
|---|---|---|---|---|---|---|---|---|---|---|---|---|---|---|
| 月 | 日 | 字 | 号 | | 数量（千克） | 单价（元/千克） | 金额（元） | 数量（千克） | 单价（元/千克） | 金额（元） | 数量（千克） | 单价（元/千克） | 金额（元） | |
| 5 | 1 | | | 月初结存 | | | | | | | 5 000 | 100 | 500 000 | √ |
| 5 | 6 | 转 | 2 | 材料验收入库 | 1 000 | 100 | 100 000 | | | | 6 000 | 100 | 600 000 | √ |
| 5 | 10 | 转 | 3 | 领用 | | | | 3 500 | 100 | 350 000 | 2 500 | 100 | 250 000 | √ |
| 5 | 31 | | | 本月发生额及期末余额 | 1 000 | 100 | 100 000 | 3 500 | 100 | 350 000 | 2 500 | 100 | 250 000 | √ |

**表 6－42**　　原材料明细分类账

材料名称：丙材料

| 2023 年 | | 凭证 | | 摘要 | 借（收入）方 | | | 贷（发出）方 | | | 结存 | | | √ |
|---|---|---|---|---|---|---|---|---|---|---|---|---|---|---|
| 月 | 日 | 字 | 号 | | 数量（千克） | 单价（元/千克） | 金额（元） | 数量（千克） | 单价（元/千克） | 金额（元） | 数量（千克） | 单价（元/千克） | 金额（元） | |
| 5 | 1 | | | 月初结存 | | | | | | | 50 | 20 | 1 000 | √ |
| 5 | 16 | 转 | 4 | 销售材料结转成本 | | | | 50 | 20 | 1 000 | 0 | 0 | 0 | √ |
| 5 | 31 | | | 本月发生额及期末余额 | | | | 50 | 20 | 1 000 | 0 | 0 | 0 | √ |

**表 6－43**　　库存商品明细分类账

产品名称：A 产品

| 2023 年 | | 凭证 | | 摘要 | 借（收入）方 | | | 贷（发出）方 | | | 结存 | | | √ |
|---|---|---|---|---|---|---|---|---|---|---|---|---|---|---|
| 月 | 日 | 字 | 号 | | 数量（件） | 单价（元/件） | 金额（元） | 数量（件） | 单价（元/件） | 金额（元） | 数量（件） | 单价（元/件） | 金额（元） | |
| 5 | 1 | | | 月初结存 | | | | | | | 300 | 500 | 150 000 | √ |
| 5 | 31 | 转 | 9 | 验收入库 | 1 000 | 500 | 500 000 | | | | 1 300 | 500 | 650 000 | √ |
| 5 | 31 | 转 | 10 | 售出 | | | | 300 | 500 | 150 000 | 1 000 | 500 | 500 000 | √ |
| 5 | 31 | | | 本月发生额及期末余额 | 1 000 | 500 | 500 000 | 300 | 500 | 150 000 | 1 000 | 500 | 500 000 | √ |

**表 6－44** **库存商品明细分类账**

产品名称：B 产品

| 2023 年 | | 凭证 | | 摘要 | 借（收入）方 | | | 贷（发出）方 | | | 结存 | | | √ |
|---|---|---|---|---|---|---|---|---|---|---|---|---|---|---|
| 月 | 日 | 字 | 号 | | 数量（件） | 单价（元/件） | 金额（元） | 数量（件） | 单价（元/件） | 金额（元） | 数量（件） | 单价（元/件） | 金额（元） | |
| 5 | 1 | | | 月初结存 | | | | | | | 100 | 800 | 80 000 | √ |
| 5 | 31 | 转 | 9 | 验收入库 | 745 | 800 | 596 000 | | | | 845 | 800 | 676 000 | √ |
| 5 | 31 | 转 | 10 | 售出 | | | | 100 | 800 | 80 000 | 745 | 800 | 596 000 | √ |
| 5 | 31 | | | 本月发生额及期末余额 | 745 | 800 | 596 000 | 100 | 800 | 80 000 | 745 | 800 | 596 000 | √ |

**表 6－45** **应收账款明细账**

户名：前进公司

| 2023 年 | | 凭证 | | 摘要 | 借方 | √ | 贷方 | √ | 借或贷 | 余额 | √ |
|---|---|---|---|---|---|---|---|---|---|---|---|
| 月 | 日 | 字 | 号 | | | | | | | | |
| 5 | 1 | | | 月初余额 | | | | | 借 | 20 000 | √ |
| 5 | 31 | | | 本期发生额及期末余额 | | | | | 借 | 20 000 | √ |

**表 6－46** **应收账款明细账**

户名：宏达公司

| 2023 年 | | 凭证 | | 摘要 | 借方 | √ | 贷方 | √ | 借或贷 | 余额 | √ |
|---|---|---|---|---|---|---|---|---|---|---|---|
| 月 | 日 | 字 | 号 | | | | | | | | |
| 5 | 1 | | | 月初余额 | | | | | 借 | 10 000 | √ |
| 5 | 17 | 收 | 4 | 收到前欠货款 | | | 10 000 | √ | 平 | 0 | √ |
| 5 | 31 | | | 本期发生额及期末余额 | | | 10 000 | √ | 平 | 0 | √ |

**表 6－47** **应收账款明细账**

户名：凯利公司

| 2023 年 | | 凭证 | | 摘要 | 借方 | √ | 贷方 | √ | 借或贷 | 余额 | √ |
|---|---|---|---|---|---|---|---|---|---|---|---|
| 月 | 日 | 字 | 号 | | | | | | | | |
| 5 | 1 | | | 月初结存 | | | | | 借 | 10 000 | √ |
| 5 | 31 | | | 本期发生额及期末余额 | | | | | 借 | 10 000 | √ |

**表 6－48** **应付账款明细账**

户名：光明公司

| 2023 年 | | 凭证 | | 摘要 | 借方 | √ | 贷方 | √ | 借或贷 | 余额 | √ |
|---|---|---|---|---|---|---|---|---|---|---|---|
| 月 | 日 | 字 | 号 | | | | | | | | |
| 5 | 1 | 转 | 1 | 采购材料，料款未付 | | | 168 935 | √ | 贷 | 168 935 | √ |
| 5 | 31 | | | 本期发生额及期末余额 | | | 168 935 | √ | 贷 | 168 935 | √ |

**步骤4：编制科目汇总表（根据收款凭证、付款凭证和转账凭证）**

会计人员根据审核后的收款凭证、付款凭证和转账凭证，每日或定期编制科目汇总表，科目汇总表汇总的时间应根据业务量的多少而定。本例中华兴公司是小规模企业，业务量较少，可以定期汇总，但一般不得超过10天，以便及时了解和检查经济业务的发生情况，假定根据记账凭证每旬编制科目汇总表，如表6－49至表6－51所示。

**表6－49**　**科目汇总表**

2023年5月1日～10日　科汇字第13号

| 会计科目 | 本期发生额 | | 记账凭证起讫号数 | 总账页 |
|---|---|---|---|---|
| | 借方 | 贷方 | | |
| 在途物资 | 250 000 | 250 000 | 转字第1～2号，银付字第1～2号 | 18 |
| 应交税费 | 32 370 | 39 000 | 转字第1号，银付字第1号，银收字第1号 | 45 |
| 应付账款 | | 168 935 | 转字1号 | 37 |
| 银行存款 | 339 000 | 116 435 | 银付字第1～3号，银收字第1号 | 6 |
| 库存现金 | | 1 000 | 现付字第1号 | 2 |
| 其他应收款 | 1 000 | | 现付字第1号 | 14 |
| 原材料 | 250 000 | 680 000 | 转字第2号 | 22 |
| 主营业务收入 | | 300 000 | 银收字第1号 | 72 |
| 销售费用 | 3 000 | | 银付字第3号 | 84 |
| 生产成本 | 617 020 | | 转字第3号 | 64 |
| 制造费用 | 60 000 | | 转字第3号 | 68 |
| 管理费用 | 2 980 | | 转字第3号 | 88 |
| 合计 | 1 555 370 | 1 555 370 | | |

**表6－50**　**科目汇总表**

2023年5月11日～20日　科汇字第14号

| 会计科目 | 本期发生额 | | 记账凭证起讫号数 | 总账页 |
|---|---|---|---|---|
| | 借方 | 贷方 | | |
| 银行存款 | 181 960 | 208 085 | 银收字第2～4号，银付字第4～6号 | 6 |
| 主营业务收入 | | 150 000 | 银收字第2号 | 72 |
| 应交税费 | 585 | 19 760 | 银收字第2号 | 45 |
| 库存现金 | 200 000 | 200 000 | 银付字第4号，现付字第2号 | 2 |
| 应付职工薪酬 | 200 000 | | 现付字第2号 | 41 |
| 其他业务收入 | | 2 000 | 银收字第3号 | 75 |
| 其他业务成本 | 1 000 | | 转字第4号 | 81 |
| 原材料 | | 1 000 | 转字第4号 | 22 |
| 营业外支出 | 3 000 | | 银付字第5号 | 95 |
| 应收账款 | | 10 000 | 银收字第4号 | 10 |
| 营业外收入 | | 200 | 银收字第4号 | 77 |
| 固定资产 | 4 500 | | 银付字第6号 | 29 |
| 合计 | 591 045 | 591 045 | | |

表 6－51　　科目汇总表

2023 年 5 月 21～31 日　　科汇字第 15 号

| 会计科目 | 本期发生额 | | 记账凭证起讫号数 | 总账页 |
|---|---|---|---|---|
| | 借方 | 贷方 | | |
| 银行存款 | 500 000 | | 银收字第 5 号 | 6 |
| 长期借款 | | 500 000 | 银收字第 5 号 | 52 |
| 生产成本 | 478 980 | 1 096 000 | 转字第 5、6、9、10 号 | 64 |
| 制造费用 | 111 180 | 171 180 | 转字第 5、6、7、9 号 | 68 |
| 管理费用 | 62 120 | 65 100 | 转字 5、6、7、13 号，现付字第 3 号 | 88 |
| 销售费用 | 5 700 | 8 700 | 转字 5、6、13 号 | 84 |
| 应付职工薪酬 | | 336 300 | 转字第 5、6 号 | 41 |
| 累计折旧 | | 150 000 | 转字第 7 号 | 33 |
| 库存现金 | | 500 | 现付字第 3 号 | 2 |
| 财务费用 | 800 | 800 | 转字第 8 号，转字 13 号 | 92 |
| 应付利息 | | 800 | 转字第 8 号 | 49 |
| 库存商品 | 1 096 000 | 230 000 | 转字第 10～11 号 | 26 |
| 主营业务成本 | 230 000 | 230 000 | 转字第 11、13 号 | 79 |
| 其他业务成本 | | 1 000 | 转字第 13 号 | 81 |
| 税金及附加 | 1 500 | 1 500 | 转字第 12～13 号 | 83 |
| 应交税费 | | 37 025 | 转字第 12、15 号 | 45 |
| 本年利润 | 345 625 | 452 200 | 转字第 13、14、16 号 | 59 |
| 营业外支出 | | 3 000 | 转字第 13 号 | 95 |
| 主营业务收入 | 450 000 | | 转字第 14 号 | 72 |
| 其他业务收入 | 2 000 | | 转字第 14 号 | 75 |
| 营业外收入 | 200 | | 转字第 14 号 | 77 |
| 所得税费用 | 35 525 | 35 525 | 转字第 15～16 号 | 97 |
| 利润分配 | 21 316 | | 转字第 17 号 | 61 |
| 盈余公积 | | 10 658 | 转字第 17 号 | 57 |
| 应付利润 | | 10 658 | 转字第 17 号 | 51 |
| 合计 | 3 340 946 | 3 340 946 | | |

**步骤 5：根据科目汇总表登记总分类账**

总账会计根据审核后的科目汇总表，定期登记总分类账，本例中根据记账凭证每旬编制科目汇总表，同样每旬根据编制的科目汇总表登记相应的总分类账账户，如表 6－52 至表 6－85 所示。

**表 6－52**　　总分类账

会计科目：库存现金　　第 2 页

| 2023 年 | | 凭证 | | 摘要 | 借方 | √ | 贷方 | √ | 借或贷 | 余额 | √ |
|---|---|---|---|---|---|---|---|---|---|---|---|
| 月 | 日 | 字 | 号 | | | | | | | | |
| 5 | 1 | | | 月初余额 | | | | | 借 | 5 600 | √ |
| 5 | 10 | 科汇 | 13 | 1～10 日发生额 | | | 1 000 | √ | 借 | 4 600 | √ |
| 5 | 20 | 科汇 | 14 | 11～20 日发生额 | 200 000 | √ | 200 000 | √ | 借 | 4 600 | √ |
| 5 | 31 | 科汇 | 15 | 21～31 日发生额 | | | 500 | √ | 借 | 4 100 | √ |
| 5 | 31 | | | 本月发生额及期末余额 | 200 000 | √ | 201 500 | √ | 借 | 4 100 | √ |

**表 6－53**　　总分类账

会计科目：银行存款　　第 6 页

| 2023 年 | | 凭证 | | 摘要 | 借方 | √ | 贷方 | √ | 借或贷 | 余额 | √ |
|---|---|---|---|---|---|---|---|---|---|---|---|
| 月 | 日 | 字 | 号 | | | | | | | | |
| 5 | 1 | | | 月初余额 | | | | | 借 | 150 000 | √ |
| 5 | 10 | 科汇 | 13 | 1～10 日发生额 | 339 000 | √ | 116 435 | √ | 借 | 372 565 | √ |
| 5 | 20 | 科汇 | 14 | 11～20 日发生额 | 181 960 | √ | 208 085 | √ | 借 | 346 440 | √ |
| 5 | 31 | 科汇 | 15 | 21～31 日发生额 | 500 000 | √ | | | 借 | 846 440 | √ |
| 5 | 31 | | | 本月发生额及期末余额 | 1 020 960 | √ | 324 520 | √ | 借 | 846 440 | √ |

**表 6－54**　　总分类账

会计科目：应收账款　　第 10 页

| 2023 年 | | 凭证 | | 摘要 | 借方 | √ | 贷方 | √ | 借或贷 | 余额 | √ |
|---|---|---|---|---|---|---|---|---|---|---|---|
| 月 | 日 | 字 | 号 | | | | | | | | |
| 5 | 1 | | | 月初余额 | | | | | 借 | 40 000 | √ |
| 5 | 20 | 科汇 | 14 | 11～20 日发生额 | | | 10 000 | √ | 借 | 30 000 | √ |
| 5 | 31 | | | 本月发生额及期末余额 | | | 10 000 | √ | 借 | 30 000 | √ |

**表 6－55**　　总分类账

会计科目：其他应收款　　第 14 页

| 2023 年 | | 凭证 | | 摘要 | 借方 | √ | 贷方 | √ | 借或贷 | 余额 | √ |
|---|---|---|---|---|---|---|---|---|---|---|---|
| 月 | 日 | 字 | 号 | | | | | | | | |
| 5 | 1 | | | 月初余额 | | | | | 借 | 3 000 | √ |
| 5 | 10 | 科汇 | 13 | 1～10 日发生额 | 1 000 | √ | | | 借 | 4 000 | √ |
| 5 | 31 | | | 本月发生额及期末余额 | 1 000 | √ | | | 借 | 4 000 | √ |

表 6－56 总分类账

会计科目：在途物资 第 18 页

| 2023 年 | | 凭证 | | 摘要 | 借方 | √ | 贷方 | √ | 借或贷 | 余额 | √ |
|---|---|---|---|---|---|---|---|---|---|---|---|
| 月 | 日 | 字 | 号 | | | | | | | | |
| 5 | 10 | 科汇 | 13 | 1～10 日发生额 | 250 000 | √ | 250 000 | √ | 平 | 0 | √ |
| 5 | 31 | | | 本月发生额及期末余额 | 250 000 | √ | 250 000 | √ | 平 | 0 | √ |

表 6－57 总分类账

会计科目：原材料 第 22 页

| 2023 年 | | 凭证 | | 摘要 | 借方 | √ | 贷方 | √ | 借或贷 | 余额 | √ |
|---|---|---|---|---|---|---|---|---|---|---|---|
| 月 | 日 | 字 | 号 | | | | | | | | |
| 5 | 1 | | | 月初余额 | | | | | 借 | 801 000 | √ |
| 5 | 10 | 科汇 | 13 | 1～10 日发生额 | 250 000 | √ | 680 000 | √ | 借 | 371 000 | √ |
| 5 | 20 | 科汇 | 14 | 11～20 日发生额 | | | 1 000 | √ | 借 | 370 000 | √ |
| 5 | 31 | | | 本月发生额及期末余额 | 250 000 | √ | 681 000 | √ | 借 | 370 000 | √ |

表 6－58 总分类账

会计科目：库存商品 第 26 页

| 2023 年 | | 凭证 | | 摘要 | 借方 | √ | 贷方 | √ | 借或贷 | 余额 | √ |
|---|---|---|---|---|---|---|---|---|---|---|---|
| 月 | 日 | 字 | 号 | | | | | | | | |
| 5 | 1 | | | 月初余额 | | | | | 借 | 230 000 | √ |
| 5 | 31 | 科汇 | 15 | 21～31 日发生额 | 1 096 000 | √ | 230 000 | √ | 借 | 1 096 000 | √ |
| 5 | 31 | | | 本月发生额及期末余额 | 1 096 000 | √ | 230 000 | √ | 借 | 1 096 000 | √ |

表 6－59 总分类账

会计科目：固定资产 第 29 页

| 2023 年 | | 凭证 | | 摘要 | 借方 | √ | 贷方 | √ | 借或贷 | 余额 | √ |
|---|---|---|---|---|---|---|---|---|---|---|---|
| 月 | 日 | 字 | 号 | | | | | | | | |
| 5 | 1 | | | 月初余额 | | | | | 借 | 2 000 000 | √ |
| 5 | 20 | 科汇 | 14 | 11～20 日发生额 | 4 500 | √ | | | 借 | 2 004 500 | √ |
| 5 | 31 | | | 本月发生额及期末余额 | 4 500 | √ | | | 借 | 2 004 500 | √ |

表 6－60 总分类账

会计科目：累计折旧 第 33 页

| 2023 年 | | 凭证 | | 摘要 | 借方 | √ | 贷方 | √ | 借或贷 | 余额 | √ |
|---|---|---|---|---|---|---|---|---|---|---|---|
| 月 | 日 | 字 | 号 | | | | | | | | |
| 5 | 1 | | | 月初余额 | | | | | 贷 | 400 000 | √ |
| 5 | 31 | 科汇 | 15 | 21～31 日发生额 | | | 150 000 | √ | 贷 | 550 000 | √ |
| 5 | 31 | | | 本月发生额及期末余额 | | | 150 000 | √ | 贷 | 550 000 | √ |

表 6－61

**总分类账**

会计科目：短期借款

第 35 页

| 2023 年 | | 凭证 | | 摘要 | 借方 | √ | 贷方 | √ | 借或贷 | 余额 | √ |
|---|---|---|---|---|---|---|---|---|---|---|---|
| 月 | 日 | 字 | 号 | | | | | | | | |
| 5 | 1 | | | 月初余额 | | | | | 贷 | 100 000 | √ |
| 5 | 31 | | | 本月发生额及期末余额 | | | | | 贷 | 100 000 | √ |

表 6－62

**总分类账**

会计科目：应付账款

第 37 页

| 2023 年 | | 凭证 | | 摘要 | 借方 | √ | 贷方 | √ | 借或贷 | 余额 | √ |
|---|---|---|---|---|---|---|---|---|---|---|---|
| 月 | 日 | 字 | 号 | | | | | | | | |
| 5 | 10 | 科汇 | 13 | 1～10 日发生额 | | | 168 935 | √ | 贷 | 168 935 | √ |
| 5 | 31 | | | 本月发生额及期末余额 | | | 168 935 | √ | 贷 | 168 935 | √ |

表 6－63

**总分类账**

会计科目：应付职工薪酬

第 41 页

| 2023 年 | | 凭证 | | 摘要 | 借方 | √ | 贷方 | √ | 借或贷 | 余额 | √ |
|---|---|---|---|---|---|---|---|---|---|---|---|
| 月 | 日 | 字 | 号 | | | | | | | | |
| 5 | 1 | | | 月初余额 | | | | | 贷 | 200 000 | √ |
| 5 | 20 | 科汇 | 14 | 11～20 日发生额 | 200 000 | √ | | | 平 | 0 | √ |
| 5 | 31 | 科汇 | 15 | 21～31 日发生额 | | | 336 300 | √ | 贷 | 336 300 | √ |
| 5 | 31 | | | 本月发生额及期末余额 | 200 000 | √ | 336 300 | √ | 贷 | 336 300 | √ |

表 6－64

**总分类账**

会计科目：应交税费

第 45 页

| 2023 年 | | 凭证 | | 摘要 | 借方 | √ | 贷方 | √ | 借或贷 | 余额 | √ |
|---|---|---|---|---|---|---|---|---|---|---|---|
| 月 | 日 | 字 | 号 | | | | | | | | |
| 5 | 10 | 科汇 | 13 | 1～10 日发生额 | 32 370 | √ | 39 000 | √ | 贷 | 6 630 | √ |
| 5 | 20 | 科汇 | 14 | 11～20 日发生额 | 585 | √ | 19 760 | √ | 贷 | 25 805 | √ |
| 5 | 31 | 科汇 | 15 | 21～31 日发生额 | | | 37 025 | √ | 贷 | 62 830 | √ |
| 5 | 31 | | | 本月发生额及期末余额 | 32 955 | √ | 95 785 | √ | 贷 | 62 830 | √ |

表 6－65

**总分类账**

会计科目：应付利息

第 49 页

| 2023 年 | | 凭证 | | 摘要 | 借方 | √ | 贷方 | √ | 借或贷 | 余额 | √ |
|---|---|---|---|---|---|---|---|---|---|---|---|
| 月 | 日 | 字 | 号 | | | | | | | | |
| 5 | 1 | | | 月初余额 | | | | | 贷 | 3 600 | √ |
| 5 | 31 | 科汇 | 15 | 21～31 日发生额 | | | 800 | √ | 贷 | 4 400 | √ |
| 5 | 31 | | | 本月发生额及期末余额 | | | 800 | √ | 贷 | 4 400 | √ |

**表 6－66** 总分类账

会计科目：应付利润　　第 51 页

| 2023 年 | | 凭证 | | 摘要 | 借方 | √ | 贷方 | √ | 借或贷 | 余额 | √ |
|---|---|---|---|---|---|---|---|---|---|---|---|
| 月 | 日 | 字 | 号 | | | | | | | | |
| 5 | 31 | 科汇 | 15 | 21～31 日发生额 | | | 10 658 | √ | 贷 | 10 658 | √ |
| 5 | 31 | | | 本月发生额及期末余额 | | | 10 658 | √ | 贷 | 10 658 | √ |

**表 6－67** 总分类账

会计科目：长期借款　　第 52 页

| 2023 年 | | 凭证 | | 摘要 | 借方 | √ | 贷方 | √ | 借或贷 | 余额 | √ |
|---|---|---|---|---|---|---|---|---|---|---|---|
| 月 | 日 | 字 | 号 | | | | | | | | |
| 5 | 31 | | | 21～31 日发生额 | | | 500 000 | √ | 贷 | 500 000 | √ |
| 5 | 31 | | | 本月发生额及期末余额 | | | 500 000 | √ | 贷 | 500 000 | √ |

**表 6－68** 总分类账

会计科目：实收资本　　第 53 页

| 2023 年 | | 凭证 | | 摘要 | 借方 | √ | 贷方 | √ | 借或贷 | 余额 | √ |
|---|---|---|---|---|---|---|---|---|---|---|---|
| 月 | 日 | 字 | 号 | | | | | | | | |
| 5 | 1 | | | 月初余额 | | | | | 贷 | 1 700 000 | √ |
| 5 | 31 | | | 本月发生额及期末余额 | | | | | 贷 | 1 700 000 | √ |

**表 6－69** 总分类账

会计科目：资本公积　　第 55 页

| 2023 年 | | 凭证 | | 摘要 | 借方 | √ | 贷方 | √ | 借或贷 | 余额 | √ |
|---|---|---|---|---|---|---|---|---|---|---|---|
| 月 | 日 | 字 | 号 | | | | | | | | |
| 5 | 1 | | | 月初余额 | | | | | 贷 | 646 000 | √ |
| 5 | 31 | | | 本月发生额及期末余额 | | | | | 贷 | 646 000 | √ |

**表 6－70** 总分类账

会计科目：盈余公积　　第 57 页

| 2023 年 | | 凭证 | | 摘要 | 借方 | √ | 贷方 | √ | 借或贷 | 余额 | √ |
|---|---|---|---|---|---|---|---|---|---|---|---|
| 月 | 日 | 字 | 号 | | | | | | | | |
| 5 | 1 | | | 月初余额 | | | | | 贷 | 80 000 | √ |
| 5 | 31 | 科汇 | 15 | 21～31 日发生额 | | | 10 658 | √ | 贷 | 90 658 | √ |
| 5 | 31 | | | 本月发生额及期末余额 | | | 10 658 | √ | 贷 | 90 658 | √ |

**表 6－71**　　总分类账

会计科目：本年利润　　第 59 页

| 2023 年 | | 凭证 | | 摘要 | 借方 | √ | 贷方 | √ | 借或贷 | 余额 | √ |
|---|---|---|---|---|---|---|---|---|---|---|---|
| 月 | 日 | 字 | 号 | | | | | | | | |
| 5 | 1 | | | 月初余额 | | | | | 贷 | 300 000 | √ |
| 5 | 31 | 科汇 | 15 | 21～31 日发生额 | 345 625 | √ | 452 200 | √ | 贷 | 406 575 | √ |
| 5 | 31 | | | 本月发生额及期末余额 | 345 625 | √ | 452 200 | √ | 贷 | 406 575 | √ |

**表 6－72**　　总分类账

会计科目：利润分配　　第 61 页

| 2023 年 | | 凭证 | | 摘要 | 借方 | √ | 贷方 | √ | 借或贷 | 余额 | √ |
|---|---|---|---|---|---|---|---|---|---|---|---|
| 月 | 日 | 字 | 号 | | | | | | | | |
| 5 | 1 | | | 月初余额 | | | | | 借 | 200 000 | √ |
| 5 | 31 | 科汇 | 15 | 21～31 日发生额 | 21 316 | √ | | | 借 | 221 316 | √ |
| 5 | 31 | | | 本月发生额及期末余额 | 21 316 | √ | | | 借 | 221 316 | √ |

**表 6－73**　　总分类账

会计科目：生产成本　　第 64 页

| 2023 年 | | 凭证 | | 摘要 | 借方 | √ | 贷方 | √ | 借或贷 | 余额 | √ |
|---|---|---|---|---|---|---|---|---|---|---|---|
| 月 | 日 | 字 | 号 | | | | | | | | |
| 5 | 10 | 科汇 | 13 | 1～10 日发生额 | 617 020 | √ | | | 借 | 617 020 | √ |
| 5 | 31 | 科汇 | 15 | 21～31 日发生额 | 478 980 | √ | 1 096 000 | √ | 平 | 0 | √ |
| 5 | 31 | | | 本月发生额及期末余额 | 1 096 000 | √ | 1 096 000 | √ | 平 | 0 | √ |

**表 6－74**　　总分类账

会计科目：制造费用　　第 68 页

| 2023 年 | | 凭证 | | 摘要 | 借方 | √ | 贷方 | √ | 借或贷 | 余额 | √ |
|---|---|---|---|---|---|---|---|---|---|---|---|
| 月 | 日 | 字 | 号 | | | | | | | | |
| 5 | 10 | 科汇 | 13 | 1～10 日发生额 | 60 000 | √ | | | 借 | 60 000 | √ |
| 5 | 31 | 科汇 | 15 | 21～31 日发生额 | 111 180 | √ | 171 180 | √ | 平 | 0 | √ |
| 5 | 31 | | | 本月发生额及期末余额 | 171 180 | √ | 171 180 | √ | 平 | 0 | √ |

**表 6－75**　　总分类账

会计科目：主营业务收入　　第 72 页

| 2023 年 | | 凭证 | | 摘要 | 借方 | √ | 贷方 | √ | 借或贷 | 余额 | √ |
|---|---|---|---|---|---|---|---|---|---|---|---|
| 月 | 日 | 字 | 号 | | | | | | | | |
| 5 | 10 | 科汇 | 13 | 1～10 日发生额 | | | 300 000 | √ | 贷 | 300 000 | √ |
| 5 | 20 | 科汇 | 14 | 11～20 日发生额 | | | 150 000 | √ | 贷 | 450 000 | √ |
| 5 | 31 | 科汇 | 15 | 21～31 日发生额 | 450 000 | √ | | | 平 | 0 | √ |
| 5 | 31 | | | 本月发生额及期末余额 | 450 000 | √ | 450 000 | √ | 平 | 0 | √ |

表 6－76　　总分类账

会计科目：其他业务收入　　第 75 页

| 2023 年 | | 凭证 | | 摘要 | 借方 | √ | 贷方 | √ | 借或贷 | 余额 | √ |
|---|---|---|---|---|---|---|---|---|---|---|---|
| 月 | 日 | 字 | 号 | | | | | | | | |
| 5 | 20 | 科汇 | 14 | 11～20 日发生额 | | | 2 000 | √ | 贷 | 2 000 | √ |
| 5 | 31 | 科汇 | 15 | 21～31 日发生额 | 2 000 | √ | | | 平 | 0 | √ |
| 5 | 31 | | | 本月发生额及期末余额 | 2 000 | √ | 2 000 | √ | 平 | 0 | √ |

表 6－77　　总分类账

会计科目：营业外收入　　第 77 页

| 2023 年 | | 凭证 | | 摘要 | 借方 | √ | 贷方 | √ | 借或贷 | 余额 | √ |
|---|---|---|---|---|---|---|---|---|---|---|---|
| 月 | 日 | 字 | 号 | | | | | | | | |
| 5 | 20 | 科汇 | 14 | 11～20 日发生额 | | | 200 | √ | 贷 | 200 | √ |
| 5 | 31 | 科汇 | 15 | 21～31 日发生额 | 200 | √ | | | 平 | 0 | √ |
| 5 | 31 | | | 本月发生额及期末余额 | 200 | √ | 200 | √ | 平 | 0 | √ |

表 6－78　　总分类账

会计科目：主营业务成本　　第 79 页

| 2023 年 | | 凭证 | | 摘要 | 借方 | √ | 贷方 | √ | 借或贷 | 余额 | √ |
|---|---|---|---|---|---|---|---|---|---|---|---|
| 月 | 日 | 字 | 号 | | | | | | | | |
| 5 | 31 | 科汇 | 15 | 21～31 日发生额 | 230 000 | √ | 230 000 | √ | 平 | 0 | √ |
| 5 | 31 | | | 本月发生额及期末余额 | 230 000 | √ | 230 000 | √ | 平 | 0 | √ |

表 6－79　　总分类账

会计科目：其他业务成本　　第 81 页

| 2023 年 | | 凭证 | | 摘要 | 借方 | √ | 贷方 | √ | 借或贷 | 余额 | √ |
|---|---|---|---|---|---|---|---|---|---|---|---|
| 月 | 日 | 字 | 号 | | | | | | | | |
| 5 | 20 | 科汇 | 14 | 11～20 发生额 | 1 000 | √ | | | 借 | 1 000 | √ |
| 5 | 31 | 科汇 | 15 | 21～31 日发生额 | | | 1 000 | √ | 平 | 0 | √ |
| 5 | 31 | | | 本月发生额及期末余额 | 1 000 | √ | 1 000 | √ | 平 | 0 | √ |

表 6－80　　总分类账

会计科目：税金及附加　　第 83 页

| 2023 年 | | 凭证 | | 摘要 | 借方 | √ | 贷方 | √ | 借或贷 | 余额 | √ |
|---|---|---|---|---|---|---|---|---|---|---|---|
| 月 | 日 | 字 | 号 | | | | | | | | |
| 5 | 31 | 科汇 | 15 | 21～31 日发生额 | 1 500 | √ | 1 500 | √ | 平 | 0 | √ |
| 5 | 31 | | | 本月发生额及期末余额 | 1 500 | √ | 1 500 | √ | 平 | 0 | √ |

表 6－81　　总分类账

会计科目：销售费用　　第 84 页

| 2023 年 | | 凭证 | | 摘要 | 借方 | √ | 贷方 | √ | 借或贷 | 余额 | √ |
|---|---|---|---|---|---|---|---|---|---|---|---|
| 月 | 日 | 字 | 号 | | | | | | | | |
| 5 | 10 | 科汇 | 13 | 1～10 日发生额 | 3 000 | √ | | | 借 | 3 000 | √ |
| 5 | 31 | 科汇 | 15 | 21～31 日发生额 | 5 700 | √ | 8 700 | √ | 平 | 0 | √ |
| 5 | 31 | | | 本月发生额及期末余额 | 8 700 | √ | 8 700 | √ | 平 | 0 | √ |

表 6－82　　总分类账

会计科目：管理费用　　第 88 页

| 2023 年 | | 凭证 | | 摘要 | 借方 | √ | 贷方 | √ | 借或贷 | 余额 | √ |
|---|---|---|---|---|---|---|---|---|---|---|---|
| 月 | 日 | 字 | 号 | | | | | | | | |
| 5 | 10 | 科汇 | 13 | 1～10 日发生额 | 2 980 | √ | | | 借 | 2 980 | √ |
| 5 | 31 | 科汇 | 15 | 21～31 日发生额 | 62 120 | √ | 65 100 | √ | 平 | 0 | √ |
| 5 | 31 | | | 本月发生额及期末余额 | 65 100 | √ | 65 100 | √ | 平 | 0 | √ |

表 6－83　　总分类账

会计科目：财务费用　　第 92 页

| 2023 年 | | 凭证 | | 摘要 | 借方 | √ | 贷方 | √ | 借或贷 | 余额 | √ |
|---|---|---|---|---|---|---|---|---|---|---|---|
| 月 | 日 | 字 | 号 | | | | | | | | |
| 5 | 31 | 科汇 | 15 | 21～31 日发生额 | 800 | √ | 800 | √ | 平 | 0 | √ |
| 5 | 31 | | | 本月发生额及期末余额 | 800 | √ | 800 | √ | 平 | 0 | √ |

表 6－84　　总分类账

会计科目：营业外支出　　第 95 页

| 2023 年 | | 凭证 | | 摘要 | 借方 | √ | 贷方 | √ | 借或贷 | 余额 | √ |
|---|---|---|---|---|---|---|---|---|---|---|---|
| 月 | 日 | 字 | 号 | | | | | | | | |
| 5 | 20 | 科汇 | 14 | 11～20 日发生额 | 3 000 | √ | | | 借 | 3 000 | √ |
| 5 | 31 | 科汇 | 15 | 21～31 日发生额 | | | 3 000 | √ | 平 | 0 | √ |
| 5 | 31 | | | 本月发生额及期末余额 | 3 000 | √ | 3 000 | √ | 平 | 0 | √ |

表 6－85　　总分类账

会计科目：所得税费用　　第 97 页

| 2023 年 | | 凭证 | | 摘要 | 借方 | √ | 贷方 | √ | 借或贷 | 余额 | √ |
|---|---|---|---|---|---|---|---|---|---|---|---|
| 月 | 日 | 字 | 号 | | | | | | | | |
| 5 | 31 | 科汇 | 15 | 21～31 日发生额 | 35 525 | √ | 35 525 | √ | 平 | 0 | √ |
| 5 | 31 | | | 本月发生额及期末余额 | 35 525 | √ | 35 525 | √ | 平 | 0 | √ |

**步骤 6：核对各明细分类账户和总账账户**

月末，按照对账的要求，总账会计与出纳和明细账会计将各日记账、明细分类账的余额分别与总分类账中有关账户余额核对相符。核对符号“√”，表示已经核对相符。

**步骤7：编制试算平衡表（根据总分类账和有关明细分类账）**

将库存现金日记账、银行存款日记账余额以及各种明细分类账的余额合计数分别与相应的总分类账余额核对无误后，编制“总分类账户发生额及余额试算平衡表”（见表6－86）。

表6－86 总分类账户发生额及余额试算平衡表

2023年5月

| 账户名称 | 期初余额 | | 本期发生额 | | 期末余额 | |
|---|---|---|---|---|---|---|
| | 借方 | 贷方 | 借方 | 贷方 | 借方 | 贷方 |
| 库存现金 | 5 600 | | 200 000 | 201 500 | 4 100 | |
| 银行存款 | 150 000 | | 1 020 960 | 324 520 | 846 440 | |
| 应收账款 | 40 000 | | | 10 000 | 30 000 | |
| 其他应收款 | 3 000 | | 1 000 | | 4 000 | |
| 在途物资 | | | 250 000 | 250 000 | | |
| 原材料 | 801 000 | | 250 000 | 681 000 | 370 000 | |
| 库存商品 | 230 000 | | 1 096 000 | 230 000 | 1 096 000 | |
| 固定资产 | 2 000 000 | | 4 500 | | 2 004 500 | |
| 累计折旧 | | 400 000 | | 150 000 | | 550 000 |
| 短期借款 | | 100 000 | | | | 100 000 |
| 应付账款 | | | | 168 935 | | 168 935 |
| 应付利润 | | | | 10 658 | | 10 658 |
| 应付利息 | | 3 600 | | 800 | | 4 400 |
| 应付职工薪酬 | | 200 000 | 200 000 | 336 300 | | 336 300 |
| 应交税费 | | | 32 955 | 95 785 | | 62 830 |
| 长期借款 | | | | 500 000 | | 500 000 |
| 实收资本 | | 1 700 000 | | | | 1 700 000 |
| 资本公积 | | 646 000 | | | | 646 000 |
| 盈余公积 | | 80 000 | | 10 658 | | 90 658 |
| 生产成本 | | | 1 096 000 | 1 096 000 | | |
| 制造费用 | | | 171 180 | 171 180 | | |
| 主营业务收入 | | | 450 000 | 450 000 | | |
| 其他业务收入 | | | 2 000 | 2 000 | | |
| 营业外收入 | | | 200 | 200 | | |
| 主营业务成本 | | | 230 000 | 230 000 | | |
| 其他业务成本 | | | 1 000 | 1 000 | | |
| 税金及附加 | | | 1 500 | 1 500 | | |
| 销售费用 | | | 8 700 | 8 700 | | |
| 管理费用 | | | 65 100 | 65 100 | | |
| 财务费用 | | | 800 | 800 | | |

续表

| 账户名称 | 期初余额 | | 本期发生额 | | 期末余额 | |
|---|---|---|---|---|---|---|
| | 借方 | 贷方 | 借方 | 贷方 | 借方 | 贷方 |
| 营业外支出 | | | 3 000 | 3 000 | | |
| 所得税费用 | | | 35 525 | 35 525 | | |
| 本年利润 | | 300 000 | 345 625 | 452 200 | | 406 575 |
| 利润分配 | 200 000 | | 21 316 | | 221 316 | |
| 合 计 | 3 429 600 | 3 429 600 | 5 487 361 | 5 487 361 | 4 576 356 | 4 576 356 |

**步骤 8：编制资产负债表（根据总分类账和有关明细分类账）**

作为反映期末时点财务状况的资产负债表，要依据所有资产类、负债类、所有者权益类总账账户的期末余额和有关往来明细账户的期末余额编制。月末，会计主管应根据核对无误的总账和有关明细账和其他有关资料，按要求和一定的方法编制会计报表。其中年初余额根据上年末资产负债表相应项目的金额填写，此处省略，如表 6－87 所示。

**表 6－87**　　**资产负债表**

（适用于已执行新金融准则、新收入准则和新租赁准则的企业）　　会企 01 表

编制单位：华兴公司　　2023 年 05 月 31 日　　单位：元

| 资产 | 期末余额 | 年初余额 | 负债及所有者权益 | 期末余额 | 年初余额 |
|---|---|---|---|---|---|
| 流动资产： | | | 流动负债： | | |
| 货币资金 | 850 540 | | 短期借款 | 100 000 | |
| 交易性金融资产 | | | 交易性金融负债 | | |
| 衍生金融资产 | | | 衍生金融负债 | | |
| 应收票据 | | | 应付票据 | | |
| 应收账款 | 30 000 | | 应付账款 | 168 935 | |
| 应收款项融资 | | | 预收款项 | | |
| 预付款项 | | | 合同负债 | | |
| 其他应收款 | 4 000 | | 应付职工薪酬 | 336 300 | |
| 存货 | 1 466 000 | | 应交税费 | 62 830 | |
| 合同资产 | | | 其他应付款 | 15 058 | |
| 持有待售资产 | | | 持有待售负债 | | |
| 一年内到期的非流动资产 | | | 一年内到期的非流动负债 | | |
| 其他流动资产 | | | 其他流动负债 | | |
| 流动资产合计 | 2 350 540 | | 流动负债合计 | 683 123 | |
| 非流动资产： | | | 非流动负债： | | |
| 债权投资 | | | 长期借款 | 500 000 | |
| 其他债权投资 | | | 应付债券 | | |
| 长期应收款 | | | 租赁负债 | | |
| 长期股权投资 | | | 长期应付款 | | |

续表

| 资产 | 期末余额 | 年初余额 | 负债及所有者权益 | 期末余额 | 年初余额 |
|---|---|---|---|---|---|
| 其他权益工具投资 | | | 预计负债 | | |
| 其他非流动金融资产 | | | 递延收益 | | |
| 投资性房地产 | | | 递延所得税负债 | | |
| 固定资产 | 1 454 500 | | 其他非流动负债 | | |
| 在建工程 | | | 非流动负债合计 | 500 000 | |
| 生产性生物资产 | | | 负债合计 | 1 183 123 | |
| 油气资产 | | | 所有者权益： | | |
| 使用权资产 | | | 实收资本（或股本） | 1 700 000 | |
| 无形资产 | | | 其他权益工具 | | |
| 开发支出 | | | 资本公积 | 646 000 | |
| 商誉 | | | 减：库存股 | | |
| 长期待摊费用 | | | 其他综合收益 | | |
| 递延所得税资产 | | | 专项储备 | | |
| 其他非流动资产 | | | 盈余公积 | 90 658 | |
| 非流动资产合计 | 1 454 500 | | 未分配利润 | 185 259 | |
| | | | 所有者权益合计 | 2 621 917 | |
| 资产总计 | 3 805 040 | | 负债及所有者权益总计 | 3 805 040 | |

# 模块二　编制利润表

## 任务描述

能够根据企业的账务处理程序种类，理解利润表的意义及编制原理，重点掌握利润表的内容、结构和编制方法。

## 业务流程

编制步骤和业务流程如图 6－6 与图 6－7 所示。

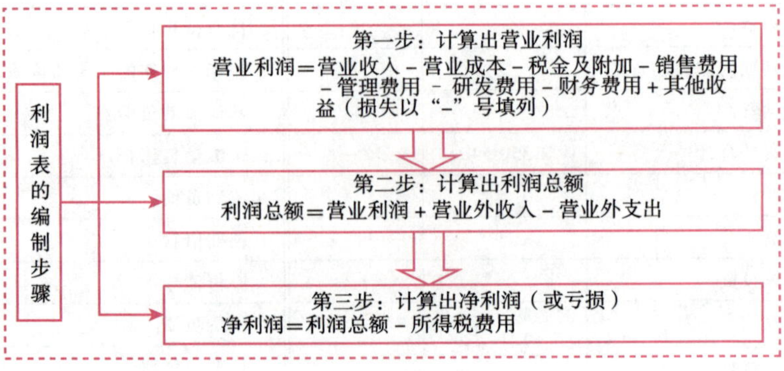


**图 6－6　编制步骤**

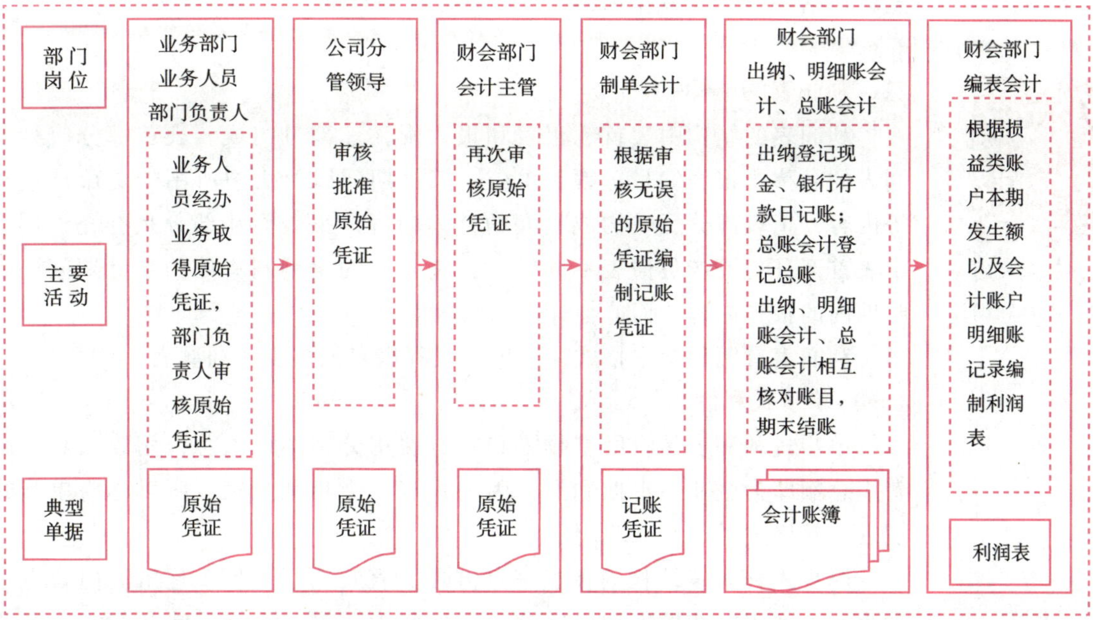


**图 6-7　业务流程图**

## 知识准备

案例：如何理解公司的价值

案例：利润表对公司价值的反映

### 一、利润表的内容

对报表内容进行适当的分类，能够使报表提供的信息更有价值，利润表也是如此。利润表的基本要素是收入、费用和利润，为了进一步分析和考核企业损益的构成及其变动原因，还需将三大要素进行细分，使得利润表成为一个具有多层次含义的报表。我国利润表主要反映以下几方面的内容：

（1）营业收入。营业收入由主营业务收入和其他业务收入组成。

（2）营业成本。营业成本由主营业务成本和其他业务成本组成。

（3）营业利润。营业收入减去营业成本、税金及附加、销售费用、管理费用、财务费用（利息费用 - 利息收入），加上其他收益（包括投资收益、以摊余成本计量的金融资产终止确认收益、净敞口套期收益、公允价值变动收益、信用减值损失、资产减值损失和资产处置收益，损失均以“-”号表示），即营业利润。

（4）利润总额。营业利润加上营业外收入，再减去营业外支出，即利润总额。

（5）净利润。净利润是在利润总额的基础上，减去本期计入损益的所得税费用后得出。

（6）每股收益。普通股或潜在普通股已公开交易的企业，以及正处于公开发行普通股或潜在普通股过程的企业，还应当在利润表中列示每股收益信息，包括基本每股收益和稀释每股收益两项指标。

微课：利润表的结构、内容和编制方法

## 二、利润表的结构

利润表的结构由表首、正表和报表附注三部分组成。表首部分应列明利润表的名称、报表编号、编制单位、编报期间以及表中所用的货币计量单位等内容；正表部分反映构成利润的基本内容；报表附注部分是补充说明。其中表首部分与资产负债表不同的是：它表明的是编制所处的会计期间，表示时期内的报告内容，而非会计期末的日期。

利润表有两种基本格式，即单步式利润表和多步式利润表。

### （一）单步式利润表

单步式利润表是将所有收入和所有费用分别加以汇总，用收入总额减去费用总额即为企业的本期利润。因为只有一个相减步骤，所以称为单步式利润表，其格式如表 6－88 所示。

单步式利润表结构简单、编制方便、直观明了、易于理解。但缺点是各种收入、费用的性质不加以区分，硬性归为一类，不能反映利润表中各要素之间的内在联系，不利于分析企业的生产经营情况和利润的构成情况，也不便于报表使用者进行相关报表分析和盈利预测。

### （二）多步式利润表

根据我国《企业会计准则》的规定，我国企业利润表一般采用多步式结构。

多步式利润表是通过对当期的收入、费用、支出项目按性质加以归类，按利润形成的主要环节列示一些中间性质利润指标，分步计算当期净损益。多步式利润表通常采用上下加减的报告式结构。我国一般企业利润表的格式如表 6－89 所示。

**表 6－88　　利润表（单步式）**

编制单位：　　　　______年______月　　　　单位：元

| 项目 | 本期金额 | 上期金额 |
|---|---|---|
| 收入 | | |
| 主营业务收入 | | |
| 其他业务收入 | | |
| 公允价值变动收益 | | |
| 投资收益 | | |
| 营业外收入 | | |
| …… | | |
| 收入合计 | | |
| 费用 | | |
| 主营业务成本 | | |
| 其他业务成本 | | |
| 税金及附加 | | |

续表

| 项目 | 本期金额 | 上期金额 |
|---|---|---|
| 管理费用 | | |
| 销售费用 | | |
| 财务费用 | | |
| 营业外支出 | | |
| 所得税费用 | | |
| …… | | |
| 费用合计 | | |
| 利润 | | |

**表 6－89　　利润表（多步式）**

（适用于已执行新金融准则、新收入准则和新租赁准则的企业）

会企 02 表

编制单位：　　　　________年________月　　　　单位：元

| 项目 | 本期金额 | 上期金额 |
|---|---|---|
| 一、营业收入 | | |
| 减：营业成本 | | |
| 税金及附加 | | |
| 销售费用 | | |
| 管理费用 | | |
| 研发费用 | | |
| 财务费用 | | |
| 其中：利息费用 | | |
| 利息收入 | | |
| 加：其他收益 | | |
| 投资收益（损失以“－”号填列） | | |
| 其中：对联营企业和合营企业的投资收益 | | |
| 以摊余成本计量的金融资产终止确认收益（损失以“－”号填列） | | |
| 净敞口套期收益（损失以“－”号填列） | | |
| 公允价值变动收益（损失以“－”号填列） | | |
| 信用减值损失（损失以“－”号填列） | | |
| 资产减值损失（损失以“－”号填列） | | |
| 资产处置收益（损失以“－”号填列） | | |
| 二、营业利润（亏损以“－”号填列） | | |
| 加：营业外收入 | | |
| 减：营业外支出 | | |
| 三、利润总额（亏损以“－”号填列） | | |
| 减：所得税费用 | | |
| 四、净利润（净亏损以“－”号填列） | | |

续表

| 项目 | 本期金额 | 上期金额 |
|---|---|---|
| （一）持续经营净利润（净亏损以“－”号填列） | | |
| （二）终止经营净利润（净亏损以“－”号填列） | | |
| 五、其他综合收益的税后净额 | | |
| （一）不能重分类进损益的其他综合收益 | | |
| 1. 重新计量设定受益计划变动额 | | |
| 2. 权益法下不能转损益的其他综合收益 | | |
| 3. 其他权益工具投资公允价值变动 | | |
| 4. 企业自身信用风险公允价值变动 | | |
| …… | | |
| （二）将重分类进损益的其他综合收益 | | |
| 1. 权益法下可转损益的其他综合收益 | | |
| 2. 其他债权投资公允价值变动 | | |
| 3. 金融资产重分类计入其他综合收益的金额 | | |
| 4. 其他债权投资信用减值准备 | | |
| 5. 现金流量套期储备 | | |
| 6. 外币财务报表折算差额 | | |
| …… | | |
| 六、综合收益总额 | | |
| 七、每股收益 | | |
| （一）基本每股收益 | | |
| （二）稀释每股收益 | | |

多步式利润表的优点：便于对企业的生产经营情况进行分析，有利于不同企业之间进行横向比较，更重要的是利用多步式利润表能够有效地反映企业的盈利模式和资产运营效率，有利于预测企业今后的持续盈利能力，以便于信息使用者进行科学的经济决策。

小贴士

**利润表的上期**

在新准则下，利润表中“上期”的概念，不能简单地将“上期”理解为“本期”的上一个期间，而应该由“本期”的含义而确定。如果编制的是中期利润表，则“本期”指本年1月1日至6月30日累计净额，“上期”则指上一个年度的1月1日至6月30日累计净额，如果编制的是月度利润表，则“本期”指本月，“上期”则指上一年度的同一月度，而不是本月的前一个月度。

## 三、利润表的编制方法

正如前面所述，相对于资产负债表而言，利润表是反映某一会计主体特定会计期间而不是特定时点的会计报表，从会计账户的角度来看，反映的是会计账户在特定会计期间的发生额。

而会计报表是根据会计账户编制的，所以只有会计账户在某一会计期间的发生额才能反映该期间的变化情况，因此利润表的编制应以账户的发生额为依据；但并不是所有账户的发生额都与利润有关，只有损益类的账户所记录的内容才能计算出特定期间的利润。因此，应根据损益类账户的特定会计期间的发生额编制利润表。

所有的利润表都列有“本期金额”和“上期金额”两栏，相当于两期的比较利润表。

### （一）利润表中“上期金额”栏的填列方法

利润表中各项目的数据来源主要是根据各损益类账户的发生额分析计算填列。报表中的“上期金额”栏内各项数字，根据上年度利润表“本期金额”栏内所列数字填列，在编制季度利润表时，填列上年同季度累计实际发生数；在编制年度利润表时，填列上年全年累计实际发生数。如果上年度利润表的项目名称和内容与本年度利润表不一致，应对上年度报表项目的名称和金额按照本年度的规定进行调整，填入报表的“上期金额”栏内。

利润表“本期金额”栏各项目，一般应根据损益类账户的本期发生额分析计算填列。

### （二）利润表中“本期金额”栏的填列方法

1. 根据相应账户的发生额分析填列

（1）“营业收入”项目，反映企业经营主要业务和其他业务所确认的收入总额。本项目应根据“主营业务收入”和“其他业务收入”账户的发生额计算填列。

（2）“营业成本”项目，反映企业经营主要业务和其他业务所发生的成本总额。本项目应根据“主营业务成本”和“其他业务成本”账户的发生额计算填列。

（3）“税金及附加”项目，反映企业经营业务应负担的消费税、城市维护建设税、资源税、土地增值税和教育费附加等。本项目应根据“税金及附加”账户的发生额分析填列。

（4）“销售费用”项目，反映企业在销售商品过程中发生的包装费、广告费等费用和为销售本企业商品而专设的销售机构的职工薪酬、业务费等经营费用。本项目应根据“销售费用”账户的发生额分析填列。

（5）“管理费用”项目，反映企业为组织和管理生产经营所发生的管理费用。本项目根据“管理费用”账户的发生额分析填列。

（6）“研发费用”项目，反映企业进行研究与开发过程中发生的费用化支出，以及计入管理费用的自行开发无形资产的摊销。该项目根据“管理费用”账户下的研发费用明细账户的发生额以及“管理费用”账户下的“无形资产摊销”明细账户的发生额分析填列。

（7）“利息费用”项目，反映企业为筹集生产经营所需资金等而发生的应予费用化的利息支出。该项目应根据“财务费用”账户的相关明细账户的发生额分析填列。该项目作为“财务费用”项目的其中项，以正数列示。

（8）“利息收入”项目，反映企业按照相关会计准则确认的应冲减“财务费用”的利息收入。该项目应根据“财务费用”账户的相关明细账户的发生额分析填列。该项目作为“财务费用”项目的其中项，以正数列示。

（9）“资产减值损失”“其他收益”“净敞口套期收益”“信用减值损失”项目，根据各账户的发生额分析填列。

（10）“公允价值变动收益”项目，反映企业应当计入当期损益的资产或负债公允价值变动收益，如交易性金融资产当期公允价值的变动额。本项目应根据“公允价值变动收益”账户的发生额分析填列；如为净亏损，本项目以“-”号填列。

（11）“投资收益”项目，反映企业以各种方式对外投资所取得的收益。本项目应根据“投资收益”账户的发生额分析填列；如为投资损失，本项目以“-”号填列。

（12）“资产处置收益”项目，反映企业出售划分为持有待售的非流动资产（金融工具、长期股权投资和投资性房地产除外）或处置组（子公司和业务除外）时确认的处置利得或损失，以及处置未划分为持有待售的固定资产、在建工程、生产性生物资产及无形资产而产生的处置利得或损失。债务重组中，因处置非流动资产（金融工具、长期股权投资和投资性房地产除外）产生的利得或损失和非货币性资产交换中产生非流动资产（金融工具、长期股权投资和投资性房地产除外）的利得或损失也包括在该项目内。该项目应根据“资产处置损益”账户的发生额分析填列，如为处置损失以“-”号填列。

（13）“营业外收入”项目，反映企业发生的与其经营活动无直接关系的各项收入。本项目应根据“营业外收入”账户的发生额分析填列。

（14）“营业外支出”项目，反映企业发生的与经营业务无直接关系的各项支出。本项目应根据“营业外支出”账户的发生额分析填列。

（15）“所得税费用”项目，反映企业应从当期利润中扣除的所得税费用。本项目应根据“所得税费用”账户的发生额分析填列。

（16）“其他综合收益”项目，反映企业根据会计准则规定未在损益中确认的各项利得和损失扣除所得税影响后的净额。

2. 根据计算公式计算填列

“营业利润”“利润总额”“净利润”项目，应根据表中的计算公式计算填列，若亏损应以“-”号填列。“每股收益”“综合收益总额”应根据有关公式和表中数据计算填列。

（1）营业利润＝营业收入－营业成本－税金及附加－销售费用－管理费用－研发费用－财务费用－资产减值损失＋公允价值变动收益＋投资收益

（2）利润总额＝营业利润＋营业外收入－营业外支出

（3）净利润＝利润总额－所得税费用

（4）其他综合收益的税后净额 ＝以后不能重分类进损益的其他综合收益＋以后将重分类进损益的其他综合收益＋归属于少数股东的其他综合收益的税后净额

其他综合收益，是指企业根据企业会计准则规定未在当期损益中确认的各项利得和损失扣除所得税影响后的金额。

（5）每股收益＝属于普通股股东的当期净利润÷当期发行在外普通股的加权平均数

（6）综合收益总额＝净利润＋其他综合收益

简而言之，“本期金额”栏中各损益类项目根据期末将该损益类账户转入“本年利润”账户的金额填列；“营业利润”“利润总额”“净利润”“每股收益”“综合收益总额”则根据表内项目和公式分析计算填列；“上期金额”根据上年同期利润表填列。

## 业务办理　编制利润表

**【引例分析 6－3】**

【引例 6－3】资料：以前述“任务一 编制资产负债表”华兴公司业务资料为例，此处不再重新叙述。该公司 2023 年 5 月份有关损益类账户的发生额如表 6－90 所示。

**表 6－90　　损益账户本期发生额**

2023 年 5 月　　单位：元

| 损益类账户名称 | 借方发生额 | 贷方发生额 |
|---|---|---|
| 主营业务收入 | | 450 000 |
| 其他业务收入 | | 2 000 |
| 营业外收入 | | 200 |
| 主营业务成本 | 230 000 | |
| 其他业务成本 | 1 000 | |
| 税金及附加 | 1 500 | |
| 销售费用 | 8 700 | |
| 管理费用 | 65 100 | |
| 财务费用 | 800 | |
| 其中：利息费用 | 2 200 | |
| 利息收入 | 1 400 | |
| 研发费用 | 0 | |
| 营业外支出 | 3 000 | |
| 所得税费用 | 35 525 | |

## 操作指导

为了系统地理解和掌握会计账务处理程序，重点区别编制利润表和编制资产负债表的不同之处，仍然假定华兴公司采用收款凭证、付款凭证和转账凭证专用记账凭证，采用科目汇总表账务处理程序。

从获取和审核原始凭证、编制和审核记账凭证、登记库存现金日记账和银行存款日记账、登记明细分类账、编制科目汇总表、根据科目汇总表登记总分类账以及日记账、明细账和总分类账相互核对的账务处理程序，对编制资产负债表和利润表而言都是同一过程。编制利润表与编制资产负债表的最大不同之处在于：期末结账之后，资产负债表是根据期末时点所有资产类、负债类、所有者权益类总账账户的余额和往来类明细账户的余额分析计算填列；而编制利润表主要根据各损益类账户的本期发生额分析计算填列。各损益类账户的本期发生额可以根据期末该损益类账户转入“本年利润”账户的金额分析计算，而华兴公司相关损益类账户的本期发生额经过整理在上述资料中已直接给出，在下述编制利润表的账务处理程序中，与前述“任务一 编制资产负债表”相同的同一过程省略，不再赘述；报表中的“上期金额”栏各项目，反映上年同期实际数，根据上年度利润表“本期金额”栏内相应项目的金额填列，此处亦省略；以下程序重点列示如何根据损益类账户的“本期发生额”填列利润表的“本期金额”栏内的相应项目。

**步骤 1：填制凭证（根据经济业务）**

制单会计根据本月发生经济业务所取得的原始凭证或汇总原始凭证填制收款凭证、付款凭证、转账凭证，此程序同编制资产负债表是同一程序，此处省略。

**步骤 2：登记库存现金日记账和银行存款日记账（根据收款凭证、付款凭证）**

出纳根据审核后的收款凭证和付款凭证逐日逐笔登记库存现金日记账和银行存款日记账，计入相应的库存现金、银行存款的明细分类账户和总账账户。此程序同编制资产负债表是同一程序，此处省略。

**步骤 3：登记明细分类账（根据原始凭证和记账凭证）**

会计根据审核后的原始凭证或原始凭证汇总表及所编制的记账凭证，逐笔登记明细分类账。此程序同编制资产负债表是同一程序，此处省略。

**步骤 4：编制科目汇总表（根据收款凭证、付款凭证和转账凭证）**

会计人员根据审核后的收款凭证、付款凭证和转账凭证，每日或定期编制科目汇总表，科目汇总表汇总的时间应根据业务量的多少而定。此程序同编制资产负债表是同一程序，此处省略。

**步骤 5：根据科目汇总表登记总分类账**

总账会计根据审核后的科目汇总表，定期登记总分类账，本例中根据记账凭证每旬编制科目汇总表，同样每旬根据编制的科目汇总表登记相应的总分类账账户。此程序同编制资产负债表是同一程序，此处省略。

**步骤6：核对各明细分类账户和总账账户**

月末，按照对账的要求，总账会计与出纳和明细账会计将各日记账、明细分类账的余额分别与总分类账中有关账户余额核对是否相符。此程序同编制资产负债表是同一程序，此处省略。

**步骤7：编制试算平衡表（根据总分类账和有关明细分类账）**

将库存现金日记账、银行存款日记账余额以及各种明细分类账的余额合计数分别与相应的总分类账余额核对无误后，编制“总分类账户发生额及余额试算平衡表”。此程序同编制资产负债表是同一程序，此处省略。

**步骤8：编制利润表（根据总分类账）**

作为反映企业在某一时期内经营活动成果的利润表，应根据损益类账户在该会计期间的发生额编制。月末，会计主管应根据核对无误的总账，按要求和一定的方法编制会计报表。其中利润表中的“上期金额”栏内各项数字，根据上年度利润表“本期金额”栏内所列数字填列，此处省略；“本期金额”栏应根据表6－90所示公司2023年5月份有关损益类账户的发生额分析填列，如表6－91所示。

企业利润表中利润的形成分以下三个步骤：

第一步，以营业收入为基础，减去营业成本、税金及附加、销售费用、管理费用、研发费用、财务费用、资产减值损失，加上公允价值变动收益（减去公允价值变动损失）和投资收益（减去投资损失），计算出营业利润。

第二步，以营业利润为基础，加上营业外收入，减去营业外支出，计算出利润总额。

第三步，以利润总额为基础，减去所得税费用，计算出净利润（或净亏损）。

**表6－91　　利润表（多步式）**

（适用于已执行新金融准则、新收入准则和新租赁准则的企业）

会企02表

编制单位：华兴公司　　2023年05月　　单位：元

| 项目 | 本期金额 | 上期金额 |
|---|---|---|
| 一、营业收入 | 452 000 | |
| 减：营业成本 | 231 000 | |
| 税金及附加 | 1 500 | |
| 销售费用 | 8 700 | |
| 管理费用 | 65 100 | |
| 研发费用 | 0 | |
| 财务费用 | 800 | |
| 其中：利息费用 | 2 200 | |
| 利息收入 | 1 400 | |
| 加：其他收益 | 0 | |

续表

| 项目 | 本期金额 | 上期金额 |
|---|---|---|
| 投资收益（损失以“－”号填列） | 0 | |
| 其中：对联营企业和合营企业的投资收益 | 0 | |
| 以摊余成本计量的金融资产终止确认收益（损失以“－”号填列） | 0 | |
| 净敞口套期收益（损失以“－”号填列） | 0 | |
| 公允价值变动收益（损失以“－”号填列） | 0 | |
| 信用减值损失（损失以“－”号填列） | 0 | |
| 资产减值损失（损失以“－”号填列） | 0 | |
| 资产处置收益（损失以“－”号填列） | 0 | |
| 二、营业利润（亏损以“－”号填列） | 144 900 | |
| 加：营业外收入 | 200 | |
| 减：营业外支出 | 3 000 | |
| 三、利润总额（亏损以“－”号填列） | 142 100 | |
| 减：所得税费用 | 35 525 | |
| 四、净利润（净亏损以“－”号填列） | 106 575 | |
| （一）持续经营净利润（净亏损以“－”号填列） | | |
| （二）终止经营净利润（净亏损以“－”号填列） | | |
| 五、其他综合收益的税后净额 | | |
| （一）不能重分类进损益的其他综合收益 | | |
| 1. 重新计量设定受益计划变动额 | | |
| 2. 权益法下不能转损益的其他综合收益 | | |
| 3. 其他权益工具投资公允价值变动 | | |
| 4. 企业自身信用风险公允价值变动 | | |
| …… | | |
| （二）将重分类进损益的其他综合收益 | | |
| 1. 权益法下可转损益的其他综合收益 | | |
| 2. 其他债权投资公允价值变动 | | |
| 3. 金融资产重分类计入其他综合收益的金额 | | |
| 4. 其他债权投资信用减值准备 | | |
| 5. 现金流量套期储备 | | |
| 6. 外币财务报表折算差额 | | |
| …… | | |
| 六、综合收益总额 | | |
| 七、每股收益 | | |
| （一）基本每股收益 | | |
| （二）稀释每股收益 | | |

# 模块三　编制现金流量表

## 任务描述

能够根据企业的账务处理程序种类，理解现金流量表的意义及编制原理，重点掌握现金流量表的内容、结构和编制方法。

## 业务流程

业务流程如图6－8所示。

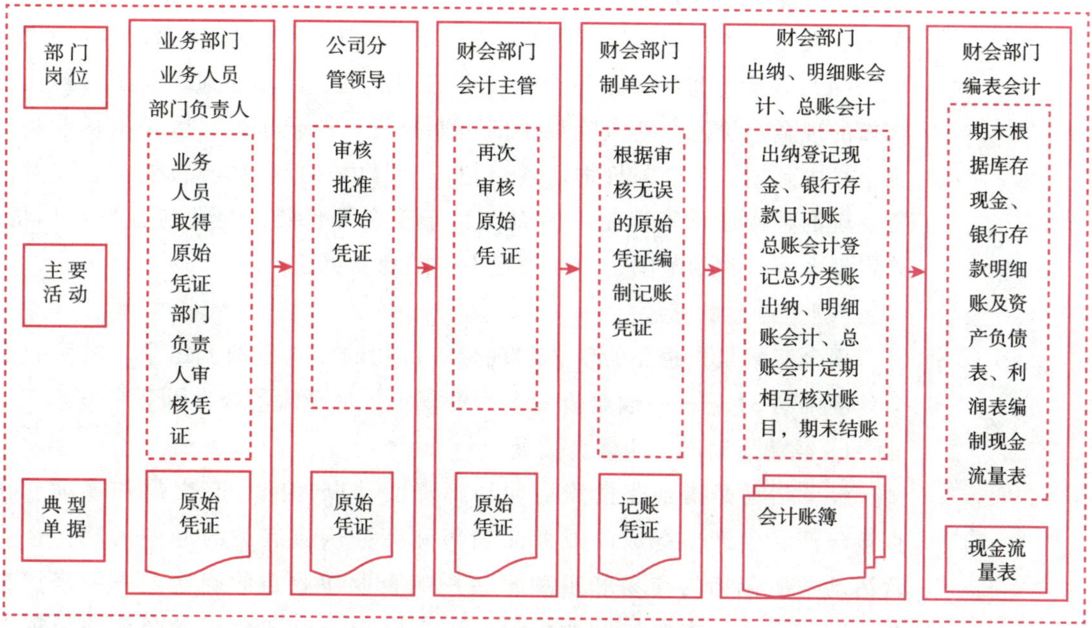


**图6－8　现金流量表的业务流程**

出纳登记现金、银行存款日记账；总账会计登记总账。

出纳、明细账会计、总账会计相互核对账目，期末结账。

## 知识准备

### 一、现金流量表的内容

现金流量表是以收付实现制为基础编制的，反映企业一定会计期间现金及现金等价物流入和流出的报表。它将企业产生的现金流量主要分为三类：经营活动产生的现金流量、投资活动产生的现金流量和筹资活动产生的现金流量。

案例：现金流量表对公司价值的反映

### （一）现金概念

微课：现金流量表的结构、内容

现金流量表中的现金是广义的现金概念，泛指货币性流动资产。它不仅包括库存现金、可以随时用于支付的存款、其他货币资金，而且还包括现金等价物。具体如下：

（1）库存现金，是指企业持有可随时用于支付的现金限额。与会计核算中的“库存现金”账户所包括的内容一致。

（2）银行存款，是指企业存在金融企业可以随时用于支付的存款。与会计核算中“银行存款”账户所包括的内容基本一致。不同之处是：如果存在金融企业的款项中不能随时用于支付的存款，如不能随时支付的定期存款，不作为现金流量表中的现金，但提前通知金融企业便可支取的定期存款，则包括在现金流量表中的现金范围内。

（3）其他货币资金，是指企业存在金融企业有特定用途的资金，如外埠存款、银行汇票存款、银行本票存款、信用证保证金存款、信用卡存款等。

（4）现金等价物，是指企业持有的期限短、流动性强、易于转换为已知金额的现金、价值变动风险很小的短期投资。期限短，一般是指从购买日起三个月内到期。现金等价物通常包括三个月内到期的债券投资等。权益性投资变现的金额通常不确定，因而不属于现金等价物。企业应根据具体情况，确定现金等价物的范围，一经确定不得随意变更。

### （二）现金流量的分类

现金流量是指企业的现金和现金等价物的流入量和流出量。按照《企业会计准则第 31 号——现金流量表》的规定，现金流量分为以下三类：

1. 经营活动产生的现金流量

经营活动是指企业投资活动和筹资活动以外的所有交易和事项。它是直接与产品生产、产成品或商品销售和劳务供应有关的经济活动，企业经营活动中所包括的交易和事项直接影响企业净收益的确定。一般来说，经营活动是企业最主要的营业活动，也是影响企业现金流量变动的最重要的因素。经营活动的现金流量包括经营活动流入的现金和经营活动流出的现金。

（1）经营活动流入的现金。

①销售商品、提供劳务收到的现金；

②收到的税费返还；

③收到的其他与经营活动有关的现金。

（2）经营活动流出的现金。

①购买商品、接受劳务支付的现金；

②支付给职工以及为职工支付的现金；

③支付的各项税费；

④支付其他与经营活动有关的现金。

2. 投资活动产生的现金流量

企业的投资活动是指企业长期资产的购建和不包括在现金等价物范围内的投资及其处置活动。投资活动一般包括两个方面：一是购买或出售企业生产过程中所使用的长期资产，如土地、厂房、建筑物、机器设备和专利权等；二是为了获取投资报酬或其他经营目的的长期投资，以及通过转让或出售而收回投资的有关活动。投资活动的现金流量就是指由于购置与处置非流动资产等投资活动所产生的现金流入与流出。

（1）投资活动流入的现金。

①收回投资收到的现金；

②取得投资收益收到的现金；

③处置固定资产、无形资产和其他长期资产收回的现金净额；

④处置子公司及其他营业单位收到的现金净额；

⑤收到其他与投资活动有关的现金。

（2）投资活动流出的现金。

①购建固定资产、无形资产和其他长期资产支付的现金；

②投资支付的现金；

③取得子公司及其他营业单位支付的现金；

④支付其他与投资活动有关的现金。

3. 筹资活动产生的现金流量

筹资活动是指导致企业资本及债务规模和构成发生变化的活动。这里所指的资本，既包括实收资本（股本），也包括资本溢价（股本溢价）；这里所指的债务，指对外举债，包括向银行借款、发行债券以及偿还债务等。通常情况下，应付账款、应付票据等商业应付款等属于经营活动，不属于筹资活动。筹资活动是企业重要的活动之一，是企业开展经营活动和投资活动的前提，企业有效的筹资活动能够及时为经营和投资提供各种可靠的和低成本的资金，从而能够增强企业的财务适应能力。

（1）筹资活动流入的现金：

①吸收投资收到的现金；

②取得借款收到的现金；

③收到其他与筹资活动有关的现金。

（2）筹资活动流出的现金：

①偿还债务支付的现金；

②分配股利、利润或偿付利息支付的现金；

③支付其他与筹资活动有关的现金。

### （三）影响现金流量的因素

企业日常经营活动是影响现金流量的重要因素，但并不是所有的交易和事项都影响现金流量，具体包括如下几种情形：

（1）现金各项目之间的增减变动（包括现金与现金等价物之间的增减变动），不会影响现金流量净额的变动。如从银行提取现金、将现金存入银行、用现金或银行存款购买3个月内到期的债券等，均属于现金各项目之间的内部转换，不会影响现金流量的增减变动。

（2）非现金各项目之间的增减变动，不会影响现金流量净额的变动。如赊购原材料、用库存商品清偿债务、用固定资产清偿债务、用固定资产对外投资、对固定资产计提折旧和对无形资产计提摊销等均属于非现金项目之间的增减变动，不涉及现金收支，不会影响现金流量的增减变动。

（3）现金各项目与非现金各项目之间的增减变动，会影响现金流量净额的变动。如用现金购买的原材料、用现金购置固定资产、用现金偿还债务、用现金对外投资、销售产品收到货款、收回长期债券投资、从金融机构取得借款、发行债券和股票等，均涉及各现金项目与非现金各项目之间的增减变动，这些变动会引起现金流量的增减变动。

现金流量表主要反映现金各项目与非现金各项目之间的增减变动情况对现金流量净额的影响，非现金各项目之间的增减变动不影响现金流量净额，但属于重要的投资和筹资活动，在现金流量表的补充资料中单独反映。

## 二、现金流量表的结构

现金流量表分为表首、正表和补充资料三部分。

### （一）表首

现金流量表的表首部分包括：报表名称、报表编号、编制单位、编制时间和货币计量单位等。因为现金流量表是时期报表，所以它的编制时间是指某一会计期间，而非某一会计期末时点。

### （二）正表

现金流量表的正表分为六部分：一是经营活动产生的现金流量；二是投资活动产生的现金流量；三是筹资活动产生的现金流量；四是汇率变动对现金及现金等价物的影响；五是现金及现金等价物净增加额；六是期末现金及现金等价物余额。

现金流量表中不仅按照经营活动、投资活动和筹资活动的现金流量分类分项列示，并且按照其现金流入和流出的性质分项列示。在现金流量表正表中主要存在这样的勾稽关系：即经营、投资和筹资活动的现金净流量分别等于该类活动现金流入小计减去现金流出小计；每类活动的现金净流量之和再加上第四部分“汇率变动对现金及现金等价物的影响”等于第五部分的“现金及现金等价物净增加额”；第五部分加上“期初现金及现金等价物余额”等于第六部分“期末现金及现金等价物余额”。

我国一般企业现金流量表的基本格式如表6-92所示。

表 6－92　**现金流量表**

会企 03 表

编制单位：　________年________月　单位：元

| 项目 | 本期金额 | 上期金额 |
| --- | --- | --- |
| 一、经营活动产生的现金流量 | | |
| 销售商品、提供劳务收到的现金 | | |
| 收到的税费返还 | | |
| 收到的其他与经营活动有关的现金 | | |
| 经营活动现金流入小计 | | |
| 购买商品、接受劳务支付的现金 | | |
| 支付给职工以及为职工支付的现金 | | |
| 支付的各种税费 | | |
| 支付的其他与经营活动有关的现金 | | |
| 经营活动现金流出小计 | | |
| 经营活动产生的现金流量净额 | | |
| 二、投资活动产生的现金流量 | | |
| 收回投资收到的现金 | | |
| 取得投资收益收到的现金 | | |
| 处置固定资产、无形资产和其他长期资产收回的现金净额 | | |
| 处置子公司及其他营业单位收到的现金净额 | | |
| 收到的其他与投资活动有关的现金 | | |
| 投资活动现金流入小计 | | |
| 购建固定资产、无形资产和其他长期资产支付的现金 | | |
| 投资支付的现金 | | |
| 取得子公司及其他营业单位支付的现金净额 | | |
| 支付其他与投资活动有关的现金 | | |
| 投资活动现金流出小计 | | |
| 投资活动产生的现金流量净额 | | |
| 三、筹资活动产生的现金流量 | | |
| 吸收投资收到的现金 | | |
| 取得借款收到的现金 | | |
| 收到其他与筹资活动有关的现金 | | |
| 筹资活动现金流入小计 | | |
| 偿还债务支付的现金 | | |
| 分配股利、利润或偿付利息支付的现金 | | |
| 支付的其他与筹资活动有关的现金 | | |
| 筹资活动现金流出小计 | | |

续表

| 项目 | 本期金额 | 上期金额 |
|---|---|---|
| 筹资活动产生的现金流量净额 | | |
| 四、汇率变动对现金及现金等价物的影响 | | |
| 五、现金及现金等价物净增加额 | | |
| 加：期初现金及现金等价物余额 | | |
| 六、期末现金及现金等价物余额 | | |

### （三）补充资料

现金流量表的补充资料部分主要披露不涉及现金收支的投资和筹资活动，将净利润调节为经营活动现金流量以及现金及现金等价物的净增加情况。

一般企业现金流量表补充资料披露格式如表 6-93 所示，企业应当采用间接法在现金流量表附注中披露将净利润调节为经营活动现金流量的信息。

**表 6-93** 单位：元

| 补充资料 | 本期金额 | 上期金额 |
|---|---|---|
| 1. 将净利润调节为经营活动现金流量 | | |
| 净利润 | | |
| 加：资产减值准备 | | |
| 固定资产折旧、油气资产折耗、生产性生物资产折旧 | | |
| 无形资产摊销 | | |
| 长期待摊费用摊销 | | |
| 处置固定资产、无形资产和其他长期资产的损失（收益以“-”号填列） | | |
| 固定资产报废损失（收益以“-”号填列） | | |
| 公允价值变动损失（收益以“-”号填列） | | |
| 财务费用（收益以“-”号填列） | | |
| 投资损失（收益以“-”号填列） | | |
| 递延所得税资产减少（增加以“-”号填列） | | |
| 递延所得税负债增加（减少以“-”号填列） | | |
| 存货的减少（增加以“-”号填列） | | |
| 经营性应收项目的减少（增加以“-”号填列） | | |
| 经营性应付项目的增加（减少以“-”号填列） | | |
| 其他 | | |
| 经营活动产生的现金流量净额 | | |
| 2. 不涉及现金收支的重大投资和筹资活动 | | |
| 债务转为资本 | | |
| 一年内到期的可转换公司债券 | | |

续表

| 补充资料 | 本期金额 | 上期金额 |
|---|---|---|
| 融资租入固定资产 | | |
| 3. 现金及现金等价物净变动情况 | | |
| 现金的期末余额 | | |
| 减：现金的期初余额 | | |
| 加：现金等价物的期末余额 | | |
| 减：现金等价物的期初余额 | | |
| 现金及现金等价物净增加额 | | |

我国《企业会计准则第31号——现金流量表》在现金流量表附注中，除了要求披露现金流量表的补充资料外，还要求按下列各式披露：

（1）企业应披露当期取得或处置子公司及其他营业单位的有关信息，如表6－94所示。

**表6－94　　当期取得或处置子公司及其他营业单位的有关信息表**　　单位：元

| 项目 | 金额 |
|---|---|
| 一、取得子公司及其他营业单位的有关信息： | |
| 1. 取得子公司及其他营业单位的价格 | |
| 2. 取得子公司及其他营业单位支付的现金和现金等价物 | |
| 减：子公司及其他营业单位持有的现金和现金等价物 | |
| 3. 取得子公司及其他营业单位支付的现金净额 | |
| 4. 取得子公司的净资产 | |
| 流动资产 | |
| 非流动资产 | |
| 流动负债 | |
| 非流动负债 | |
| 二、处置子公司及其他营业单位的信息： | |
| 1. 处置子公司及其他营业单位的价格 | |
| 2. 处置子公司及其他营业单位收到的现金和现金等价物 | |
| 减：子公司及其他营业单位持有的现金和现金等价物 | |
| 3. 处置子公司及其他营业单位收到的现金净额 | |
| 4. 处置子公司的净资产 | |
| 流动资产 | |
| 非流动资产 | |
| 流动负债 | |
| 非流动负债 | |

（2）现金和现金等价物的披露如表6－95所示。

**表6－95　现金和现金等价物的披露表**　　单位：元

| 项目 | 本期金额 | 上期金额 |
|---|---|---|
| 一、现金 | | |
| 其中：库存现金 | | |
| 可随时用于支付的银行存款 | | |
| 可随时用于支付的其他货币资金 | | |
| 二、现金等价物 | | |
| 其中：三个月内到期的债券投资 | | |
| 三、期末现金及现金等价物余额 | | |
| 其中：母公司或集团内子公司使用受限制的现金和现金等价物 | | |

微课：现金流量表的编制方法

案例：从企业价值实现的角度谈财务报表的改进

## 三、现金流量表的编制方法

编制现金流量表涉及两个方面：一是如何计算经营活动产生的现金净流量；二是采用何种技术手段反映有关账户的变动额、分析其变动的原因、计算各种活动的现金流量。

### （一）经营活动现金净流量的计算——直接法与间接法

按照现行的会计处理，损益表中的净收益是采用权责发生制确定的，净收益中往往包括未收现金的收入和未支付现金的费用，这样，就无法从损益表中直接获取来自经营活动的净现金流量。因此，为了计算出来自经营活动的现金净流量，必须将权责发生制基础调整为收付实现制基础，调节的方法有直接法和间接法。

1. 直接法

直接法是直接分项目列示经营活动对现金流量的影响。这种方法以同期利润表，资产负债表以及有关账户的明细资料为依据，以利润表中的各收入、费用为起算点，分别调整与经营活动有关的流动资产和流动负债的增减变动，将权责发生制确认的本期各项收支分析调整为以收付实现制为基础的经营活动现金流量，即以实际现金收支表达各项经营活动现金流量；至于不影响现金流量的收入与费用以及营业外收支则不必调整。直接法的调整过程如下面公式所示。

（1）销售商品、提供劳务收到的现金＝营业收入净额（包括主营业务收入和其他业务收入）＋应交税费（销项税额）＋应收账款、应收票据减少额＋预收账款的增加额＋当期收回前期核销的坏账损失－应收账款、应收票据增加额－预收账款的减少额－本期的坏账损失－应收票据贴现利息

（2）收到的税费返还＝按规定收到的增值税、消费税、所得税、教育费附加返还等

（3）收到其他与经营活动有关的现金＝除上述各项以外，收到的其他与

经营活动有关的现金，如罚款收入、经营租赁固定资产收到的现金、流动资产损失中由个人赔偿的现金收入、除税费返还外的其他政府补助收入等

(4) 购买商品、接受劳务支付的现金 = 营业成本（包括主营业务成本和其他业务成本）+应交税费（进项税额）+应付账款、应付票据的减少额+预付账款的增加额+存货的增加额－应付账款、应付票据的增加额－预付账款的减少额－存货的减少额－本期列入生产成本和制造费用的应付职工薪酬－计入产品成本的固定资产折旧与无形资产摊销费用

(5) 支付给职工以及为职工支付的现金 = 生产成本、制造费用、管理费用、销售费用中应付职工薪酬+（应付职工薪酬期初余额－应付职工薪酬期末余额）－［应付职工薪酬（在建工程）期初余额－应付职工薪酬（在建工程）期末余额］

(6) 支付的各项税费 = 本期发生并支付的税费+本期支付以前各期发生的税费和预交的税金（如教育费附加、印花税、房产税、土地增值税、车船使用税、增值税、所得税等）

(7) 支付的其他与经营活动有关的现金 = 上述各项目以外的、其他与经营活动有关的现金支付（如罚款支出、差旅费支出、业务招待费支出、保险费支出、经营租赁支付的现金等）

2. 间接法

间接法是指以净利润为起算点，调整不涉及现金的收入、费用、营业外收支等有关项目，剔除投资活动、筹资活动对现金流量的影响，据此计算出经营活动产生的现金流量。由于净利润是按照权责发生制的原则确定的，且包括了与投资活动和筹资活动相关的收益和费用，将净利润调节为经营活动现金流量，实际上就是将按权责发生制原则确定的净利润调整为现金净流入，并剔除投资活动和筹资活动对现金流量的影响。间接法的调整过程如下面公式所示。

经营活动现金净流量 = 本期净利润+不减少现金的费用项目+与经营活动有关的非现金流动资产的减少及流动负债的增加+列于利润表但属于投资活动与筹资活动的费用及损失项目－不增加现金的收入－与经营活动有关的非现金流动资产的增加及流动负债的减少－列于利润表但属于投资活动与筹资活动的收益项目

采用直接法编制现金流量表，较详细地列示了来自经营活动的现金流入量和现金流出量，有助于预测企业未来经营活动产生的现金流量和正确评价企业的偿债能力和变现能力；采用间接法编制现金流量表，便于将净利润与经营活动产生的现金流量净额进行比较，了解净利润与经营活动产生的现金流量差异的原因，从现金流量的角度分析净利润的质量。我国企业会计准则规定企业应当采用直接法编报现金流量表，同时要求在附注中提供以净利润为基础所调节的经营活动现金流量信息。

### （二）现金流量表编制的技术方法

会计实务中，具体编制现金流量表时，常用的技术方法有三种：工作底稿法、“T”型账户法、分析填列法。这三种方法企业可根据自身的情况加以选用。

1. 工作底稿法

采用工作底稿法编制现金流量表，是以工作底稿为手段，以利润表和资产负债表数据为基础，对每一项目进行分析并编制调整分录，从而编制现金流量表。

在工作底稿法下，整个工作底稿纵向分成三段，横向分为五栏。从纵向看：第一段是资产负债表项目，其中又分为借方和贷方两部分；第二段是利润表项目；第三段是资产负债表项目。从横向五栏看：在资产负债表部分，第一栏是项目栏，填列资产负债表各项目名称；第二栏是期初数，用来填列资产负债表项目的期初数；第三栏是调整分录的借方；第四栏是调整分录的贷方；第五栏是期末数，用来填列资产负债表项目的期末数。在利润表和现金流量表部分，第一栏也是项目栏，用来填列利润表和现金流量表项目名称；第二栏空置不填；第三栏、第四栏分别是调整分录的借方和贷方；第五栏是本期数，利润表部分这一栏数字应和本期利润数字核对相符，现金流量表部分这一栏的数字可直接用来编制正式的现金流量表。

采用工作底稿法编制现金流量表的步骤是：

**步骤1**：将资产负债表的期初数和期末数过入工作底稿的期初数栏和期末数栏。

**步骤2**：对当期业务进行分析并编制调整分录。编制调整分录时，企业要以利润表项目为基础，从“营业收入”开始，结合资产负债表项目逐一进行分析。在编制调整分录中，有关现金和现金等价物的事项，并不直接借记或贷记“库存现金”账户，而是分别记入“经营活动产生的现金流量”“投资活动产生的现金流量”“筹资活动产生的现金流量”有关项目，借记表示现金流入，贷记表示现金流出。

**步骤3**：将调整分录过入工作底稿中的相应部分。

**步骤4**：核对调整分录，借方、贷方合计数均已经相等，资产负债表项目期初数加减调整分录中的借贷金额以后，也等于期末数。

**步骤5**：根据工作底稿中的现金流量表项目部分编制正式的现金流量表。

2. “T”型账户法

采用“T”型账户法是以“T”型账户为手段，以利润表和资产负债表数据为基础，对每一项目进行分析并编制调整分录，从而编制出现金流量表。

采用“T”型账户法编制现金流量表的步骤是：

**步骤1**：为所有非现金项目（包括资产负债表项目和利润表项目）分别开设“T”型账户，并将各自的期末期初变动数过入该账户。

**步骤2**：开设一个大的“现金及现金等价物”“T”型账户，每边分为经营活动、投资活动和筹资活动三个部分，左边记入现金流入，右边记入现金流出。与其他账户一样，过入期末期初变动数。

**步骤3**：以利润表项目为基础，结合资产负债表分析每一个非现金项目的增减变动，并据此编制调整分录。

**步骤4**：将调整分录过入各“T”型账户，并进行核对，该账户借贷相抵后的余额与原先过入的期末期初变动数应当一致。

**步骤5**：根据大的现金及现金等价物“T”型账户编制正式的现金流量表。

3. 分析填列法

分析填列法是直接根据资产负债表、利润表和有关会计账户明细账的记录，分析计算出现金流量表各项目的金额，并据以编制现金流量表。

采用分析填列法编制现金流量表的程序是：

第一，准备现金流量表，分别列示：经营活动产生的现金流量、投资活动产生的现金流量和筹资活动产生的现金流量。

第二，计算会计期间内现金的净变化，就是现金流量表中第五部分“现金及现金等价物净增加额”数字。

第三，确定企业的净收益，并将其来自经营活动的净现金流量部分分项加以表述。

第四，计算除现金账户以外的其他资产负债表账户余额增减数。

第五，确定除现金账户以外账户余额变化是否同时引起现金的流入或流出，如果是，则分析现金流量是属于经营活动、投资活动还是筹资活动。

第六，如果上述除现金账户以外的账户余额变化并未引起现金流量的变化，则分析确定它们是由于利润表项目中经营活动项目造成的，还是投资或筹资活动的结果。如果是前者，则确定从净收益到来自经营活动的现金流量的调整金额；如果是后者，则要认定与其同时发生的投资或筹资活动的现金流量组成部分。

第七，通过以上步骤可完成现金流量表各部分的内容，然后对各部分进行小计，汇总计算现金净流量；最后再核对其与现金账户余额变化数是否相符。

采用分析填列法编制现金流量表，优点是这种方法较为直观、简单、容易理解，前面对经营活动现金流量计算的直接法和间接法，计算过程采用的就是分析填列法；但当引起企业各账户余额变化的业务种类较多时，它们与现金流量的关系不易观察和分析，所以采用分析填列法编制现金流量表在企业规模较小、引起各账户余额变化的业务种类较少时比较适用。

## 业务办理　编制现金流量表

**【引例分析6-4】**资料：仍以前述“任务一　编制资产负债表”和“任务二　编制利润表”华兴公司业务资料为例，编制华兴公司2023年5月份的现金流量表。

## 操作指导

由于华兴公司属于资产规模小、业务量较少的企业，用分析填列法编制现金流量表直观、简单、易理解，所以本例采用分析填列法编制现金流量表供初学者学习。假定华兴公司仍采用收款凭证、付款凭证和转账凭证专用记账凭证，采用科目汇总表账务处理程序。

从获取和审核原始凭证、编制和审核记账凭证、登记库存现金日记账和银行存款日记账、登记明细分类账、编制科目汇总表、根据科目汇总表登记总分类账以及日记账、明细账和总分类账相互核对的账务处理程序，对编制资产负债表、利润表和现金流量表都是同一过程。与编制资产负债表和编制利润表的不同之处在于：期末结账之后，资产负债表是根据期末时点所有资产类、负债类、所有者权益类总账账户的余额和往来类明细账户的余额分析计算填列；编制利润表主要根据各损益类账户的本期发生额分析计算填列；而现金流量表则是根据资产负债表、利润表以及有关账户明细账的记录分析计算出现金流量表的各项目，并据以编制。在下述编制现金流量表账务处理程序中，与前述“任务一　编制资产负债表”“任务二　编制利润表”相同的同一过程省略，不再赘述；报表中的“上期金额”栏各项目，反映上年同期实际数，根据上年度现金流量表“本期金额”栏内相应项目的金额填列，此处亦省略；以下程序重点列示如何根据利润表、资产负债表以及有关会计科目明细账的记录，分析计算出现金流量表各项目的金额，并据以填列现金流量表相应项目。

**步骤1：填制凭证（根据经济业务）**

**步骤2：登记库存现金和银行存款日记账（根据收款凭证、付款凭证）**

**步骤3：登记明细分类账（根据原始凭证和记账凭证）**

**步骤4：编制科目汇总表（根据收款凭证、付款凭证和转账凭证）**

**步骤5：根据科目汇总表登记总分类账**

**步骤6：核对各明细分类账户和总账账户**

**步骤7：编制试算平衡表（根据总分类账和有关明细分类账）**

上述步骤1至步骤7编制资产负债表、编制利润表和编制现金流量表均为同一程序，此处不再重新详述。

**步骤8：编制现金流量表（根据资产负债表、利润表和有关账户明细账）**

第一，准备现金流量表，分别列示：经营活动产生的现金流量、投资活动产生的现金流量和筹资活动产生的现金流量。

第二，计算会计期间内现金的净变化，也就是现金流量表中第五部分“现金及现金等价物净增加额”。

根据任务一　编制资产负债表中，华兴公司2023年5月份的期初总分类账的余额资料、期末总分类账的余额资料以及5月31日的资产负债表可以计算：

会计期间内现金的净变化＝现金及现金等价物的净增加额
＝（期末库存现金＋期末银行存款）－（期初库存现金＋期初银行存款）
＝（4 100＋846 440）－（5 600＋150 000）＝850 540－155 600＝694 940（元）

第三，按直接法计算经营活动现金流量各项目。

根据资产负债表、利润表以及有关账户明细账的记录分析计算。

（1）销售商品、提供劳务收到的现金。

销售商品、提供劳务收到的现金＝营业收入净额（主营业务收入和其他业务收入）＋应交税费（应交增值税－销项税额）＋应收账款减少额

＝（450 000＋2 000）＋（39 000＋19 500＋260）＋（40 000－30 000）

＝520 760（元）

（2）收到的其他与经营活动有关的现金。

收到的其他与经营活动有关的现金＝收到的宏达公司逾期付款的滞纳金＝200（元）

（3）购买商品、接受劳务支付的现金。

购买商品、接受劳务支付的现金＝购买材料支付货款＋支付的进项税额＋购买材料运费＋偿还应付账款＋预付购货款

＝99 500＋12 935＋1 000＝113 435（元）

（4）支付给职工以及为职工支付的现金。

支付给职工以及为职工支付的现金＝生产成本、制造费用、管理费用、销售费用中应付职工薪酬＋（应付职工薪酬期初余额－应付职工薪酬期末余额）＝（295 000＋41 300）＋（200 000－336 300）＝200 000（元）

（5）支付的其他与经营活动有关的现金。

支付的其他与经营活动有关的现金＝广告费支出＋差旅费支出＋通过政府有关部门的对外捐款＝3 000＋1 000＋500＋3 000＝7 500（元）

第四，根据有关账户明细账的记录分析计算投资活动各项目现金流量。

购建固定资产、无形资产和其他长期资产支付的现金

＝购买固定资产的买价及其增值税进项税额＝4 500＋585＝5 085（元）

第五，根据有关账户明细账的记录分析计算筹资活动产生的现金流量。

取得借款收到的现金＝500 000（元）

第六，计算“现金及现金等价物净增加额”，并与前面一开始计算的“会计期间内现金的净变化”核对相符。

现金及现金等价物净增加额＝经营活动产生的现金净流量＋投资活动产生的现金净流量＋筹资活动产生的现金净流量＋汇率变动对现金及现金等价物的影响＝200 025＋（－5 085）＋500 000＋0＝694 940（元）

第七，加上“期初现金及现金等价物余额”，计算出“期末现金及现金等价物余额”。

期末现金及现金等价物余额＝现金及现金等价物净增加额＋期初现金及

现金等价物余额 = 694 940 + 155 600 = 850 540（元）

第八，采用间接法在现金流量表附注中披露将净利润调节为经营活动现金流量的信息。

净利润 = 106 575（元）

固定资产折旧 = 150 000（元）

财务费用 = 800（元）

存货的增加 = 期末存货 − 期初存货 = 1 466 000 −（801 000 + 230 000）= 435 000（元）

经营性应收项目的减少 =（期初应收账款 + 期初其他应收款）−（期末应收账款 + 期末其他应收款）=（40 000 + 3 000）−（30 000 + 4 000）= 9 000（元）

经营性应付项目的增加 =（期末应付账款 + 期末应付职工薪酬 + 期末应交税费 + 期末应交税费中用于购买固定资产的可抵扣进项税额）− 期初应付职工薪酬 =（168 935 + 336 300 + 62 830 + 585）− 200 000 = 368 650（元）

根据以上计算步骤，填制表 6 − 96 与表 6 − 97。

**表 6 − 96** **现金流量表** 会企 03 表

编制单位：华兴公司 2023 年 5 月 单位：元

| 项目 | 本期金额 | 上期金额 |
|---|---|---|
| 一、经营活动产生的现金流量 | | 略 |
| 销售商品、提供劳务收到的现金 | 520 760 | |
| 收到的税费返还 | 0 | |
| 收到的其他与经营活动有关的现金 | 200 | |
| 经营活动现金流入小计 | 520 960 | |
| 购买商品、接受劳务支付的现金 | 113 435 | |
| 支付给职工以及为职工支付的现金 | 200 000 | |
| 支付的各种税费 | 0 | |
| 支付的其他与经营活动有关的现金 | 7 500 | |
| 经营活动现金流出小计 | 320 935 | |
| 经营活动产生的现金流量净额 | 200 025 | |
| 二、投资活动产生的现金流量 | | |
| 收回投资收到的现金 | 0 | |
| 取得投资收益收到的现金 | 0 | |
| 处置固定资产、无形资产和其他长期资产收回的现金净额 | 0 | |
| 处置子公司及其他营业单位收到的现金净额 | 0 | |
| 收到的其他与投资活动有关的现金 | 0 | |
| 投资活动现金流入小计 | 0 | |
| 购建固定资产、无形资产和其他长期资产支付的现金 | 5 085 | |
| 投资支付的现金 | 0 | |
| 取得子公司及其他营业单位支付的现金净额 | 0 | |
| 支付其他与投资活动有关的现金 | 0 | |

续表

| 项目 | 本期金额 | 上期金额 |
|---|---|---|
| 投资活动现金流出小计 | 5 085 | |
| 投资活动产生的现金流量净额 | -5 085 | |
| 三、筹资活动产生的现金流量 | | |
| 吸收投资收到的现金 | 0 | |
| 取得借款收到的现金 | 500 000 | |
| 收到其他与筹资活动有关的现金 | 0 | |
| 筹资活动现金流入小计 | 500 000 | |
| 偿还债务支付的现金 | 0 | |
| 分配股利、利润或偿付利息支付的现金 | 0 | |
| 支付的其他与筹资活动有关的现金 | 0 | |
| 筹资活动现金流出小计 | 0 | |
| 筹资活动产生的现金流量净额 | 500 000 | |
| 四、汇率变动对现金及现金等价物的影响 | 0 | |
| 五、现金及现金等价物净增加额 | 694 940 | |
| 加：期初现金及现金等价物余额 | 155 600 | |
| 六、期末现金及现金等价物余额 | 850 540 | |

**表 6-97** 现金流量补充资料表 单位：元

| 补充资料 | 本期金额 | 上期金额 |
|---|---|---|
| 1. 将净利润调节为经营活动现金流量 | | 略 |
| 净利润 | 106 575 | |
| 加：资产减值准备 | 0 | |
| 固定资产折旧、油气资产折耗、生产性生物资产折旧 | 150 000 | |
| 无形资产摊销 | 0 | |
| 长期待摊费用摊销 | 0 | |
| 处置固定资产、无形资产和其他长期资产的损失（收益以“-”号填列） | 0 | |
| 固定资产报废损失（收益以“-”号填列） | 0 | |
| 公允价值变动损失（收益以“-”号填列） | 0 | |
| 财务费用（收益以“-”号填列） | 800 | |
| 投资损失（收益以“-”号填列） | 0 | |
| 递延所得税资产减少（增加以“-”号填列） | 0 | |
| 递延所得税负债增加（减少以“-”号填列） | 0 | |
| 存货的减少（增加以“-”号填列） | -435 000 | |
| 经营性应收项目的减少（增加以“-”号填列） | 9 000 | |
| 经营性应付项目的增加（减少以“-”号填列） | 368 650 | |
| 其他 | 0 | |
| 经营活动产生的现金流量净额 | 200 025 | |
| 2. 不涉及现金收支的重大投资和筹资活动 | | |

续表

| 补充资料 | 本期金额 | 上期金额 |
|---|---|---|
| 债务转为资本 | 0 | |
| 一年内到期的可转换公司债券 | 0 | |
| 融资租入固定资产 | 0 | |
| 3. 现金及现金等价物净变动情况 | | |
| 现金的期末余额 | 850 540 | |
| 减：现金的期初余额 | 155 600 | |
| 加：现金等价物的期末余额 | 0 | |
| 减：现金等价物的期初余额 | 0 | |
| 现金及现金等价物净增加额 | 694 940 | |

## 课程思政案例

### “瑞幸咖啡”财务数据造假事件

2020 年 1 月 31 日，知名做空机构浑水声称，收到了一份长达 89 页的匿名做空报告，直指瑞幸咖啡数据造假。2 月 3 日，瑞幸咖啡否认浑水所有指控。4 月 2 日瑞幸咖啡发布公告，承认虚假交易 22 亿元人民币，股价暴跌 80%，盘中数次暂停交易。之后一周事件持续发酵，周五收盘，瑞幸咖啡股价再次大跌 15.94%，报 5.38 美元。4 月 3 日，中国证监会高度关注瑞幸咖啡财务造假事件，对该公司财务造假行为表示强烈的谴责。7 月 31 日，我国财政部表示，已经完成对瑞幸咖啡公司境内运营主体会计信息质量检查。在检查中发现，自 2019 年 4 月起至 2019 年年末，瑞幸咖啡公司通过虚构商品券业务增加交易额 22.46 亿元，虚增收入 21.19 亿元（占对外披露收入 51.5 亿元的 41.16%），虚增成本费用 12.11 亿元，虚增利润 9.08 亿元。

问题：企业财务造假对企业、投资人和社会造成什么不良影响？

分析提示：党的二十大报告提出，我们要坚持走中国特色社会主义法治道路，建设中国特色社会主义法治体系、建设社会主义法治国家，围绕保障和促进社会公平正义，坚持依法治国、依法执政、依法行政共同推进，坚持法治国家、法治政府、法治社会一体建设，全面推进科学立法、严格执法、公正司法、全民守法，全面推进国家各方面工作法治化。

近年来，财务造假的手段可谓花样百出，因财务造假而被处罚的企业也越来越多，这不仅严重扰乱了社会风气，同时还降低了资本市场的可信度。其对企业、投资人及社会的危害主要有：

1. 扰乱了正常运行的市场经济

账务造假使得企业的实际经营成果、财务状况失真，而会计信息是国家宏观调控的重要依据，由于会计信息失真，使得国家宏观调控失去了可靠的基础，国有资产严重流失，造成了大范围国家利益受损，严重影响了正常的社会经济秩序。

2. 危害投资者的利益

财务报表反映了企业的财务状况、经营成果以及现金流量。从财务报表中得到的各个重要财务指标，比如企业偿债能力、营运能力、盈利能力、获利能力等重要指标均是投资者做出投资决策的重要参考数据，它应该准确地反映公司各方面的财务状况。否则财务报表使用者获得了错误的市场信心，从而对经济形势做出了错误的判断，就会造成对投资者利益的损害。

3. 阻碍证券市场的健康发展

有意掩盖甚至歪曲其真实的经营业绩，蓄意对会计信息进行篡改，对会计利润进行操纵，会令投资者对投资市场丧失信息，从而阻碍了证券市场的健康发展。

不管在何地上市，上市公司都应当严格遵守相关市场的法律和规则，真实准确完整地履行信息披露义务。中国证监会将按照国际证券监管合作的有关安排，依法对相关情况进行核查，坚决打击证券欺诈行为，切实保护投资者权益。

# 模块四　编制所有者权益变动表

## 任务描述

能够根据企业的账务处理程序种类，理解所有者权益变动表的意义及编制原理，重点掌握所有者权益变动表的内容、结构和编制方法。

## 业务流程

编制步骤和业务流程如图 6－9、图 6－10 所示。

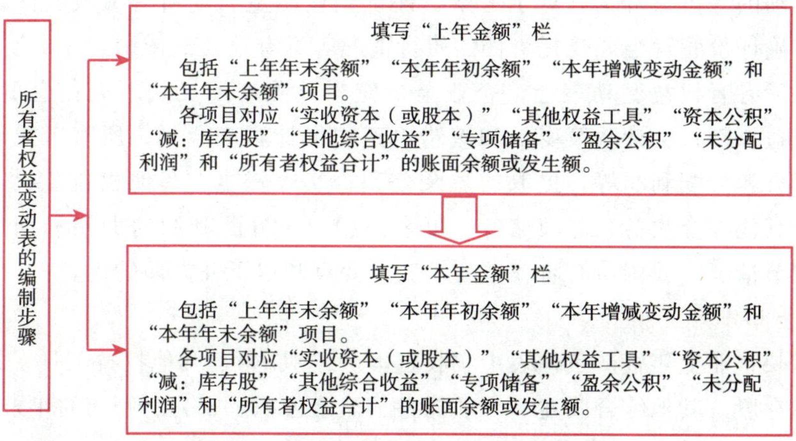


图 6－9　所有者权益变动表的编制步骤

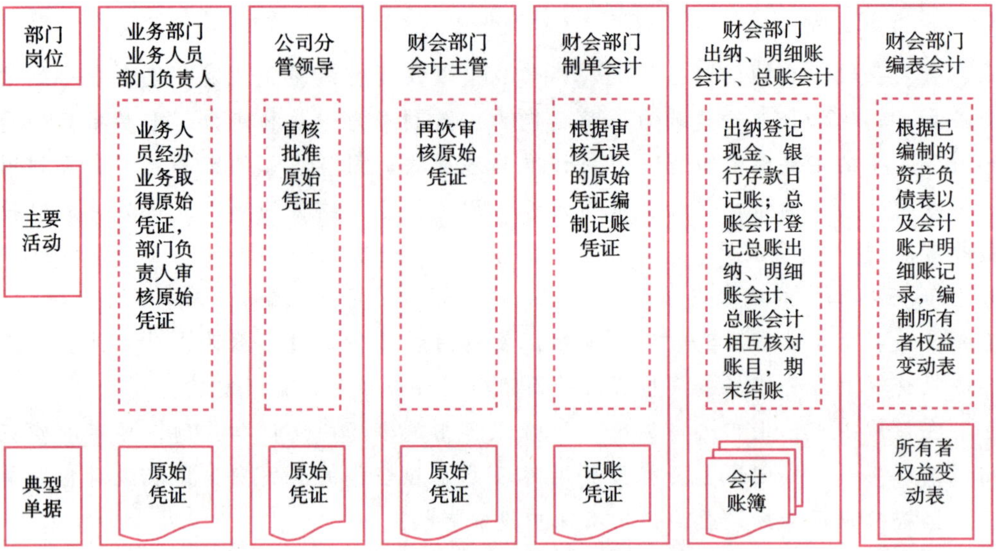


**图 6－10　所有者权益变动表的编制流程图**

## 知识准备

### 一、所有者权益变动表的内容

所有者权益变动表，是指反映构成所有者权益各组成部分当期增减变动情况的报表。它是对资产负债表的补充及对所有者权益增减变动情况的进一步说明。其主要作用有两个方面，一是通过所有者权益变动表，既可以为财务报表使用者提供所有者权益总量增减变动的信息，也能为其提供所有者权益增减变动的结构性信息，特别是能够让财务报表使用者理解所有者权益增减变动的根源；二是所有者权益增减变动表，将综合收益和所有者（或股东）的资本交易导致的所有者权益的变动分项列式，有利于分清导致所有者权益增减变动的缘由与责任，对于考察、评价企业一定时期所有者权益的保全状况、正确评价管理当局受托责任的履行情况等具有重要的作用。

在所有者权益变动表上，企业至少应当单独列示反映下列信息的项目：综合收益总额；会计政策变更和差错更正的累计影响金额；所有者投入资本和向所有者分配利润等；提取的盈余公积；实收资本、其他权益工具、资本公积、其他综合收益、专项储备、盈余公积、未分配利润的期初和期末余额及其调节情况。我国所有者权益变动表主要反映以下几方面的内容：

#### （一）上年年末余额

反映企业上年资产负债表中实收资本（或股本）、其他权益工具、资本公积、库存股、其他综合收益、专项储备、盈余公积、未分配利润的年末余额。

#### （二）会计政策变更

反映企业采用追溯调整法处理的会计政策变更的累计影响金额。追溯调整法是指对某项交易或事项变更会计政策，视同该项交易或事项初次发生时采用变更后的会计政策，并以此对财务报表相关项目进行调整的方法。

### （三）前期差错更正

反映采用追溯重述法处理的会计差错更正的累计影响金额。追溯重述法是指在发现前期差错时，视同该项前期差错从未发生过，从而对财务报表相关项目进行更正的方法。前期差错通常包括计算错误、应用会计政策错误、疏忽或曲解事实以及舞弊产生的影响以及存货、固定资产盘盈等。

### （四）本年增减变动金额项目

反映所有者权益各项目本年增减变动的金额，具体内容包括：

（1）“综合收益总额”项目，反映净利润和其他综合收益扣除所得税影响后的净额相加后的合计金额。

（2）“所有者投入和减少资本”项目，反映企业当年所有者投入的资本和减少的资本。本项目内容包括：

①“所有者投入的普通股”项目，反映企业接受投资者投入形成的实收资本（或股本）和资本溢价或股本溢价。

②“其他权益工具持有者投入资本”项目，反映企业发行的除普通股以外分类为权益工具的金融工具的持有者投入资本的金额。

③“股份支付计入所有者权益的金额”项目，反映企业处于等待期中的权益结算的股价支付当年计入所有者权益的金额。

（3）“利润分配”项目。反映企业当年的利润分配金额。

（4）“所有者权益内部结转”项目，反映企业构成所有者权益的组成部分之间当年的增减变动情况。本项目内容包括：

①“资本公积转增资本（或股本）”项目，反映企业当年以资本公积转增资本或股本的金额。

②“盈余公积转增资本（或股本）”项目，反映企业当年以盈余公积转增资本或股本的金额。

③“盈余公积弥补亏损”项目，反映企业当年以盈余公积弥补亏损的金额。

④“设定受益计划变动额结转留存收益”项目，反映企业因重新计量设定受益计划净负债或净资产所产生的变动计入其他综合收益，结转至留存收益的金额。

⑤“其他综合收益结转留存收益”项目，主要反映：第一，企业指定为以公允价值计量且其变动计入其他综合收益的非交易性权益工具投资终止确认时，之前计入其他综合收益的累计利得或损失从其他综合收益中转入留存收益的金额；第二，企业指定为以公允价值计量且其变动计入当期损益的金融负债终止确认时，之前由企业自身信用风险变动引起而计入其他综合收益的累计利得或损失从其他综合收益中转入留存收益的金额等。

## 二、所有者权益变动表的结构

所有者权益变动表结构为纵横交叉的矩阵式结构。

### （一）纵向结构

纵向结构按所有者权益增减变动时间及内容分为“上年年末余额”“本年年初余额”“本年增减变动金额”和“本年年末余额”四栏。

本年年初余额＝上年年末余额＋会计政策变更、前期差错更正及其他变动

本年年末余额＝本年年初余额＋本年增减变动金额

其中，本年增减变动金额按照所有者权益增减变动的交易或事项列示，即：

本年增减变动金额＝综合收益总额±所有者投入和减少资本±利润分配±所有者权益内部结转

### （二）横向结构

横向结构采用比较式结构，分为“本年金额”和“上年金额”两栏，每栏的具体结构按照所有者权益构成内容逐项列示，即：

所有者权益合计＝实收资本（或股本）＋其他权益工具＋资本公积－库存股＋其他综合收益＋未分配利润

纵横填列结果归结到本年年末所有者权益合计数，保持所有者权益变动表的表内填列数额的平衡。

所有者权益变动表以矩阵式结构列报，一方面，列示导致所有者权益变动的交易或事项，即所有者权益变动的来源，对一定时期所有者权益的变动情况进行全面反映；另一方面，按照实收资本、其他权益工具、资本公积、库存股、其他综合收益、盈余公积、未分配利润等所有者权益各组成部分及其总额列示交易或事项对所有者权益各部分的影响。此外，所有者权益变动表采用逐项的本年金额和上年金额比较式结构，能够清楚地表明构成所有者权益的各组成部分当期的增减变动情况以及与上期的增减变动情况的对照和比较。

所有者权益变动表格式如表6－98所示。

**表 6－98**　　**所有者权益变动表（简表）**　　会企 04 表

编制单位：　　____年度　　单位：元

| 项目 | 本年金额 | | | | | | | | | | 上年金额 | | | | | | | | | |
|---|---|---|---|---|---|---|---|---|---|---|---|---|---|---|---|---|---|---|---|---|
| | 实收资本（或股本） | 其他权益工具 | | | 资本公积 | 减：库存股 | 其他综合收益 | 专项储备 | 盈余公积 | 未分配利润 | 所有者权益合计 | 实收资本（或股本） | 其他权益工具 | | | 资本公积 | 减：库存股 | 其他综合收益 | 专项储备 | 盈余公积 | 未分配利润 | 所有者权益合计 |
| | | 优先股 | 永续债 | 其他 | | | | | | | | | 优先股 | 永续债 | 其他 | | | | | | | |
| 一、上年年末余额 | | | | | | | | | | | | | | | | | | | | |
| 加：会计政策变更 | | | | | | | | | | | | | | | | | | | | |
| 前期差错更正 | | | | | | | | | | | | | | | | | | | | |
| 其他 | | | | | | | | | | | | | | | | | | | | |
| 二、本年年初余额 | | | | | | | | | | | | | | | | | | | | |
| 三、本年增减变动金额（减少以“－”号填列） | | | | | | | | | | | | | | | | | | | | |
| （一）综合收益总额 | | | | | | | | | | | | | | | | | | | | |
| （二）所有者投入和减少资本 | | | | | | | | | | | | | | | | | | | | |
| 1. 所有者投入的普通股 | | | | | | | | | | | | | | | | | | | | |
| 2. 其他权益工具持有者投入资本 | | | | | | | | | | | | | | | | | | | | |
| 3. 股份支付计入所有者权益的金额 | | | | | | | | | | | | | | | | | | | | |
| 4. 其他 | | | | | | | | | | | | | | | | | | | | |
| （三）利润分配 | | | | | | | | | | | | | | | | | | | | |
| 1. 提取盈余公积 | | | | | | | | | | | | | | | | | | | | |
| 2. 对所有者（或股东）的分配 | | | | | | | | | | | | | | | | | | | | |
| 3. 其他 | | | | | | | | | | | | | | | | | | | | |
| （四）所有者权益内部结转 | | | | | | | | | | | | | | | | | | | | |
| 1. 资本公积转增资本（或股本） | | | | | | | | | | | | | | | | | | | | |
| 2. 盈余公积转增资本（或股本） | | | | | | | | | | | | | | | | | | | | |
| 3. 盈余公积弥补亏损 | | | | | | | | | | | | | | | | | | | | |
| 4. 设定受益计划变动额结转留存收益 | | | | | | | | | | | | | | | | | | | | |
| 5. 其他综合收益结转留存收益 | | | | | | | | | | | | | | | | | | | | |
| 6. 其他 | | | | | | | | | | | | | | | | | | | | |
| 四、本年年末余额 | | | | | | | | | | | | | | | | | | | | |

## 三、所有者权益变动表的编制方法

所有者权益变动表的编制方法是根据上年度所有者权益变动表和本年已编制的资产负债表、利润表及相关会计政策、前期差错更正和会计科目记录等资料基础上分析计算填列。

### （一）所有者权益变动表中“上年金额”栏的填列方法

所有者权益变动表“上年金额”栏内各项数字，应根据上年度所有者权益变动表“本年金额”栏内所列数字填列。上年度所有者权益变动表规定的各个项目的名称和内容同本年度不一致的，应对上年度所有者权益变动表各项目的名称和数字按照本年度的相关规定进行调整，填入所有者权益变动表的“上年金额”栏内。

### （二）所有者权益变动表中“本年金额”栏的填列方法

所有者权益变动表“本年金额”栏内各项目金额一般应根据资产负债表所有者权益项目金额或“实收资本（或股本）”“其他权益工具”“资本公积”“库存股”“其他综合收益”“专项储备”“盈余公积”“利润分配”以及“以前年度损益调整”等科目及其明细科目的发生额分析填列。

## 任务举例

资料：华兴公司2023年12月31日所有者权益各项目金额及其增减变动情况如表6－99所示。

**表6－99　所有者权益类账户年末余额**　　单位：万元

| 项目 | 实收资本 | 资本公积 | 盈余公积 | 未分配利润 | 合计 |
|---|---|---|---|---|---|
| 上年年末余额 | 6 000 | 2 000 | 811 | 50 | 8 861 |
| 本年度综合收益总额 | | | | 90.75 | 90.75 |
| 本年度增加或减少的资本 | 1 000 | 400 | | | 1 400 |
| 本年度提取的盈余公积 | | | 13.6215 | －13.6215 | 0 |
| 本年年末余额 | 7 000 | 2 400 | 824.6215 | 127.1285 | 10 351.75 |

该公司2024年未发生会计政策变更、前期差错更正、其他综合收益等增减变动。

## 操作指导

从获取和审核原始凭证、编制和审核记账凭证、登记现金日记账和银行存款日记账、登记明细分类账、编制科目汇总表、根据科目汇总表登记总分类账以及日记账、明细账和总分类账相互核对的账务处理程序，对编制所有者权益变动表和资产负债表、利润表而言都是同一过程。在下述编制所有者权益变动表的账务处理程序中，与前述“任务一 编制资产负债表”“任务二编制利润表”相同的过程省略，不再赘述。报表中的“上年金额”栏各项目，反映上年度所有者权益变动表“本年金额”数据，根据上年度所有者权益变动表“本年金额”栏内所列数字填列，此处省略；以下程序重点列示如何根据所有者权益类账户的科目及其明细科目的发生额分析填列。

**步骤1：填制凭证（根据经济业务）**

制单会计根据本年度发生经济业务所取得的原始凭证或汇总原始凭证填制收款凭证、付款凭证、转账凭证，此程序同编制资产负债表是同一程序，此处省略。

**步骤2：登记库存现金和银行存款日记账（根据收款凭证、付款凭证）**

出纳根据审核后的收款凭证和付款凭证逐日逐笔登记现金日记账和银行存款日记账，计入相应的库存现金、银行存款的明细分类账户和总账账户。此程序同编制资产负债表是同一程序，此处省略。

**步骤3：登记明细分类账（根据原始凭证和记账凭证）**

会计根据审核后的原始凭证或原始凭证汇总表及所编制的记账凭证，逐笔登记明细分类账。此程序同编制资产负债表是同一程序，此处省略。

**步骤4：编制科目汇总表（根据收款凭证、付款凭证和转账凭证）**

会计人员根据审核后的收款凭证、付款凭证和转账凭证，每日或定期编制科目汇总表，科目汇总表汇总的时间应根据业务量的多少而定。此程序同编制资产负债表是同一程序，此处省略。

**步骤5：根据科目汇总表登记总分类账**

总账会计根据审核后的科目汇总表，定期登记总分类账，本例中根据记账凭证每旬编制科目汇总表，同样每旬根据编制的科目汇总表登记相应的总分类账账户。此程序同编制资产负债表是同一程序，此处省略。

**步骤6：核对各明细分类账户和总账账户**

年末，按照对账的要求，总账会计与出纳和明细账会计将各日记账、明细分类账的余额分别与总分类账中有关账户余额核对相符。此程序同编制资产负债表是同一程序，此处省略。

**步骤7：编制试算平衡表（根据总分类账和有关明细分类账）**

将现金日记账、银行存款日记账余额以及各种明细分类账的余额合计数分别与相应的总分类账余额核对无误后，编制“总分类账户发生额及余额试算平衡表”。此程序同编制资产负债表是同一程序，此处省略。

**步骤8：编制所有者权益变动表（根据总分类账）**

作为反映企业构成所有者权益各组成部分当期增减变动情况的报表，应根据所有者权益类账户在该会计期间的余额及发生额编制。年末，会计主管应根据核对无误的总账，按要求和一定的方法编制会计报表。其中所有者权益变动表中的“上年金额”栏各项目数字，根据上年度所有者权益变动表“本年金额”栏内所列数字填列，此处省略；“本年金额”栏应根据表6－99所示公司2020年度有关所有者权益类账户的发生额分析填列，如表6－100所示。

**表 6－100**

**所有者权益变动表（简表）**

2023 年度

会企 04 表

编制单位：华兴公司 单位：元

| 项目 | 本年金额 | | | | | | | | | | | 上年金额 | | | | | | | | | | |
|---|---|---|---|---|---|---|---|---|---|---|---|---|---|---|---|---|---|---|---|---|---|---|
| | 实收资本（或股本） | 其他权益工具 | | | 资本公积 | 减：库存股 | 其他综合收益 | 专项储备 | 盈余公积 | 未分配利润 | 所有者权益合计 | 实收资本（或股本） | 其他权益工具 | | | 资本公积 | 减：库存股 | 其他综合收益 | 专项储备 | 盈余公积 | 未分配利润 | 所有者权益合计 |
| | | 优先股 | 永续债 | 其他 | | | | | | | | | 优先股 | 永续债 | 其他 | | | | | | | |
| 一、上年年末余额 | 6 000 | | | | 2 000 | | | | 811 | 50 | 8 861 | 略 | 略 | 略 | 略 | 略 | 略 | 略 | 略 | 略 | 略 | 略 |
| 加：会计政策变更 | | | | | | | | | | | | | | | | | | | | | | |
| 前期差错更正 | | | | | | | | | | | | | | | | | | | | | | |
| 其他 | | | | | | | | | | | | | | | | | | | | | | |
| 二、本年年初余额 | 6 000 | | | | 2 000 | | | | 811 | 50 | 8 861 | | | | | | | | | | | |
| 三、本年增减变动金额（减少以“－”号填列） | | | | | | | | | | | | | | | | | | | | | | |
| （一）综合收益总额 | | | | | | | | | | 90.75 | 90.75 | | | | | | | | | | | |
| （二）所有者投入和减少资本 | 1 000 | | | | 400 | | | | | | 1 400 | | | | | | | | | | | |
| 1. 所有者投入的普通股 | | | | | | | | | | | | | | | | | | | | | | |
| 2. 其他权益工具持有者投入资本 | | | | | | | | | | | | | | | | | | | | | | |
| 3. 股份支付计入所有者权益的金额 | | | | | | | | | | | | | | | | | | | | | | |
| 4. 其他 | | | | | | | | | | | | | | | | | | | | | | |
| （三）利润分配 | | | | | | | | | | | | | | | | | | | | | | |
| 1. 提取盈余公积 | | | | | | | | | 13.6215 | －13.6215 | 0 | | | | | | | | | | | |
| 2. 对所有者（或股东）的分配 | | | | | | | | | | | | | | | | | | | | | | |
| 3. 其他 | | | | | | | | | | | | | | | | | | | | | | |
| （四）所有者权益内部结转 | | | | | | | | | | | | | | | | | | | | | | |
| 1. 资本公积转增资本（或股本） | | | | | | | | | | | | | | | | | | | | | | |
| 2. 盈余公积转增资本（或股本） | | | | | | | | | | | | | | | | | | | | | | |
| 3. 盈余公积弥补亏损 | | | | | | | | | | | | | | | | | | | | | | |
| 4. 设定受益计划变动额结转留存收益 | | | | | | | | | | | | | | | | | | | | | | |
| 5. 其他综合收益结转留存收益 | | | | | | | | | | | | | | | | | | | | | | |
| 6. 其他 | | | | | | | | | | | | | | | | | | | | | | |
| 四、本年年末余额 | 7 000 | | | | 2 400 | | | | 824.6215 | 127.1285 | 10 351.75 | | | | | | | | | | | |

## 任务训练

### 一、单项选择题

1. 下列各项中，应根据相应总账科目的余额，直接在资产负债表中填列的是（　　）。

A. 短期借款　　B. 固定资产

C. 长期借款　　D. 应收票据及应收账款

2. 202×年12月31日，甲企业“预收账款”总账账户余额为15万元，其明细账户余额如下：“预收账款——乙企业”账户贷方余额为25万元，“预收账款——丙企业”账户借方余额为10万元。不考虑其他因素，甲企业年末资产负债表中“预收款项”项目的期末余额为（　　）万元。

A. 10　　B. 15　　C. 5　　D. 25

3. 下列资产负债表项目中，应根据有关账户余额减去其备抵账户余额后的净额填列的是（　　）。

A. 预收款项　　B. 短期借款　　C. 无形资产　　D. 长期借款

4. 20×1年12月31日，某企业固定资产账户借方余额为3 000万元，累计折旧账户贷方余额为1 400万元，固定资产减值准备账户贷方余额为200万元。不考虑其他因素，20×1年12月31日该企业资产负债表中，固定资产项目期末余额应列示的金额为（　　）万元。

A. 3 000　　B. 1 600　　C. 1 400　　D. 2 800

5. 下列各项中，影响利润表中“营业利润”项目列示金额的是（　　）。

A. 盘亏固定资产净损失　　B. 计提固定资产减值准备

C. 发生的所得税费用　　D. 固定资产毁损的净损失

6. 下列各项中，应列入利润表中“营业收入”项目的是（　　）。

A. 销售材料取得的收入　　B. 接受捐赠收到的现金

C. 出售专利权取得的净收益　　D. 出售自用房产取得的净收益

7. 下列各项中，不应列入利润表中“营业成本”项目的是（　　）。

A. 已销商品的实际成本　　B. 在建工程领用产品的成本

C. 提供劳务结转的成本　　D. 投资性房地产计提的折旧额

8. 支付的在建工程人员的工资属于（　　）产生的现金流量。

A. 筹资活动　　B. 经营活动　　C. 投资活动　　D. 以上都不是

9. 下列事项中，会引起现金流量净额发生变动的是（　　）。

A. 将现金存入银行　　B. 用银行存款购买一个月到期的债券

C. 用固定资产抵偿债务　　D. 用银行存款清偿20万元的债务

10. 对于现金流量表，下列说法错误的是（　　）。

A. 在具体编制时可以采用工作底稿法或“T”型账户法

B. 在具体编制时也可以根据有关账户记录分析填列

C. 采用多步式

D. 采用报告式

## 二、多项选择题

1. 下列项目中，属于资产负债表中流动资产项目的有（　　）。
A. 预付款项　　B. 债权投资　　C. 预收款项　　D. 存货
2. 下列项目中，属于资产负债表中流动负债项目的有（　　）。
A. 应付职工薪酬　　B. 应付债券
C. 应交税费　　D. 一年内到期的长期借款
3. 下列各项中，属于应在资产负债表中列示的项目有（　　）。
A. 预付款项　　B. 其他收益　　C. 递延收益　　D. 资产处置收益
4. 下列各项中，导致企业资产负债表“存货”项目期末余额发生变动的有（　　）。
A. 计提存货跌价准备
B. 用银行存款购入的修理用备件（备品、备件）
C. 已经发出，但不符合收入确认条件的商品
D. 收到受托代销的商品
5. 下列关于利润表项目本期金额填列方法的表述中，正确的有（　　）。
A. 管理费用项目应根据“管理费用”账户的本期发生额分析填列
B. 营业利润项目应根据“本年利润”账户的本期发生额分析填列
C. “税金及附加”项目应根据“应交税费”账户的本期发生额分析填列
D. 营业收入项目应根据“主营业务收入”和“其他业务收入”账户的本期发生额分析填列
6. 企业的现金流量可以分为（　　）。
A. 经营活动产生的现金流量　　B. 投资活动产生的现金流量
C. 筹资活动产生的现金流量　　D. 借款产生的现金流量
7. 下列各项中，属于现金流量表中现金及现金等价物的有（　　）。
A. 库存现金　　B. 其他货币资金
C. 三个月内到期的债券投资　　D. 随时用于支付的银行存款
8. 下列各项中，应确认为企业其他货币资金的有（　　）。
A. 企业持有的三个月内到期的债券投资
B. 企业为购买股票向证券公司划出的资金
C. 企业汇往外地建立临时采购专户的资金
D. 企业向银行申请银行本票时拨付的资金
9. 下列各项现金流出中，属于企业现金流量表中筹资活动产生的现金流量的有（　　）。
A. 偿还应付账款　　B. 偿还短期借款　　C. 发放现金股利　　D. 支付借款利息
10. 下列交易或事项中，会引起现金流量表投资活动产生的现金流量净额发生变化的有（　　）。
A. 购买股票支付的现金　　B. 向投资者派发的现金股利
C. 购建固定资产支付的现金　　D. 收到被投资单位分配的现金股利

## 三、判断题

1. 长期借款项目根据长期借款总账账户余额直接填列。（　　）
2. 年末企业应将于一年内（含一年）摊销的长期待摊费用列入资产负债表一年内到期的非

流动资产项目。( )

3. 资产负债表日应根据“库存现金”“银行存款”和“其他货币资金”三个总账科目的期末余额合计数填列资产负债表货币资金项目。( )

4. 资产负债表是反映企业在一定会计期间的经营成果的报表。( )

5. 购买商品、支付货款取得的现金折扣列入利润表中财务费用项目。( )

6. 企业利润表中的“综合收益总额”项目，应根据企业当年的净利润和其他收益的税后净额的合计数计算填列。( )

7. 利润表是反映企业一定会计期间经营成果的报表，有助于保证财务报表使用者分析企业的获利能力及盈利增长趋势，但无法以此做出经济决策。( )

8. 开发支出项目应当根据“研发支出”账户中所属的资本化支出明细账户期末余额填列。( )

9. 企业接受现金捐赠所收到的现金，不需要填列在现金流量表中。( )

10. 在填报现金流量表中“支付给职工以及为职工支付的现金”项目时，应考虑的职工薪酬包括短期薪酬、离职后福利和其他长期职工福利。( )

**四、业务核算题**

(一) 掌握资产负债表的编制

华曦公司202×年相关资料如下：

(1) 华曦公司202×年1月1日有关科目余额如表6-101所示。

**表6-101** **总账科目余额表** 单位：元

| 科目名称 | 202×年年初余额 | | 科目名称 | 202×年年初余额 | |
|---|---|---|---|---|---|
| | 借方 | 贷方 | | 借方 | 贷方 |
| 库存现金 | 96 302.5 | | 应付账款 | | 2 696 046.19 |
| 银行存款 | 969 240.89 | | 其他应付款 | | 5 064 958.30 |
| 应收账款 | 9 759 381.47 | | 应付职工薪酬 | | 187 330.65 |
| 坏账准备 | | 975 938.15 | 短期借款 | | |
| 预付账款 | 241 461.21 | | 应交税费 | | 175 882.52 |
| 其他应收款 | 10 080 878.74 | | 预收账款 | | |
| 原材料 | 2 053 982.00 | | 应付股利 | | |
| 库存商品 | 3 986 354.00 | | 长期借款 | | 800 000.00 |
| 生产成本 | 3 599 583.11 | | 应付债券 | | |
| 固定资产 | 6 857 838.46 | | 实收资本 | | 31 800 000.00 |
| 累计折旧 | | 4 719 522.5 | 资本公积 | | 68 010.36 |
| 无形资产 | 15 000 000.00 | | 未分配利润 | | 6 157 333.71 |
| 资产合计 | 46 949 561.73 | | 权益合计 | | 46 949 561.73 |

（2）华曦公司202×年8月31日各有关科目期末余额如表6-102所示。

表6-102 总账科目余额表 单位：元

| 科目名称 | 202×年8月末余额 | | 科目名称 | 202×年8月末余额 | |
|---|---|---|---|---|---|
| | 借方 | 贷方 | | 借方 | 贷方 |
| 库存现金 | 12 000.00 | | 应付账款 | | 36 850.69 |
| 银行存款 | 338 471.17 | | 其他应付款 | | 0 |
| 应收账款 | 2 389 576.01 | | 应付职工薪酬 | | 214 159.56 |
| 坏账准备 | | 288 957.60 | 短期借款 | | |
| 预付账款 | 408 857.43 | | 应交税费 | | 23 323.05 |
| 其他应收款 | 10 344 201.83 | | 预收账款 | 500 000 | |
| 原材料 | 2 657 821.00 | | 应付股利 | | |
| 库存商品 | 4 985 214.00 | | 长期借款 | | 800 000.00 |
| 生产成本 | 4 235 422.82 | | 应付债券 | | |
| 固定资产 | 9 087 982.96 | | 实收资本 | | 31 800 000.00 |
| 累计折旧 | | 5 434 594.75 | 资本公积 | | 68 010.36 |
| 无形资产 | 15 000 000.00 | | 未分配利润 | | 11 476 778.96 |
| 在建工程 | 715 072.25 | | 盈余公积 | | 531 944.50 |
| 资产合计 | 44 451 067.12 | | 权益合计 | | 44 451 067.12 |

其中，202×年8月31日应收账款明细账中的余额如表6-103所示。

表6-103 应收账款明细账中的余额表

| 明细账户 | 余额方向 | 金额（元） |
|---|---|---|
| 应收账款——甲企业 | 借方余额 | 889 576.01 |
| 应收账款——乙企业 | 借方余额 | 2 500 000.00 |
| 应收账款——丙企业 | 贷方余额 | 1 000 000.00 |
| 预收账款——丁企业 | 借方余额 | 500 000.00 |

另外，长期借款中有200 000.00元将在一年内到期。

要求：根据表6-101至表6-103以及相关资料，编制资产负债表（见表6-104）。

表6-104 资产负债表

（适用于已执行新金融准则、新收入准则和新租赁准则的企业）

会企01表

编制单位：华曦公司 202×年08月31日 单位：元

| 资产 | 期末余额 | 年初余额 | 负债及所有者权益 | 期末余额 | 年初余额 |
|---|---|---|---|---|---|
| 流动资产： | | | 流动负债： | | |
| 货币资金 | | | 短期借款 | | |
| 交易性金融资产 | | | 交易性金融负债 | | |
| 衍生金融资产 | | | 衍生金融负债 | | |

续表

| 资产 | 期末余额 | 年初余额 | 负债及所有者权益 | 期末余额 | 年初余额 |
|---|---|---|---|---|---|
| 应收票据 | | | 应付票据 | | |
| 应收账款 | | | 应付账款 | | |
| 应收款项融资 | | | 预收款项 | | |
| 预付款项 | | | 合同负债 | | |
| 其他应收款 | | | 应付职工薪酬 | | |
| 存货 | | | 应交税费 | | |
| 合同资产 | | | 其他应付款 | | |
| 持有待售资产 | | | 持有待售负债 | | |
| 一年内到期的非流动资产 | | | 一年内到期的非流动负债 | | |
| 其他流动资产 | | | 其他流动负债 | | |
| 流动资产合计 | | | 流动负债合计 | | |
| 非流动资产： | | | 非流动负债： | | |
| 债权投资 | | | 长期借款 | | |
| 其他债权投资 | | | 应付债券 | | |
| 长期应收款 | | | 其中：优先股 | | |
| 长期股权投资 | | | 永续债 | | |
| 其他权益工具投资 | | | 租赁负债 | | |
| 其他非流动金融资产 | | | 长期应付款 | | |
| 投资性房地产 | | | 预计负债 | | |
| 固定资产 | | | 递延收益 | | |
| 在建工程 | | | 递延所得税负债 | | |
| 生产性生物资产 | | | 其他非流动负债 | | |
| 油气资产 | | | 非流动负债合计 | | |
| 使用权资产 | | | 负债合计 | | |
| 无形资产 | | | 所有者权益： | | |
| 开发支出 | | | 实收资本（或股本） | | |
| 商誉 | | | 其他权益工具 | | |
| 长期待摊费用 | | | 其中：优先股 | | |
| 递延所得税资产 | | | 永续债 | | |
| 其他非流动资产 | | | 资本公积 | | |
| 非流动资产合计 | | | 减：库存股 | | |
| | | | 其他综合收益 | | |
| | | | 专项储备 | | |
| | | | 盈余公积 | | |
| | | | 未分配利润 | | |
| | | | 所有者权益合计 | | |
| 资产总计 | | | 负债及所有者权益总计 | | |

（二）掌握利润表的编制

华曦公司202×年9月30日损益类账户科目发生额如表6－105所示。相关资料如下：

表6－105 损益类账户本期发生额汇总表

202×年9月30日 金额单位：元

| 名称 | 借方 | 名称 | 贷方 |
| --- | --- | --- | --- |
| 主营业务成本 | 834 091.26 | 主营业务收入 | 7 774 890.22 |
| 其他业务成本 | 98 014.00 | 其他业务收入 | 1 350 153.00 |
| 税金及附加 | 168 397.77 | 投资收益 | 300 000.00 |
| 管理费用 | 560 815.12 | 营业外收入 | 19 680.00 |
| 销售费用 | 380 325.42 | | |
| 财务费用 | 1 485.98 | | |
| 营业外支出 | 12 000.00 | | |
| 所得税费用 | 20 000.00 | | |
| 合计 | 2 075 129.55 | 合计 | 9 444 723.22 |

要求：根据表6－105编制华曦公司202×年9月利润表，如表6－106所示。

表6－106 利润表（多步式）

（适用于已执行新金融准则、新收入准则和新租赁准则的企业）

会企02表

编制单位：华曦公司 202×年09月 单位：元

| 项目 | 本期金额 | 上期金额 |
| --- | --- | --- |
| 一、营业收入 | | |
| 减：营业成本 | | |
| 税金及附加 | | |
| 销售费用 | | |
| 管理费用 | | |
| 研发费用 | | |
| 财务费用 | | |
| 其中：利息费用 | | |
| 利息收入 | | |
| 加：其他收益 | | |
| 投资收益（损失以“－”号填列） | | |
| 其中：对联营企业和合营企业的投资收益 | | |
| 以摊余成本计量的金融资产终止确认收益（损失以“－”号填列） | | |
| 净敞口套期收益（损失以“－”号填列） | | |
| 公允价值变动收益（损失以“－”号填列） | | |
| 信用减值损失（损失以“－”号填列） | | |
| 资产减值损失（损失以“－”号填列） | | |
| 资产处置收益（损失以“－”号填列） | | |

续表

| 项目 | 本期金额 | 上期金额 |
|---|---|---|
| 二、营业利润（亏损以“－”号填列） | | |
| 加：营业外收入 | | |
| 减：营业外支出 | | |
| 三、利润总额（亏损以“－”号填列） | | |
| 减：所得税费用 | | |
| 四、净利润（净亏损以“－”号填列） | | |
| （一）持续经营净利润（净亏损以“－”号填列） | | |
| （二）终止经营净利润（净亏损以“－”号填列） | | |
| 五、其他综合收益的税后净额 | | |
| （一）不能重分类进损益的其他综合收益 | | |
| 1. 重新计量设定受益计划变动额 | | |
| 2. 权益法下不能转损益的其他综合收益 | | |
| 3. 其他权益工具投资公允价值变动 | | |
| 4. 企业自身信用风险公允价值变动 | | |
| …… | | |
| （二）将重分类进损益的其他综合收益 | | |
| 1. 权益法下可转损益的其他综合收益 | | |
| 2. 其他债权投资公允价值变动 | | |
| 3. 金融资产重分类计入其他综合收益的金额 | | |
| 4. 其他债权投资信用减值准备 | | |
| 5. 现金流量套期储备 | | |
| 6. 外币财务报表折算差额 | | |
| …… | | |
| 六、综合收益总额 | | |
| 七、每股收益 | | |
| （一）基本每股收益 | | |
| （二）稀释每股收益 | | |

（三）掌握现金流量表的编制

编制现金流量表。

华曦公司 202×年 1 月部分经济业务资料如表 6－107 所示。

**表 6－107　　202×年 1 月部分经济业务资料**

| 项目 | 金额（元） |
|---|---|
| 销售商品收到的现金 | 260 000 |
| 收回应收账款 | 235 000 |
| 发行股票收入 | 500 000 |

续表

| 项目 | 金额（元） |
|---|---|
| 购买设备 | 100 000 |
| 购买股票 | 160 000 |
| 出售1号厂房建筑物净收入 | 350 000 |
| 购买存货 | 200 000 |
| 支付现金股利 | 40 000 |

202×年1月期初现金及现金等价物余额为653 000元。

202×年1月期末现金及现金等价物余额为1 498 000元。

要求：根据以上资料，编制现金流量表（见表6-108）。

**表6-108** **现金流量表**

会企03表

编制单位：华曦公司　　202×年01月　　单位：元

| 项目 | 本期金额 | 上期金额 |
|---|---|---|
| 一、经营活动产生的现金流量 | | |
| 销售商品、提供劳务收到的现金 | | |
| 收到的税费返还 | | |
| 收到的其他与经营活动有关的现金 | | |
| 经营活动现金流入小计 | | |
| 购买商品、接受劳务支付的现金 | | |
| 支付给职工以及为职工支付的现金 | | |
| 支付的各种税费 | | |
| 支付的其他与经营活动有关的现金 | | |
| 经营活动现金流出小计 | | |
| 经营活动产生的现金流量净额 | | |
| 二、投资活动产生的现金流量 | | |
| 收回投资收到的现金 | | |
| 取得投资收益收到的现金 | | |
| 处置固定资产、无形资产和其他长期资产收回的现金净额 | | |
| 处置子公司及其他营业单位收到的现金净额 | | |
| 收到的其他与投资活动有关的现金 | | |
| 投资活动现金流入小计 | | |
| 购建固定资产、无形资产和其他长期资产支付的现金 | | |
| 投资支付的现金 | | |
| 取得子公司及其他营业单位支付的现金净额 | | |
| 支付其他与投资活动有关的现金 | | |
| 投资活动现金流出小计 | | |
| 投资活动产生的现金流量净额 | | |

续表

续表

| 项目 | 本期金额 | 上期金额 |
|---|---|---|
| 三、筹资活动产生的现金流量 | | |
| 吸收投资收到的现金 | | |
| 取得借款收到的现金 | | |
| 收到其他与筹资活动有关的现金 | | |
| 筹资活动现金流入小计 | | |
| 偿还债务支付的现金 | | |
| 分配股利、利润或偿付利息支付的现金 | | |
| 支付的其他与筹资活动有关的现金 | | |
| 筹资活动现金流出小计 | | |
| 筹资活动产生的现金流量净额 | | |
| 四、汇率变动对现金及现金等价物的影响 | | |
| 五、现金及现金等价物净增加额 | | |
| 加：期初现金及现金等价物余额 | | |
| 六、期末现金及现金等价物余额 | | |

## 学习评价

**专业能力测评表**

（在□中打√，A 掌握，B 基本掌握，C 未掌握）

| 业务能力 | 评价指标 | 自测结果 | 要求 |
|---|---|---|---|
| 理解账务处理程序 | 1. 账务处理程序的意义和种类<br>2. 记账凭证账务处理程序<br>3. 汇总记账凭证账务处理程序<br>4. 科目汇总表账务处理程序 | □A □B □C<br>□A □B □C<br>□A □B □C<br>□A □B □C | 了解账务处理程序的意义和种类，掌握记账凭证、汇总记账凭证及科目汇总表账务处理程序的特点、步骤、优缺点及适用范围，会编制科目汇总表 |
| 编制资产负债表 | 1. 资产负债表的意义<br>2. 资产负债表的结构<br>3. 资产负债表的编制原理 | □A □B □C<br>□A □B □C<br>□A □B □C | 理解资产负债表的概念、意义及编制原理，能编制简单的资产负债表 |
| 编制利润表 | 1. 利润表的意义<br>2. 利润表的结构<br>3. 利润表的编制原理 | □A □B □C<br>□A □B □C<br>□A □B □C | 理解利润表概念、意义及编制原理，能编制简单的利润表 |
| 编制现金流量表 | 1. 现金流量表的意义<br>2. 现金流量表的结构<br>3. 现金流量表的编制原理 | □A □B □C<br>□A □B □C<br>□A □B □C | 理解现金流量表概念、意义及编制原理，能编制简单的现金流量表 |
| 教师评语： | | | |
| 成绩： | | 教师签字： | |

# 参考文献


[1] 张莲苓，江跃进．会计基础与实务［M］．北京：经济科学出版社，2016.

[2] 孔德兰．会计基础［M］．北京：高等教育出版社，2020.

[3] 财政部会计资格评价中心．初级会计实务［M］．北京：中国财政经济出版社，2021.

[4] 张庆龙．下一代财务：数字化与智能化［M］．北京：中国财政经济出版社，2021.

[5] 黄骥，唐东升．会计职业基础［M］．北京：高等教育出版社，2010.

[6] 河玉润，张妍．会计学［M］．大连：东北财经大学出版社，2010.

[7] 葛家澍．论会计理论的继承性［J］．会计研究，1982（4）.

[8] 林琳．大数据背景下企业财务共享服务的发展趋势探析［J］．行政事业资产与财务，2021（4）.

[9] 张哲毅．财务共享视域下会计职能的转型策略［J］．现代商业，2020（10）.

[10] 马永强，包锁柱，崔健．大数据背景下的会计职能新变化探究［J］．财经界，2020（10）.

[11] 孟凡会．基于“大智移云物区”的会计地位重塑［J］．财经界，2021（5）.

[12] 宋存凤，陈文先．区块链技术对会计基本职能的影响分析［J］．开封文化艺术职业学院学报，2021（4）.

[13] 马丽．智能财务背景下会计职能的转型［J］．中国管理信息化，2021（4）.